PÄDAGOGISCHES DENKEN
VON DEN ANFÄNGEN BIS ZUR GEGENWART

PÄDAGOGISCHES DENKEN VON DEN ANFÄNGEN BIS ZUR GEGENWART

Herausgegeben
von
WOLFGANG FISCHER
und
DIETER-JÜRGEN LÖWISCH

WISSENSCHAFTLICHE BUCHGESELLSCHAFT
DARMSTADT

Einbandgestaltung: Neil McBeath, Stuttgart

CIP-Titelaufnahme der Deutschen Bibliothek

Pädagogisches Denken von den Anfängen bis zur Gegenwart / hrsg. von Wolfgang Fischer u. Dieter-Jürgen Löwisch. – Darmstadt: Wiss. Buchges., 1989
ISBN 3-534-10000-X
NE: Fischer, Wolfgang [Hrsg.]

🔵 Bestellnummer 10000-X

© 1989 by Wissenschaftliche Buchgesellschaft, Darmstadt
Satz: Maschinensetzerei Janß, Pfungstadt
Druck und Einband: Wissenschaftliche Buchgesellschaft, Darmstadt
Printed in Germany
Schrift: Linotype Times, 9.5/11

ISBN 3-534-10000-X

INHALT

Vorbemerkungen. Von Wolfgang Fischer und Dieter-Jürgen Löwisch   VII

Über Sokrates und die Anfänge des pädagogischen Denkens. Von
Wolfgang Fischer   1

Aristoteles. Von Dieter-Jürgen Löwisch   26

Augustinus. Von Dieter-Jürgen Löwisch   38

Thomas von Aquin. Von Dieter-Jürgen Löwisch   49

Nikolaus von Cues. Von Wolfgang Fischer   61

Der Wandel des pädagogischen Denkens im 17. Jahrhundert. Von Karl
Helmer   79

Jean-Jacques Rousseau. Von Jörg Ruhloff   93

Gotthold Ephraim Lessing. Von Dieter-Jürgen Löwisch   110

Immanuel Kant I. Von Wolfgang Fischer   125

Immanuel Kant II. Von Dieter-Jürgen Löwisch   140

Johann Heinrich Pestalozzi. Von Theodor Ballauff   154

Johann Friedrich Herbart. Von Wolfgang Fischer   169

Wilhelm von Humboldt. Von Wolfgang Fischer   185

Georg Wilhelm Friedrich Hegel. Von Dieter-Jürgen Löwisch . .   200

Friedrich Nietzsche. Von Dieter-Jürgen Löwisch   212

Wilhelm Dilthey. Von Wolfgang Fischer   227

Paul Natorp. Von Wolfgang Fischer 242

Jonas Cohn. Von Dieter-Jürgen Löwisch 256

Theodor Litt. Von Dieter-Jürgen Löwisch 273

VORBEMERKUNGEN

Von Wolfgang Fischer und Dieter-Jürgen Löwisch

I

Das vorliegende Buch geht zurück auf die ersten beiden Teile eines Vorlesungszyklus, der unter der Ankündigung ›Ein Überblick über die Geschichte des pädagogischen Denkens‹ im Sommersemester 1984, im Wintersemester 1984/85 und im Sommersemester 1985 an der Universität – Gesamthochschule – Duisburg durchgeführt wurde. Durchweg handelt es sich um die nicht oder nur geringfügig überarbeitete Wiedergabe der vorgetragenen Texte. In der Veranstaltung – hier unberücksichtigt – schloß sich an die einzelnen Vorlesungen eine Aussprache an, in der Rückfragen gestellt, Ergänzungen vorgebracht, erste kritische Einwände formuliert wurden. Zu jedem Kapitel erhielten die Hörer – vornehmlich Studierende in Lehramtsstudiengängen und im Diplomstudiengang Pädagogik in den Anfangssemestern – einen Literaturzettel mit wenigen, ausgewählten Hinweisen auf das zugrundeliegende Werk und auf Sekundärliteratur. Diese Angaben, die im Buch jeweils am Schluß der Beiträge stehen, beanspruchen nicht, den neuesten Forschungsstand zu repräsentieren; schon gar nicht ersetzen sie eine halbwegs umfassende Bibliographie. Vielmehr war die Überlegung, Interessierte zu einem selbständigen, vertieften Studium anzuregen, und das pflegt – nach unseren Erfahrungen – bei denen, die nicht beabsichtigen, Forscher zu werden, durch allzu massierte Verzeichnisse von Büchern und Aufsätzen eher behindert zu werden. Die Anmerkungen, insofern sie nicht bloß die Quelle von Zitaten nachweisen, ergänzen das Vorgetragene, gelegentlich auch die Literaturhinweise. Um den Charakter des Buches nicht zu verändern und den Umfang in Grenzen zu halten, wurde – so schwer es auch fallen mochte – auf ein extensives Dokumentieren von Gelehrsamkeit und ähnlichen schönen Zügen der Autoren in den Anmerkungen verzichtet.

II

Die Intention der Vorlesung war nicht, in einem historischen Sinn in die Geschichte der Pädagogik in ausgewählten, personorientierten Kapiteln einzuführen. Überhaupt war eine – wie auch immer voreingenommene –

Historiographie pädagogischer oder pädagogisch relevanter „Lehren" nicht beabsichtigt. Damit ist nicht gesagt, daß historischem Forschen und Arbeiten – auch im Kontext des Studiums – keine oder eine nur nebensächliche Bedeutung zukommt. Die Vernachlässigung historischer Pädagogik einschließlich der Reflexion ihrer Prämissen und Axiome macht den Kopf gerade nicht frei, sondern begünstigt die Anfälligkeit für definitive Wahrheiten. Allerdings ist es eines, anhand von Dokumenten Ereignisse der Geschichte zu rekonstruieren, und es ist ein anderes, Probleme, die im Laufe der Geschichte sich gestellt haben und zu lösen versucht worden sind, wiederum als Probleme zu vergegenwärtigen und in ihrer sachlichen Bedeutung zu behandeln. Das tilgt nicht ihre chronologische Signatur und ihren Entstehungszusammenhang, und insofern ist die Philosophie der Bildung oder Erziehung beziehungsweise die Allgemeine Pädagogik, der es um pädagogische Grundlegungen in Begriffen und Prinzipien geht, nicht ahistorisch. Aber historisches Erklären und Verständlichmachen – beispielsweise der Karriere der 'Individualität' oder des 'Selbst' zu pädagogischen Fundamentalkategorien mit Orientierungsfunktion – decken nicht die Frage nach der Geltung von Problemformulierungen und Problemlösungsvorschlägen ab. Kurz: Der ins Auge gefaßte ›Überblick über die Geschichte des pädagogischen Denkens‹ sollte in der Darstellung einiger unterschiedlicher, auch einander widersprechender Auffassungen auf die Begründungsthematik und -problematik von Pädagogik aufmerksam machen und in sie als etwas zwar durch und durch Geschichtliches, nicht aber in historischem Zugriff sich Erschöpfendes „einbeziehen".

Von hier aus erklären sich gewisse Eigentümlichkeiten der Vorlesungsreihe und also auch des Buchs. *Erstens:* Es ging und geht nicht um eine um Vollständigkeit und lückenlose Kontinuität bemühte Demonstration des pädagogischen oder eines für die Sache der Pädagogik wichtigen Denkens. *Zweitens:* Ebensowenig ging und geht es darum, jeweils das ganze Werk eines Theoretikers auszubreiten. Oft ist es ein einzelner Zug in ihm, worauf sich Darstellung und Erörterung konzentrieren. *Drittens:* In den meisten Beiträgen wurde auf einige biographische Notizen nicht verzichtet. In ihnen möchten sogenannte geistes- und sozialgeschichtliche Hintergründe anklingen, die den Zugang zu einer „Position" erleichtern. Außerdem sind sie der riskante, weil paradoxe „didaktische" Versuch, über Persönliches den Blick auf die Sache zu lenken, ohne sie zu personalisieren und lebensgeschichtlich zu privatisieren.

In Anbetracht der Intention von Vorlesung und Buch kann der Einwand erfolgen, die kritische Erörterung der zur Sprache gebrachten Denker und Gedanken sei zu kurz gekommen, nur selten und dann kaum über Andeutungen hinausgehend würden kritisch-wertende Bedenken seitens der Verfasser vorgebracht, entschiedene Stellungnahmen fehlten fast gänzlich. Was hierbei als Mangel gerügt werden mag, ist durchaus, soweit es die Zurückhaltung von subjektiven Wertungen betrifft, beabsichtigt gewesen. Im übrigen jedoch ist der Aufgabe der Kritik dadurch Rechnung zu tragen versucht worden, daß auf die Voraussetzungen, Implikationen, argumentativen Konsistenzprobleme der Theorien, freilich ohne sie immer besonders zu betonen, eingegangen wurde. Auch enthalten die Heterogenität und der häufig antithetische Charakter der dargelegten Antworten auf die Begründungsfrage der Pädagogik in sich ein Potential, das auf ein selbständiges, kritisches Erwägen beanspruchter Verbindlichkeit und Vernünftigkeit drängt. Zutreffend allerdings ist der Eindruck, daß der Vorlesung und dem Buch an dem Eindringen in und dem Bedenken von geschichtlich aufgekommenen pädagogischen Grundgedanken mehr gelegen ist als an einer tonangebenden, gar dogmatisch eingefärbten oder direkt mitgeteilten, belehrenden Kritik.

III

Ein paar Bemerkungen müssen noch zur Auswahl und zur zeitlichen Begrenzung getroffen werden; denn ohne weiteres geht aus der Intention nicht hervor, daß mit Theodor Litt der Schlußstein gesetzt ist und beispielsweise zwar Rousseau und Pestalozzi, nicht aber John Locke und Herder Erwähnung gefunden haben.

Erstens und zur zeitlichen Begrenzung: Die Vorlesungsreihe schloß mit einem Teil ab, in dem pädagogische Konzeptionen der jüngsten Vergangenheit und der Gegenwart zu Worte kamen, etwa die Nationalsozialistische Erziehungslehre in Gestalt Ernst Kriecks, die Materialistische Pädagogik, die empirisch-analytische und die kritisch-emanzipatorische Erziehungswissenschaft, die Transzendentalkritische Pädagogik oder auch einzelne Pädagogen wie Wilhelm Flitner, Josef Derbolav, Theodor Ballauff. Ein Grund vor allem legte es nahe, im vorliegenden Buch diesen Teil auszusparen und mit 1933 aufzuhören, wobei Jonas Cohn (1869–1947) und Theodor Litt (1880–1962) darum Ausnahmen bilden, weil ein Großteil ihrer grundlegenden pädagogischen Schriften aus den Jahren vor ihrer erzwungenen äußeren beziehungsweise inneren Emigration datiert. Der Grund ist der folgende. Auf dem Büchermarkt befinden sich mehrere Veröffentlichungen, die – ohne eine übergreifende historische oder systematische Ambition zu verfolgen – in Einzelkapiteln, die sich auf die konkurrierenden Richtungen beziehen, die pädagogische Gegenwartslandschaft mehr oder weniger umfassend, differenziert und subtil schildern und dabei auch die Begründungsproblematik berücksichtigen oder erreichen.[1] Auch wenn man manches anders sieht und

---

[1] Wir erwähnen die folgenden Veröffentlichungen in chronologischer Anordnung:

gelegentlich die philosophische Reflexion der Grundbegriffe, Kategorien, Methoden, Einstellungen vermißt, dürfte an einer Vermehrung der Darstellungen und Erörterungen derzeit aktueller Konzeptionen wenig Bedarf bestehen.

Zweitens und zur Auswahl, um die niemand herumkommt, dem nur eine begrenzte Zeit oder ein begrenzter Raum bei dem Vorliegen eines reichen Materials aus einer nunmehr über 2500 Jahre währenden Geschichte des pädagogischen Denkens zur Verfügung steht: Da das Kriterium der Wirkungsgeschichte, also der objektivierbaren prägenden Auswirkungen eines Ereignisses auf die Nachwelt, ziemlich problematisch ist, um von ihm her auf eine in der Sache liegende Vorzüglichkeit oder Belanglosigkeit zu schließen, kann ihm keine Letztmaßgeblichkeit zugestanden werden, wenn kein spezifisches historisches Interesse dominiert. Auch dürfte – wie anderwärts getroffene Auswahlen begründet werden – der Aktualitätsbezug oder die merkliche Gegenwartsbetroffenheit ungeeignet sein, das eine dem anderen als gedanklich überlegen vorzuziehen. Dem kann jetzt nicht weiter nachgegangen werden. Vermutlich findet sich kein Prüfstein oder Gesichtspunkt, der nicht spätestens bei seiner „Anwendung" eine ihm eigene Unzulänglichkeit offenbart. Das gilt auch für das Kriterium des Klassischen qua Erstrangigen, wenn es etwa näherhin durch Originalität und hohe Bedeutsamkeit bestimmt wird und dann – in einem Sammelband über herausragendes philosophisches Denken – dazu führt, „noch so wichtige Vertreter des Neu-Kantianismus" auszuklammern, während dem ungefähr gleichzeitig lebenden Wilhelm Dilthey die Auszeichnung widerfährt, zum philosophischen Klassiker erhoben zu werden. Dabei wird jedoch generell zugestanden, daß „eine schlechthin objektive Auswahl zu treffen" ein Ding der Unmöglichkeit ist.[2] Dem wird man beipflichten müssen.

Für die Auswahl in Vorlesung und Buch war es ein Gemenge von Aspekten, das schließlich ausschlaggebend war und angreifbar ist. Dazu gehören:

a) Es sollte kein Theoretiker behandelt werden, mit dessen Originaltexten, soweit sie für die Begründungsproblematik der Pädagogik in Frage

---

Rudolf Lassahn, Einführung in die Pädagogik, Heidelberg 1973; Klaus Schaller (Hrsg.), Erziehungswissenschaft der Gegenwart. Prinzipien und Perspektiven moderner Pädagogik, Bochum 1979; Wolfgang Fischer/Dieter-Jürgen Löwisch/Jörg Ruhloff, Arbeitsbuch Pädagogik V: Grundlegende Ansätze der Pädagogik und Erziehungswissenschaft, Düsseldorf 1979; Eckard König/Peter Zedler (Hrsg.), Erziehungswissenschaftliche Forschung: Positionen, Perspektiven, Probleme, Paderborn und München 1982; Rainer Winkel (Hrsg.), Erziehungswissenschaftliche Theorien, Braunschweig 1985.

[2] Vgl. Otfried Höffe (Hrsg.), Klassiker der Philosophie, 2 Bde., Einleitung, München 1981.

kommen, und mit dessen Erforschung in der Fachliteratur die Autoren sich nicht einigermaßen gründlich befaßt haben. Da hierin eine Beschränkung liegt, ist über einschlägige theoretische Bemühungen im 17. Jahrhundert, über August Hermann Francke, über Pestalozzi, Rousseau, Friedrich Schleiermacher und John Stuart Mill durch Gäste referiert worden. Drei Gastvorlesungen sind in das vorliegende Buch eingegangen.

b) Durch die Auswahl sollte wenigstens ansatzweise einer gewissen Vernachlässigung der Anfänge des pädagogischen Denkens im Altertum und seiner Wandlung in der Antike und im hohen und späten Mittelalter begegnet werden. Eine Konzentration der Erörterung pädagogischer Theorien auf die „Neuzeit", wie sie in einigen Veröffentlichungen zu finden ist, greift nicht nur häufig historisch zu kurz,[3] sondern beraubt unser Denken vieler Einsichten und Einsprüche und stabilisiert es in epochenspezifischen Einseitigkeiten, etwa der bloß tradierten Maßgeblichkeit des Subjekts.

c) Gleichfalls um des Aufbrechens einer inhaltlich zweifelhaften Kanonisierung willen, die im Laufe der letzten ca. 150 Jahre in der pädagogischen Geschichtsschreibung – wenn auch nicht insgesamt und voll übereinstimmend – vonstatten ging, sollten gemeinhin nicht oder nur am Rande erwähnte Denker ausführlich dargestellt werden. Es wird sich zeigen, ob der Cusaner, Lessing, Natorp, Cohn, ja selbst Kant es „verdienen", häufig mit Schweigen übergangen zu werden. Diese Lösung vom Üblichen ist nicht als Affront gegenüber den nun hier auf der Strecke Gebliebenen zu verstehen, allerdings auch nicht primär als Ausfluß von Sympathie oder Antipathie oder zufälliger Vertrautheit. Immerhin wurden die Vorsokratiker mit Ausnahme der Sophisten, der „mittlere und späte" Platon, Seneca und überhaupt die Stoa, Erasmus von Rotterdam, David Hume, die Philanthropen, Karl Marx, Ludwig Wittgenstein und andere mehr, zu denen etwas gesagt hätte werden können, dem Zwang zu streichen zum Opfer gebracht.

d) Bereits bei der Vorbemerkung über die Intention wurde darauf hingewiesen, daß der Gesichtspunkt des Kontroversen und Verschiedenartigen eine Rolle spielte. Denn – die Wiederholung sei gestattet und die Rechtfertigung der Auswahl abgebrochen –: nicht Begründungen der Pädagogik, wie sie in historischer Rekonstruktion vorfindlich sind, sollten und sollen im Zentrum der Beschäftigung mit Stationen auf dem Wege pädagogischen Denkens stehen, sondern dieses selbst in seinem geschichtlichen Herkom-

---

[3] Vgl. Wolfgang Fischer, Die Schule des gegliederten Unterrichts und das Problem der Bildung, wo an einem Beispiel zu zeigen versucht wird, daß der Gedanke der Einheit der Bildung auf Platon zurückverweist und ohne Beachtung dieses Ursprungs nicht hinreichend verstanden, geschweige denn auf sein Recht hin geprüft werden kann. – Der Beitrag steht in: Marian Heitger (Hrsg.), Die Vielheit der Fächer und die Einheit der Bildung, Wien 1984.

men, in seinem unvorhersehbaren Wandel, in seiner Antithetik und Unabgeschlossenheit, aber auch in seiner Gefährdung dadurch, daß wir ihm – auch und gerade in einem erziehungswissenschaftlichen Studium unter der Fuchtel beruflicher Qualifikation – keinen Raum belassen.

IV

Abschließend sei Frau Lisbeth Gent, Frau Helga Frankenberg, Frau Dipl.-Päd. Margret Heitmann, Frau Jutta Eichberg, Frau Christiane Lübbert und Herrn Dipl.-Päd. Axel Graf für ihre Arbeit bei der Herstellung des Textes und ihre Unterstützung beim Korrekturlesen gebührend gedankt.

ÜBER SOKRATES
UND DIE ANFÄNGE DES PÄDAGOGISCHEN DENKENS

Von Wolfgang Fischer

Die Geschichte des pädagogischen Denkens in Europa beginnt im 5. Jahrhundert v. Chr. in Griechenland. Das ist ein merkwürdiges, gar befremdliches Ausgangsdatum, und zwar aus folgenden zwei Gründen. *Erstens* kann doch wohl angenommen werden, daß so etwas wie Erziehung und Unterweisung in Gestalt der Übermittlung von Fertigkeiten und von Regeln des Zusammenlebens insbesondere an die jeweils nachwachsende Generation ein – wie man lesen kann – „Urphänomen menschlichen Daseins"[1] ist. Das ist in meinen Augen keine ganz glückliche Ausdrucksweise; denn sie kann leicht dahingehend mißverstanden werden, als ob Erziehen und Unterrichten ein überzeitliches, invariantes Wesensmerkmal des Menschen ausmachen. Eine solche Wesensaussage kann jedoch aus bestimmten, durchaus ernst zu nehmenden Erfahrungen und Theorien, die zugunsten der sogenannten Erziehungsbedürftigkeit menschlicher Lebewesen sprechen, nicht gefolgt werden. Von irgendeinem zeitlosen, ewig wahren, gleichsam hinter den vielfältigen, häufig wechselnden Erscheinungsweisen verborgenen Wesen des Menschen oder von ihm notwendig und allgemeingültig zukommenden wesensmäßigen Momenten wissen wir überhaupt nichts, ohne daß mit dieser Feststellung unserer erkenntnishaften Ohnmacht, was metaphysische Fragen anbelangt, behauptet sein soll, es entbehre jeden Sinns, zum Beispiel von der Vernünftigkeit oder der Willensfreiheit und moralischen Verantwortlichkeit oder der Geselligkeit oder eben auch der „Bildsamkeit" als Wesen des Menschen zu reden. 'Wesen' darf hierbei bloß nicht als eine erwiesene oder beweisfähige, irgendwo residierende und waltende zeitlos-fixe Instanz oder Größe in Anschlag gebracht werden, sondern als stets hochproblematische Auslegung von etwas in bezug auf dessen Sinn oder Bedeutung.

Dem kann und braucht jetzt nicht weiter nachgegangen zu werden. Begegnet werden sollte lediglich der Versuchung, die einigermaßen plausible Annahme, daß so etwas wie Erziehung und Unterweisung ein Urphänomen menschlichen Daseins sei, im Sinne einer „objektiven" anthropologischen

---

[1] So Theodor Ballauff, in: Pädagogik. Eine Geschichte der Bildung und Erziehung, Band I, Freiburg/München 1969, S. 40.

Wesensmetaphysik zu überfrachten. Der Satz meint nicht mehr, als daß schon in vor- und frühgeschichtlichen Zeiten, aus denen uns keine literarischen Zeugnisse bekannt sind, die Heran- oder Nachwachsenden mit Techniken – etwa der Stein-, Metall- oder Keramikbearbeitung – und mit Riten und Sitten – etwa der Götterverehrung oder Totenbestattung – in einem instruierenden Umgang vertraut gemacht worden sein dürften. Angesichts dessen mag es befremdlich erscheinen, wenn vom Beginn des pädagogischen Denkens allererst im 5. vorchristlichen Jahrhundert gesprochen wird.

Zweitens: Noch befremdlicher ist diese Terminangabe, insofern wir aus der in Griechenland historisch ganz gut durch tradierte und literalisierte Quellen bezeugten Epoche seit dem 8. Jahrhundert wissen, daß zumindest in den Kreisen des Adels, später auch im wohlsituierten Bürgertum auf die Erziehung der Söhne mit Sorgfalt geachtet wurde. Ich führe hierzu exemplarisch zwei Belege an. Der erste greift auf Homer zurück, von dem Platon ziemlich am Schluß seiner Abhandlung über den Staat (Pol. 606 E) zu berichten weiß, daß er noch zu seiner Zeit von vielen Leuten als derjenige angesehen wird, der mit seiner Dichtung ganz „Griechenland erzogen" habe.

Homer selbst hat mit hoher Sicherheit um 750 herum gelebt, und man erblickt in ihm gemeinhin – nach vorherrschender Meinung der Experten wohl kaum haltbar – den Verfasser der beiden Großepen ›Ilias‹ und ›Odyssee‹. Natürlich handelt es sich bei ihnen nicht um historische Berichte, sondern um phantastische Gewebe aus überlieferten Volkserzählungen und Mythen, die zu je einer zusammenhängenden Geschichte komponiert worden sind. Gleichwohl sind in ihnen Elemente enthalten, die die tatsächlichen Gegebenheiten der homerischen Epoche widerspiegeln, sozusagen hineinversetzt in die Sagen vom Kampf um Troja und von der Heimkehr des listenreichen Odysseus.

Ein solches Element, die Erziehung betreffend, findet sich im 9. Buch der ›Ilias‹ (440 ff.). Wir erfahren, daß der Hauptfigur des Epos, dem zu ruhmreichen Taten auserkorenen Achilleus, von dessen königlichem Vater ein dem Adel angehöriger Mann namens Phönix mit dem Auftrag beigesellt worden war, sich des Jungen anzunehmen. Von Kindesbeinen an wird Achilleus von Phönix betreut (485 ff.), und als jener, zum Manne herangewachsen, als Führer der Achaier im Trojanischen Krieg sich bravourös hervorgetan hat, sagt ihm rückblickend sein inzwischen alt gewordener väterlicher Freund:

Du warst jung noch und wußtest nichts vom Kampfe, der keinen verschont,
noch vom Rat, wodurch würd'ge Männer sich hervortun.
Darum hatte (dein Vater) mich abgesandt, dich alles zu lehren,
um überlegten Rat erteilen und große Taten vollbringen zu können.

Unter Hinzunahme weiterer einschlägiger Stellen sind wir imstande, aus Homers Werken eine recht genau „umrissene Form der Erziehung" seiner

Zeit zu rekonstruieren: diejenige nämlich, „die der junge Adlige aus den Ratschlägen und dem Vorbild eines älteren empfing, dem er zu seiner Ausbildung anvertraut worden war" (Marrou[2]).

Der andere Beleg stammt aus jüngerer Zeit. Er dokumentiert, daß Lehren und Lernen, vielleicht schon in schulähnlichen Einrichtungen,[3] gewiß jedoch in der damals üblichen Gestalt der durchaus nicht unsinnlichen Liebe von Männern zu Knaben und Jünglingen, weite Verbreitung gefunden haben, so daß die aristokratische Herrenschicht samt ihren konservativen Parteigängern sich teilweise gedrängt sah, das um sich greifende Bemühen um Wissen und damit das potentielle Kundigsein von prinzipiell jedermann verächtlich zu machen. Man befürchtete wohl, seines geistigen Vorsprungs und seiner angestammten Vorrechte dadurch verlustig zu gehen, daß Krethi und Plethi, also das Volk, aus der Leitung und Bevormundung durch den Adel ausbrechen könnten, und pochte plötzlich nicht länger auf die bislang höfischen Kreisen vorbehaltene „Erziehung" als dasjenige, wodurch die Tüchtigkeit des Menschen allererst verbürgt werde, sondern auf das rechte Geblüt, auf adlige Abstammung, möglichst von Göttern oder Heroen.

Repräsentativ hierfür ist die Dichtung Pindars, der im Umbruch vom 6. zum 5. Jahrhundert lebte. Von ihm kennen wir eine große Anzahl lyrischer Chorlieder, die er im Zusammenhang mit den regelmäßig stattfindenden vier großen panhellenischen Wettspielen in Olympia, Delphi, Isthmia und Nemea verfaßt hat. Aus drei seiner Oden stammen die folgenden Verse:

Gewicht hat nur, wem rühmlicher Sinn von Geburt aus eigen ist.
Wer nur besitzt, was er erlernt, als dunkler Mann von unsteter Art tritt er niemals auf mit sicherem Fuß. An tausend hohen Dingen schmeckt er unsättigt herum (Nem. III 40–42).

Weise ist, wer vieles weiß von Geblüt.
Doch die nur von Gelerntem Zehrenden krächzen Raben gleich an gegen (den Adler), Zeus' göttlichen Vogel (Olymp. II 86–88).

Denn von den Göttern her . . . erwachsen die (wahrhaft) Kundigen und die mit Händen Großes Vollbringenden und der Rede Mächtigen (Pyth. I 41–42).[4]

---

[2] Henri Irénée Marrou, Geschichte der Erziehung im klassischen Altertum, Freiburg/München 1957, S. 22.

[3] Wenn man dem Redner Aischines (390/89–ca. 315) Glauben schenkt, dann muß es zur Zeit Solons (ca. 640–ca. 560) bereits Schulen gegeben haben, da Solon eine Verordnung erlassen habe, die den Zutritt zu Schulen allen dem Knabenalter Entwachsenen untersagte. Der Hintergrund hierfür war sicherlich die Befürchtung, die Liebhaber der Knaben könnten die Schulordnung durcheinanderbringen. Vgl. zur Geschichte der Schule von 600–300 Kenneth J. Freeman, Schools of Hellas, London 1932.

[4] Übersetzt nach der Ausgabe von John Sandys ›The Odes of Pindar‹ (London

Eine solche Geringschätzung des Lernens, falls es nicht im Verbund mit dem herausgehobenen Stand der Fürsten und Adligen steht, läßt darauf schließen, daß die Erziehung am Ausgang des 6. und zu Beginn des 5. Jahrhunderts längst nicht mehr nur ein allgemeines, kaum ausdifferenziertes „Urphänomen menschlichen Daseins" oder ein schon einigermaßen entwikkelter Bestandteil der Kultur einer kleinen, herrschenden Oberschicht war, sondern daß sie im Bürgertum der inzwischen entstandenen Städte dabei war, festen Fuß zu fassen. Es fing an, die Regel zu werden, Kinder zu Lehrern zu schicken und sie im Schreiben und Rechnen, vor allem aber in Gymnastik, in Musik und in der Literatur, d. h. in der Lektüre Homers und anderer Dichter, unterrichten zu lassen. Die älteren Jungen holten sich weiteres Wissen und lebensdienlichen Rat im Gespräch mit ihren erwachsenen Liebhabern, und es liegt nahe anzunehmen, daß im Zuge einer so in den Vordergrund tretenden allmählichen Pädagogisierung des Kindes- und Jugendalters mancher „Bürgerliche" im Blick auf Kenntnisse und Tüchtigkeit in den privaten wie öffentlichen Angelegenheiten den vortrefflichsten Adligen in nichts anderem mehr nachstand, als daß kein blaues Blut in seinen Adern floß. Denn die andere gravierende, nichtgenetische Differenz zwischen Adel und Bürgertum, daß jenem nämlich ausgedehnte Latifundien gehörten, diesem höchstens ein bescheidenes Haus und der Grund, worauf es stand, hatte, seit im 7. Jahrhundert die Münzgeldwirtschaft sich durchgesetzt hatte und der macht- und einflußspendende Reichtum nicht mehr in Metern, sondern in Drachmen und Talenten errechnet wurde, ihre Bedeutung zusehends eingebüßt. Aber hiervon, d. h. von der ökonomisch-sozialen Veränderung in der altgriechischen Gesellschaft, soll nicht weiter berichtet werden. Gewiß war sie eine Voraussetzung oder wichtige Randbedingung dafür, daß Erziehen und Unterrichten immer größeres Gewicht im Leben aller Menschen erhalten konnten. Nichts jedoch spricht dafür, den geschichtlichen Wandel – er betreffe Völker, Kulturen, die Pädagogik oder was auch immer – letztlich und ausschließlich auf „Sozioökonomisches"

1978). – Der Aversion Pindars gegen diejenigen, die er – vermutlich mit Seitenblick auf die Dichter Simonides und Bakchylides, die aus unvornehmen Häusern kamen – die „nur gelernt Habenden" nennt, widerspricht nicht die bekannte Formel „Werde, wie beschaffen du (von Natur her) bist, da du gelernt hast" (Pyth. II, 72). Auch der von den Göttern Bevorzugte bedarf des Lernens. Aber ohne von rechtem Geblüt zu sein, wird kein Mensch durch Lernen es zu Heldenhaftem bringen. Vgl. hierzu Albin Lesky, Geschichte der griechischen Literatur, Bern und München [2]1963, S. 217–234; Hermann Fränkel, Dichtung und Philosophie des frühen Griechentums, München 1962, Kap. VIII c. Die pädagogische Relevanz wird thematisiert bei Werner Jaeger, Paideia, 1. Bd., Berlin [4]1959, S. 271–291, und knapp bei Th. Ballauff, a. a. O., S. 41–43.

zurückführen und in historisch-materialistischer Gesetzlichkeit erklären zu können. Das ist ebenso unerweislich und logisch fatal wie eine idealistische Geschichtsschreibung, die ganz und gar auf ein höheres geistiges Prinzip als Motor der Geschichte setzt.

Ich kehre zum Hauptgedanken zurück! Hinzuweisen war eingangs, daß lange schon vor dem 5. Jahrhundert v. Chr. in Griechenland die jungen Menschen nicht ohne Belehrungen aufwuchsen, in vor- und frühgeschichtlichen Zeiten wohl eher in der Weise einer beiläufig sich ereignenden Einführung in die Mythen, in Gebräuche und Techniken der Stammesverbände, spätestens seit dem 9./8. Jahrhundert in Form einer ausdrücklich arrangierten Unterweisung, zunächst auf den Adel beschränkt, dann auf das Bürgertum in den Stadtstaaten übergreifend. Was soll angesichts dieses Sachverhalts die Rede, daß erst im 5. Jahrhundert, genauer in dessen zweiter Hälfte, es mit dem pädagogischen Denken einen Anfang genommen habe, da doch nichts dafür spricht, daß das zeitlich vorhergehende „pädagogische Handeln" – sei es als ein in andere Lebensvollzüge eingebundenes, sei es als ein eigens institutionalisiertes – ein gedanken-, gar bewußtloses war? Man erwartete doch gewiß, daß kraft oder dank der Unterweisung die Heranwachsenden zu irgendeiner vorgegebenen oder vorschwebenden allgemeinen oder speziellen Tauglichkeit befähigt und ertüchtigt würden, der Gemeinschaft und sich selbst zu Nutzen und Ansehen, wozu es „von alleine" nicht kommen könnte. Und die Selbstverständlichkeit, mit der dieses archaische Erziehen, Beeinflussen, Einüben, Vertrautmachen mit den alten Mythen sowie den Sitten und Regeln vonstatten ging, darf nicht dahingehend mißverstanden werden, als ermangelte es aller Bewußtheit, sei also ein quasi-instinktives, dumpfes Feldgeschehen gewesen. Was also heißt es, der Beginn des pädagogischen Denkens in Europa sei im 5. Jahrhundert in Griechenland anzusetzen?

Gemeint ist, daß erst in dieser Zeit Erziehen und Unterrichten zu einem eigenen, begrifflich formulierten Problem der theoretischen Reflexion geworden sind. Was bislang ohne sonderliches Nachdenken über seine Notwendigkeit, seine Möglichkeit, sein Maß und Ziel, seinen Sinn, auch seine Inhalte und methodische Ausgestaltung erfolgte, wurde nun als Gegenstand unausweichlicher rationaler Erörterung, Begründung und Kritik entdeckt, besser: aufgebracht. Die vormaligen Selbstverständlichkeitsüberzeugungen vom Zweck, von der Funktion, von der schichtengebundenen Reservierung und Rationierung, von der Leistungskraft und -grenze des Lehrens und Lernens gerieten in eine unaufhaltsame Krise, zu der der Zerfall sowohl der sozialen Zusammenhalt und persönlichen Halt spendenden Mythen wie auch des nicht auf das städtische Leben zugeschnittenen alten Ethos, das Aufkommen demokratischer Vorstellungen, der Einfluß philosophischer, mitunter atheistischer Lehren über den Kosmos und die Natur, nicht zuletzt die

Expansion des Wissens und des Lernens selber sowie manches weitere mehr das ihrige beitrugen. Kurz: Die herkömmliche Erziehung verlor gleichsam Stück um Stück ihren sozusagen naturwüchsigen Boden unter den Füßen; es bedurfte einer neuen Fundamentierung, Orientierung, Legitimierung, die sich auf das Denken des Begriffs der ungewohnte Ausmaße annehmenden Sache der Unterrichtung und Erziehung verwiesen sahen. Es verwundert nicht, daß wir jetzt erst auf das Wort stoßen, in dem das problematisch Gewordene begrifflich zusammengefaßt, als etwas Eigenes thematisiert und vor allem nach seinem Sinn oder Zweck sowie den angemessenen Mitteln und Wegen – frei von bindenden traditionell-inhaltlichen Vorgaben – allein in Argumenten zu erwägen versucht wurde. Ich meine das Wort beziehungsweise den Begriff 'paideia', der im Deutschen am besten mit 'Bildung' wiederzugeben ist, worin sich nunmehr das Unterrichten und Erziehen zu rechtfertigen und zu erfüllen haben. Erstmalig begegnet 'paideia', noch wenig spezifisch, in der Tragödie des Aischylos ›Die sieben gegen Theben‹, die 467 in Athen aufgeführt wurde. Von da ab ist es der Zentralbegriff, um den das pädagogische Denken in der Antike kreist.[5]

Eine letzte, historisch hinleitende Bemerkung muß noch erfolgen, ehe endlich auf Sokrates die Rede kommen wird. Es wäre nämlich ungerecht, überdies das Verständnis des Späteren erschwerend, diejenigen wenigstens nicht einmal beim Namen zu nennen, die als erste sich um die Pädagogik und ihre Theorie verdient gemacht haben. Es sind die Sophisten, an ihrer Spitze der um 490/480 herum geborene Protagoras aus Abdera. Als wissende, „weise" Männer durchzogen sie die griechischen Lande, ließen sich für mehr oder minder lange Zeit in den Städten nieder und anerboten sich, gegen in der Regel stattliche Honorare in Form einer bislang nicht bekannten allgemeinen, höheren Bildung die Bürgerlichen wie Adligen tüchtig und tugendhaft machen zu können, um in den öffentlichen und privaten Angelegenheiten wohlberaten, einfluß- und erfolgreich zu sein. Mit anderen Worten heißt das, sie setzten programmatisch ganz auf eine prinzipiell jedermann, faktisch allerdings nur den Begüterten zugängliche Lehre in bestimmten, nicht auf einen Beruf oder Stand bezogenen Studienfächern, zum Beispiel Mathematik, Literaturinterpretation, Grammatik, vor allem und zentral Rhetorik und Disputierkunst, und wer bei einigermaßen guten Anlagen sein Pensum ordentlich erledigt hätte, der – so lautete ihr Versprechen – würde ein guter und trefflicher, gar vollkommener Mensch sein.

[5] Bei Aischylos bezieht sich 'paideia' (V. 18) noch relativ unbestimmt auf Kinder (paides), die zu Bürgern geworden sind. Bereits eine Generation später dürfte 'paideia' sowohl die Bemühung, einen dem Kindesalter entwachsenen Menschen in Wort und Tat wohlberaten und tüchtig zu machen, als auch die spezifische Theorie hierüber bezeichnen. Vgl. dazu Platons Dialog Protagoras, in dem die Titelfigur zwar als älterer Mann auftritt, aber „bereits viele Jahre" (317 C) das Geschäft der paideia betreibt.

Das waren gewiß hochtrabende, mitunter auch Ärgernis erregende, aber durchaus keine leeren Worte. Dahinter dürfte bei Protagoras, über dessen Ansichten wir nur aus zweiter und dritter Hand, von einigen authentischen Fragmenten abgesehen, informiert sind, u. a. die folgende Begründung gestanden haben. Die Leute ermahnen, tadeln, ja bestrafen immer dann einen Mitmenschen, wenn er etwas Schädliches, Unangemessenes, Gesetzwidriges angerichtet hat oder anzurichten im Begriffe steht, falls der Betreffende, modern formuliert, zurechnungsfähig ist. Dabei wird immer schon insgeheim unterstellt, daß das Schlecht- und auch das Rechthandeln nicht von Natur oder schicksalhaft über uns kommt, sondern wesentlich abhängig ist von jemandes „Bemühung, Übung und Unterrichtung". Diese Unterstellung ist auch der verborgene Grund dafür, weswegen von Anfang an, sobald ein Kind nur etwas verständig ist, ihm gezeigt wird, was recht oder unrecht, was zu tun oder zu unterlassen sei. Denn so spiele sich doch die Aufzucht schon immer ab – und ich zitiere jetzt mit einigen Auslassungen eine dem Protagoras in den Mund gelegte Passage aus dem seinen Namen tragenden Frühdialog Platons (325 Cff.).

Sobald das Kind versteht, was man ihm sagt, bemühen sich die Amme, die Mutter, der (zur Aufsicht eingesetzte) Pädagoge und selbst der Vater um die Wette, daß es möglichst aufs beste gedeihe. Bei jedem Tun und Reden des Kindes belehren . . . sie . . . (es), und wenn das Kind willig gehorcht, dann ist es gut; andernfalls biegen sie es wie ein krumm gewordenes Holzstück durch Drohungen und Schläge zurecht.

Daraufhin schicken sie es in die Schule und bedrängen Lehrer, um Zucht und Anstand der Kinder weit besorgter zu sein als um das Lernen des Schreibens und Lesens und des Spielens auf der Kithara. Und die Lehrer tragen dem (durchaus auch) Rechnung, und wenn die Kinder so weit sind, daß sie das Geschriebene verstehen . . ., dann legen sie zur Lektüre ihnen auf den Bänken die Werke der großen Dichter vor und lassen sie sie auswendig lernen. Darin finden sich viele Ermahnungen, auch viele . . . Lobpreisungen trefflicher Männer der Vergangenheit, damit das Kind sie bewundernd nachahme und danach strebe, ebenso zu werden. Und auch die Lehrer im Kitharaspiel bemühen sich um Sittsamkeit und darum, daß die jungen Leute nichts Schlechtes tun . . . Sie erzwingen (geradezu), daß Rhythmus und Harmonie den Seelen der Kinder vertraut werden . . .; denn das ganze Leben des Menschen bedarf der Gemessenheit und Wohlgefügtheit.

Überdies schicken (die Eltern) die Kinder zum Turnlehrer, damit sie in besserer körperlicher Verfassung der (ihnen beigebrachten) rechten Sinnesart (ohne körperliche Beschwer) zu Diensten sein können . . . Und so halten es vor allem die, die es am besten vermögen. Am besten jedoch vermögen es die Reichsten; ihre Söhne fangen am frühesten an, in die Schule zu gehen, und hören am spätesten damit auf. Sind sie aber aus der Schule gekommen, dann nötigt sie die Stadt, sich die Gesetze einzuprägen und gemäß diesen zu leben . . . Es wird also sowohl zu Hause wie öffentlich viel Sorge für die (menschliche) Tüchtigkeit aufgewendet, (so daß weder Verwunderung noch Zweifel darüber am Platze sind, daß sie lehr- und erlernbar ist).

Protagoras reflektiert also, was wohl die vernünftige Voraussetzung ist, die sowohl der gängigen erzieherischen Praxis wie auch dem tadelnden Umgang der Bürger mit ihresgleichen, insofern sie Unrecht tun, zugrunde liegt. Es wäre ja unsinnig, so kann man das Ergebnis zusammenfassen, auch nur den geringsten Aufwand in Sachen einer allgemeinen menschlich-bürgerlichen, auf Klugheit, Gerechtigkeit, Tapferkeit usw. abzielenden Ertüchtigung zu treiben, wenn nicht, von wenigen Ausnahmen abgesehen, jedermann das Zeug in sich hätte, durch „Belehrung, Übung und Anstrengung" gut werden zu können. Daß es gleichwohl manche relativ Ungeratenen gibt, liegt dann in erster Linie daran, daß es mit dem Belehren und Erziehen nicht zum besten bestellt ist.

Besonders in seiner – des Protagoras – Zeit reichte nun aber die alte Erziehung generell nicht mehr aus. Früher stand immerhin fest, was gerecht, was ungerecht, was tapferes, was feiges Verhalten war; das ganze private und gemeinschaftliche Leben war in Mythen, in Sitten, in ein wohlgeordnetes hierarchisches Sozialgefüge eingebunden. Man lehrte und lernte, was unbestritten faktisch in maßgebender Geltung stand und was jemandem an seinem Platze zu tun oblag. Genau diese Gewißheit war nicht mehr vorhanden; man könnte sagen, die großen, anspornenden Wörter wie Besonnenheit, Mut, Frömmigkeit, Gerechtigkeit hatten ihren eindeutigen, verbindlichen Inhalt eingebüßt, standen gewissermaßen als leere Hülsen zur Disposition, um neu gefüllt zu werden. Dieser Aufgabe mußte sich die Pädagogik zuwenden, nicht jedoch dergestalt, daß sie mit neuen „normativen" Inhalten aufwarten könnte; denn ein Allgemein-Verbindliches von absolutem Rang zu dekretieren vermochte weder sie noch irgendeine andere Instanz oder Disziplin. Protagoras scheint klar erkannt zu haben, daß von nirgendwoher mehr eine „objektive", „allgemeingültige", nicht im Formalen verbleibende Antwort auf die Fragen zu erwarten ist, was gut, fromm, gerecht – oder auf entsprechende Ausdrücke unserer Tage ausgedehnt – was menschlich, friedfertig, fair bedeutet. Sein wohl berühmtester Satz, der an der Spitze seines verschollenen Buchs über die Wahrheit stand, daß nämlich „der Mensch das Maß aller Dinge ist" – ein Satz, der zunächst Front machte gegen die Lehre, es gebe eine unbedingte, vom Subjektiven abgelöste richtige Erkenntnis vom Sein des Seienden, zum Beispiel von der wahren Qualität eines wahrgenommenen Gegenstandes –, dieser Satz war vielleicht auch dagegen gerichtet, hinsichtlich der menschlichen Tugendhaftigkeit oder Vollkommenheit ein Maß finden zu können, das unveränderlich, ein für allemal zum Beispiel das „Sein" der Gerechtigkeit enthält und den Menschen zuspricht.[6]

---

[6] Über die interpretatorischen Schwierigkeiten des Homo-Mensura-Satzes informiert knapp Andreas Graeser, in: Die Philosophie der Antike 2, München 1983,

Man hat das häufig für subjektivistischen Relativismus gehalten, so als habe Protagoras die Auffassung vertreten, es sei sachlich völlig gleichgültig, weil in der puren Zufälligkeit subjektiver Befindlichkeit oder Willkür verankert, ob jemand etwa die Ungleich- oder die Gleichbehandlung von Reichen und Armen oder die Rückerstattung geliehenen Geldes für gerecht ausgibt. Nach meinem Dafürhalten ist das eine irrige Interpretation; es wäre auch schwer begreiflich, was noch ein Lehren im Wissensfeld der Tugenden soll, wenn das erstbeste, beliebige subjektive Gutdünken oder wenn private Meinungen, Ambitionen und Interessen ein durch Erkenntnis unkorrigierbares Maß des Handelns wären. Vielmehr scheint die Überlegung die gewesen zu sein, daß bei Abwesenheit einer unveränderlichen und unbedingten Wahrheit des Seins, gleichermaßen bezogen auf die Dinge und Verhältnisse wie auf unser Wollen und Tun, ohne daß wir doch offensichtlich auf den Anspruch von Richtigkeit oder Gerechtigkeit verzichten können, gar nichts anderes übrigbleibt, als auf den Menschen als Maß zu rekurrieren. Dazu paßt der verbriefte, gleichermaßen anstößige wie mutige Ausspruch des Protagoras: „Über Götter freilich vermag ich nichts zu wissen, weder daß sie sind noch daß sie nicht sind noch von welcher Beschaffenheit. Denn vieles gibt es, was das Wissen hindert: die Verborgenheit (ihrer Existenz und Gestalt) und daß das Leben des Menschen kurz ist."

Gilt nun die Ungewißheit nicht bloß für Göttliches, dann verbleibt niemandem sonst als dem Menschen, ermessen zu müssen, was zum Beispiel gerecht oder fair genannt zu werden verdient. Das aber heißt noch lange nicht, daß der subjektivistischen Beliebigkeit darum schon Tür und Tor geöffnet sind. Es heißt nur, ein außer- oder übermenschliches oder auch ein zwischenmenschlich ermittelbares absolutes Maß ist uns zu wissen nicht gewährt. Darum ist es pädagogisch vonnöten, da die Lehrbarkeit der allgemeinmenschlichen Tüchtigkeit ja nach wie vor als fast erwiesen gelten, nicht jedoch sich in Gestalt einer Vermittlung von fraglos in Kraft stehenden Sitten, Vorbildern, Einstellungen, Grundanschauungen erschöpfen kann, was höchstens für das Kindesalter vorbereitend in Frage kommt – ich sage: darum ist es pädagogisch vonnöten, so jedenfalls Protagoras, daß – erstens – besondere, dieser Aufgabe gewachsene „höhere" Lehrer in Erscheinung treten und daß – zweitens – das Alter nach der Kindheit ausdrücklich für die „eigentliche" Bildung des Menschen reserviert wird. Bildung aber besagt, die jungen Leute wohlberaten zu machen für die auf sie zukommende Erledigung ihrer eigenen und vor allem der öffentlich-politischen Angelegenheiten, und wohlberaten ist der, der bei den Sophisten gelernt hat, das

Kap. I, 1. Ich gehe darauf nicht ein. Unterstellt wird von mir allerdings, daß Protagoras' Pädagogik in engster Verbindung mit seinen Schriften zu sehen ist und daß in diesen *ein* Grundgedanke in verschiedenen Problemkomplexen erörtert wird.

Zuträgliche[7] für sich und die anderen herauszufinden und es dann im Streit der Überzeugungen zum Siege zu führen. Hierzu bedarf es eines möglichst umfassenden, enzyklopädischen, nicht auf ein professionelles Spezialistentum einseitig ausgerichteten Wissens, insbesondere jedoch der Kunst des Redens, des Disputierens, des Streitens, ohne welche man das, was man etwa im Bereiche der „objektiv" unbegreiflichen Gerechtigkeit für das Zuträgliche befunden hat, nicht zustimmungsfähig und schließlich durchsetzbar zu machen imstande ist.

Es geht jetzt nicht darum, das pädagogische Konzept der Sophisten, unter denen sich natürlich auch ein paar durchtriebene Windhunde, Scharlatane, Wortverdreher befanden, detailliert darzustellen. Es geht auch nicht um die Prüfung der Stärke der von Protagoras vorgelegten Argumente und Überlegungen. Da hätte man doch seine Zweifel anzumelden etwa hinsichtlich der logischen Stringenz, wenn von der vermeintlich allfälligen erzieherischen Praxis ziemlich schnurstracks auf eine universale und schlechthinnige Lehrbarkeit der Tugend rückgeschlossen wird. Oder man könnte an anderer Stelle einwenden, daß die Neufüllung der inhaltsleer gewordenen Tugend der Gerechtigkeit durch das individuell und sozial Zuträgliche, das es dann entschieden durchzusetzen gelte, keine sehr befriedigende Lösung des Problems ist. Zumindest in der rhetorisch-politischen Durchsetzungsphase des für zuträglich Erachteten ist die Gefahr der dogmatischen Versteifung und somit eines Weisheitsdünkels ausgesprochen groß; die Politiker damals und heute dokumentieren in übergroßer Zahl dieses Gefangensein in einer einmal eingenommenen Position. Aber um alles das geht es nicht. Zu zeigen war, daß und wie bei den häufig pauschal diffamierten Sophisten Pädagogik zum ersten Mal als ein eigenes philosophisches, d. h. auf den Begriff der Sache gehendes Problem der theoretischen Reflexion auftaucht und in der Person des Protagoras respektabel durchdacht wird. Erziehung und Unterricht erhalten Grund und Maß nicht mehr gleichsam von außen, von den bestehenden Verhältnissen oder ihnen vorgeordneten Leit-, Welt- oder Menschenbildern her, sondern ihre Notwendigkeit und ihr Sinn werden im Gedanken der paideia, der Bildung, erwogen, und für Protagoras bedeutete das, die Menschen in der ihnen hypothetisch zukommenden Belehrbarkeit durch „höheren" Unterricht zur die Dinge und Verhältnisse ermessenden Selbständigkeit und Ansehnlichkeit sowie zur Durchsetzungsfähigkeit

---

[7] Zum „Modebegriff" des Zuträglichen im 5. Jahrhundert vgl. Olof Gigon, Sokrates, Bern [2]1979, S. 251: Aufgabe des Erziehers „ist es nicht, diesen oder jenen Begriff der Gerechtigkeit als falsch zu erweisen; denn es gibt keinen falschen Begriff der Gerechtigkeit. Aber er soll die Menschen in einen Zustand bringen, daß sie die Gerechtigkeit in ihrem nützlichen Aspekt erkennen" und „Einsichten" folgen, „die zwar nicht wahrer sind als andere, die aber an sich oder in bestimmten Konstellationen die schlechthin nützlicheren sind".

des von ihnen für berechtigt qua zuträglich oder nützlich Gehaltenen gelangen zu lassen. –
Ich wende mich nunmehr Sokrates zu. Wie verstand er die Bildung des Menschen? Worin sah er sie gegründet, gerechtfertigt, und welche Gestalt mußte sie demnach im Vollzuge annehmen, um nicht sich selber in den Rükken zu fallen? Die Fragen bekommen ihr besonderes Gewicht dadurch, daß Sokrates bekanntlich auf Grund seines Umgangs mit den Bürgern Athens, insbesondere den jungen, unter Anklage gestellt, für schuldig befunden, zum Tode verurteilt und schließlich hingerichtet wurde. Angelastet wurde ihm, daß er – so lautete wortwörtlich die uns gut überlieferte Anschuldigung – Unrecht begangen habe, „indem er die Götter, die die Stadt verehrt, nicht verehrt, sondern andere, neue dämonische Dinge einführt, und indem er die Jugend verführt". Das war formal ein Verbrechen des Religionsfrevels. Aber dieser höchst dehnungsfähige Straftatbestand mußte wohl nur mangels eines geeigneteren dazu herhalten, um Sokrates unschädlich zu machen, weil viele, vor allem politisch Verantwortliche, sein Treiben für beunruhigend, ja ruinös für die Stadt hielten. Dabei hatte Sokrates sich vollkommen aus allen politischen Geschäften, gar Kämpfen herausgehalten, geschweige denn, daß er Umstürzlerisches im Sinne gehabt hätte.[8] Nichts dergleichen konnte ihm nachgewiesen werden; seinen Bürgerpflichten hingegen hatte er – unwiderlegt – Genüge geleistet. Das Ärgernis, das Sokrates erregt hatte, muß mithin ganz und gar mit dem zusammenhängen, wie er sich mit jung und alt, Einheimischen und Fremden, Prominenten und einfachen Leuten in Gespräche eingelassen hatte, falls man geneigt war, ihm Rede und Antwort zu stehen. Diese Gespräche kennzeichnete er selber ihrer Intention nach als von der Art, daß sie geeignet sein könnten, den Menschen zu bewegen, nicht primär dafür Sorge zu tragen, wie er am meisten zu Geld, zu Ansehen und zu Ehre(n) gelangt, sondern bedacht zu sein auf Einsicht, auf Wahrheit und darauf, daß es um die Seele aufs beste bestellt sei (Plat. Apol. 29 Eff.). Man kann das, obwohl Sokrates nie als irgend jemandes Lehrer aufgetreten ist und also dem Unterrichten offensichtlich nicht die wesentliche Rolle für die Bildung eingeräumt hat, als ein pädagogisches Programm interpretieren, so daß Sokrates ein Opfer seiner Pädagogik, besser vielleicht: ein Opfer der Unverträglichkeit von pädagogischem Denken und Handeln, wie er es verstand, einerseits, von Politik und einem alltäglichen Leben, das in An- und Vorsichten statt in Einsichten sich

---

[8] Zur Apolitie des Sokrates vgl. meine beiden Aufsätze: a) Über Sokrates, Politik und Bildung, in: Gerd Stein (Hrsg.), Geschichte, Politik, Pädagogik, Kastellaun 1975, S. 55–73; b) Über die Apolitie des Sokrates, in: Franzjörg Baumgart u. a. (Hrsg.), Emendatio rerum humanarum – Erziehung für eine demokratische Gesellschaft, Frankfurt a. M. 1985, S. 133–147.

eingerichtet hat, andererseits geworden ist, ohne daß übrigens von einer Rechtsbeugung seiner Richter gesprochen werden darf. Was also, das ist die zentrale Frage, hat es mit seiner Pädagogik auf sich? Was sprach Sokrates ihr als Grund und Maß, als ihren Begriff zu?

Die Beantwortung der Frage stößt auf eine große Schwierigkeit. Sokrates hat nämlich keine einzige Zeile hinterlassen, und was wir in den alten Quellen über ihn erfahren, ist – erstens – historisch wenig verläßlich, auch uneinheitlich, und – zweitens – schildert es ihn nie als „Theoretiker", sondern stets nur als Handelnden. Das ist der doppelte Grund dafür, daß im Laufe der Zeit über ihn die unterschiedlichsten Auffassungen verbreitet worden sind und daß mit ihm – mitunter in erschreckender Leichtfertigkeit – alles mögliche in Verbindung gebracht wurde, zum Beispiel eine (sokratische) Lehrmethode in der Unterweisung von Kindern oder daß er „die Innerlichkeit des Menschen" erwecken wollte – als hätte er im vorigen Jahrhundert gelebt. Unbestritten ist eigentlich bloß, daß unter seinem Namen etwas bis dahin noch nicht Dagewesenes Ereignis geworden ist und Folgen in der europäischen Geschichte, und zwar nicht bloß der der Philosophie und Pädagogik im engen Sinne, gezeitigt hat, die immer wieder zu der Beschäftigung mit dem Rätsel Sokrates nötigten und nötigen, das vermutlich nie definitiv gelöst werden wird. –

Ich werde zunächst etwas dazu sagen, wer Sokrates war. Daran anschließen wird sich eine knappe, unvollständige Charakteristik dessen, was er Ungewöhnliches tat und was ihm teils Bewunderung und Verehrung, teils Haß, Anklage und Hinrichtung einbrachte. In einem dritten Abschnitt werde ich versuchen, das pädagogische Denken des Sokrates zu interpretieren und auf den Punkt zu bringen. Ich gehe hierbei von folgenden vier Annahmen aus, die ich jetzt nicht ausführlich begründen und erörtern kann.[9]

Erstens: Es hat einen Mann namens Sokrates gegeben; denn auch das ist bestritten worden.

Zweitens: Die zeitgenössischen Quellen, die von ihm handeln oder in denen er in Erscheinung tritt, gar Hauptfigur ist, sind entweder, was die Gestalt des Sokrates angeht, zum erheblichen Teil Dichtung, oder sie verfolgen eine apologetische Tendenz, in der sich wiederum viel Dichtung und wenig historisch verläßliche Wahrheit mischen. Das ist nicht als Tadel ihrer Verfasser zu verstehen; denn für sie war Sokrates kein Gegenstand gewissenhafter Geschichtsschreibung, sondern der alle Früheren und Gegenwärtigen geistig überragende Mensch, der als solcher zu beglaubigen und lebendig zu erhalten war, dem man sein eigenes geistiges Dasein verdankte und hinter

---

[9] Vgl. zum Folgenden Olof Gigons Sokratesbuch, dem ich mich weitgehend anschließe. Über drei gravierende Abweichungen informiert mein Aufsatz ›Über die Apolitie des Sokrates‹.

dessen großem Namen man sein eigenes Philosophieren verbarg, um etwa im Streit der Adepten als der rechte Nachfolger anerkannt zu werden. Drittens: Als Hauptquelle sind die (frühen) Dialoge Platons anzusehen, der fast ausnahmslos in allen seinen ca. 25 „echten" Büchern Sokrates in den Mittelpunkt stellt. Hierfür spricht ganz äußerlich, daß Platons Dialoge im Unterschied zu den höchstens bruchstückhaft überlieferten Schriften der übrigen sogenannten Sokratiker – von Xenophons Sokratika abgesehen – vollständig erhalten sind und daß Platon jahrelang im engsten Umkreis des Sokrates gelebt, auch beim Prozesse, nicht jedoch in der Todesstunde anwesend war. Xenophon hingegen hat bei aller Begeisterung für Sokrates ihn nur kurze Zeit persönlich gekannt, und sein nur mäßig entwickelter Sinn für schwierige Probleme läßt ihn als gute Quelle für sokratisches Denken nicht in Frage kommen.

Viertens: Ein sozusagen werkimmanentes Kriterium zugunsten des Quellenwerts der platonischen Frühschriften ist dieses, daß sie sich – wie ich meine – von den späteren Arbeiten Platons recht deutlich abgrenzen lassen. Lexikalische und stilistische Eigenarten fallen auf; inhaltlich unterscheiden sie sich; der Schluß fällt mehr oder weniger aporetisch aus, d. h., er bietet keine Lösung des behandelten Themas, sondern stürzt den Leser in eine vertrackte Problemlage, die alles Erreichte wieder rückgängig, gar noch verworrener als zu Beginn der Dialoge macht. Das ist in den späteren Schriften Platons nicht mehr in gleicher Deutlichkeit so. Man könnte sagen, Platon hat sich unter Beibehaltung der Figur des Sokrates von dessen ihn nicht länger befriedigenden Auffassung gelöst, ist zu einer eigenständigen Konzeption von Pädagogik und Philosophie vorgedrungen, die man vereinzelt als geradezu antisokratisch bezeichnet hat. So weit möchte ich nicht gehen; aber eine scharfe Differenz zwischen den frühen und den mittleren sowie späten Schriften des Platon ist kaum zu übersehen. Meine These ist die folgende: In den frühen Dialogen und in der von ihnen her interpretierten ›Apologie des Sokrates‹, also Platons Bericht über Prozeß und Verurteilung, ist die Eigenart des Sokrates noch aufspürbar, während er später gleichsam nur Sprachrohr platonischer Überlegungen ist. „Aufspürbar" heißt hierbei, daß auch die Frühdialoge in bezug auf den in ihnen erscheinenden Sokrates weitestgehend Fiktion sind: die Gespräche, die Gesprächspartner, die Rahmenhandlungen, selbst die Gestalt des Sokrates sind nicht authentisch, können es gar nicht sein, weil historisch vieles nicht zusammenpaßt. Gleichwohl gehe ich aus dem genannten werkimmanenten Grund nicht so weit, von einer totalen Unfaßbarkeit des Sokrates und eines für ihn charakteristischen Denkens und Handelns zu sprechen.

Ich breche diese in der Kürze der Zeit nicht hinreichend einsichtig zu machenden Darlegungen der Hauptannahmen für die tatsächliche Existenz eines sokratisch-pädagogischen Denkens ab und zähle nur noch die wichtigsten platonischen Frühdialoge auf, die dem Folgenden zugrunde liegen. Es sind: die Dialoge Laches, Charmides, Lysis, Protagoras, Euthyphron, das 1. Buch des ›Staates‹, Euthydemos und – der Chronologie nach nicht streng dazugehörig – die Apologie. Alle sind höchstwahrscheinlich erst Jahre nach dem Tod des Sokrates verfaßt. –

Und nunmehr zum ersten Abschnitt, der Auskunft darüber geben soll, wer Sokrates war! Hält man sich an das, was als einigermaßen gesichert und nicht hinzugedichtet gelten kann, dann ist das in großer Kürze zu erledigen.

Geboren wurde Sokrates um 470 in Athen. Sein Vater war vermutlich Steinmetz, also Handwerker, seine Mutter vielleicht Hebamme; er stammte also aus sogenannten einfachen, wiewohl nicht ärmlichen Verhältnissen. Über seine Kindheit und Jugend wissen wir nichts, auch nicht, daß er den Beruf eines Bildhauers erlernt und ausgeübt habe. Erstmalig erwähnt wird er in einer 423 in Athen aufgeführten Komödie des Aristophanes, in der er die Vorlage für eine wenig appetitliche Rolle eines verkrachten Naturphilosophen und Sophisten abgibt. Das ist biographisch nicht ernst zu nehmen, weist jedoch darauf hin, daß er damals bereits eine stadtbekannte, etwas absonderliche Person gewesen sein mag. Die ihm dabei nachgesagte Nähe zur Naturphilosophie und zur Sophistik kann als pauschalierende Verächtlichmachung aller „Aufklärer" durch den konservativen Aristophanes vernachlässigt werden; Sokrates entwickelte, wie später zu zeigen sein wird, gegenüber beiden Strömungen einen ganz anderen „Ansatz".

Historisch gut gesichert ist hingegen, daß Sokrates verheiratet war und drei Söhne hatte. Der Name seiner möglicherweise ersten von vielleicht zwei Frauen ist allgemein bekannt. Sie hieß Xanthippe. Was allerdings in der Weltliteratur ihr an schlechten Eigenschaften angehängt wurde, entspringt schon in der Antike einsetzender Gehässigkeit und könnte eher dafür sprechen, daß Sokrates trotz seiner ziemlich konstanten Verliebtheit in Jungen und junge Männer zu deren eifersüchtelndem Leidwesen ein recht ordentliches, unauffälliges Familienleben führte. Wir wissen es nicht. Gleichsam aktenmäßig fest steht aber, daß er an einigen Feldzügen als schwerbewaffneter Soldat teilnahm, woraus zu schließen ist, daß er nicht unbegütert war; denn die Anschaffung der nicht billigen Ausrüstung eines Hopliten ging zu Kosten der Bürger. Schließlich fungierte er im Jahre 406 als eine Art durch Los bestimmter Stadtrat von Athen und hatte im Rahmen dieses Amtes routinemäßig einige Zeit den Vorsitz in der Ratsversammlung inne, wobei er erfolglos gegen seine Kollegen und die Mehrzahl des Volkes für die Unverletzlichkeit des Gesetzes focht.

Angeklagt wegen Religionsfrevels und Jugendverführung wurde er 399, in seinem 71. Lebensjahr. Für schuldig befanden ihn 281 von 501 Richtern; 300 oder gar 361 erkannten im zweiten Teil des Prozesses, in dem das Strafmaß festzulegen war, auf den Tod durch das Gift des Schierlingskrautes. Die

Hinrichtung fand einige Tage später statt, ohne daß Sokrates die Chance genutzt hätte, aus Athen zu fliehen. Er achtete den Spruch des Gerichts, auch wenn er unrecht war, höher als die Rettung seines Lebens, worin zugleich die Mißachtung des Gesetzes überhaupt zum Ausdruck gekommen wäre. Mehr über sein Leben wissen wir verläßlich nicht. Jedoch kennen wir aus übereinstimmenden Beschreibungen und bald schon nach seinem Tod geschaffenen, in Kopien überlieferten Porträtplastiken etwas von seinem Aussehen. Danach zu urteilen war er nicht gerade ein Adonis. Manche Sokratesexperten halten überdies noch des Sokrates' Glaube „an etwas, das er das Daimonion nannte", für historisch „echt". Dabei soll es sich um eine innere Stimme gehandelt haben, die ihn gelegentlich davor warnte, einen Entschluß in die Tat umzusetzen. Ich glaube, gute, jetzt nicht des näheren erläuterbare Gründe dafür zu haben, diese göttliche Stimme in das Reich der verklärenden Sokrates-Dichtung verbannen zu dürfen. Immerhin – und nur dieses hierzu – antwortete Sokrates, als sein Freund Kriton ihn nach der Verurteilung zur vorbereiteten Flucht aus dem Gefängnis animierte:

> Deine Hilfsbereitschaft, lieber Kriton, ist viel wert, wenn sie mit einer gewissen Rechtlichkeit verbunden ist; wenn aber nicht, so ist sie um so lästiger, je größer sie ist. Wir müssen also (skeptisch) in Betracht ziehen, ob wir (deinen Vorschlag) praktizieren dürfen oder nicht. Denn nicht erst jetzt, sondern immer schon habe ich es so gehalten, daß ich nichts anderem Folge leiste als dem logos, d. h. der Einsicht, die nachdenkend-abwägend sich mir als die beste zeigt (Kriton 46 B).

Von einem Daimonion findet sich nichts. –

Im zweiten Abschnitt ist eine komprimierte Charakteristik dessen zu geben, was Sokrates tat; denn auf irgendeinen, gar theoretischen Text von ihm kann – wie gesagt – nicht zurückgegriffen werden, und die ihm von Platon in der Verteidigungsrede in den Mund gelegten, sein Tun und Lassen rechtfertigenden Ausführungen – sie mögen dem Tenor nach stimmen oder auch nicht – waren für gewählte Richter aus dem Volke bestimmt, denen die Unschuld, mehr noch die Unschädlichkeit des Handelns zu demonstrieren, nicht aber mit theoretischen Betrachtungen zu kommen war. Wie können wir uns den Umgang des Sokrates mit jungen und alten Menschen, mit Handwerkern, Dichtern, Politikern, Sophisten vorstellen? Was war das Besondere daran, wenn er – auf- oder unaufgefordert, häufig in Begleitung von Freunden – auf dem Markt, in den Gymnasien oder in den Häusern das Wort an sie richtete? Wo hakte er sozusagen ein? Und was folgte danach?

Es waren die sogenannten großen, wichtigsten Dinge, über die irgendwer ordentlich Bescheid zu wissen glaubte oder mit denen er zu Rande zu kommen trachtete und die nicht mehr dank der unangefochtenen Geltung verbindlicher mythischer und ethischer Grundanschauungen einen festen Gehalt hatten, der dem individuellen und sozialen Leben Gewißheit, Zuversicht, Maß und Richtung gab, die Sokrates' Aufmerksamkeit und spezifische Aktivität erregten. Da dichtete etwa – so mag es konkret vorstellbar sein – ein Dichter viel Schönes darüber, wie schwer es sei, ein trefflicher Mann zu werden; ein anderer sprach in hehren Strophen vom Tod als dem schlimmsten aller Übel. Oder ein Politiker war überzeugt, daß es von Natur her gerecht sei, dem Leistungsstärkeren mehr Macht, Anspruch und Gewinn einzuräumen als dem weniger Tüchtigen und Erfolgreichen. Oder ein in seiner Kunst versierter Handwerker urteilte mit der gleichen Selbstsicherheit, die ihm in seinem Metier gut anstand, über das, was die Generationen sich gerechterweise wechselseitig schuldeten. Oder ein Sophist war sich seiner Sache sicher, daß die menschliche Tugendhaftigkeit, wenn man es nur auf sophistische Weise richtig anstelle, gelehrt und gelernt werden könnte wie jede vom Wissen abhängige „gewöhnliche" Tätigkeit. Oder ein ungefähr 16/17jähriger Junge, den sein Vormund und viele andere für besonders besonnen hielten, glaubte, wenn auch nicht ohne einen leisen Zweifel, daß ihm durchaus dieses ihn auszeichnende und ihn für Führungsaufgaben prädestinierende Prädikat zukäme. Sein Vormund gar wußte definitiv, daß Besonnenheit dies ist, zu wissen, was man weiß und was man nicht weiß. Kurz: Nicht irgendein fachliches Wissen und Können, wie es Ärzte, Baumeister, Handwerker besaßen, auch nicht die mathematischen oder astronomischen Kenntnisse, zu denen man es gebracht hatte, waren Gegenstand sokratischen Intervenierens. Hierfür waren gegebenenfalls die Fachgenossen beziehungsweise Fachlehrer zuständig, und mit dieser Zurückhaltung des Sokrates drückte er keine Geringschätzung dessen aus, was die Menschen zur Fristung oder Bewältigung der Nöte ihres Daseins zu brauchen glaubten.

Aber daneben und die sozusagen handfest-wissensmäßig zu bewältigenden Aufgaben übersteigend gab es den Bereich von Urteilen und Fragen, der sich nicht auf Anschauung und Erfahrung und auf erfahrungsgebundene Erklärung und Kontrolle reduzieren läßt, sondern der dem Erfahren und dem aus Erfahrung folgenden Handeln immer schon und allererst Sinn, Maß und Richtung weist. Erfahrbar mag zum Beispiel sein, daß eine gewisse körperliche Ertüchtigung die Ängstlichkeit eines jungen Menschen abzubauen imstande ist und er sich künftighin mutiger in bedrohlichen Lagen verhält. Weiß der dergestalt erfahrene Lehrer, der gewissermaßen einer Muterziehung sich verpflichtet weiß, aber auch allein aus Erfahrung, ob der trainierte Mut prinzipiell gut oder nützlich, gar „menschlich" ist, so zwar, daß er unerläßlich zur Bildung des Menschen gehört? Weiß er weiterhin aus Erfahrung, was Mutigsein vernünftigerweise bedeutet, nachdem keine hierfür verbindlichen Beispiele oder maßgebenden Muster mehr in Kraft sind? Ist etwa auch ein solcher Mensch noch unleichtfertig, d. h. nicht nur Schablonen nachbetend oder einem dumpfen Empfinden verhaftet, mutig zu nennen, der angesichts einer erdrückenden Überzahl von Feinden unter allen Umständen kämpfend auf seinem verlorenen Posten aushält? Wo ist die Grenze zur Dummheit, zum Fanatismus, zur Ruhmsucht oder zur Toll-kühnheit zu ziehen, und wenn eine solche Grenzziehung nicht ohne Sinn ist, was ist dann von einer didaktisch noch so perfekten Erziehung zum Mut (oder zur Wahrhaftigkeit oder zum Frieden usw.) zu halten, die nicht vor-dringt zu dem Problem, was es mit dem Mutigsein des Menschen begrifflich auf sich hat? Die genannten Fragen heben zwar mit oder an der (sprachlich vermittelten) Erfahrung an, etwa der, daß ein in Ängsten Verstrickter es gemeinhin zu nichts Herausragendem bringt. Aber die apodiktische, d. h. mit dem Bewußtsein der Notwendigkeit verbundene Setzung der Erziehung zur Tugend des Mutes entspringt nicht aus der Erfahrung, läßt sich nie und nimmer durch sie ohne Rest begründen und bestimmen. Gleichwohl wird eine Muterziehung „in der Praxis" fast immer aus der Felsenfest-Über-zeugung vom unbedingten Wert des Mutes und als ob über ihn begriffliche Klarheit bestünde vollzogen.

Verallgemeinert heißt dieses an den wohl frühesten platonischen Dialog ›Laches‹ lose anknüpfende Beispiel, daß Sokrates immer dort einhakte, wo jemand in den nicht erfahrungsmäßig lösbaren beziehungsweise gelösten Angelegenheiten behauptete, einigermaßen oder gar definitiv wissend zu sein. Das betraf nicht die spekulativen Themen, über die sich die Naturphi-losophen des 6. Jahrhunderts und noch seiner Zeit ausließen. Sokrates holte die Philosophie vom Himmel herab und fragte nach dem, was im all-täglichen Leben und Erfahren begrifflich oder in Gestalt von Grundsätzen als naiv hingenommene oder vermeintlich gewußte maßgebende Beweisun-terlage fungierte und doch nicht mehr als leere Wörter, Ahnungen oder bloß subjektiv für wahr Gehaltenes sein mochte.

Wo immer Sokrates auf solcherlei traf, hielt es ihn nicht. Da trat irgend-ein Mensch in Erscheinung, der sich seiner Sache, was etwa die menschliche Tüchtigkeit, die Gerechtigkeit, die Weisheit, die „Wahrheit" der Gesund-heit oder der Bildung anbelangt, sicher war oder der glaubte, sich ihrer abschließend versichern zu können. Ihm mußte auf den Zahn gefühlt wer-den; denn war sein Wissen ohne Makel, dann hatte er ja den Schlüssel in der Hand, um aus dem Elend einander widerstreitender oder auch sich und die Mitmenschen täuschender Meinungen herauszukommen oder auch um dem Mißbrauch erhabener, aber lediglich der Bemäntelung egoistischer Zwecke dienender, zur hohlen Phrase abgesunkener Wörter ein Ende zu be-reiten. Hier setzte die sogenannte Elenktik des Sokrates ein: er stellte den anderen zur Rede; er fragte ihn, was er denn genauerhin meine, wenn er bekundete, in irgend etwas oder gar überhaupt die gerechte, humane, zu-trägliche Lösung gefunden zu haben; er prüfte, ob an der vorgebrachten Überzeugung etwas dran war, womit sie zu imponieren trachtete, d. h., ob sie logisch konsistent, ob sie bis zu Ende durchdacht und wider mögliche Einwände widerspruchslos durchzuhalten war; er widerlegte sie und überführte den vermeintlich Wissenden eines anmaßenden Dünkels, wenn sich das Gewisse als fadenscheinig oder löchrig entpuppte. Dieser Dreischritt – Fragen, Prüfen, Widerlegen – wird die sokratische Elenktik genannt; das Wort bedeutet Erforschung, Prüfung, Widerlegung in einer Sache und ineins damit Überführung von jemanden als in Falschem befangen.

Es ist jetzt nicht die Zeit, diese Elenktik in ihrer manchmal ärgerlichen Realisation an Beispielen vorzuführen und zu erörtern, etwa in jenem Fall, wo Sokrates dem bereits flüchtig erwähnten ca. 16/17jährigen Jungen namens Charmides, der nicht ausschloß, daß ihm die Tugend der Besonnenheit einwohne, ohne jede konstruktive Hilfe in einem fast inquisitorischen Ausfragen demonstrierte, daß er nicht recht weiß, wovon er überhaupt redet. Allgemein ist zur sokratischen Elenktik festzustellen, daß sie in den Darlegungen des anderen in der Regel irgendeine scheinbare Kleinigkeit aufgreift, die logisch schwach oder inhaltlich vage oder eine nicht berücksichtigte Voraussetzung oder Folge ist. Von ihr her erfolgt die Prüfung des Behaupteten, und das Resultat lautet jedesmal, daß das geltend gemachte Wissen bestenfalls hypothetisch, meistens jedoch von kardinalen Fehlern und Lücken durchsetzt ist.

Es scheint mir nun ein verbreiteter Irrtum zu sein, wenn in diesem Zusammenhang immer wieder geschrieben wird, Sokrates sei insofern ein Ironiker gewesen, als er das negative Resultat seiner Nachforschungen insgeheim immer schon gewußt habe und zielsicher darauf losgesteuert sei, offen aber den Eindruck erweckt habe, von dem anderen etwas Bedeutsames lernen zu können. Das mag vereinzelt so gewesen sein. Aber wir haben – meine ich – keinen ausreichenden Hinweis darauf – die Ausführungen Platons über die Berufung des Sokrates zur Philosophie in der ›Apologie‹ (21 A ff.), denen man als biographisch Verläßlichem nicht trauen darf, ausdrücklich eingeschlossen [10] –, daß Sokrates dogmatisch wußte, daß er nichts weiß und die anderen schon gar nichts. Mit anderen Worten: Sokrates war kein Agnostizist, der die Anstrengung des Begriffs nur ironisch meinte. Ihm war es vielmehr ernst mit seinen Untersuchungen, und weil es ihm ernst damit war, konnte er allerdings nicht durchgehen lassen, wenn jemand wissend zu sein behauptete und sein logos, sein Satz oder Begriff, doch nicht der Überprüfung der ihm eingeräumten Maßgeblichkeit und Allgemeingültigkeit standhielt. Er mußte von seinem Podest heruntergeholt und in seiner aus subjektiver Einbildung statt aus begrifflicher Erkenntnis stammenden Substanz widerlegt werden. War das vollbracht, waren Sokrates und sein

---

[10] Vgl. Gigons Ausführungen Kap. II, 2 (S. 93–112). – Für eine detaillierte Darstellung und Begründung des hier nur Angedeuteten verweise ich auf meine in Arbeit befindliche umfangreiche Studie ›„Über Sokrates“. Eine Einführung in pädagogisches Denken‹, die voraussichtlich 1990 erscheinen wird.

Gesprächspartner so recht in die Rat- und Ausweglosigkeit geraten, der Unzulänglichkeit dessen bewußt, was vor der Untersuchung sonnenklar zu sein schien, dann wandte Sokrates sich von dannen, gelegentlich mit dem kaum tröstlichen Bemerken, er sei wohl kein guter Erforscher der problematischen Sache gewesen; denn sonst hätte ja etwas Ersprießliches herauskommen müssen.

Søren Kierkegaard hat das in seiner Dissertation von 1841 den „Standpunkt der unendlichen Negativität" des Sokrates genannt.[11] Etwas Positives zu bieten sei er offensichtlich außerstande gewesen, und insofern war Sokrates aufrichtig, als er in seiner Verteidigung mit einiger Emphase sagte: „Eigentlich aber bin ich nie irgend jemandes Lehrer gewesen." Das ist nicht nur als Zurückweisung des Vorwurfs der Jugendverführung und als Abgrenzung von den Sophisten zu verstehen, die mit beachtlichen Gründen davon ausgingen, daß Wohlberatenheit, menschliche Tüchtigkeit und Ansehnlichkeit im Medium eines allgemeinbildenden, höheren Wissens und Könnens lehrbar seien. Es ist vielmehr als genereller Zweifel aufzufassen, ob mit Lehren und Lernen im Bereich der wichtigsten Grundfragen des Lebens so voranzukommen ist, daß dort, wo keine Antworten auf die uns unabweisbar bedrängenden Probleme mehr aus der Tradition vorgegeben sind, die gleichwohl nach Lösungen suchende menschliche Vernunft nicht beinahe zwangsläufig Schein für Sein, Irrtum für Wahrheit, Einbildung für Begriffe, bloß subjektiv für zuträglich Befundenes für die „Sache" nimmt, sich darin festkrallt und zum Gefangenen ihrer Überzeugungen wird. Anders gewendet: Sokrates bringt in seiner Zurückweisung des Lehrens, verwirklicht in seinen Gesprächen und ausdrücklich bekannt in seiner Verteidigung, zum Ausdruck, daß ihm, dem Lehrer, nicht die Bedeutung zukommt, die die Sophisten oder wer auch immer ihm beimessen, nämlich den Menschen gebildet, kalos kai agathos, schön und gut, wohlgeraten und wohlberaten zu machen. Wie aber ist zu begreifen, daß seine Elenktik es vermag?

Wir befinden uns bereits mitten im dritten Abschnitt, der eine Interpretation der sokratischen paideia oder auch „epimeleia psyches", d. h. Sorge um die Seele, anzudeuten versucht. Ausgegangen muß wohl von der gleichen Situation werden, vor die bereits die Sophisten sich gestellt sahen. Die großen, auf die menschliche Tüchtigkeit und die wesentlichen Lebensprobleme bezogenen Worte hatten ihre allgemeinverbindliche, halt- und richtunggebende Kraft eingebüßt. Darum nahmen die Sophisten unter der Prämisse einer gewissen Lehr- und Bestimmbarkeit aller nicht im Spekulativen sich verflüchtigenden Dinge auch gerade die höchsten unter ihnen in ihr pädagogisches Programm auf; sie verhießen, daß der Mensch aus sich her-

---

[11] Über den Begriff der Ironie mit ständiger Rücksicht auf Sokrates, München und Berlin 1929, S. 227.

aus auf dem Boden ausgesuchten Wissens und sich durch Lernen zu eigen gemachter formaler Fähigkeiten ein Maß aufstellen und durchsetzen könne, das die öffentlichen und privaten Angelegenheiten in zuträglich-nützlicher Weise zu bewältigen und ihn selbst tugendhaft-tüchtig zu werden gestattete. Man kann auch sagen, sie postierten erstmalig in der Geschichte das Subjekt ins maßgebende Zentrum des Lebens; auf den Menschen als Subjekt, in sein Ermessen und Bestimmen fiel, was bislang in mythisch-religiösen Anschauungen und im Ethos seine Bestimmtheit hatte.

Hierin – so sehe ich es – scheint Sokrates eine Gefahr erblickt zu haben. Nicht, daß er glaubte, die Uhr der Geschichte zurückdrehen zu können; die archaischen Zeiten und Verhältnisse waren unwiederbringlich dahin! Aber die sophistische Hinwendung zum Subjekt – pädagogisch: zu dessen Ermächtigung – überwand nicht nur nicht das Elend streitig-dogmatischer Rechthaberei unter den Menschen, bei der am Ende der vielwissende Wortgewaltige oder der im Schmeicheln Perfekte gemeinhin den Sieg davonträgt oder es zu einer unüberwindlichen Frontenbildung derer kommt, die je für sich reklamieren, den richtigen Weg gefunden, die angemessene Entscheidung getroffen zu haben. Sie verkannte auch – und das wiegt weit schwerer –, daß nicht das Subjekt, an dem nicht mehr vorbeizukommen war, das Sinn und Maße aufzeigende Denken aufbringt, sondern daß das Denken das Subjekt aufbringt. Denn nur denkend sagt es zum Beispiel, daß ihm dies oder das aus angebbaren Gründen das vernünftig Gebotene ist oder zu sein scheint. Wann aber dürfte es sich in erhabener Souveränität als dem Denken gleichsam entwachsen, als bei sich als auf einem (einigermaßen) absolut sicheren Fels angelangt betrachten? Doch erst dann, wenn es nichts mehr zu denken gibt, wenn alles ohne Rest und ohne Fehl oder wenn eine thematisierte Sache in allen ihren Beziehungen rückhaltlos und restlos durchdacht ist! So aber, zumindest tendenziell, traten die Politiker, die Dichter, die Handwerker, traten jung und alt auf: als hätten sie zu Ende gedacht oder stünden kurz vor dem Ziel, wissend, was die menschliche Tüchtigkeit, die Besonnenheit, Tapferkeit und vor allem die Gerechtigkeit ist.

Auf diese sophistisch geförderte Selbstgewißheit der Subjekte bezog sich des Sokrates' Fragen, Prüfen und Widerlegen, und der verdeckte positive Impuls dabei war, die Menschen, falls sie nur dem Scheine nach als ihrer Sache sicher sich erwiesen, wieder oder überhaupt erst einmal dem Denken angehörig werden zu lassen. Darum deckte er ohne Schonung die Blößen in ihren Aussagen auf, machte sie auf ausgeblendete Zusammenhänge und Probleme aufmerksam, rückte Unbeachtetes in ihren verfestigten Vorstellungshorizont. Der griechische Ausdruck für diese positive Seite der Elenktik heißt Skepsis: das Umschau haltende, Neues in den Blick nehmende und erwägende Sich-Los- und Herauslösen aus dogmatisch-positioneller Verranntheit.[12] Das aber muß der einzelne Mensch selber in die Wege leiten. Zwar wird ein gemeinsames skeptisches Philosophieren den Vernunftmängeln einer Überzeugung oder der unvollkommenen Lösungskapazität vorhandenen Wissens auf den Leib rücken. Aber ob jemand dadurch sich ins Um- und Weiter-Denken bewegen läßt, steht in niemandes Macht, ist gerade nicht durch Erziehung und Unterricht zu bewerkstelligen. Insofern sind das Lehren und Lernen, denen durchaus ein hoher Stellenwert im Werdegang des Menschen zukommt, nicht dasjenige, worauf es letztlich pädagogisch ankommt. Die paideia des Menschen als seine Zugehörigkeit zum Denken läßt sich nicht machen, mitteilen, vermitteln oder erwerben. Darum erschöpfte sich die sokratische Pädagogik im begriffliche Rechenschaft fordernden Fragen und skeptischen Philosophieren. Eine wiß- und lehrbare Antwort auf die Grundfragen des Lebens vermochte sie nicht zu geben. Hierauf bezog sich mit einem gewissen Recht der Tadel eines Sophisten namens Kallikles. Er akzeptierte das sokratische bildende Philosophieren, wenn es mit Maßen in der Jugend sozusagen als altersangemessenes Training eines unabhängigen Geistes betrieben wird. Wer aber „über die Zeit hinaus philosophiert", der werde in allem unerfahren bleiben, worin ein geachteter Mann erfahren sein müsse: außerstande werde er sein, jemals ohne Wenn und Aber gewaltig und geschickt seine Stimme in der Öffentlichkeit zu erheben und *seiner* Sache zum Durchbruch und zum Siege zu verhelfen (Gorg. 484 C ff.). –

Nur noch in Form eines kurzen Anhangs soll ein Wort über Platons pädagogisches Denken verloren und jener Aspekt dabei herausgestellt werden, in dem er von Sokrates abgewichen ist. Daß damit Platon keine Gerechtigkeit widerfährt, braucht nicht eigens erwähnt zu werden.[13] Unberücksich-

---

[12] Die sokratische Skepsis sollte vom antiken, besonders Pyrrhonischen Skeptizismus unterschieden werden, der selber eine dogmatische Grundeinstellung ist. Der Skeptizist gibt vor zu wissen, daß alles in einem unentscheidbaren Widerstreit gleich gut oder schlecht begründeter Urteile steht. Darum enthält er sich dezidierter Feststellungen und verfolgt das Ziel, nichts definitiv gelten zu lassen. Die sokratische Skepsis hingegen kann als eine methodische verstanden werden. Sie weiß nicht im voraus, ob ein vorgebrachter Satz oder ein vorhandenes Wissen der Überprüfung standhält. Sie läßt sich allerdings auch nicht von der Selbstgewißheit beeindrucken, mit der jemand seine Position vertritt. Ihr fragender Zweifel berücksichtigt, daß reklamierte Wahrheit nicht Produkt oder Leistung eines Subjekts als Maß aller Dinge sein könnte, sondern daß es auf das gemeinsame Durchdenken von Gründen ankommt, wohinter alles Subjektive zurückzutreten habe. Man kann auch sagen, daß in der Skepsis das zum Mittelpunkt des Lebens gewordene Subjekt auf das Denken als ein Maß zurückbezogen wird, um das, dem es sich verdankt, nicht zu vereinnahmen und sich als Instrument willfährig zu machen.

[13] Über Platons Begründung der Pädagogik handeln u. a.: Julius Stenzel, Platon

tigt bleibt insbesondere, daß er nach einigen bitteren politischen und
menschlichen Enttäuschungen und wohl auch aufgrund der Gespräche, die
er in der von ihm gegründeten Akademie gepflogen hat, im hohen Alter
zu einem ganz von Sokratischem gereinigten, beinahe als restaurativ zu
bezeichnenden Verständnis vom Sinn und von der Aufgabe der paideia gelangt ist: Überhand nehmen die Momente der Gewöhnung und Über-
redung; die noch immer anvisierte menschlich-bürgerliche Tüchtigkeit nimmt
die Gestalt einer vorschriftsmäßigen, rechten „Gesittung und Gesinnung"
an, die dem Kinde bereits in dirigistischem Eingriff und spielerischem Üben
beizubringen und ein Leben lang zu kultivieren ist; für die Philosophie
bleibt kein Raum mehr, da ihr offensichtlich abgesprochen wird, „als letzte
Instanz im Felde der Praxis" [14] in Frage zu kommen. Das war nicht Platons
Überzeugung, als er etwa zwei Jahrzehnte vorher in den 70er Jahren des
4. Jahrhunderts einen ersten pädagogischen Entwurf entwickelt und niedergeschrieben hat. Am geschlossensten dargestellt finden wir ihn in seinem
Werk über den ›Staat‹, und das, was Grund und Maß der Bildung anbelangt, steht im VII. Buch. Es beginnt mit dem wohl kaum anders als genial
zu nennenden „Höhlengleichnis", das Platons Worten zufolge „von der
Natur" des Menschen „in bezug auf (seine) Bildung und Unbildung" handelt
und der älteste systematisch ausgearbeitete Text zur Pädagogik ist.

Hier nun tritt uns Folgendes entgegen. Der Prozeß der paideia setzt
– nicht anders als bei Sokrates – bei den Menschen an, die in Vorurteilen verstrickt, in Ansichten und Meinungen befangen sind, die ihr Leben nach dem
Maße ihrer Wünsche, Ängste und Erfahrungen einrichten. Während Sokra-
tes es aber damit ein Bewenden haben ließ, elenktisch-skeptisch die Men-
schen auf die Unzulänglichkeit und Fragwürdigkeit ihrer Einbildungen und
Behauptungen aufmerksam zu machen, nimmt Platon sie in die strenge
Zucht einer Lehre. Seine Lehre hat jedoch wesentlich nichts mit der der
Sophisten gemein. Diese glaubten, durch Mehrung des Wissens, das sie den
Seelen ihrer Schüler einsetzten, sie von Tag zu Tag und „so alle Tage zum
Besseren" fortschreiten zu machen (Prot. 318 A). So jedenfalls charakteri-
siert Platon ihre Tätigkeit. Das in seinen Augen Falsche, ja Verhängnisvolle
daran ist, daß ihnen unbemerkt geblieben ist, daß der „Stoff" ihrer ver-
meintlich zur Wohlberatenheit führenden Unterweisung gleichsam noch

der Erzieher, Leipzig 1928; Theodor Ballauff, Die Idee der Paideia, Meisenheim/
Glan 1952; Wolfgang Fischer, Über das Lehren und Lernen von Philosophie bei
Platon oder: Die dem Menschen eigentlich zukommende Bildung ist das Philo-
sophieren; aber das Philosophieren ist nicht jedermanns Sache, in: Zeitschrift für
Pädagogik 29 (1983), S. 71–86.

[14] Vgl. die Einleitung von Olof Gigon zum Band VII der Jubiläumsausgabe sämtlicher Werke Platons, Zürich und München 1974.

immer der der gewordenen und vergänglichen Welt der Erscheinungen ist und folglich gar nicht dazu taugen kann, zu einer Einsicht dessen vorzudringen, was ein jegliches, was vor allem das Gute an sich selber ist. Bildendes Lehren muß darum – metaphorisch gesprochen – den Blick wegwenden von den kommenden und gehenden Erscheinungen, muß die Fesseln der Wahrnehmung und Erfahrung, worauf auch bei größtem Umfang kein Verlaß ist, zerstören. Daß aber der so aus dem Dunkel der Erkenntnislosigkeit pädagogisch herauszuführende Mensch in die Helle und Klarheit eines begründeten, unwandelbaren Wissens tritt, hat darin seinen substantiellen Grund, daß alles, was uns erscheint – die Dinge, die Verhältnisse, das für gerecht Ausgegebene und Getane – nur die Schatten oder Abbilder ihrer dem „natürlichen" Auge verborgenen Ideen sind.

Zu diesen Ideen ist Platon durch seine Auseinandersetzung mit der Geometrie gekommen; denn „die geometrischen Gegenstände, von denen die theoretischen Sätze der Geometrie handeln" – wie etwa der Satz von der Winkelsumme im ebenen Dreieck –, „sind Ideen"[15], an denen die Mannigfaltigkeit zum Beispiel empirisch gegebener oder konstruierter dreieckiger Figuren, die nie zur Gültigkeit des Summensatzes der Innenwinkel führt, nur teilhat. Was nun den geometrischen Erscheinungen recht ist, muß allem, was in der Erscheinung stets bloß bedingtermaßen faßbar ist, soll es nicht jeden Sinns entbehren, billig sein, und die idealen Gegenstände der Geometrie zeugten Platon dafür, daß wir es hierbei nicht mit Hirngespinsten, sondern mit dem wahrhaft Seienden zu tun haben. Also muß auch „hinter" den streitigen Reden über das, was fromm, was tapfer, was gerecht ist, samt den erscheinungshaften Verhaltensweisen, die fromm oder tapfer oder gerecht genannt werden, eine jeweils unbedingte Idee der Frömmigkeit usw. stehen, die allerdings niemand zu Gesicht bekommt, der in üblichalltäglicher Weise dahinlebt und erzogen wird. Er verbleibt – mit noch so viel Tatsachenwissen ausgestattet – im Zustand der Unbildung und Einbildung, hält „die Schatten des Gerechten" für die Gerechtigkeit oder rekurriert auf den weichen Begriff des für ihn und das Gemeinwohl Zuträglichen als einzigen erreichbaren „feste(n) Punkt in (der) Allveränderlichkeit" (Olof Gigon). Also bedarf es einer durchaus schmerzhaften „Umwendung" des Menschen, weg vom täuschenden Erscheinungshaften, hin zu dem, was ein jegliches in seinem idealen Ursprung und Wesen ist. Am Ende aber wird der, der diesen mühsamen Weg nicht verläßt, aufsteigen zur Schau und Erkenntnis einer Idee, die nicht nur die Wahrheit von diesem und jenem ist, sondern aller Ideen Einheit und Wahrheit. Platon nannte sie die Idee des Guten, und von ihr wird ausgesagt: „Sie muß man erblickt haben, wenn

---

[15] Jürgen Mittelstraß, Platon, in: Otfried Höffe (Hrsg.), Klassiker der Philosophie I, München 1981, S. 46.

man für sich oder im öffentlichen Leben vernünftig handeln will" (Pol.
517 C).

Der Name, den Platon seinem Königsweg der Bildung gibt, heißt dialektisches Philosophieren oder kurz Dialektik (534 E), die jedoch nicht bloß in
gemeinschaftlichem Unterreden – dialegesthai – skeptisch falsche Gewißheit zerstört, sondern zum festen Stand und Halt gebenden, selber voraussetzungslosen, absoluten Ursprung und Sein führt. In ihr erfüllt sich als
Metaphysik, was nach Platons Einsicht von den Sophisten gründlichst verfehlt und von Sokrates noch nicht zu einer wirklich positiven Lösung
gebracht worden ist.

Literaturhinweise

1. Textausgaben

Platon: Sämtliche Werke. In der Übersetzung von F. Schleiermacher, hrsg. von W. F.
    Otto, E. Grassi, G. Plamböck, Bde. 1–6, Hamburg 1957 ff.
Platon: Jubiläumsausgabe sämtlicher Werke, Bde. I–VIII (einschl. Begriffslexikon),
    übertragen von R. Rufener, eingeleitet von O. Gigon, Zürich und München 1974.
Platon: Werke in acht Bänden, griech. u. dt., hrsg. von G. Eigler. Darmstadt 1970 ff.

2. Literatur

a) Allgemeine Darstellungen

Jaeger, Werner: Paideia. Die Formung des griechischen Menschen, 3 Bde., Berlin
    1934 ff.
Marrou, Henri-Irénée: Geschichte der Erziehung im klassischen Altertum, Frei-
    burg/München 1957.
Ballauff, Theodor: Pädagogik. Eine Geschichte der Bildung und Erziehung, Bd. I:
    Von der Antike bis zum Humanismus, Freiburg/München 1969.
Lichtenstein, Ernst: Der Ursprung der Pädagogik im griechischen Denken, Hanno-
    ver 1970.
Johann, Horst-Theodor (Hrsg.): Erziehung und Bildung in der heidnischen und
    christlichen Antike, Darmstadt 1976.

b) Protagoras

Gomperz, Heinrich: Sophistik und Rhetorik, Leipzig und Berlin 1912.
Ballauff, Theodor: Das Ermessenlernen bei Protagoras, in: Ders., Philosophische
    Begründungen der Pädagogik, Berlin 1966, S. 45–54.
Dietz, K.-M.: Protagoras von Abdera. Untersuchungen zu seinem Denken, Bonn
    1976.

c) Sokrates

Gigon, Olof: Sokrates. Sein Bild in Dichtung und Geschichte, Bern 1979 (1. Aufl. 1947).

Santas, Gerasimos X.: Socrates. Philosophy in Plato's Earlier Dialogues, London 1979.

Fischer, Wolfgang: Über Sokrates, Politik und Bildung, in: G. Stein (Hrsg.), Geschichte, Politik, Pädagogik, Ratingen/Kastellaun 1975, S. 55–73.

–: Über die Apolitie des Sokrates, in: F. Baumgart u. a. (Hrsg.), Emendatio rerum humanarum, Frankfurt a. M. 1985, S. 133–147.

d) Platon

Stenzel, Julius: Platon der Erzieher, Leipzig 1928.

Ballauff, Theodor: Die Idee der Paideia. Eine Studie zu Platons „Höhlengleichnis" und Parmenides' „Lehrgedicht", Meisenheim/Glan 1952.

Derbolav, Josef: Erkenntnis und Entscheidung. Eine Platoninterpretation, Wien 1954.

Fink, Eugen: Metaphysik der Erziehung im Weltverständnis von Plato und Aristoteles, Frankfurt a. M. 1970.

Fischer, Wolfgang: Über das Lehren und Lernen von Philosophie bei Platon oder: Die dem Menschen eigentlich zukommende Bildung ist das Philosophieren; aber das Philosophieren ist nicht jedermanns Sache, in: Zeitschrift für Pädagogik 29 (1983), S. 71–86.

ARISTOTELES

Von DIETER-JÜRGEN LÖWISCH

Belegt ist die Tatsache, daß der griechische Philosoph Aristoteles den Sohn Alexander des makedonischen Königs Philipp, als er dreizehn Jahre alt war, in pädagogische Betreuung übernahm. Diese Betreuung erstreckte sich über mehrere Jahre und endete mit dem Zeitpunkt, zu dem Alexander selber König der Makedonen wurde und seine Eroberungsfeldzüge durchführte, die ihm dann den Namen Alexander der Große einbrachten. Nach dreizehn Jahren Regentschaft herrschte Alexander der Große über ein weit größeres Gebiet und weitaus mehr Länder als je ein Mensch vor ihm. Ebenso belegt ist der folgende Ausspruch Alexanders des Großen: „Meinem Vater Philipp verdanke ich, daß ich lebe. Dem Aristoteles verdanke ich, daß ich recht zu leben weiß." Damit ist in einer Sentenz umrissen, worauf Aristoteles in all seiner umfangreichen Gelehrsamkeit und geistigen Geschäftigkeit, die man in der Geschichte abendländischen Denkens nur noch Leibniz zuschreibt, in dem hier zur Rede stehenden Zusammenhang sein Augenmerk richtete. Es kommt ihm auf die Möglichkeitsbedingungen des rechten, des wahren und das heißt des guten Lebens an.

Aristoteles wird im Jahre 384 v. Chr. in Stageira in Thrakien geboren. Er ist – wie wir heute sagen würden – Provinzler. Sein Vater Nikomachos war Leibarzt am makedonischen Hof, oder zumindest Hofarzt, und damit nicht unbedeutend und wirtschaftlich nicht unbedarft. Fern von Athen wächst Aristoteles heran und empfängt eine den Lebensumständen des Vaters entsprechende rege geistige Bildung. Arzt sollte er werden, doch stirbt der Vater zu früh. Der Vormund schickt den Jungen daraufhin im Alter von 18 Jahren nach Athen, um ihm eine gute weitere Ausbildung in Platons Akademie zukommen zu lassen, alldieweil Athen bekannt war als ein „internationaler Treffpunkt der Wissenschaftler und Philosophen der Zeit". In der Akademie treffen sich beide Generationen: Aristoteles: 18jährig und Platon: 60jährig. Gewandt und gebildet, wie Aristoteles schon bei Eintritt in die Akademie war und in der Akademie sich dann weiterentwickelte, war ihm der Weg vorgezeichnet: Er konnte und wollte sich nicht begnügen mit der akademischen Schülerschaft Platons. Aristoteles arbeitet im Kreis der Schüler Platons an seiner Eigenständigkeit auf mehr oder minder allen geistigen Gebieten: von der Philosophie über Lyrik, Epik, Dramatik, Medizin bis hin zu Mathematik und Meteorologie. Aristoteles bleibt bis zum Tode

des Platon im Jahre 347 an dessen Akademie als hochangesehner und akti-
ver Akademiker. Er verläßt jedoch Athen, als nach Platons Tod nicht er die
erhoffte und erwartete Akademieleitung angetragen bekommt, sondern
Platons Neffe Speusipp. Nach Aufenthalten in verschiedenen Gegenden
wird er 342 mit der schon erwähnten pädagogischen Betreuung von Alexander betraut, über die wir nur wissen, daß sie stattfand, nicht aber, was in ihr
stattfand. Nach der Übernahme des Amtes des makedonischen Königs
durch seinen Schüler Alexander verläßt Aristoteles im guten Einvernehmen
mit Alexander den Königshof und kehrt im Jahre 335 nach Athen zurück.
Dort gründet er im heiligen Bezirk des Apoll Lykeios eine eigene Schule, zu
der auch eine überdachte Wandelhalle, ein „peripatos" [1], gehörte, weshalb
die Mitglieder der Schule den Namen Peripatetiker erhielten und die aristotelische als die sogenannte peripatetische Schule in die Philosophie-
geschichte eingegangen ist. Zwölf Jahre lehrt Aristoteles an seiner Schule,
legt eine große Bibliothek an wie auch eine umfangreiche naturwissenschaftliche Sammlung.

Alexander hatte in der Zwischenzeit ein großhellenisches Reich gegründet und auf dem Wege dorthin die Bedeutung der Stadtstaaten, der poleis,
eingeebnet. Dies hatte böses Blut geschaffen, auch wenn – wie überliefert
ist – die Athener dem Alexander gegenüber sehr viel Entgegenkommen
zeigten und, wenn man der Überlieferung glauben darf, sich darüber hinaus
bei ihm anbiederten, was ihnen auch dadurch um so leichter fallen konnte,
als Alexander durch die ihm von Aristoteles gegebene Erziehung speziell
dem Stadtstaat Athen in Achtung gegenüberstand. Doch erwies sich dies als
brüchig: als Alexander nämlich plötzlich stirbt, verläßt Aristoteles Athen:
„Wahrscheinlich wollte er nicht ein Opfer der antimazedonischen Umtriebe
werden. Jedenfalls wurde er unter jene Anklage der Gottlosigkeit gestellt,
der einst im Vollzug dieser latenten Alexanderfeindschaft Sokrates zum
Opfer gefallen war." [2] Als Freund Alexanders des Großen war es mithin
ratsam, Athen zu verlassen. Aristoteles zieht sich im Jahr 323 nach Chalkis
auf Euböa zurück, wo seine Mutter geboren worden war. Er lebt dort in
einer Wohngemeinschaft zusammen mit Herpyllis, von der er den Sohn
Nikomachos bekommt, nachdem seine Frau Pythias, die Mutter seiner
gleichnamigen Tochter Pythias, gestorben war. Die Nikomachische Ethik,
auf die im wesentlichen für das folgende zurückgegriffen wird, trägt ihren

---

[1] Das griechische Wort „peripatos" hat zwei Bedeutungen: das Spazierengehen
und: der Ort des Spazierengehens, der Säulengang, die Halle; Peripatetiker (im
Griechischen: hoi apo thou peripatou) sind die Leute von der Wandelhalle.
[2] Das, was hier Otfried Höffe (Aristoteles, in: Otfried Höffe, Klassiker der Philosophie, Band 1, München 1981, S. 66) vermutet, gibt Wilhelm Weischedel (34 große
Philosophen in Alltag und Denken, München ⁸1981, S. 62) als einer Legende entsprechend an.

Namen durch die Widmung: Aristoteles widmet diese ethische Schrift seinem Sohn Nikomachos. 62jährig stirbt Aristoteles ein knappes Jahr (322) nach dem Umzug nach Chalkis.

Aristoteles hat ein breit angelegtes, sehr facettenreiches Werk hinterlassen. Für die Entwicklung wissenschaftlichen Denkens ist Aristoteles ausschlaggebend gewesen. Die *Logik,* mittels der wir in weiten Teilen wissenschaftlichen Arbeitens denken, ist von Aristoteles systematisch begründet worden. Sie tritt wesentlich als analytische Logik auf, als zergliedernde, die Elemente des Denkens und des Schließens (des Schlußfolgerns) herausdestillierende Wissenschaft. Sie handelt vom Begriff, vom Urteil, vom Schluß, vom Beweis etc. Kaum vorstellbar ist es, wo wir heute stünden, was wir und was unsere Welt heute wären, wenn Aristoteles schon allein mit Blick auf die Begründung der Formen, auf die Art und Weise schlußfolgernden Denkens nicht gewesen wäre, wenn es die aristotelische Logik nicht gegeben hätte. Aristoteles ist der *Begründer wissenschaftlichen, objektiven Denkens,* obwohl es das Bemühen um dieses Denken immer schon gegeben hat: nur war es bisher nicht in ein System, das heißt: in eine verbindliche Form und auf den Begriff gebracht worden. Wenn Nietzsche – in der „Geburt der Tragödie" – erklärt, daß als das Wappenschild über dem Eingangstor der Wissenschaft das Bild des sterbenden Sokrates hinge,[3] weil Sokrates unter anderem die die Wissenschaft leitende Frage nicht aufhörte zu stellen, was denn der Grund von etwas sei, welche Berechtigung eine Tatsache habe, was etwas – von dem man bisher als von einer Selbstverständlichkeit rede wie Tapferkeit oder Gerechtigkeit oder anderes – denn eigentlich sei, nämlich die griechische Frage „ti esti?", dann hat Nietzsche sicherlich nicht unrecht. Aber einen sicheren Weg des Denkens mit der Absicht, zu Ergebnissen, Erkenntnisse genannt, zu kommen, den Weg eines regelgerechten, nach festen Elementen und Formen ablaufenden Denkens, diesen Weg hat erst Aristoteles geschaffen. Sokrates hat auf das Be-Denken und Nach-Denken Wert gelegt, Aristoteles hat das Denken selbst mitsamt dessen Voraussetzungen der Analyse unterzogen.[4] Sagt man Sokrates nach, daß er das Denken auf die Erde, auf den Markt, auf die Agora gebracht habe, so muß man Aristoteles nachsagen, daß er auf diesem Boden das eine ganze Kulturentwicklung tragende rationale, logische Fundament gelegt hat.

Aristoteles wendet sich mit seinem denkerischen Rüstzeug der ihn umgebenden Wirklichkeit zu und betreibt Wissenschaft von der Natur: sein Inter-

---

[3] Friedrich Nietzsche, Werke, hrsg. von Karl Schlechta, München 1966, Band 1, S. 85; vgl. hierzu auch das Sokrates-Kapitel wie das Nietzsche-Kapitel in diesem Buch.

[4] Im Griechischen heißt der „Weg": methodos. Der Weg des Denkens ist die Methode.

esse gilt der Wirklichkeit in der Vielfalt ihrer Erscheinungen. Er unterzieht ihrer Analyse Mensch wie Tier, die Gestirne wie die Staatsverfassungen, die Dichtkunst wie die Rhetorik. Und überall stellt er auch die philosophische Frage nach dem Wesen der Dinge, nach der „ousia", nach ihrem Allgemeinen; denn nichtwissenschaftlich wäre es für Aristoteles gewesen, sich mit Teilwissen, mit Kenntnissen allein zu begnügen: Wissenschaft will vollkommen wissen! Mit Wissenschaft wird das natürliche Streben des Menschen nach Er-Kenntnis als seinem höchsten Ziel erreicht: nämlich die wahre und in ihrer Wahrheit aus Prinzipien begründete, daher auch notwendige und allgemeingültige Erkenntnis: die theoria. Mit derartigen Erkenntnisabsichten geht Aristoteles dann auch in einigen Untersuchungen hinter die Physik – hinter das physisch Erscheinende – zurück und betreibt *Metaphysik*.

Doch hat der Mensch nicht nur ein natürliches Streben nach Erkenntnis. Der Mensch hat ein ebensolches Streben nach Glückseligkeit, nach Glück, das ihm durch das Handeln erreichbar wird, wenn es sich als ein gutes Handeln erweist. In der schon genannten ›Nikomachischen Ethik‹ unterzieht Aristoteles diesen Bereich der praktischen Philosophie (neben der vorhin angesprochenen theoretischen Philosophie) einer bis ins Detail gehenden Analyse, wie er auch in der ›Politik‹ diese Überlegungen weiterführt und einer Klärung nahebringt.

„. . . daß ich recht zu leben weiß (verstehe)" – so sagte Alexander –, sei das Verdienst von Aristoteles gewesen. Mit diesem Recht-Leben ist Aristoteles' *Paideia*-Vorstellung umschrieben. Sie ordnet sich ein in die Reihe der voraristotelischen Paideia-Vorstellungen, bricht aber mit ihnen auf eine ganz besondere Weise: Galt es dem Protagoras, den in privaten und öffentlichen Dingen guten und vortrefflichen Menschen heranzubilden, so war es die Vorstellung des Sokrates, den Menschen in seiner Zugehörigkeit zum Denken zu bilden, während es Platon als wesentlich erschien, den Menschen in seiner Zugehörigkeit zur Sicht der Idee und speziell der Idee des Guten zu führen.

Die protagoreische Paideia-Vorstellung ist dem Aristoteles nicht tiefgehend genug (warum, wird sich im folgenden erweisen), die sokratische hemmt ihm das Handeln und die platonische schließlich ist ihm zu wirklichkeitstranszendent. Mit dem Hinweis in der ›Nikomachischen Ethik‹: „Wollte man aber immer überlegen, so käme man an kein Ende" [5], scheint mir das sokratische Ideal ebenso kritisiert zu sein, wie der von Aristoteles hochgeschätzte Platon mit folgenden Gedanken seine Kritik erfährt [6]: „Da

---

[5] Nikomachische Ethik III, 5, 1113 a. (Die ›Nikomachische Ethik‹ wird zitiert nach der von Eugen Rolfes besorgten Übersetzung und Ausgabe in der Philosophischen Bibliothek, Band 5, Verlag von Felix Meiner, Leipzig 1911.)

[6] Nikomachische Ethik II, 2, 1103 b.

die gegenwärtige Untersuchung keine bloße Erkenntnis verfolgt, wie es
sonst bei den Untersuchungen der Fall ist (denn wir betrachten die Tugend
nicht, um zu wissen, was sie ist, sondern um tugendhaft zu werden; sonst
wäre unsere Arbeit zu nichts nütze), so müssen wir unser Augenmerk auf
die *Handlungen* und auf die Art ihrer Ausführung richten. Denn die Handlungen sind es, . . . durch welche die Beschaffenheit des Habitus bestimmt
wird", das heißt: durch welche der Charakter bestimmt wird. Und Aristoteles fährt fort: „Daß man nun nach der rechten Vernunft handeln muß, ist
eine allgemeine Regel, die wir hier zugrunde legen." Das rechte Handeln
wäre das vernunftgemäße Handeln, auf das hin der Mensch angelegt ist. Er,
der Mensch, verwirklicht sich in ihm.

 Aristoteles geht zur Begründung dieses Gedankens auf seine Naturana-
lyse zurück: Alles Lebendige, alles Organische ist zielstrebig; alles strebt
hin zur Verwirklichung des in ihm Angelegten, insofern ist *alles Lebendige
mit Seele versehen* (erst das spätere aufklärerische Denken hat Pflanze und
Tier endgültig entseelt). In den Pflanzen ist die Seele nur Nährkraft (threpti-
kon); in den Tieren wirkt sie als Empfindendes (aisthetikon), als Strebendes
(orektikon) und als Bewegendes (kinetikon); beim Menschen kommt zu
diesen Kräften noch das Verstandesmoment (dianoetikon) und die Vernunft
(nous) hinzu.

 Das Lebendige ist für Aristoteles ein beseelter Organismus, der ein Streben hat (orexis), sich im Umkreis seiner Möglichkeiten zu verwirklichen.
Das Streben geht immer auf ein Ziel, auf ein telos hin, das in dem Organismus angelegt ist: Das Wesen einer Pflanze liegt in ihrem Vollendungsstre-
ben, vom Keim über die Blüte zur Frucht zu kommen. Aristoteles nennt
dies Entelechie: Jedes Lebewesen trägt Zweck und Ziel in sich selber und
entfaltet sich dieser inneren Zweckmäßigkeit und Zielstrebigkeit gemäß.[7]
Aristoteles überträgt diesen Gedanken von Pflanze und Tier auf die ganze
Natur und Welt. Die ganze Welt in der Vielfalt ihrer Erscheinungen ist
bestimmt von einem Streben nach Vollendung, nach Vollkommenheit. Und
damit ist sowohl die direkte natürliche Welt gemeint als auch die vom
Menschen gestaltete Welt, da auch er als Gestalter bestimmt ist durch ein
derartiges ursprüngliches Streben. Der bedeutende Grundgedanke in der
Philosophie und Weltanschauung des Aristoteles ist der einer *universalen
Teleologie:* alles ist ziel- und zweckgerichtet, alles Ganze verleiht den Teilen
erst ihren Sinn. Insofern bekommt das Teilwissen seinen Sinn erst durch das
vollkommene Wissen. Und insofern ist auch das Handeln des Menschen

---

 [7] In den sehr ins Detail gehenden Begründungsversuchen einer zeitgenössischen
›Ethik für die technologische Zivilisation‹, die Hans Jonas vorgelegt hat, finden sich
diese aristotelischen Gedanken als zentrale Gedanken wieder (Das Prinzip Verantwortung, Frankfurt a. M. 1979).

erst dann sinnvoll, wenn es sich nicht im Herstellen von etwas erschöpft, sondern im Streben nach der Glückseligkeit aufgeht, im Streben nach der eudaimonia. Denn die Glückseligkeit ist dem Aristoteles das höchste Gut. Hier gilt es nun zweierlei zu klären: was ist mit Glückseligkeit gemeint, wodurch erscheint sie dem Aristoteles erreichbar? Und: was hat es mit dem menschlichen Handeln auf sich?

Zum letzteren: Aristoteles unterscheidet zwei Arten menschlichen Handelns. Die eine Form des Handelns ist das Herstellen: das Herstellen eines Sattels, eines Schiffes, einer Truhe und vieler anderer Dinge. Alle diese Möglichkeiten des Herstellens verfolgen ein Telos: es soll ein guter, das heißt passender Sattel hergestellt werden, ein seetüchtiges Schiff soll vom Stapel laufen, und die Truhe soll stabil und nützlich sein. Es geht bei dieser Form des Handelns darum, Ziele zu erreichen, die außerhalb der Handlungen angesetzt sind, insofern erhält das Handeln seine Qualität durch das hergestellte Ding: ist das Schiff oder der Bau gut gelungen, war das Handeln erfolgreich und war der Handelnde ein guter Baumeister. Von der Güte des Erreichten hängt ab die Güte des Handelns. Diese Form des Handelns nennt Aristoteles *poiesis:* herstellen, machen, hervorbringen im Sinne der Handwerkskunst. Daneben – und für Aristoteles wichtiger – gibt es das Handeln im engeren Sinn, das, was er *praxis* nennt. Das Ziel, das telos, liegt hier im Handeln selber; das Handeln selber soll und will gut oder recht sein, ohne etwas herzustellen, zu produzieren, zu machen, zu bauen oder ähnliches. Mit Aristoteles handelt es sich hier um einen Unterschied der Ziele: „Die einen Ziele sind Tätigkeiten, die anderen noch gewisse Werke oder Dinge außer ihnen."[8] Handlungsweisen, die ihr Ziel im Vollzug ihrer selbst haben, sind beispielsweise das Heilen des Arztes, das Musizieren, das Wirtschaften, das Kämpfen, die Politik, das heißt das Verwalten der Polis. Ob der Mensch gut wirtschaftet, ob er ein guter Politiker ist, ob er ein guter Flöten- oder Gitarrespieler ist und anderes mehr, das ist abhängig vom Handeln selber; es ist abhängig von der Tauglichkeit – von der Tugend – dessen, der handelt, wodurch er der schon genannten Glückseligkeit teilhaftig wird. Aristoteles erklärt hierzu: „Jedoch mit der Erklärung, die Glückseligkeit sei das höchste Gut, ist vielleicht nichts weiter gesagt, als was jedermann zugibt." Und – man muß sagen – was ein Allgemeinplatz zu dieser Zeit war. Deshalb heißt es weiter: „Was verlangt wird, ist vielmehr, daß noch deutlicher angegeben werde, was sie ist. Dies dürfte uns gelingen, wenn wir die eigentümlich menschliche Tätigkeit ins Auge fassen. Wie für einen Flötenspieler, einen Bildhauer oder sonst einen Künstler, und wie überhaupt für alles, was eine Tätigkeit und Verrichtung hat, in der Tätigkeit das Gute und Vollkommene liegt, so ist es wohl auch bei dem Menschen der Fall, wenn

---

[8] Nikomachische Ethik I, 1, 1094 a.

anders es eine eigentümlich menschliche Tätigkeit gibt. Sollten nun der Zimmermann und der Schuster bestimmte Tätigkeiten und Verrichtungen haben, der Mensch aber hätte keine und wäre zur Untätigkeit geschaffen? Sollte nicht vielmehr, wie beim Auge, der Hand, dem Fuße und überhaupt jedem Teile eine bestimmte Tätigkeit zutage tritt, so auch beim Menschen neben allen diesen Tätigkeiten noch eine besondere anzunehmen sein? Und welche wäre das wohl? Das Leben offenbar nicht, da dasselbe ja auch den Pflanzen eigen ist? Für uns aber steht das spezifisch Menschliche in Frage. An das Leben der Ernährung und des Wachstums dürfen wir also nicht denken. Hiernach käme ein sinnliches Leben in Betracht. Doch auch ein solches ist offenbar dem Pferde, dem Ochsen und allen Sinnenwesen gemeinsam. So bleibt also nur ein nach dem vernunft-begabten Seelenteile tätiges Leben übrig, und hier gibt es einen Teil, der der Vernunft gehorcht, und einen anderen, der sie hat und denkt . . . Wenn . . . wir als die eigentümliche Verrichtung des Menschen ein gewisses Leben ansehen, nämlich mit Vernunft verbundene Tätigkeit der Seele und entsprechendes Handeln, als die Verrichtung des guten Menschen aber eben dieses nur mit dem Zusatze: gut und recht – wenn endlich als gut gilt, was der eigentümlichen Tugend oder Tüchtigkeit des Tätigen gemäß ausgeführt wird, so bekommen wir nach alledem das Ergebnis: *das menschliche Gut ist der Tugend gemäße Tätigkeit der Seele,* und gibt es mehrere Tugenden: *der besten und vollkommensten Tugend gemäße Tätigkeit* . . . Dies möge als Umriß der Darstellung des höchsten Gutes gelten." [9]

Damit sind wir bei der anderen, der ersten Frage gelandet: was hat es mit dem höchsten Gut auf sich? Der Mensch unterscheidet sich vom Tier und anderen Sinnenwesen durch den logos: dieser soll sich im Menschen verwirklichen, dieser macht den Menschen zu einem vernünftigen Lebewesen. Der logos ist das wahre Wesen des Menschen; sein Telos ist es, die Welt zu erkennen, Einsicht in die Welt zu bekommen – nicht aber: die Welt zu beherrschen. Die höchste Form der Einsicht ist die Weisheit (sophia): im Denken selber als Handeln verwirklicht sich der Zweck oder das Telos des denkerischen Handelns. Das Denken ist sich selbst genug. Die höchste menschliche Lebensform ist die der Weisheit. Oder anders: des Menschen Telos ist die Weisheit. Insofern ist für Aristoteles von besonderer Bedeutung das theoretische Leben, in dem Theorie der ausgezeichnete Fall von Praxis ist, bei dem der Vollzug von Denken mit seinem Telos eben völlig zusammenfällt (bios theoretikos).

Was das Leben in Gemeinschaft – das politische Leben (bios politikos) – angeht, so übt auch dort die Vernunft ihre bestimmende Kraft aus. Der Mensch ist von Natur aus (physei) ein auf die Gemeinschaft angewiese-

---

[9] Nikomachische Ethik I, 6–7, 1097 b–1098 a.

nes Lebewesen; er ist: zoon politikon. Die Gemeinschaft stellt sich dar
in der Polis, dem Gemeinwesen, das unter dem Gedanken von Gerechtigkeit – in Gesetze gefaßt – steht und darüber hinaus den sittlichen
Zweck verfolgt, das Gut-leben, das Recht-leben, das „eu zen" als das ge-
lungen-geglückte Leben ihren Mitgliedern zu ermöglichen. Sorgen für das
rechte, gute, wahre Leben müssen die Menschen dabei jedoch selber; und
es gibt keine Ethik, die dafür entsprechende Bestimmungen auszusagen
hätte. „Jede Theorie der Sittlichkeit (darf) nur allgemeine Umrisse liefern
und nichts mit unbedingter Bestimmtheit vortragen . . . Was . . . dem Bereiche des sittlichen Handelns und des im Leben Nützlichen angehört, hat
nichts an sich, was ein für allemal feststände, so wenig als das Gesunde . . .
Hier muß vielmehr der Handelnde selber wissen, was dem gegebenen Fall
entspricht." [10]

Das bedeutet, daß jeweils der einzelne handelnde Mensch gefordert ist.
Er ist darauf angelegt, entsprechend seiner Vernünftigkeit zu handeln.
Diese Vernünftigkeit sagt ihm nichts allgemein Verbindliches, was er zu tun
habe. Sie fordert ihn auf, Haltungen zu entwickeln, sogenannte hexeis, die
die Möglichkeitsbedingung dafür bieten, den Menschen sittlich handlungs-
mächtig sein oder werden zu lassen. Zu diesen Haltungen gehören Tauglich-
keiten, das heißt sittliche Tugenden (areteis) und Klugheit oder besser: sittliche Einsicht (phronesis). Ein dergestalt sittliches Handeln trägt den
Zweck, das Ziel, das telos, nicht außerhalb, es ist in sich selbst ziel-/zweck-
haft, ist also ein Handeln im engeren Sinne (praxis). Durch solches Handeln
wird die eudaimonia angestrebt, die Glückseligkeit als höchstes Ziel, die
sich aber nur eben im Handeln selbst verwirklicht und nicht objektivieren
läßt in einem durch poiesis herstellbaren Gegenstand. Daß die eudaimonia
angestrebt wird, entspricht für Aristoteles der orexis, dem Streben nach
Vollendung dessen, was entelechisch in jedem Wesen, hier menschlichen
Wesen, angelegt ist. Es ist das schon erläuterte Streben nach dem, was gut
(agathon) ist und was dem Menschen das höchste Gut ist. Und zwar ist es
ein Streben nach dem Gut um des Handelns willen, nicht um Einsicht in das
Wesen des Guten zu erhalten. Dies ist dem Aristoteles zu nichts nütze: das
Gute und das höchste Gute, die Glückseligkeit, sind gebunden an die konkreten Verwirklichungen durch den einzelnen Menschen, indem er das zur
Verwirklichung bringt, was er vom Wesen her ist (Vernunftwesen), lebend
in einer Gemeinschaft mit ihren Anforderungen und ständig neuen Bewäh-
rungssituationen ausgesetzt, die ihm nicht nur geliefert werden durch seine
Umwelt, sondern auch durch sich selbst, beispielsweise durch seine Leidenschaften. Sittlich-tugendhaft ist insofern ein Handeln, das sich nicht blind
an Situationen anpaßt und sich nicht blind von Leidenschaften leiten läßt,

[10] Nikomachische Ethik II, 2, 1104 a.

sondern besonnen ist. Letztlich gewährt nur dies, daß der Mensch sich nicht selber zerstört.

Damit ist ein weiteres zu erläuterndes Moment angesprochen: das Maß, die Mitte, die mesotes. Was mutig ist, muß ich beispielsweise mittels meiner Einsichtsfähigkeit – gemessen an der zu bestehenden Situation – feststellen, indem ich den nur für das Bestehen dieser Situation vernünftigen Punkt zwischen Furcht und Zuversicht wähle und bestimme und dabei auch meine Lustsuche und Unlustmeidung zum Tragen kommen lasse. Das jeweilige Bestimmen der vernunftbestimmten Mitte zwischen einem Zuviel und einem Zuwenig an Leidenschaften, Bedürfnissen, Trieben, Energien führt zu dem, was Aristoteles „tugendhaft" nennt: das maßvolle Essen ebenso wie das maßvolle Trinken, das maßvolle Sporttreiben wie das maßvolle Lieben, das maßvolle Kämpfen wie das maßvolle Wirtschaften. Das Maß wird bestimmt durch die Situation und durch die vernünftige Abwägung. Dies nun kann man lernen, denn all das Genannte ist nicht angeboren, sondern erworben und in steter Auseinandersetzung mit der Welt hart erarbeitet. Vollständiges Situationswissen und das Streben nach Tugendhaftigkeit des auf Glückseligkeit durch Vernunft (logos) angelegten Menschen machen für Aristoteles das gute Leben, das rechte Leben aus – eben das, was Alexander von Aristoteles nach eigenem Bekenntnis gelernt hat.

Erreichen kann man diese Haltungen, diese sittliche Tugendhaftigkeit nur durch entsprechende Erziehung, die gebunden ist an Vorbild und Nachahmung, an Lob und Tadel und – wesentlich – an Gewöhnung. Gewöhnung/Gewohnheit hängen nicht nur mit Ethos zusammen, sondern sie heißen auch so. „Ethos" ist im Griechischen der gewohnte Lebensort und die gewohnte Lebensweise. Wenn das Abwägen des beabsichtigten Handelns unter den jetzt mehrfach genannten Vorgaben zu einer Gewohnheit geworden ist, wenn mithin die Seele eine Gewöhnung gefunden oder besser: erfahren hat, wenn man auf diesem Wege gelernt hat, daß nur die vernünftige Einsicht das rechte Maß für das Handeln abgibt, dann ist Aristoteles' Paideia-Vorstellung erfüllt. Im Nachvollzug von Aristoteles' Paideia-Begründung läßt sich unschwer erkennen, daß er von Sokrates sowohl erbt als auch Kritik an ihm übt und daß er ebenso von Platon erbt wie er auch ihn kritisiert. Aristoteles entwickelt sowohl aus Erbe wie auch aus vernünftiger diskriminierender, das heißt unterscheidender und analysierender Beschäftigung mit dem Erbe eine Paideia-Vorstellung, die viel für sich übrig hat – vor allem weil sie wirklichkeits- und handlungsbezogen ist. So kann Aristoteles auch erklären, daß man Tugend nicht haben kann, sondern nur jeweils tugendhaft sein oder handeln kann. „Nur möchte es keinen kleinen Unterschied machen, ob man das höchste Gut in ein Besitzen oder ein Gebrauchen, in einen bloßen Habitus oder in eine Tätigkeit setzt. Der Habitus kann ja, wie z. B. bei einem, der schläft oder sonst wie ganz untätig ist, vor-

handen sein, ohne irgend etwas Gutes zu verrichten, der Aktus, die Tätigkeit aber nicht. Denn sie wird notwendig handeln und gut handeln. Wie
aber in Olympia nicht die Schönsten und Stärksten den Kranz erlangen,
sondern die, die kämpfen (denn nur unter ihnen befinden sich die Sieger),
so werden auch nur die, die recht handeln, dessen, was im Leben schön und
gut ist, teilhaftig." [11]

Zur Abrundung des Denkens, das man fraglos als pädagogisches Denken
des Aristoteles bezeichnen kann, obwohl von Aristoteles keine – die Paideia betreffenden – systematischen Gedanken überliefert sind, muß folgendes noch angeführt werden. Die analysierende, zergliedernde denkerische
Vorgehensweise des Aristoteles hat ihn auch zu der Überlegung gebracht,
daß es ja wohl auch die Möglichkeit eines bewußten Verstoßes gegen das,
was als vernünftig, besonnen, als recht und gut angesehen wird, geben können muß. Die Erfahrung lehrt doch, daß man wider vernünftige Einsichten
handeln kann, daß man beispielsweise maßlos lebt, verschwenderisch ist,
tollkühn sich verhält oder feige sich verkriecht, geizig ist oder anderes. Die
Erfahrung lehrt aber auch, daß man in Entscheidungssituationen hinein-
gedrängt wird, in denen vernünftiges Gut gegen vernünftiges Gut zur
Entscheidung ansteht. Die Erfahrung lehrt zum dritten aber auch, daß es
erzwungene Handlungen gibt, die trotz des vernünftigen Wissens um ihr
Un-gut-Sein, um ihre Untugend, durchgeführt werden oder unter Druck
durchgeführt werden müssen. Im dritten Buch des ersten Kapitels der
›Nikomachischen Ethik‹ erwähnt Aristoteles das schon zu seiner Zeit gängige
Moment der Geiselnahme und eines derart erpreßten Handelns. Der Mo-
ralphilosoph kommt also nicht umhin, auch die Momente von Freiwilligkeit
und Unfreiwilligkeit zu erörtern. Denn nicht nur im Bereich des Herstellens
bin ich freigestellt, zu produzieren oder fehlerhaft zu produzieren, auch
dort, wo das Telos des Handelns im Handeln selber liegt, im Bereich der
Praxis, kann ich bewußt, das heißt wissend freiwillig fehlen. Aber nur im
erstgenannten Bereich kann und darf das Erforderte, das Gut der poiesis
erzwungen werden; hier fällt die Frage meiner Freiheit nicht ins Gewicht. Im
Bereich der Praxis breitet Aristoteles eine ganze Palette von Möglichkeiten
aus für das Handeln: freiwillig handeln, unfreiwillig handeln, nicht freiwillig
handeln, aus Unwissenheit heraus handeln, aus Nichtwissen heraus handeln; alle Handlungsweisen lassen sich zudem untereinander paaren, so daß
Aristoteles am Ende zu sehr verzweigten Annahmen über die Bedeutung
der jeweiligen Qualität der Willenswahl kommt.

Eines gilt bei alldem aber durchweg: *der Mensch macht sich durch sich
selbst zu dem, was er ist.* In strenger Bindung an die Wirklichkeit – und nur
in ihr – kann – mit Hegel gesprochen – der Mensch sein Wesen abarbeiten,

---

[11] Nikomachische Ethik I, 9, 1098 b–1099 a.

um zu einem rechten, das heißt guten Leben zu kommen. Sittlichkeit ist Leistung des handelnden Subjekts, die sich niederschlägt in hexeis, Haltungen, das heißt in Tugenden gekoppelt mit phronesis, Klugheit: das Wie des Handelns ist damit das Ausschlaggebende, nicht das Warum des Handelns und auch nicht das Ergebnis des Handelns. Betont man das Moment des Leistens (Sittlichkeit ist Leistung des handelnden Subjekts), dann ist damit die Autarkie des Menschen angesprochen: er verdankt sich selbst in seinem Sittlich-Leben, in seiner Teilhaftigwerdung der Glückseligkeit, in seinen vernünftigen Haltungen, sogar in seiner Weisheit – er verdankt sich in all diesem keinem Dritten. Er ist alles durch sich selbst, *er verdankt sich sich selbst.*

Mit diesem letzten – dem aristotelischen – Paideia-Verständnis verabschiedet sich die griechische Antike nach den jeweiligen Stationen des sophistischen, des sokratischen und des platonischen Paideia-Verständnisses. Nach einer geraumen Zeit und nach Einbruch und Aufbruch des Christentums und seiner Konsolidierung werden das platonische und das aristotelische Paideia-Verständnis wieder interessant werden: bei Augustinus und bei Thomas von Aquin. Und so wie Aristoteles sich als Korrektiv zu Platon entwickelte und verstand, so wird der Neuaristotelismus im Denken des Thomas von Aquin zum weitreichenden Korrektiv des Neuplatonismus im Denken des Kirchenvaters Augustinus werden.

Literaturhinweise

Werk

Aristotelis Opera, hrsg, von I. Becker, Neuausgabe besorgt von Olof Gigon, 5 Bände, Berlin 1960.
Werke in deutscher Übersetzung, begründet von E. Grumach, hrsg. von H. Flashar, bisher 9 Bände, Berlin 1962 ff.
Aristoteles und die Paideia, besorgt und übersetzt von Edmund Braun, Paderborn 1974 (Schöninghs Sammlung Pädagogischer Schriften).

Sekundärliteratur

Ballauff, Theodor: Pädagogik. Eine Geschichte der Bildung und Erziehung, Band I: Von der Antike bis zum Humanismus, Freiburg/München 1969.
Broecker, Walter: Aristoteles, Frankfurt a. M. [3]1964.
Derbolav, Josef: Abriß europäischer Ethik, Würzburg 1983.
Düring, Ingemar: Aristoteles, Darstellung und Interpretation seines Denkens, Heidelberg 1966.

Höffe, Otfried: Praktische Philosophie – Das Modell Aristoteles, München/Salzburg 1971.

–: Aristoteles, in: Otfried Höffe (Hrsg.), Klassiker der Philosophie, Band 1, München 1981.

Jaeger, Werner: Aristoteles, Grundlegung einer Geschichte seiner Entwicklung, Berlin ²1955.

Ritter, Joachim: Metaphysik und Politik. Studien zu Aristoteles und Hegel, Frankfurt a. M. 1969.

Vollrath, Ernst: Aristoteles: Das Problem der Substanz, in: Josef Speck (Hrsg.), Grundprobleme der großen Philosophen – Philosophie des Altertums und des Mittelalters, Göttingen 1972.

AUGUSTINUS

Von Dieter-Jürgen Löwisch

Aurelius Augustinus ist ein Mensch, der während der Zeit des Wechsels vom vierten zum fünften Jahrhundert in einem gewaltigen Umbruch des Denkens lebt und der – dadurch bedingt – auch selber ein Leben voller Brüche und Umbrüche lebt – über eine lange Zeit seiner Existenz wenigstens. Er ist Römer und Christ, sinnenfreudiger Mensch mit einem recht freien Leben und ausgelebter Sexualität auf der einen Seite, was ihm unter anderem ein Kind eingebracht hat, den Sohn Adeodatus,[1] der in der Schrift ›De magistro‹ Augustinus' Gesprächspartner ist, während er auf der anderen Seite Asket ist, ein Mensch, der allen Sinnenfreuden und speziell auch den sexuellen, wie er mehrfach erklärt, entsagt. Sein Vater ist Anhänger römischen Götterkults, seine Mutter – die spätere heilige Monica – übereifrige Christin, die es – wie die fama zu berichten weiß –, mit ihrem Christentum ihrem Mann nicht leicht gemacht hat und die auch den Sohn zu einem gottgefälligen Leben erziehen wollte. Er wird als freier Römer im Jahr 354 in Thagaste in Nordafrika geboren; der Vater ist Grundbesitzer und Stadtrat dieses municipiums, dieses kleinen Provinzialstädtchens, und konnte ihm, dem Sohn, eine gediegene Grundbildung ermöglichen. Augustinus studiert in Karthago speziell Rhetorik, wechselt dann als Rhetoriklehrer mehrfach seine Aufenthaltsorte und landet schließlich in Mailand. Der dortige Bischof Ambrosius bekehrt ihn zum Christentum – zur Freude der mächtigen und einflußreichen Mutter Monica – und bringt ihm den Neuplatonismus wie auch das Christentum nahe, je nach Sicht in Form eines platonisch interpretierten Christentums oder eines christlichen Platonismus. Augustinus stirbt dann viele Jahre später, nachdem er 391 zum Bischof ernannt wurde, im Jahre 430. Er hat über dies alles – auch über all die Qualen mit sich selbst, die er durchlebte – berichtet in seinen ›Bekenntnissen‹, in seiner Autobiographie oder – mit zeitgenössischer Terminologie – in seinen Memoiren.

Gerade diese Bekenntnisse machen deutlich, in welchem Maße nicht nur ein Mensch sich selber zum Gegenstand des Nachdenkens werden und machen kann, sondern wie stark dieses Nachdenken mit seinen Ergebnissen auch das philosophische Fragen anregt. Dabei versucht er, zu Brückenschlägen zu kommen zwischen divergierenden Lebensumständen und studien-

---

[1] „Adeodatus" heißt zu deutsch: der von Gott Gegebene.

mäßig wie auch persönlich kennengelernten geistigen Positionen, die sich wiederum nicht alle auf einem Kontinuum eintragen lassen können. Mit Blick auf seine leichte und lockere Lebensweise vor der sogenannten Bekehrung fragt Wilhelm Weischedel: „Wäre Augustinus verehrungswürdiger, wäre er heiliger gewesen, wenn er von Anfang an der gewesen wäre, der er erst durch seine Umkehr geworden ist? Vielleicht. Eines aber wäre er sicherlich nicht: er wäre nicht menschlicher gewesen. Denn die Menschlichkeit eines Menschen ermißt sich ja unter anderem daran, wie weit der Umkreis von Möglichkeiten ist, den er durchschreiten kann und faktisch durchschreitet. So kann man denn nicht ganz zu Unrecht behaupten: eben jene Wildheit seiner Jugend, die Augustinus so bitter beklagt, läßt ihn Möglichkeiten kennenlernen, die er sonst niemals in solcher Unmittelbarkeit erfahren hätte. Daß ihm wenig Menschliches fremd geblieben ist, wirkt mit an der Größe des Menschen Augustinus." [2] Und was die Größe des Denkens von Augustinus angeht, so erklärt Karl Jaspers in seinem Buch ›Drei Gründer des Philosophierens : Plato – Augustin – Kant‹: „Die Großartigkeit der Erscheinung Augustins für philosophierende Menschen liegt darin, daß wir von einer Wahrheit ergriffen werden, die so, wie sie uns ergreift, nicht mehr die christliche Wahrheit Augustins ist. Für die unabhängige Philosophie bedeutet das Mitdenken mit Augustin: die Erfahrung der sachlichen und existentiellen Koinzidenz seiner Denkbewegungen mit ursprünglich philosophischen, und die kritische Frage, wie diese Denkbewegungen in Loslösung von dem christlichen Glaubensgrund vielleicht nicht mehr dasselbe, aber doch noch wahr und wirksam sind." [3]

Wie stark das erwähnte existentielle Moment für die denkerischen Bemühungen Augustins, ja auch für seine Umbrüche gewesen ist, mag die Selbstberichterstattung Augustins über den Zeitpunkt seiner endgültigen Bekehrung verdeutlichen: In der Situation höchster existentieller Not, mit der unerträglichen Widersprüchlichkeit des eigenen menschlichen Daseins fertigzuwerden, aus der Ruhelosigkeit nicht herausfinden zu können, zu wenig eigene Kraft für einen Akt des Schlußstrichziehens unter Teile seines Lebens zu haben und mit dem Schlußstrichziehen einen Neuanfang aus eigenen Stücken leisten zu können, in dieser Situation widerfährt dem sich derart abplagenden Augustinus ein Akt göttlicher Gnade, wie er es nennen würde. „Jetzt aber", so sagt Augustinus in seinen ›Bekenntnissen‹, „da meine grabende Selbstschau aus dem geheimen Grunde mein ganzes Elend hervorgebracht und dem Herzen zum Anblick gehäuft hatte, erhob sich der

---

[2] Wilhelm Weischedel, 34 große Philosophen in Alltag und Denken, München [8]1981, S. 93.
[3] Karl Jaspers, Drei Gründer des Philosophierens: Plato – Augustin – Kant, München 1975, S. 177.

schwere Sturm, der einen schweren Regen von Tränen brachte . . . Da auf
einmal hörte ich aus dem Nachbarshaus die Stimme eines Knaben oder
Mädchens im Singsang wiederholen: ‚Nimm es, lies es, nimm es, lies es!‘
(Tolle, lege!) Augenblicklich machte ich andere Miene . . . Ich hemmte die
Gewalt der Tränen und stand vom Boden auf: ich wußte keine andere Deu-
tung, als daß mir Gott befehle, das Buch zu öffnen und die Stelle zu lesen,
auf die zuerst ich träfe . . . Ich ergriff es, schlug es auf und las still für mich
den Abschnitt, auf den zuerst mein Auge fiel: ‚Nicht in Schmausereien und
Trinkgelagen, nicht in Schlafkammern und Unzucht, nicht in Zank und
Neid, vielmehr ziehet an den Herren Jesus Christus und pfleget nicht des
Fleisches in seinen Lüsten.‘ Weiter wollte ich nicht lesen, und weiter war es
auch nicht nötig. Denn kaum war dieser Satz zu Ende, strömte mir Gewißheit als ein Licht ins kummervolle Herz, daß alle Nacht des Zweifelns hin
und her verschwand.“ [4]

Uninteressant sollte es für uns im Augenblick sein, ob dies eine literari-
sche Fiktion ist oder ob es wirklich autobiographisch gemeint ist (das Tolle-
lege-Erlebnis ist eine alte Formel in der griechischen Literatur): interessant
sollte vielmehr sein, daß das Bekehrungserlebnis in diese Form gekleidet
ist. Sie beginnt mit der „grabenden Selbstschau“ – dem radikalen Befragen,
geht über die Erfahrung der Ohnmacht, Haltlosigkeit und Hilflosigkeit, der
eigenen Schwäche (einer Hilflosigkeit und Schwäche des angeblich so autar-
ken Menschen, man denke zurück an Aristoteles), hin zum Erleben eines
Eingriffs von etwas außer dem Menschen (gemeint sind die Kinderstim-
men, die von Augustinus sogleich interpretiert werden als Stimme Gottes,
in Musikform – wer denkt dabei nicht an den Topos des himmlischen Ge-
sanges?). Dieser Eingriff nun befiehlt, etwas zu lesen, das heißt das Auge zu
benutzen (das Auge als das Sinnesorgan, das in Abhängigkeit vom Licht
steht). Die Lektüre des Buches – der Bibel – nun vermittelt die Aufforderung zur Absage an das erdenverbundene Diesseits, zur Absage an sinnliches Glück, an irdische Liebe, an sexuelle Lust, an Selbstliebe, an Liebe
der eigenen Wünsche und Bedürfnisse, an Streit und Zank, die beide ja
auch aus verletzter Selbstliebe resultieren. Und die Lektüre vermittelt die
Aufforderung der Hinwendung zu Gott, wonach Augustinus das Einströ-
men von Gewißheit als Licht registriert. Diese Schilderung in den Bekenntnissen enthält mehr oder minder die ganzen Gedanken und Lehrstücke von
Augustinus’ Philosophie wie in einer Nußschale – treffender konnte das Bekehrungserlebnis nicht geschildert werden, das Erlebnis, das *die Neuorientierung des Menschen* Augustin stellvertretend für den Menschen überhaupt ausdrücken soll. Ich glaube nicht, mit dieser Interpretation dem
Tolle-lege-Erlebnis in der augustinischen Form irgendeine Gewalt anzutun.

---

[4] Confessiones VIII, 12.

Die Betonung der Neuorientierung des Menschen ist für Augustinus wichtig. Ja, sie ist ihm ausschlaggebend – ist doch die Sicht des Menschen bis zu seiner Zeit noch stark ausgerichtet an der griechischen Antike (speziell an Platon und an Aristoteles) und ist die überkommene Philosophie ihrerseits auch noch nicht in Vereinbarung gebracht mit dem christlichen Glauben. Augustinus nun ist es, der das begründet, was man die Philosophie des Mittelalters nennt, die man zeitlich um ca. 450 mit dem endgültigen Ausgang der Antike ansetzt (476: Ende des Weströmischen Reiches) und bis zum Anbruch der Neuzeit um 1500 laufen läßt. Dabei handelt es sich um die christliche Schulphilosophie der Kirchenväter (Scholastik und Patristik) und ihre Verarbeitung bei Wilhelm von Occam, Thomas von Aquin, Nikolaus von Kues und anderen. Inhaltlich steht die Philosophie des Mittelalters seit Augustinus unter dem Motto: „wisse, um zu glauben, und glaube, um wissen zu können (intellige ut credas, crede ut intelligas)." [5]

Glauben und philosophisches Wissen gilt es dem Augustinus zusammenzubinden: das christliche Denken will dabei die Philosophie der Antike nicht verwerfen, sondern will sie vereinnehmend pflegen und damit für sich reklamieren. Der die ganze mittelalterliche Geistes-Epoche kennzeichnende Gedanke ist der einer Einheit von Philosophie und christlichem Glauben.

Die genannte Einheit von Philosophie und Glauben, von Wissen und Glauben, philosophischem Wissen und christlich-religiösem Glauben, wird nicht synkretistisch [6] vorgenommen, das heißt, nicht in einer unkritischen Vermengung von Unvermengbarem. Die Einheit wird hergestellt durch eine uneingeschränkte und gedanklich rigorose Primatsetzung Gottes. Das Sein alles Seienden, das Sein von Sein überhaupt ist Gott. Von diesem Sein her erhält alles andere erst sein Sein. Absolutes Sein, göttliches Sein ist Selbstsein, ist alles und nichts in eins und wird dann zum Schöpfer des, beziehungsweise alles Seienden erklärt. „Ens a se" – „Sein durch sich selbst": das ist die begriffliche Fassung bei Augustinus. Göttliches Sein ist das wirklichste, das Sein, das alles erwirkt; es ist: „ens realissimum". Damit kommt alles von Gott; und damit ist alles auf Gott hin gerichtet – auch alles Fragen, alles Befragen, alles bis an die Wurzel gehende Fragen: alles radikale Fragen. Gott ist über der Welt und als deren Schöpfer auch zugleich in der Welt, – alles ist gottdurchwirkt („omnia igitur sunt in ipso"). Gott ist als Weltenschöpfer der Schöpfer des höchsten Gutes. Was er aus eigener Kraft unter

---

[5] Sermones XXXXIII, cap. 7, 9.

[6] Synkretismus bedeutet ursprünglich die Vereinigung der streitenden Parteien (syn-) der Kreter zur Abwehr eines gemeinsamen Feindes; in philosophischem Sinne heißt es dann die kritiklose Vermischung verschiedener Standpunkte und Systeme zu einer Einheitsposition.

Rückgriff auf nichts anderes und damit aus sich selbst schafft, das trägt alles
Gute grundsätzlich an und in sich: mithin gibt es auch nichts grundsätzlich
und eigenständig Böses, sondern das Böse ist eine Beraubung des Guten
(„privatio boni"). Gott schafft die Welt aus dem Nichts; die Welt ist keine
Emanation, kein Ausfluß irgendeiner Kraft (Mana), sie ist aber auch nicht
durch die Gestaltung einer Materie entstanden (Gott ist nicht Demiurg,
das heißt Weltbaumeister). Als von Gott aus dem Nichts („ex nihilo")
geschaffene Welt entspricht sie und alles in ihr einzig und allein dem Willen
Gottes.

In Gott kulminiert alles, durch Abhängigkeit von seinem Sein ist alles
begründet (Gott ist Grund), ist alles gerechtfertigt. Wenn durch Gott alles
gerechtfertigt ist, alles be-gründet ist, dann ist Gott die Wahrheit. Gefunden
wird sie, die Wahrheit, im Menschen: „Suche nicht draußen!", heißt es bei
Augustinus. „Kehre in dich selbst zurück. Im Innern des Menschen wohnt
die Wahrheit. Und solltest du finden, daß auch deine eigene Natur noch veränderlich ist, dann transzendiere dich selbst."[7] Im Innern des Menschen
wohnt die Wahrheit. Das Innere ist das Geistige, das Seelische, die geistige
Existenz. In ihr wohnt die Wahrheit. Das innere menschliche Sein hat teil
am göttlichen Sein, das heißt: ist ein Teil des göttlichen Seins, des göttlichen
„mundus intelligibilis". Damit wohnt dem inneren Menschen die Wahrheit
inne, die Teil göttlicher Wahrheit ist. Die menschliche geistige Existenz ist
gekennzeichnet dadurch, daß sie Teil einer anderen ist, nämlich der universalen geistigen Existenz, die im Jenseits angesiedelt ist. Sind göttliches Sein
und Wirken „ex nihilo", so sind menschliches Sein und Wirken „ex deo".
Zugrunde liegt eine Zweiweltenlehre: das Diesseits und das Jenseits. Das
Diesseits ist charakterisiert durch Sinnlichkeit, das Jenseits durch Geistigkeit. Im Diesseits lebt der Mensch als Sinnenwesen, im Diesseits ist alles
durch Veränderlichkeit ausgezeichnet („mutabilitas") und ist der Mensch
eine im Wechsel der Zeiten und Umstände aufgehende Erscheinung; er ist
durch nichts festgestellt und ist durch nichts auf Dauer gestellt; auch nichts
Eigenes in ihm bekommt diese Qualität zugesprochen – er ist beinahe nichts
(„paene nihil"). Dasselbe gilt auch für alles, was der Mensch herstellt, was
er schafft – dasselbe gilt für seine Schöpfungen: Wahrheiten, die er erkenntnismäßig herstellt, sind flüchtig, wechselnd, veränderlich – ihnen kommt
keine Dauer im Wandel der Zeit, keine Dauer im Wechsel zu („immutabili-
tas"). Kommt diese Qualität nicht menschlichen Wahrheiten zu, so doch
dann, wenn es sich um göttliche Wahrheiten handelt, um Gedanken Gottes,
um Wahrheiten des mundus intelligibilis, die vom Menschen nur nachgedacht werden. Die Welt Gottes (das Jenseits, die Geistige Existenz) ist der
Ort der Ideen, der Ort der Urgründe – hier sind Platons Ideen angesiedelt;

---

[7] De vera religione, cap. 39, 72.

und Platons Weg zur Idee des Guten ist ihm, dem Augustinus, der Weg zur göttlichen Welt, zu Gott.

Der Mensch vermag nicht kraft seines eigenen Denkens Wahrheiten, Gründe, Logoi, Ideen und was man sonst noch nennen könnte, auch Ordnungen zu schaffen. „Der Verstand schafft die Wahrheit nicht, sondern findet sie vor", heißt es bei Augustinus[8]; und: „Was immer der Verstand Wahres festhält, ist nicht ihm zu verdanken."[9] Wie verarmt ist hier der Mensch im Vergleich zur Antike. Er ist ohnmächtig und schwach und abhängig von der Macht Gottes. Denn im Klartext heißt dies, wie eingangs erwähnt: Erst muß man glauben, dann erst ist Wissen möglich. *Wahrheit* zeigt sich *nur* denen, die glauben können, die der göttlichen Wahrheit teilhaftig sind *durch Glaube an den personalen Gott.* „Ich bin die Wahrheit und das Leben", erklärt der christliche Gott. Die zeitlose Geltung der Wahrheit in und bei Gott ist das Kriterium christlicher Wissenschaft, der „doctrina christiana". Wahres Glück kann nur über den Weg der Teilhabe an der göttlichen Wahrheit gefunden werden, welche ihrerseits wiederum nur möglich ist unter der Voraussetzung des Glaubens. Theologie und Philosophie, *Glauben und Wissen gehen eine Ehe unter dem Primat des Glaubens ein.*

Was bedeutet das für das Menschenbild Augustinus' und für das dem Menschen eigene Moment der Wahrheitssuche? Der Mensch ist für Augustinus seit Adam – und damit von seiner Geschichtlichkeit her – ein mit *Erbschuld* („culpa") belastetes Wesen: er ist schuldig geworden der göttlichen Wahrheit gegenüber. Der Mensch vermag es nicht, nicht zu sündigen; und: er kann nicht recht handeln, wenn er allein auf sich gestellt ist: „non posse non peccare, non posse recte agere." Insofern ist er in all seinem Tun und Leben abhängig von Gott und seiner Gnade, wenn er recht handeln will. Und er muß dieses „recte agere" wollen, weil er auf Wahrheit hin angelegt ist, und dies ist er – ob er will oder nicht – als Geschöpf Gottes, der selber die Wahrheit („veritas ipsa") ist. Mit anderen Worten: Der Mensch muß Wahres wollen, aber er kann aus sich heraus nichts Wahres schaffen. („Der Verstand schafft die Wahrheit nicht, sondern findet sie vor.") Des Menschen Ohnmacht macht sich wieder bemerkbar. Bei Augustinus heißt das: „Wer . . . Gottes Gebot erfüllen will und nicht kann, hat zwar schon den guten Willen, aber noch klein und schwach: Er wird aber können, wenn dieser Wille groß und stark geworden ist."[10] Der Mensch kann also einen

---

[8] De vera religione, cap. 39, 73.
[9] De sermone Domini in monte II, cap. 9, 32.
[10] Zitiert nach Hans Jonas, Augustin und das paulinische Freiheitsproblem, Göttingen 1965, S. 67 (De grat. et. lib. arb. n. 33). Das Zitat lautet weiter: „Wer aber begann damit, jene wenn auch noch kleine Liebe zu geben, wenn nicht Er, der den Willen vorbereitet, um später durch Mitwirkung zu vollenden, was er durch Alleinwirkung begann? Denn Er selbst bewirkt zu Beginn, daß wir wollen, der zur Vollen-

großen Willen wollen, es liegt in seiner, des Menschen inneren, von Gott gegebenen Möglichkeit, diese Freiheit zum starken Willen zu haben. Auch
diese innere Möglichkeit („arbitrium liberum") ist somit von Gott vorher-
bestimmt wie auch die Möglichkeit der positiven Aktivierung dieses freien
Willens.

Sie geschieht durch Liebe, und gemäß der Zweiweltenlehre wiederum in
doppelter Form: einmal in Form der *Gottesliebe* und damit zur Wahrheit in
Gott, zum anderen in Form von *Selbstliebe* als zerrbildliche Nachahmung
der göttlichen Ordnung und Wahrheit („perversa imitatio dei"). Kann ich
mein Handeln rein aus Gottesliebe bestimmen, dann bin ich im Bereich des
Guten! Schaffe ich dies nicht, sondern hänge ich an weltlichen Dingen, die
mir Freude, Zufriedenheit, Glück, Befriedigung bringen, dann bin ich
falsch gerichtet, das heißt, ich war zu schwach, zu wenig gottgefällig und zu
sehr selbstgerichtet und damit selbstgerecht, so daß ich das Gute verfehlt
habe. Mit dem Fehlen des Guten, so sagte ich vorhin, ist das Böse gesetzt
(das Böse ist „privatio boni"). Da der Mensch aber erbschuldbelastet ist,
muß er immer erst einmal fehlen, *muß* er fehlgehen in seinen Absichten.
Dann zählt die Stärke des Bemühens, davon abzukommen, damit durch
einen Eingriff Gottes dieser Mensch zum erwählten Menschen wird: Die
Freiheit des Menschen, das Gute nicht um des Guten willen, sondern um
Gottes willen tun zu wollen und zu können, wird in Abhängigkeit gebracht
von einer vorgängigen Liebeszuwendung Gottes zu dem *einen* Menschen:
es ist *Erwählung durch Gnade.* Für den Menschen heißt dies: er ist im Vollzug seines in ihm geschöpflich angelegten Menschseins oder seiner Menschlichkeit radikal abhängig von Gottes Gnadenwahl. Der Göttliche Wille
bestimmt den Menschen in seinem Menschsein. *Prädestination* heißt dies.
Und nicht zu Unrecht erklärt Wilhelm Windelband hierzu (mit Bezug auf
die strenge Fassung der Prädestination bei Augustinus): „In der Prädestina-
tionslehre erstickt . . . die absolute Kausalität Gottes den freien Willen des
Individuums." [11]

Aufgabe des Menschen ist die Wahrheits*suche,* da die Wahrheit selbst nur
in Gott ist. Die Bedingung der Möglichkeit von Wahrheitssuche ist die Teilhaftigwerdung an der göttlichen Wahrheit. Sie geschieht nicht durch den
Menschen selbst, sondern durch einen Gnadenakt Gottes: er erleuchtet den
Menschen, der selber ohnmächtig ist und der Erwählung und Erleuchtung
durch Gott bedarf. Es ist eine Einstrahlung Gottes, eine Einstrahlung der

---

dung mit unserem Wollen zusammenwirkt. . . . *Daß* wir also wollen, bewirkt er *ohne*
uns; wenn wir aber erst wollen, und so wollen, daß wir tun, wirkt er mit uns zusammen."

[11] Wilhelm Windelband, Lehrbuch der Geschichte der Philosophie, hrsg. von
Heinz Heimsoeth, Tübingen 1935, S. 239.

göttlichen Wahrheit, des göttlichen Lichts in den inneren Menschen, so als ob das Sonnenlicht auf den Sehvorgang einstrahlt, wie es Augustinus selber zu erläutern versucht.[12] So wie man mit dem Auge sieht, so sieht man auch mit dem Geist, wobei von Augustinus an die alte Lichtmetaphysik angeknüpft wird (man denke an Platons Höhlengleichnis, an den Manichäismus, an die Lichtmetaphorik in der christlichen Religion, auch an die Begriffe wie Aufklärung oder enlightment). Das Einstrahlen der göttlichen Wahrheit in den Menschen, die Erleuchtung, wird von Augustinus als „illuminatio" bezeichnet und ist als *Illuminationstheorie* von tragender Bedeutung für das Augustinus-Verständnis.

Die Erleuchtung geht in das Innere des Menschen oder in den inneren Menschen. Ist dieses Innere erleuchtet, dann stellt sich die Wahrheitssuche dar als Er-innerung („memoria"): sie geht über die sinnlichen Gegenstände hinaus, die es zu erkennen gilt, und wendet sich den geistigen Gegenständen zu (den „intelligibilia"; man denke an den „mundus intelligibilis"), die beim Menschen in Vergessenheit sind, das heißt, die sich in einem Zustand des Nichtwissens um sie befinden und die durch die Erleuchtung im Innern vorfindlich werden.

Das heißt, *Erkenntnis entsteht nicht über Worte und Begriffe*: „Wenn Worte verlautet werden, wissen wir entweder, was sie bedeuten, oder wir wissen es nicht. Sofern wir es wissen, beruht das eher auf Erinnerung als auf empfangener Belehrung. Wenn wir es nicht wissen, fehlt jedenfalls eine Erinnerung, aber unter Umständen wächst daraus eine Aufforderung, nach ihrer Bedeutung zu suchen."[13] Worte können nur zu einer Befragung anleiten (das Wort Dreieck zu Erkenntnissen über alles, was mit Dreiecken zusammenhängt: Winkelsumme, Formen, Gesetze etc.). Über Worte erlange ich keine Erkenntnis, auch nicht über eine Belehrung mit oder durch Worte: um den Begriff Dreieck zu erkennen, brauche ich die Erinnerung der Sache selber in ihrem Gedanken, der Sache an sich („res ipsa"). Augustinus macht dies an einem weiteren Beispiel deutlich, „daß wir (nämlich) jene Kopfbedeckungen, deren Nennwort (saraballae) für uns ein bloßes Klanggebilde ist, nur erkennen können, wenn wir sie sehen, und daß wir ihren Namen erst dann richtig erfassen, wenn wir sie selbst kennen".[14] Vorrangig ist also immer die gedankliche Eingebung der Sache selbst, deren wir uns im nachhinein innewerden (sie er-innern): Platon spricht hier in und durch Augustinus. Das heißt, daß wir in uns viele ideelle Wahrheiten innerlich vorfinden, die wir durch „innere Worte" („verba interna") ausdrücken. Es kann also *keine Belehrung* geben, es kann also *keine Lehre*

---

[12] Soliloquien I, cap. 6, 12.
[13] De magistro XI, 36.
[14] De magistro XI, 37.

geben, es kann also auch *keine Lehrer* geben – nur einen Lehrer gibt es, der uns Menschen mit der Wahrheit in Gott vermittelt: „Jener aber, der da befragt wird, lehrt, und das ist der, von dem es heißt, daß er im inneren Menschen wohnt (Eph. III, 16f.), ist Christus, das ist die unwandelbare Kraft Gottes und die ewige Weisheit." [15] Wie sehr bei all dem Dargestellten platonisches Gedankengut in christlicher Entfremdung eine Rolle spielt, ist nicht zu verkennen. Darauf verweist beispielsweise auch die böse Bemerkung des Humanisten Erasmus von Rotterdam, der eine Schrift von Augustinus (eben die Schrift ›De magistro‹) im Jahre 1556 übersetzt auf den Markt bringt und im Vorwort folgendes vermerkt: „Was gut am De magistro ist, steht bei Platon, was schlecht ist, stammt von Augustinus."

Auf dem Weg der Wahrheitssuche kann der Mensch bis zur Glückseligkeit gelangen. Auch hier lebt Augustinus aus der antiken Tradition und auch hier christianisiert er diese. „Inde beatus, unde bonus" – Gutsein ist die Voraussetzung für Glücklichsein. Im Sein, im Wissen und im Wollen muß der Mensch über den Geist („mens"), über die Kenntnis („notitia") und über die Liebe („amor") zur jeweils höchsten Form von Bewußtsein („memoria"), Einsicht („intellectus") und Willen („voluntas") gelangen, um der Glückseligkeit („beatitudo") teilhaftig werden zu können. Gebunden ist dies an eine Form der Dreieinigkeit, die besagt: Glückseligkeit ist die Erfüllung der Liebe im Einswerden des Willens mit seinem Ziel der Einsicht in das Wahre Ganze; – zusammengefaßt: Glückselig ist der in Gottesliebe und aus Gottesliebe heraus Lebende und Handelnde, der des „recte agere" teilhaftig geworden ist. Daß dies keine Abkehr vom Diesseits nach sich zieht, macht Augustinus immer wieder deutlich; auch an den Stellen, in denen er auf die mitmenschlich-gesellige Natur des Menschen zu sprechen kommt. Sie bindet er aber nicht an den Charakter des antiken Zoon politikon, des Wesens, das durch sein Leben in der Polis oder in der Res publica bestimmt ist. Ausgerichtet ist für Augustinus der Mensch in seiner echten Gemeinschaftlichkeit grundsätzlich auf den Gottesstaat, auf die „civitas dei", nachdem der irdische Staat (die „civitas terrena") seine Brüchigkeit sowohl im Niedergang der Polis als auch im Niedergang der römischen res publica unter Beweis gestellt hat und damit sein moralisches Recht verwirkt hat. Das Ausgerichtetsein auf den Gottesstaat bedeutet dem Augustinus, daß das Wesen der menschlichen Gemeinschaftlichkeit in Form der Gottesliebe und Nächstenliebe, die ja auch Gottesliebe ist, im Gottesstaat seine Vollkommenheit vorfindet. Das und nur das gibt überdauernden Halt, das und nur das ermöglicht Gerechtigkeit und Gleichheit aller Menschen (vor Gott) – und nicht etwa die brüchigen Gesetze einer Stadt oder eines Staates. Denn letztere gehören – gemäß der Zweiteilung – dem Diesseits, der hochdefizienten

---

[15] De magistro XI, 38.

sinnlichen Welt an, während erstere zum Jenseits, der vollkommenen geistigen Existenz gehören, und damit zeitlos gültig und unwandelbar sind.

Man muß sich fragen, was ist aus dem Menschen in der Sicht des christlichen Philosophen Augustinus gegenüber dem antiken Philosophieren geworden? Die radikale Abhängigkeit des Menschen von Gott ist an die Stelle dessen getreten, daß der Mensch in seiner Menschlichkeit sich niemandem und nichts Drittem verdanke als nur sich selbst. Die antike Paideia-Vorstellung ist dahin, sie hat sich aus-gelebt: Wenn man an Augustinus' Schilderung des Bekehrungserlebnisses jetzt noch einmal zurückdenkt – und ich wies darauf hin, daß sie wie in einer Nußschale alle Lehrstücke und Gedanken seiner Philosophie beinhalte –, dann läßt sich festhalten:

– Das radikale Befragen führt den Menschen in eine tiefe Ohnmacht, aus der er auf sich gestellt nicht mehr herausfindet.
– Der Gnadenakt, die Erleuchtung muß kommen, um dem Menschen, der es verdient, aufzuhelfen, denn alle Autarkie des Menschen ist geschwunden.
– Der Mensch ist abhängig von der Erwählung durch Gott (Prädestination), der ihm, dem Menschen, die Welt des Jenseits verpflichtend macht, will er gut und glückselig leben.
– Die Wirklichkeitsbezogenheit menschlicher Existenz ist geschwunden, die eigentliche menschliche Existenz ist die gottesstaatliche.

Bildung des Menschen ist nur noch Werk Gottes, nämlich durch einen Gnadenakt Gottes in die Wege geleitet. Bildung geschieht durch Erleuchtung oder durch Anrufung durch Gott („vocatio"). Gott und die göttliche Wahrheit, kurz: der personale Gott ist durch Christus der einzig wahre Lehrer des Menschen. Bildung des Menschen ist dem Menschen benommen: sie ist allein Gottes Werk; und der einzelne Mensch kann nur noch warten; er kann gottgefällig leben und dabei die „vocatio" oder „illuminatio" erwarten, um dann das alles schon Gedachte und auch schon Zu-Ende-Gedachte als etwas er-innernd aufzufinden, was von Gott immer schon vorgedacht ist. Der Mensch ist grundsätzlich Nachdenker – und das Wort gilt im zeitlichen Sinne. Der Mensch ist nicht mehr ein Sich-selber-Schaffender, er ist Geschöpf und Gottes Kreation oder besser: Gottes Kreatur – eine armselige Kreatur, gemessen an der vorgängigen Antike. Bildung ist für Augustinus und die ihm folgende Zeit bis Thomas von Aquin nichts anderes als Erinnerung der göttlichen Wahrheit.

Literaturhinweise

Werk

Bibliothèque Augustinienne. Œuvres de Saint Augustin (lateinisch-französisch, 2. Ausgabe), Paris 1949 f.

Aurelis Augustinus. Werke in deutscher Sprache, bisher 18 Bände, Paderborn 1940 ff.

Der Lehrer (De magistro liber unus), besorgt und übersetzt von Carl Johann Perl, Paderborn 1958 (Schöninghs Sammlung Pädagogischer Schriften).

Sekundärliteratur

Ballauff, Theodor: Pädagogik. Eine Geschichte der Bildung und Erziehung, Band I: Von der Antike bis zum Humanismus, Freiburg/München 1969.

Jaspers, Karl: Plato – Augustin – Kant: Drei Gründer des Philosophierens, München 1961.

Jonas, Hans: Augustin und das paulinische Freiheitsproblem, Göttingen 1965.

Löwisch, Dieter-Jürgen: Einführung in die Erziehungsphilosophie, Darmstadt 1982.

Maier, Hans: Augustin, in: Maier, Rausch, Denzer (Hrsg.), Klassiker des politischen Denkens, 1. Band, München 1968.

Marrou, Henri-Irenée: Augustinus in Selbstzeugnissen und Bilddokumenten, Reinbek 1958.

Ritter, Joachim: Mundus intelligibilis. Eine Untersuchung zur Aufnahme und Umwandlung der neuplatonischen Ontologie bei Augustinus, Frankfurt a. M. 1937.

Schöpf, Alfred: Augustinus. Eine Einführung in sein Philosophieren, Freiburg/München 1970.

–: Augustinus, in: Otfried Höffe (Hrsg.), Klassiker der Philosophie, 1. Band, München 1981.

THOMAS VON AQUIN

Von DIETER-JÜRGEN LÖWISCH

In Köln studierte in der Mitte des 13. Jahrhunderts unter Albertus Magnus ein in der Geistesgeschichte noch unbekanntes Mitglied eines Bettelordens, des der Dominikaner, Philosophie und Theologie. Dieser Dominikaner sollte später neben Platon, Aristoteles und Augustinus gleichrangig Eingang in die Geistesgeschichte finden: er hieß Thomas von Aquin. Von ihm wird gesagt, daß er schon zu Studienzeiten einen derart erheblichen Umfang gehabt haben soll, daß man das Pult, an dem er studierte, habe ausschneiden müssen, damit er dort überhaupt Platz nehmen konnte. Die Korpulenz des Aquinaten und seine im Umgang mit anderen zurückhaltende Art, die sich hauptsächlich in Schweigen darstellte, brachten ihm von seiten seiner Kommilitonen den Spitznamen „stummer Ochse" ein. Wen aber der Theologe und Philosoph Albertus Magnus in Thomas als Studenten vor sich hatte und von welcher Ahnung Albertus Magnus bezüglich dieses Studenten befallen gewesen sein muß, das läßt schon seine Erwiderung auf den Spitznamen erkennen: „Ihr nennt ihn den stummen Ochsen! aber ich sage euch, das Brüllen dieses stummen Ochsen wird so laut werden, daß es die ganze Welt erfüllt" [1]. Wenn man heute nun die Stationen des abendländischen Denkens unter anderem auch mit dem Namen des 1323 heiliggesprochenen Thomas markiert, so dokumentiert dies, daß Thomas in der Tat sich in der Welt Gehör verschafft hat. Beinahe ein Jahrtausend aber mußte vergehen, bis durch Thomas' Richtungsstoß das abendländische Denken eine neue, verbindliche Gestalt erfährt.

Hatte Augustinus seinerzeit mit Erfolg versucht, Glauben und Wissen, Theologie und Philosophie, und das heißt: Christentum und Philosophie zusammenzubinden unter der eindeutigen Primatsetzung des Glaubens, so beginnt nach einigen Jahrhunderten diese unio, diese Einheit zu zerbröckeln. Augustinus konnte zu seiner Zeit das überlieferte philosophische Denken vergewaltigen und es nach dieser Vergewaltigung als christliche Philosophie für seine und die folgende Zeit verbindlich machen; der Zeitgeist war ihm dabei behilflich. Der Zeitgeist aber war es auch, der auf Umwegen, nämlich über die arabische Philosophie, diese augustinische Übereinstimmung auf-

---

[1] Wilhelm Weischedel, 34 große Philosophen im Alltag und Denken. München [8]1981, S. 109.

zulösen begann. Zu nennen sind hier die aus der Feder Averroës'[1a] stammenden Kommentare zu Aristoteles' Philosophie, zu erwähnen sind aber auch die Kommentare zu Aristoteles' Schriften von Avicenna[2]. Solche Arbeiten, die den Aristoteles, aber auch den Platon in nichtchristianisierter Form lebendig erhielten und deren Verbreitung nicht verhindert werden konnte, mußten Irritationen aufkommen lassen. Und wie es in solchen Zeiten häufig der Fall ist: der einen orthodoxen Position, die um ihre Bedeutung und ihren Einfluß zu bangen beginnt, entsteht eine oppositionelle und nicht weniger orthodoxe Gegenposition: in Paris zu Thomas' Zeiten beispielsweise ist sie vertreten durch Siger von Brabant,[3] der – fußend auf Averroës – die Lehre einer doppelten Wahrheit vertrat: neben der philosophischen gibt es für ihn eine theologische Wahrheit. Zwei Wahrheiten nebeneinander! Dies mußte verdammenswert sein; und es wurde auch verdammt: der Häresie wurde er bezichtigt. Da in Paris aber auch das augustinische Denken in der Person des Bonaventura[4] seinen orthodoxen Universitätslehrer hatte, mit dem Thomas befreundet war, führte dies zu einer Situation, in der Thomas von Aquin, der immer schon theoretisch die Vermittlung der streitenden Parteien zu vollziehen versucht hatte, jetzt diesen Streit praktisch zu schlichten und zu vermitteln vom päpstlichen Hof aufgefordert wurde. Dies ergab sich beinahe zwangsläufig, weil Thomas' Lehre – wenn man es bildlich nehmen will – angesiedelt war zwischen den extremen Polen. Dies jedoch war für die Gruppe der orthodoxen Augustinus-Anhänger im Grunde schon gleichbedeutend mit Opposition und Verrat, wenn nicht der schon erwähnte

[1a] Averroës ist der bedeutendste arabische Philosoph (er war zugleich auch Arzt), der aus Spanien (Cordoba) stammte, von 1126 bis 1198 lebte und mit arabischem Namen Abul Walid Mohammed Ibn Roschd hieß. Er hat in 11 Bänden – streckenweise bis zu dreifache – Aristoteles-Erklärungen herausgegeben, die geistesgeschichtlich von erheblicher Bedeutung wurden.

[2] Avicenna, ein islamischer Philosoph und Arzt, mit arabischem Namen Ibn Sina, lebte von 980 bis 1037. Auch er hat Aristoteles-Kommentare geschrieben.

[3] Siger von Brabant, ein von 1235 bis 1282 lebender Philosoph, der an der Pariser Universität etwa seit 1250 den sogenannten lateinischen Averroismus entwickelte und dessen führender Kopf war und mit heutigen Begriffen als Nihilist, Freigeistler und Aufklärer diffamiert wurde, insofern er in absoluter Gegenstellung zur augustinischen Lehre versuchte, den Aristotelismus zu verbreiten und hoffähig zu machen unter der Betonung der Ewigkeit der Welt und der einen, allen Menschen grundsätzlich zukommenden und gemeinsamen Vernunft.

[4] Bonaventura, eigentlich Johannes Fidanza (1221–1274), war Ordensgeneral der Franziskaner und Kardinal. Er knüpfte an die Gedankenwelt Platons und Augustinus' an, die leitend in der sogenannten Franziskaner-Schule war, und stand im Gegensatz zu Sigers von Brabant Versuch der Verbreitung des Aristotelismus, der in der Dominikaner-Schule Verbindlichkeit erlangen sollte. Bonaventura und Siger von Brabant lehrten zur gleichen Zeit an der Pariser Universität.

Zeitgeist auch hier wieder zu Hilfe gekommen wäre: er begann philosophisches und weniger christliches Offenbarungsdenken zu fordern. Und für derartige philosophische Anstrengung steht zu dieser Zeit eben die Person des Thomas von Aquin. Sein Verdienst ist es, das Denken aus der theologischen Bevormundung herausgelöst zu haben, die Philosophie davon befreit zu haben, nur noch Magd der Theologie (die berühmte ancilla theologiae) zu sein, den Menschen in die Eigenrechte wieder eingesetzt zu haben, die ihm Augustinus genommen hatte. Doch mußte sich Thomas gleichzeitig davor hüten, bei diesem Unternehmen in die Nähe einer Zweiwahrheitenlehre des Siger von Brabant zu gelangen, er mußte – wie Josef Pieper sagt – Aristoteles und die Bibel miteinander verknüpfen und durfte dabei keinem von beiden sein je eigenes Recht nehmen. Dies läßt erahnen, welche Anforderung Thomas an seine denkerischen Fähigkeiten stellte, um ein solches Vorhaben durchführen zu können, und mit welcher Verbissenheit er, der Schweigsame, sich dieser Aufgabe stellen mußte, und wieviel er schreiben mußte, um entsprechendes Gehör zu finden; denn die Universitätslehre allein konnte dies nicht bewerkstelligen. Hinzu kamen all die Schwierigkeiten und die Unbill, die sein Ordensleben mit sich brachten: er mußte beispielsweise nicht nur alle kleineren Reisen, auch die großen Reisen zwischen Köln und Paris, Rom und Paris, Neapel und Paris zu Fuß absolvieren; sein Orden konnte ihm streckenweise nicht einmal das Papier, das er für seine Arbeiten brauchte, zur Verfügung stellen. Piepers Bild – allein auf Thomas' denkerische Aufgabe bezogen – trifft in der Tat zu: er spricht von der übermenschlichen Kraft, die man aufbringen müsse, um die Enden des Bogens des Odysseus einander nahezubringen.[5] Thomas legt in seinen großen Arbeiten, besonders in der ›Summa theologiae‹ und der ›Summa contra gentiles‹, das Ergebnis seiner denkerischen Leistungen vor und ist doch selber am Ende unzufrieden darüber, ja, er bricht seine schriftlichen Darlegungen ein halbes Jahr vor seinem Tode, noch nicht fünfzigjährig, abrupt ab mit der Bemerkung: „Ich kann nicht mehr; vor dem, was ich gesehen habe, erscheint mir alles, was ich geschrieben habe, wie Spreu."

Zur Person des Thomas von Aquin gibt es nicht sehr viel, schon gar nichts Auffallendes zu berichten: Geboren wurde er 1224/1225 auf dem Schloß Roccasecca in der Nähe von Neapel. Mit fünf Jahren wurde er zur Erziehung in das Benediktinerkloster Monte Cassino gebracht (1230–1239). Mit vierzehn Jahren verließ er das Kloster und studierte in Neapel. Hier erhielt er zum ersten Male Kenntnis von Aristoteles' Philosophie. 1244 entschließt sich Thomas, dem Dominikanerorden (einem Bettelorden) beizutreten und wird von seiner Familie für diesen Entschluß mit einer einjährigen Familien-

---

[5] Vgl. Josef Pieper, Hinführung zu Thomas von Aquin, 12 Vorlesungen, München ²1963.

haft in San Giovanni belegt. Nach diesem erfolglosen Familienwiderstand zieht er 1245 nach Paris, hört dort Albertus Magnus und geht dann mit diesem nach Köln, um seine Studien bei Albertus fortzusetzen. Von 1248 bis 1252 studiert er bei Albertus Magnus, dem „universellsten Gelehrten des Mittelalters, dessen größte Leistung in der Begründung eines christlichen Aristotelismus zu sehen ist", wie R. Heinzmann erklärt.[6] Von 1252 an lehrt Thomas selber in Paris, hat aber – wie vorhin angedeutet – in zunehmendem Maße Schwierigkeiten mit den dort lehrenden Theologen. Er wird jedoch geschätzt von Papst Urban IV. und vom päpstlichen Hof nach einigen Jahren Pariser Tätigkeit zu anderen Lehr- und wohl auch kirchenpolitischen Interventionszwecken mit Aufgaben betraut, unter anderem auch zu Lehrzwecken an der Hochschule des päpstlichen Hofes von 1260–1264. Um den in Paris heftig aufgekommenen Streit zwischen Siger von Brabant und Bonaventura zu schlichten, wird er 1269 noch einmal nach Paris entsandt. 1272 kehrt er zurück und lehrt in Neapel. Auf dem Fußweg zum Konzil von Lyon stirbt Thomas 1274 in einem Zisterzienserkloster (Abtei Fossa nuova).

Das Denken des Aristoteles hat Thomas von früh an begleitet, wie er auch selbstverständlich unter christlichem Offenbarungsglauben aufwuchs und damit das augustinische Denken als die die christliche Welt beherrschende Denkweise erfuhr. Angesichts beider Denkweisen ergaben sich Thomas Ungereimtheiten, Störungen, Irritationen. Denn da es beidemal der Mensch in der Welt ist, der denkt, kann doch dieses denkende Welten-Wesen nicht zweigleisig, beinahe schizophren, denken. Denn es müßte einmal sagen können (mit Aristoteles): *ich* denke die Welt, *ich* erkenne die Welt, und auf der anderen Seite (mit Augustinus): *es* denkt *in mir, Gott* denkt *in mir;* aber in beiden Formen bin *ich oder* ist *Gott in mir* auf dem einen identischen Weg zur Wahrheit. Dies müßte dann mit logischer Notwendigkeit zur Annahme von zwei *konkurrierenden* Wahrheiten führen. Unbestritten ist dem Thomas, daß es Wahrheiten gibt, die nur glaubbar, also nicht beweisbar sind. Hierzu zählen ihm die Lehre von der Dreieinigkeit (Vater, Sohn, Heiliger Geist) und die Lehre von der zeitlichen Schöpfung der Welt wie auch die Erbschuldlehre und die Inkarnationslehre. Dies sind Offenbarungslehren, Lehren übernatürlicher Art, und ihre Wahrheiten sind Offenbarungswahrheiten: man muß sie glauben – oder sie sind einem nichts. Doch schaffen wir als Menschen für Thomas auch Wahrheiten durch unsere uns zukommende Vernunft, die ja entsprechend der Schöpfung jedem, der Menschenantlitz trägt, zukommt. Vermittels der Vernunft schaffen wir in Beweisgängen Wahrheiten, also gibt es philosophisch oder auf philosophischem Wege (in philosophischer Methode) zu beweisende Wahrheiten: das

---

[6] Richard Heinzmann, Thomas von Aquin, in: Otfried Höffe, Klassiker der Philosophie, Band 1, München 1981, S. 202/204.

betrifft die logische Geltung von Erkenntnissen wie zum Beispiel die logische Zuordnung von Dackel, Terrier und Boxer als Arten zur Gattung Hund wie auch die Geltung im logischen Schlußverfahren. Nach logischen Regeln ist beispielsweise der Satz: „Ein Kreter sagt: alle Kreter sind Lügner", nicht haltbar, während unter den beiden Obersätzen: (1) Alle Menschen sind sterblich, (2) Sokrates ist ein Mensch, der Schlußfolgerungssatz: (3) Also ist Sokrates sterblich, logisch haltbar ist. Hier ist es der Mensch selber, der vermittels seiner Vernunft Wahrheiten schafft, Erkenntnisse formuliert. Das Feld der Weltdinge, der Weltwirklichkeit als das dem menschlichen Geist offenstehende Erkenntnisfeld kann für Thomas nicht abhängig sein von der Erleuchtung durch Gott: *die Vernunft muß jedem Menschen grundsätzlich zukommen können und nicht fallweise durch göttliche Gnadenakte.* Allerdings, so hofft Thomas, muß es ein Verbindendes zwischen den Offenbarungswahrheiten und den Vernunftwahrheiten geben, etwas, was es erlaubt, beide auf ein Kontinuum einzutragen ohne wechselseitige Leugnung der jeweiligen Eigenrechte.

Betrachtet man den Menschen mit Blick auf seine Erkenntnisfähigkeit, so stellt sich als erstes dar, daß der Mensch auf diese Erdenwelt, auf diese Wirklichkeitswelt angewiesen ist: Erkenntnis erweist sich als gebunden an diese Welt. Ganz konkrete Dinge regen den Menschen zur Erkenntnisgewinnung an: um handeln, ja um situationsentsprechend und sachgerecht handeln zu können, bedarf es der Erkenntnis, benötigt man Sachwissen. Insofern hebt alle Erkenntnis an mit der sinnlichen Erfahrung.[7] Durch den tätigen Verstand („intellectus agens") gelangt der Mensch zu Erkenntnissen und Begriffsbildungen, ohne dabei die Voraussetzung des Glaubens machen zu müssen. Der Mensch kann somit auch wissen, ohne glauben zu müssen, wie es bei Augustinus der Fall war. Und er kommt dabei zu einem vollgültigen Wissen, nur zu einem weniger vollkommenen Wissen, denn er kann mit ihm nicht die „beatitudo", die Glückseligkeit, erreichen.[8] Der insoweit eingeschränkt Wissende weiß dann weltbezogen um Zweckbezüge von Dingen (um physikalische Gesetze zum Zwecke des Bauens; um navigatorische Fertigkeiten zum Zwecke der Seefahrt; um geometrische Figuren zum Zwecke der technischen Konstruktion; um mathematische Gesetze zum Zwecke quantitativer Erfassung der Wirklichkeit usw.); und mit diesem weltbezogenen Wissen um die *Zweck*bezüge von Dingen ist gleichzeitig auch der Weg zur Erkenntnis unter der Frage des *Sinnes* beschritten; er ist aber auch durch die Weltbezogenheit abgebrochen. Denn der Bereich des Glaubens ist es gerade, der die Vernunft erst in ihre eigensten Möglichkeiten bringt:

[7] Summa theologica I, quaestio 77, a 7. Vgl. auch: De anima a 15; De anima a 11, ad 19.
[8] De veritate qu. 21, a 1; Summa theologica I, qu. 60, a 2.

nämlich vollkommene Erkenntnis, wahre Erkenntnis gewinnen zu können. Die Vollkommenheit liegt nicht beschlossen in der Erdenwelt,[9] obwohl in ihr diverse Vorstufen der Vollkommenheit erreicht werden können. Jedoch ist in der Erdenwelt, in der Wirklichkeitswelt jede Form der Erkenntnis, jede Erkenntnis überhaupt, jede Betätigung des menschlichen Strebens nach Erkenntnis, jede Aktivierung der aristotelischen orexis nur Stückwerk. Vernünftig beweisen, das heißt rational einsichtig machen, kann der Mensch immer nur die durch die Vernunft begreiflichen Vorstufen des Glaubens („praeambula fidei"). Damit dient die Vernunft im Bereich des Findens („inventio") von Vernunftwahrheiten (nicht ihres Auffindens wie bei Augustinus) dem Glauben an Gott als dem Auftraggeber des ständigen Bemühens um Wahrheit.

Wichtig ist für das Verständnis von Thomas, daß er die aristotelische Unterscheidung von Akt und Potenz, Materie und Form bei der Erkenntnis des wirklich Gegebenen übernimmt. Alles wirklich Gegebene hat eine erste Materie („materia prima"), die gänzlich unbestimmt ist und der Bestimmung, der Individuation harrt. Die ungeformte Materie, das heißt das noch nicht Individuierte, konkret einzeln Bestimmte, ist jedoch nicht das, was uns Menschen mit unserem Verstand interessiert: uns interessiert immer Materie in einer bestimmten Form; das sind die uns und unsere Sinne affizierenden Weltendinge. Wir erfahren immer nur Bestimmtes, seien es bestimmte Hunde oder seien es bestimmte Dreiecke, und legen dem zugrunde nichterfahrbare Wesensformen, An-sich-Formen, die uns bei der Erkenntnis helfen. Für Augustinus handelte es sich bei diesen An-sich-Formen immer um Gedanken Gottes, seien es – um in den Beispielen zu bleiben – Hund an sich oder Dreieck an sich. Bei Platon handelte es sich bei diesen Wesensformen um Ideen, die auch Aristoteles nicht leugnete, die er aber als weniger bedenkenswert im Vergleich zu Platon ansah, weil es ihm primär um die Erkenntnis der Wirklichkeit ging. Ist dem Aristoteles das Untersuchenswerte immer nur die geformte Materie, die konkret wirkliche und bestimmte Materie,[10] so schließt sich dem der Aquinate an. Daraus erwächst ihm eine Stufenfolge der Erkenntnis, die unter dem Aspekt des Göttlichen eine qualitative Bedeutung hat – und das Göttliche ist das Vollkommene und Allvernünftige. Gemäß dieser Stufenfolge stehen die Weltendinge, aber auch die Weltengrenzdinge, in einer ganz bestimmten Hierarchie, die abhängig ist von der Menge oder dem Umfang der Formen, die sie als durch Geist ermöglichte Formen aufweisen, wie der Ähnlichkeit der For-

---

[9] De potentia qu. 1, a 3: „Nihil ergo est quod possit hominem beatum facere, eius implendo desiderium, nisi deus."

[10] Diese Lehre von der Verbindung von Stoff, Materie (griech. hyle) und Form, Gestalt (griech. morphe) wird als Hylemorphismus bezeichnet.

men mit den Vernunftwesen Gott, der Schöpfer der Weltendinge und der Qualität ihrer Formen ist. Die niedrigste Stufe nehmen dabei die sogenannten toten Gegenstände ein; dem folgen die Pflanzen, die als Form in sich die vegetative Seelenkraft tragen, gefolgt von den Tieren, die eine sensitive und eine vegetative Seele tragen und von daher der Wahrnehmung fähig sind. Der Mensch als nächsthöhere Stufe umfaßt sensitive wie vegetative Seelenvermögen wie auch Unsterblichkeit, womit die nicht an die Natur gebundene Geistigkeit der Seele gemeint ist. Dem Menschen übergeordnet werden bei Thomas von Aquin die Engel als körperlose reine Geistwesen, die von Gott jedoch ebenso geschaffene Wesen sind, während Gott die Krönung des Ganzen abgibt als reiner ungeschaffener und selber schaffender Geist, als reine Wirk-lichkeit.

Es liegt eine ähnlich dynamische Hierarchie als Bild der Wirklichkeit in Thomas von Aquins Überlegungen vor, wie wir sie bei Aristoteles finden konnten. Wie bei Aristoteles alles durch das Streben auf ein Telos hin bewegt war und zum Guten, das heißt zum Vollkommenen zu kommen trachtete, so ist dies auch bei Thomas der Fall. Der Stoff ist dabei die bloße materiale Voraussetzung, die Form ist ihm das Wirkliche. Alles strebt zur Form, alles strebt zur Wirklichkeit, alles ist in seinen jeweiligen Grenzen auf seine mögliche Form im konkreten Einzelnen des Hier und Jetzt angelegt. Die Grenzen sind für Thomas mit der Schöpfung durch Gott gezogen. Dabei kommt dem Menschen die Potenz zu, die Gedanken Gottes nachdenken zu können, wie überhaupt mit den Dingen, die in seines, des Menschen Verfügungsbereich gehören, selbständig denkerisch umgehen zu können. Mithin ist der Mensch berechtigt durch den Akt der Schöpfung, in eigenen Akten (Verwirklichungen der Potenz) Erkenntnisse anstellen und Wahrheiten formulieren zu dürfen. Gleichzeitig sind dem Menschen Grenzen für sein Erkennen gezogen, wie ihm auch die Einsicht in diese Grenzen möglich ist und ihm dabei offenbar wird, weshalb er am Ende an Gott, an das zuhöchst Erstrebenswerte als an die reine Wirklichkeit im Sinne eines wirkenden Geistes, an Vernunft glauben muß. Gott ist „actus purus", reine Wirklichkeit, vollendete Vollendung. Gott ist als Schöpfer der Welt deren Anfang: er ist die „prima causa". Gott ist durch seinen Schöpfungsakt auch Endzweck der Welt, er ist „finis rerum omnium": Endziel von allem. Als „prima causa" hat er für Thomas, ganz der christlichen Denktradition entsprechend, sein Sein von nichts anderem her: er verdankt sich nichts Drittem („prima causa essendi non habens ab alio esse"). Gottes Sein ist in sich selbst notwendig („per se necesse est"); Gott ist der reine Akt außerhalb aller zeitlichen Ordnung („actus purus extra ordinem temporis"), doch hat er mit der Schöpfung die Zeit und einen zeitlichen Anfang gesetzt; Gott ist die allumfassende Ursache („causa univeralis"). Als allumfassende Ursache hat Gott seinen Schöpfungen das Strukturmoment der Ursache, die Ursächlichkeit und Wirk-lichkeit, das Streben nach einem Zweck (telos), mitgegeben. Jede Schöpfung hat das Streben nach einem ihr zukommenden Zweck in sich; jede Schöpfung hat dies innerhalb der ihr von Gott gezogenen Grenzen: Entelechie ist das die Schöpfungen durchwaltende Prinzip. Auch bei Thomas geschieht wie bei Aristoteles in der Natur nichts umsonst. In allem Geschaffenen ist Gott als Endzweck mit gesetzt, alles existiert zur Glorie Gottes, alles strebt zu Gott. Gott ist Anfang und Ende, er ist Alpha et Omega.

Aus diesen Gedanken läßt sich ein erheblicher Unterschied zur Lehre des Augustinus herauslesen und heraushören: Thomas verabschiedet den Gedanken der notwendigen Erleuchtung durch Gott, er bringt nicht nur Korrekturen an der augustinischen Illuminationstheorie an, er ersetzt diese Theorie. Zwar bleibt das Menschenbild von seiner Struktur her noch theozentrisch. Doch wird es inhaltlich dahingehend verändert, daß der Mensch sich nicht Gott in einer Form absoluter Abhängigkeit, Hilflosigkeit und Ohnmacht verdankt, sondern daß er sich der Geistigkeit seiner eigenen Seele verdankt: *alles, was der Mensch ist, und alles, was der Mensch aus sich macht, verdankt er sich und seiner „anima intellectiva".* Diese „anima intellectiva" wird von Thomas auch als *„intellectus agens",* als tätiger Verstand, bezeichnet. Dieser ist spontan wirksam, wodurch der Mensch in den Grenzen selbständig handeln kann, die ihm in seinem Streben auf sein Telos (auf seine Form) hin zur Vollendung und Verwirklichung seiner Potenz durch die Schöpfung gezogen sind. Er ist, was er ist, *„per se ipsum" – vermöge seiner selbst.* Voraussetzung ist nach dem bisher Gesagten, daß der Mensch von Geburt an Vernunftwesen ist. Er ist geschaffen als vernünftiges Wesen – und zwar einer wie der andere. Der Mensch als Vernunftwesen liegt im Zweck der Schöpfung, wodurch sich die niederen Existenzbereiche (tote Gegenstände, Pflanzen, Tiere) grundsätzlich, nicht nur graduell, vom höheren Existenzbereich (Mensch, Engel, Gott) unterscheiden. Das Licht der Vernunft („lumen naturale") kommt dem Menschen zu: „Das Licht der Vernunft ist uns von Gott mitgegeben, gleichsam als ein Bild der ungeschaffenen Wahrheit, das in uns hervortritt." [11] Der Mensch hat teil am göttlichen Licht, am göttlichen Sein, an der göttlichen Wahrheit, am „actus purus", am göttlichen Logos. Statt „illuminatio" und „vocatio dei" (Augustinus) heißt es jetzt: „participatio rationis dei", die sich spaltet in (a) „participatio primae veritatis" und (b) „participatio legis aeternae". Teilhabe an der ersten Wahrheit (a): das betrifft den ganzen theoretischen, das heißt erkennenden Bereich. Teilhabe am ewigen Gesetz (b): das betrifft den Handlungsbereich, den Bereich der praktischen Vernunft. Die „lex aeterna" ist „nichts anderes als der Plan der göttlichen Weisheit, insofern sie alle Handlungen und Be-

---

[11] De veritate XI, a 1, ad 1.

wegungen lenkt".[12] Für den Bereich der praktischen Vernunft gilt es noch in diesem Zusammenhang zu erwähnen, daß die Art der Teilhabe des vernunftbegabten Wesens Mensch am genannten ewigen Gesetz Naturgesetz („lex naturalis") genannt wird. Die Sittlichkeitslehre als Naturrechtslehre, die Thomas in Wiederaufnahme aristotelischer Gedanken formuliert, wird in der Neuzeit dann zu den Naturrechtslehren von Leibniz und Hegel führen.

Das Streben, das dem Menschen durch die Teilhabe am göttlichen Geist zukommt, muß vom Schöpfungsstatus her (der Mensch ist Geschöpf Gottes) ein vernünftiges Streben sein (ein „appetitus rationalis"). Das solcherart vernünftige Streben wird Wille genannt; er ist gelenkt vom Intellekt, vom Verstand; und er bewegt die praktische Vernunft („movet rationem"). Frei ist der Wille, wenn er durch nichts anderes erregt wird als durch das eigene Innere: durch den Willen bewegt zu werden ist: durch sich selbst bewegt zu werden, das heißt aus einem inneren Grundsatz heraus („moveri voluntate est moveri ex se, id est a principio intrinseco"). Das heißt: indem der Mensch mit Vernunft über seine Zwecke nachdenkt und urteilt und durch seine (sittliche) Einsicht den Willen erregen läßt, ist sein Wille frei. Das Streben richtet sich, der Schöpfung entsprechend, auf das Gute als Endziel. Die Wahl der Mittel ist dem Menschen freigestellt. Schafft der Mensch dennoch etwas Böses, möglicherweise auch durch die selbstgewählten Mittel, dann hat Gott in seinem Plan das Böse als Mittel zur Förderung des Guten eingebaut. Das wird bedeutsam insofern, als das irrende Gewissen kein grundsätzlich böses Gewissen ist, sondern als dem Irrtum selber Produktivität und Konstruktivität beigemessen werden.

Das Gute als Endziel: auch hier wird der Anklang an Aristoteles sehr deutlich. Gut ist, was dem Wesen gemäß ist. Sittlich gut ist, was dem Wesen des sittlich-handeln-könnenden Menschen gemäß ist, und das heißt: *gut ist, was vernünftig bedacht ist.* Vernünftig bedachte Haltungen heißen auch bei Thomas Tugenden („virtutes"), und sie werden als Geistesbeschaffenheiten ausgegeben, vermöge derer wir recht handeln („recte agere"). Für das Handeln hat Gott als der vernünftige Gesetzgeber seine „lex aeterne" in Anschlag gebracht. Die erwähnte Tugend im tugendhaften Handeln bedeutet also die in eine vernünftige Form gebrachte Potenz des Vernunftwesens Mensch, die dem göttlichen Gesetz entspricht, das auf das „bonum universale" hinleitet. Der Mensch kann gar nicht anders: er ist auf die Glückseligkeit („beatitudo") gerichtet. Worin er sie auf welche Weise mit welchem Einsatz stückwerkhaft findet, das allerdings ist dem Menschen freigestellt. Zu bemühen hat er sich um das „recte agere", um – auch bei Thomas – die rechte Mitte. So kann bei Thomas der Mensch auch im sinnlichen Bereich

---

[12] Summa theologica I–II, qu. 93, a 1.

tugendhaft handeln, da dieses Streben („appetitus sensitivus") zum Menschen gehört und entgegen Augustinus sittlich indifferent, also keine Krankheit der Seele ist.

Daß und inwieweit Thomas von Aquin das Diesseits, die Weltwirklichkeit in ihrem Eigenrecht und in ihrer Eigenwürde anerkennt, wurde schon mehrfach betont und erörtert. Dies hat auch seine Auswirkung gehabt auf die Einschätzung der weltlichen Macht durch Thomas. Der weltliche Staat ist für ihn nicht die „perversa civitas dei" des Augustinus, ist nicht die Folge eines Sündenfalles. Sondern der weltliche Staat ist ein notwendiges eigenberechtigtes Glied im Weltleben. Der Zweck des Staates ist es, Tugend in Gemeinschaft zu verwirklichen. Dazu bedarf es Gesetze, Regeln, Maßnahmen und Maßgaben, mithin menschlicher Satzungen. Das Naturgesetz („lex naturalis"), das vorhin angesprochen wurde, ist das alle menschliche Satzungen legitimierende Recht: das Naturrecht seinerseits basiert auf der göttlichen „lex aeterna". Auf dem Naturrecht seinerseits ruhen die Sittlichkeit und das gesellschaftliche Leben. Damit hat der Staat seine naturrechtliche Legitimierung erfahren. Das Handeln als Bürger ist ein in sich wertiges Handeln, wenn es den bürgerlichen Tugenden entspricht, wie das Handeln als Sinnenwesen ein rechtes Handeln sein kann, wie schließlich auch das im Diesseits ablaufende erkennende Bemühen des Menschen ein in sich und durch sich wertiges Geschehen sein kann, womit – man darf das nicht übersehen – Thomas die Möglichkeit christlicher Wissenschaft begründet.

Aus all dem läßt sich die wegweisende Umorientierung des Denkens durch Thomas ablesen, und es mag als verständlich erscheinen, in welchem Maße Thomas besonders seine theologischen Denkpartner irritierte, ja vor den Kopf stieß und Prozesse auf sich zog: Gefährdete Macht reagiert nun einmal mit offener oder sublimer Gewalt. Die Konsequenzen für das Bildungsdenken nach der versuchten Verbindung von Aristoteles und Bibel, wie es bei Josef Pieper heißt, liegen ebenso auf der Hand: Der Mensch ist grundsätzlich Vernunftwesen und auf die Vervollkommnung dieser Potenz in gottgesetzten Grenzen verwiesen. Der „intellectus agens", der grundsätzlich jedem Menschen zukommt, ist bildbar. Die Möglichkeitsbedingung des Bildens liegt in Gott. Er ist der erste Lehrmeister: „Da nun keine menschliche Unterweisung ohne die Kraft jenes Lichtes wirksam sein kann, ist es offenbar nur Gott allein, der innerlich und in erster Linie lehrt; dennoch kann man (auch beim Menschen) im eigentlichen Sinne von Lehren sprechen. Wir dürfen nur nicht dem Menschen das Erste Lehramt (principalitatem magisterii) zusprechen, das Gott zukommt." [13] Das revolutioniert den augustinischen Gedanken: der Mensch kann des Menschen Lehrer sein. In

---

[13] De veritate XI, a 1, ad 1.

einem sicher nicht ohne Grund mit ›De magistro‹ betitelten Kapitel [14] in seinen Untersuchungen über die Wahrheit schreibt Thomas: „Die Unwissenheit hat ihren Ort im Verstand, auf den auch eine geschaffene Kraft (= der Mensch) einwirken kann; wie zum Beispiel der tätige Verstand die Verstandesformen dem aufnahmefähigen Verstand einprägt, durch dessen Vermittlung von den Sinnendingen und von der Unterweisung durch einen Menschen das Wissen in unserer Seele hervorgebracht wird."

Das Maß der Bildung ist bei Thomas der vernunftbegabte und fehlbare Mensch, der zur Bindung an Gott freigesetzt ist, das heißt, der in stetem Stückwerk seinen von Gott stammenden „intellectus agens" zu bewähren hat. Das Prinzip von Bildung, ja die Möglichkeitsbedingung von Bildung ist auch bei Thomas Gott: Gott als Anfang und Ende, Gott als absolute Vollkommenheit, Gott als reine Wirklichkeit, Gott als reiner Geist. Doch, wenn man sich dies so betrachtet: mit Thomas ist im 13. Jahrhundert der große Schritt hin zu Gott als einem Gott der Philosophen getan, mit Thomas beginnt das Denken den Weg zum Humanismus zu nehmen. Das aus Thomas herausschälbare Bildungsverständnis öffnet damit den Weg zu einer sukzessiven Vorbereitung des Aufklärungszeitalters. Thomas diese Entwicklung zuzuschreiben oder anzulasten – je nach Standpunkt – wäre verfehlt; dennoch war er die Bedingung der Möglichkeit für diese Entwicklung. Sein Gewaltakt des Zusammenbringen-Wollens der beiden Enden des Bogens des Odysseus ist keine Vergewaltigung irgendeines Denkens und irgendeiner Denkweise, anders als es sich bei Augustinus darbietet. Noch in der Hochzeit mittelalterlichen Denkens markiert Thomas den Beginn neuzeitlichen christlich-wissenschaftlichen Denkens. Und darin liegt seine Bedeutung begründet, obwohl er sich im Grund nur abplagte mit verschiedenen tradierten Denkweisen. Albertus Magnus durfte am Ende in seiner Ahnung recht behalten mit dem Verweis auf das die kommende Zeit bestimmende „Brüllen des stummen Ochsen".

---

[14] Dieser Titel ist in Anlehnung an Augustinus' ›De magistro‹ und zur Abhebung von dem in dieser Schrift Ausgesagten gewählt.

Literaturhinweise

Werk

Opera omnia iussu Leonis XIII edita cura et studio Fratrum Praedicatorum, Vol. 1 ff., Rom 1882 ff. (noch nicht abgeschlossene historisch-kritische Gesamtausgabe).
Die deutsche Thomas-Ausgabe. Vollständige, ungekürzte, deutsch-lateinische Ausgabe der Summa theologica. Übersetzt von den Dominikanern und Benediktinern Deutschlands und Österreichs, hrsg. vom Katholischen Akademikerverband, Salzburg 1934 ff. (31 von geplanten 36 Bänden bisher erschienen).
Summa contra gentiles oder die Verteidigung der höchsten Wahrheiten. Aus dem Lateinischen ins Deutsche übersetzt und mit Übersichten, Erläuterungen und Aristoteles-Texten versehen von H. Fahsel, 6 Bände, Zürich 1942–1960.
Des heiligen Thomas von Aquino Untersuchungen über die Wahrheit (Quaestiones disputatae de veritate). In deutscher Übertragung von Edith Stein, 2 Bände, Louvain – Freiburg 1952–1955.
Die menschliche Willensfreiheit. Texte zur thomistischen Freiheitslehre ausgewählt und mit einer Einleitung versehen von Gustav Siewerth, Übersetzung von P. Placidus Wehbrink, Düsseldorf 1954.
Die Philosophie des Thomas von Aquin. In Auszügen aus seinen Schriften herausgegeben und mit erklärenden Anmerkungen versehen von Eugen Rolfes. Mit einer Einleitung und Bibliographie von Karl Bormann, Hamburg 1977 (Philosophische Bibliothek, Band 100).

Sekundärliteratur

Chenu, M.-D.: Thomas von Aquin in Selbstzeugnissen und Bilddokumenten, Reinbek 1960.
Grabmann, Martin: Thomas von Aquin. Persönlichkeit und Gedankenwelt. Eine Einführung, München [8]1949.
Heinzmann, Richard: Thomas von Aquin, in: Otfried Höffe, Klassiker der Philosophie, Band 1, München 1981.
Holz, Harald: Thomas von Aquin und die Philosophie, München, Paderborn, Wien 1975.
Kluxen, Wolfgang: Philosophische Ethik bei Thomas von Aquin, Mainz 1964.
–: Thomas von Aquin: Das Seiende und seine Prinzipien, in: Josef Speck (Hrsg.), Grundprobleme der großen Philosophen. Altertum und Mittelalter, Göttingen 1972.
Löwisch, Dieter-Jürgen: Einführung in die Erziehungsphilosophie, Darmstadt 1982.
Metz, Johann Baptist: Christliche Anthropozentrik, München 1962.
Pieper, Josef: Einleitung, in: Thomas von Aquin – Auswahl, Übersetzung und Einleitung von Josef Pieper, Frankfurt a. M. und Hamburg 1956.
–: Hinführung zu Thomas von Aquin, 12 Vorlesungen, München [2]1963.
Rahner, Karl: Geist in Welt. Zur Metaphysik der endlichen Erkenntnis bei Thomas von Aquin, München [2]1957.

NIKOLAUS VON CUES

Von WOLFGANG FISCHER

Am 12. Februar 1440 schloß Nikolaus von Kues, in der Literatur häufig
auch Nikolaus Cusanus oder kurz 'der Cusaner' genannt, die Niederschrift
seines ersten philosophischen Werkes ab, das für sein künftiges Denken
grundlegend wurde. Man kann von einem „Gesamtentwurf" [1] sprechen,
dem in der Sache später nichts wesentlich Neues hinzugefügt wurde. Das
dreiteilige Buch erhielt den Titel ›De docta ignorantia‹, auf deutsch: Von
der gelehrten – oder auch: belehrten – Unwissenheit, und damit stellte es
der Verfasser thematisch in eine lange Tradition ein, die von Sokrates über
Aristoteles, Augustinus, den christlich-neuplatonischen Dionysius Areopa-
gita und weitere mehr bis in die Spätscholastik und Mystik reichte; [2] denn
immer wieder bewegte die Philosophierenden und die „wahren Theologen"
die Frage, was der Mensch verläßlich wissen könne und wie es um die Er-
kennbarkeit oder Unerkennbarkeit dessen bestellt ist, das nicht vor jedermanns Augen offen zutage liegt oder sich dem Zugriff des beweistüchtigen,
diskursiven Verstandes entwindet.

Unverzüglich nach Abschluß des Manuskripts übersandte der Cusaner
den Text seinem Freunde und Gönner Julianus Cesarini, einem Kardinal in
Rom. In einem beigefügten Brief heißt es zu Beginn:

Empfange nun, ehrwürdiger Vater, was ich schon lange auf den verschiedenen
Wegen der (vorhandenen) Lehrmeinungen zu erreichen begierig war, aber bislang

[1] So Karl Jaspers in seinem Buch ›Nikolaus Cusanus‹ (München 1968, S. 17, 1. Aufl.
1964). Jaspers nimmt die Erstlingsschrift mit der im gleichen Jahr oder wenig später
erschienenen Abhandlung ›De coniecturis‹ (Über die Mutmaßungen) zusammen, in
der erneut über das Erkennen im Blick auf (un)erreichbare Gewißheit reflektiert
wird.

[2] Dem Cusaner war anfänglich die stärker theologisch ausgeprägte Traditionslinie
nicht bewußt, obwohl sie seiner Lehre eine Richtung gab, die sie vom sokratischen
Wissen des Nichtwissens abhebt. Über den theologisch vermittelten transzendenten
Zug seines belehrten Nichtwissens äußert Nikolaus sich in seinem 1449 verfaßten
Dialog ›Apologia doctae ignorantiae‹. Der Charakter dieser Rechtfertigungsschrift
mit ihrem Aufgebot an frommen Gewährsmännern läßt es m. E. allerdings nicht zu,
von einem ausschließlich theologischen Begriff des Nichtwissens beim Cusaner zu
sprechen. Das ist gegen Joachim Ritter (Docta ignorantia. Die Theorie des Nichtwissens bei Nikolaus Cusanus. Leipzig 1927) gerichtet.

nicht finden konnte, bis ich auf dem Meere, als ich aus Griechenland zurückkehrte, dazu geführt worden bin – ich glaube, durch ein Geschenk des Himmels . . . –, daß ich das Unbegreifliche auf nicht begreifende Weise (incomprehensibiliter) in der belehrten Unwissenheit erfaßte, (und zwar) durch das Übersteigen der unzerstörbar-unvergänglichen Wahrheiten menschlichen Wissens . . . Es muß sich aber jedwedes Bemühen unseres menschlichen Geistes in diesen Tiefen bewegen, damit er zu jener Einfachheit sich erhebt, wo die Gegensätze zusammenfallen . . .[3]

In diesen zwei Sätzen des Begleitschreibens, so dunkel und unverständlich ein Teil des Inhalts zunächst auch sein mag, kann so etwas wie ein erster Zugang zum Denken des Cusaners gesehen und gewonnen werden. Ich gebe hierzu ein paar den historischen Zusammenhang vernachlässigende, erläuternde Hinweise, die es vielleicht ermöglichen, das Problem sich zu vergegenwärtigen, dessen Lösung Nikolaus von Kues plötzlich gefunden zu haben glaubte, und zwar auf eine neue, zu seiner Zeit ganz und gar ungewöhnliche Art. Diese Lösung implizierte auch, die pädagogische Aufgabe, die den Cusaner nicht unmittelbar interessierte, anders als üblich zu verstehen; denn von nun an mochte es wieder in der Hand der Pädagogik liegen, allein von der Bewegung des Geistes, vom ihm zugänglichen oder zugänglich gemachten Wissen her, den Menschen zur absoluten Wahrheit und gegensatzlosen Einheit des Ganzen zu führen, ohne daß – wie bei Augustinus – auf eine besondere, jenseitige Illumination der Seele für das Zustandekommen wahrer Erkenntnisse zurückgegriffen werden, ja ohne daß – wie bei Thomas von Aquin – zum rehabilitierten menschlichen Begreifen und Denken eine nicht ausdenkbare Selbstmitteilung Gottes in Gnade und Offenbarung hinzukommen mußte, um Vernunft und höchstes Sein in Berührung zu bringen. Natürlich sollte damit nicht die Offenbarung geschmälert, gar geleugnet werden. Aber ihr Ort und ihre Bedeutung mußten eine Verschiebung erfahren, wenn in unseren geistigen Anstrengungen eine hinreichende Kraft und Fähigkeit liegt, die Region des partikularen Wissens zu übersteigen und sich zum Unbegreiflichen zu erheben.

Ich erläutere den Ausgangstext. *Erstens* wird in ihm bezeugt, daß Nikolaus von Kues viele Jahre schon einem bestimmten Problem nachgegangen ist. Umschrieben wird es mit der gebräuchlichen Chiffre des Unbegreiflichen, und gemeint ist damit etwas, das sich dem „normalen" Begreifen, mittels dessen wir ansonsten einer rätselhaften Sache in Demonstrationen, Argumenten und Beweisen, also „via rationis" (I, 206) mehr oder weniger erfolgreich auf die Spur kommen, hartnäckig oder sperrig zu entziehen scheint und das gleichwohl nicht ohne weiteres von uns abzuschütteln, aus

---

[3] Zitiert wird nach dem lateinischen Text der dreibändigen Studien- und Jubiläumsausgabe der Philosophisch-Theologischen Schriften, hrsg. von Leo Gabriel. Das Zitat findet sich in (Bd.) I, S. 514/516.

unseren Köpfen zu tilgen ist. Man ist beinahe an den ersten Satz in Kants Kritik der reinen Vernunft erinnert, der mehr als drei Jahrhunderte später eine vergleichbare, vielleicht sogar die gleiche Grundverlegenheit anspricht. Leicht gekürzt heißt es da: „Die menschliche Vernunft hat das besondere Schicksal in einer Gattung ihrer Erkenntnisse: daß sie (nämlich) durch Fragen belästigt wird, die sie nicht abweisen . . ., aber auch nicht beantworten kann; denn sie übersteigen alles Vermögen der menschlichen Vernunft." An anderer Stelle verdeutlicht Kant das Dilemma folgendermaßen: „Daß der Geist des Menschen metaphysische Untersuchungen einmal gänzlich aufgeben werde, ist ebensowenig zu erwarten, als daß wir, um nicht immer unreine Luft zu schöpfen, das Atemholen einmal lieber ganz und gar einstellen würden."

Zweitens erfahren wir, daß die Lehrmeinungen seiner Zeit dem Cusaner keine ihn befriedigenden Lösungen zu offerieren vermochten. Auf unterschiedlichen Wegen beanspruchten sie, mit dem Unbegreiflichen definitiv zu Rande gekommen zu sein oder zu Rande kommen zu können. Aber offensichtlich hatten sie in Nikolaus' Augen allesamt falsche, nicht „wirklich" zum Ziel führende Wege eingeschlagen. Ein vordergründiges Indiz hierfür mochte der ziemlich unversöhnliche Streit der Schulen und Richtungen gewesen sein. Aber Streit besagt nicht schon, daß keiner der Streitenden im Recht sein könnte. Ausschlaggebend für das negative Urteil des Cusaners war die Schwäche der von ihm studierten, sich befehdenden „Sekten", das Eine, in dem und aus dem das alles ist, geistig zu umfassen, ohne ihm beispielsweise dadurch Gewalt anzutun, daß man es vom Vielen oder vom Denken als das ganz Andere isoliert. Seine Kritik betraf mithin nicht die Sache der Metaphysik überhaupt; an Gott oder einer suprarationalen Wahrheit zu zweifeln kam ihm nicht in den Sinn. Seine Kritik betraf vielmehr die etablierten Erkenntnisweisen, insofern sie das vorauszusetzende Absolute nicht erreichten.

Drittens: Demgegenüber steht die Ankündigung, daß es durchaus möglich ist, also einen Weg gibt, auf dem der menschliche Geist zu dem fortschreitet, was üblicherweise in seiner „Jagd nach Weisheit" und Vollkommenheit verfehlt wird. Eingeräumt wird dabei, daß das Unbegreifliche sich dem Menschen nicht erschließt, wenn er *begreifend* sich dessen zu bemächtigen versucht. Hierin stimmt Cusanus im Ergebnis mit der ihm sicherlich vertrauten Lehre Wilhelm Ockhams (ca. 1280–ca. 1350) überein, welche die metaphysische Erkenntnis durch schlußfolgernden Verstandesgebrauch radikal in Frage stellte. Aber wo, so könnte seine Rückfrage gelautet haben, steht denn geschrieben, daß unser Geist in begrifflichen Anstrengungen gemäß den Regeln der Schullogik sich erschöpft und also wohlberaten wäre, zur Vermeidung ungereimten Zeugs seinen Betrieb zugunsten eines absoluten Glaubens einzustellen, sobald er es mit Gott, dem Universum, dem

unbedingten Ursprung, der Seele, kurz: mit Metaphysik zu tun bekommt?
Hat nicht zum Beispiel Platon, der „mehr als die anderen Philosophen sah",
den Aufstieg der Seele in das Reich der Ideen, des Unvergänglichen und
Unwandelbaren, schließlich des Einen, das sonnengleich über allem waltet,
dadurch für gangbar gehalten, daß die Seele nicht nur vom Meinen und
Vorstellen, sondern auch vom verstandesmäßig-diskursiven Denken abge-
wendet wird und sich einem ganz anderen, von ihm dialektisch genannten
Denken zuwendet, um bis zum Voraussetzungslosen und absolut Größten
vorzudringen und es zu berühren?[4]

Mit hoher Sicherheit kann folgendes angenommen werden. Nikolaus
von Kues befand sich 1437/38 auf einer Reise nach Konstantinopel. Er hatte
den Auftrag, dort die Interessen des schwer angeschlagenen Papstes zu vertreten. Die Reise bot ihm Gelegenheit, sich intensiv mit der Philosophie
Platons zu beschäftigen, die damals im Osten eine viel größere Rolle als im
aristotelisch beeinflußten Westen spielte, wenn auch in einer etwas seltsamen, häufig religiös gefärbten Gestalt, die Neuplatonismus genannt wird.
Darauf braucht jetzt nicht eingegangen zu werden; denn Platon wie die
Neuplatoniker vertraten einhellig die Auffassung, daß unser denkender
Geist aus sich heraus zu einem Schauen des Ursprungs seiner selbst und des
„Gesamtseins" zu gelangen imstande ist, wenn er nur – neuplatonisch ausgedrückt – „gleichsam nach rückwärts ausweicht" und nicht im rationalen
Durchlaufen der Vielheit der Erscheinungswelt verharrt. Dieser Gedanke
eines Transzendierens zum Göttlichen durch den Wechsel der Erkenntnis-
richtung und -weise – scheint mir – wurde vom Cusaner gründlich erwogen,
versprach er doch, auf einen Zugang zu demjenigen unsere Blicke zu richten, was auf den Wegen der herrschenden Lehren sich nicht befriedigend
zeigen wollte. Während der Rückkehr aus Griechenland – und diese eigentlich belanglose Angelegenheit wird ausdrücklich notiert – fand Nikolaus
plötzlich die Lösung, wie wir vom Endlichen zur Unendlichkeit angemessen
gelangen können: indem wir „jenseits unseres verstandesmäßigen Begreifens"
(supra nostram apprehensionem) das absolut Größte und Eine denken.

Viertens: Es ist, so hören wir, die belehrte Unwissenheit, die den Menschen aus der Not befreit, einerseits von Fragen, die nicht abzuschütteln
sind, belästigt zu werden, andererseits ohnmächtig oder zu „unbrauchbaren
Mühen" (inutiles labores) verurteilt, in sie verstrickt zu sein. Man kann auch

---

[4] Vgl. Platons Staat, Ende des VI. Buches und die Auslegung des Höhlengleichnis-
ses 531 C–534 C. – Der in Übersetzungen mitunter gebrauchte Ausdruck der begrifflichen Rechenschaftsablegung als Charakteristikum der dialektischen Methode
darf nicht im Sinne einer geforderten Ableitung oder eines Beweises oder einer
Definition genommen werden. Vielmehr bedeutet das schon in den Frühdialogen
vorkommende Rechenschaftsgeben, Gesagtes zu erläutern und einem Dritten nachvollziehbar zu machen. Es ist gerade nicht auf Verstandesoperationen beschränkt.

sagen, daß es das um sich wissend gewordene Nichtwissen ist, von wo her – ohne das erreichte und im Fortschreiten befindliche wahre, gegenständliche Wissen zu vernachlässigen, gering oder für nichts zu achten, sondern im Gegenteil geradezu daran anknüpfend – es dem Geiste möglich ist, aus eigener Tüchtigkeit sich dem Un- und Überbegreiflichen – in religiöser Sprache: Gott – zu nähern, ihn im Hinter-sich-Lassen selbst der unverbrüchlichsten, also mathematischen Wahrheiten des Wissens, insofern es in einem gewissen Sinn als ignorant und unzulänglich, als einen Fragerest übriglassend, befunden wird, zu erfassen. Das wird man als die erste, fundamentale philosophische Einsicht bezeichnen dürfen, die der Cusaner – wie immer sie in früheren Texten bereits „angelegt" war – in eigenem Nachdenken gewonnen hat und allen als neuen Weg mitzuteilen sich gedrängt sah.

Daß es sich dabei jedoch nicht wiederum um einen Irrweg handelt, erwies sich ihm – *fünftens* – darin, daß im einsehend-vernünftigen Denken, das nicht der Herrschaft der Logik des Verstandes unterworfen ist und das in der belehrten Unwissenheit seine Freigabe erfährt, alle Gegensätze zusammenfallen. Denn wo Unterschiede, Gegensätze, Widersprüche vorliegen – und zwar nicht als Makel, sondern als erkenntniskonstituierende Eigentümlichkeit, der irgend etwas allererst seine Bestimmtheit verdankt –, da ist der Geist nicht beim Unbedingten, über aller Relationalität Erhabenen angelangt. Wer beispielsweise den Kreis u. a. dadurch definiert, daß er eine Figur in der Fläche mit gleicher Entfernung aller Punkte auf der Umfangslinie von einem festen Mittelpunkt ist; wer den Samen einer Pflanze dadurch bestimmt, daß aus ihm das Gewächs A, nicht aber das Gewächs B und schon gar nicht etwas Unpflanzliches hervorgeht, der bewegt sich in der Region des Mannigfaltigen, in der durch Abgrenzung und durch Beachtung des Satzes vom zu vermeidenden Widerspruch gewußt wird. Diese Region kann aber nicht jene des Unendlichen, der einen, absoluten Wahrheit sein; die Wahrheit wäre ansonsten ja etwas Zusammengesetztes, wäre je nach unseren Wissensfortschritten vermehr-, gar veränderbar, schlösse das logisch Nicht-sein-Könnende – etwa die Identität von Peripherie und Zentrum – nicht in sich ein, während wir doch bei jeder Produktion, Vermehrung und Verbesserung von distinktem Wissen beanspruchen, daß es in eine gegensatzlose Wahrheit und Einheit hineingehört, die nicht nachgesetzt, sondern als Idee vorausgesetzt ist und – als das absolute Maximum – gar nicht in einem Verhältnis zu etwas anderem stehen kann. Selbst um „Widersprechendes auseinanderhalten zu können, müssen wir Widersprüchlichkeit als solche bereits qualifiziert . . . und vor dem Auseinandertreten ihrer Momente als Einheit" gedacht haben.[5] Also ist das Kriterium dafür, ob und daß der

---

[5] Klaus Jacobi, Ontologie aus dem Geist „belehrten Nichtwissens", in: Ders. (Hrsg.), Nikolaus von Kues, Freiburg/München 1979, S. 44.

erkennende Geist es nicht mit endlichen Größen zu tun hat und nicht in überspannter Verstandestätigkeit sich bloß dogmatisch-behauptend gebärdet, das Zusammenfallen der Gegensätze, lateinisch: die „coincidentia oppositorum" oder „contradictoriorum", welche ansonsten im nicht auf Metaphysisches bezogenen theoretischen Bemühen nicht sein kann und darf, wenn wir nicht alles heillos durcheinanderbringen wollen.

Das war die zweite, fundamentale philosophisch-erkenntnistheoretische Einsicht, die dem Cusaner sich eröffnet hat – unter der Voraussetzung, daß das belehrte Nichtwissen keine unüberwindliche Grenze markiert, die den Agnostizismus oder Skeptizismus auf den Plan ruft, sondern um Gottes oder *der* Wahrheit willen bloß den „discursus rationis" in seine Schranken verweist. Die docta ignorantia und die coincidentia oppositorum machten Nikolaus gewiß, daß zwischen dem den Menschen eigentümlichen Streben nach wahrer Erkenntnis, zunächst auf das dem Verstand durch die Sinne Gegebene und auf das aus ihm Konstruierte gerichtet, aber darin kein Genüge findend, und der absoluten Wahrheit und allumfassenden Einheit kein radikaler, vom menschlichen Geist her theoretisch unüberbrückbarer Abgrund klafft. Das aber bedeutet *sechstens*:

Das menschliche Ingenium, d. h. unsere naturgemäße geistige Beschaffenheit, darf in ihrer primären, rationalen Erkenntniseinstellung nicht verharren, weder dergestalt, daß sie mit sogenanntem positiven Tatsachenwissen sich bescheidet und die metaphysischen Probleme entweder pathologisiert oder ihre Bewältigung zur Sache eines autoritativ vermittelten Glaubens oder von Dezision, Intuition, Emotion macht, noch dergestalt, daß sie sich – undiszipliniert einem Hange folgend (Kant) – anmaßt, mit ihren untauglichen Mitteln den Part der Vernunft zu spielen. Vielmehr muß der Mensch – und das ist auch pädagogisch-bildungstheoretisch zu verstehen [6] – in die Tiefen des belehrten Nichtwissens sich gewagt haben, um die „Weltauslegungsverfahren" als vermessen zu erkennen, „mit denen der (begreifende) Verstand das wahre Unendliche" in irgendwelchem positiven oder negativen Dogmatismus geradezu „aus seinem Gesichtskreis verbannt". [7] Und es ist klar, daß damit für Cusanus alle Konkurrenz und unvermittelbare Differenz zwischen einem Unendlichkeitsphilosophieren einerseits und einer im Glauben gewährten oder in theologischer Monopolverwaltung befindlichen Gotteserfahrung andererseits ein Ende hatte. Das war keine

[6] Darauf weist zum Beispiel der Schluß des 2. Kapitels des ersten Buchs der ›Docta ignorantia‹ hin.

[7] So Kurt Flasch, Nikolaus von Kues: Die Idee der Koinzidenz, in: Josef Speck (Hrsg.), Grundprobleme der großen Philosophen. Philosophie des Altertums und des Mittelalters, Göttingen 1972, S. 236. – Auf die Darstellung Flaschs wird mehrfach Bezug genommen, ohne immer darauf hinzuweisen.

Bestreitung gewisser religiöser Glaubensgeheimnisse, wie es zum Beispiel für einen Christen die Inkarnation Gottes in Jesus von Nazareth ist. Solcherlei vermag kein Denken je ausschließlich von sich her zu fassen, und darum hatten Kirche und Theologie durchaus ihr Recht. Aber es braucht keine besondere Erleuchtung und Offenbarung, um überhaupt sich zum Unbedingten zu erheben. Was es braucht, ist eine Umkehrung der Einstellung (K. Jacobi) in der belehrten Unwissenheit. –

Wie nun ist dieser etwas seltsame, schon als Problem und Programm nur mit einiger Mühe nachvollziehbare, in seiner Verheißung, die „gesuchte Beute" zu machen, noch sehr im Finstern bleibende Gedankengang des näheren zu verstehen? Was ist insbesondere mit jener docta ignorantia gemeint, auf die der Cusaner, wenn man ihn pädagogisch liest, das entscheidende Gewicht gelegt zu haben scheint? Zwar erinnert sie an Sokrates' Wissen des Nichtwissens, und Nikolaus selbst bezieht sich öfters zustimmend auf die sokratische Rede, „er wisse nichts, außer, daß er nichts wisse" (I, 196/197; I, 522/523 u. ö.). Aber irgend etwas anderes als bei Sokrates muß es doch mit ihr auf sich haben; denn sie steht offenkundig – von anderem abgesehen – nicht im Zusammenhang mit einer bloß fallweise vorgebrachten skeptischen Widerlegung, die dem Dogmatiker oder dem unbesonnen Daherredenden das Konzept verrückt, ohne ihm eine Aussicht zu eröffnen, in metaphysischen Fragen festen Tritt zu fassen, gar Gewißheit zu erlangen, sondern sie imponiert geradezu dadurch, daß sie „das Auge des Geistes und die vernünftige Einsichtsfähigkeit (intellectibilitas) umwendet". So formuliert es Cusanus in seiner ›Verteidigung der belehrten Unwissenheit‹, die er 1449 gegen die Einwände eines Heidelberger Theologen abfaßt, und die Anlehnung an den mittleren Platon ist kaum zu überhören, wenn es im ›Staat‹ (518 C/D) metaphorisch heißt, daß die Bildung jene Kunst sei, die das Auge mit dem ganzen Leib umwendet und so den Menschen auf den Weg bringt, das dem natürlichen Blick verborgene Gute zu schauen. Kurz: Die docta ignorantia scheint nicht in der Prüfung und Widerlegung von Behauptungen, unsere Lebensprobleme beziehungsweise unsere „Jagd nach Weisheit" betreffend, ihr Wesen zu haben. In ihr passiert gleichsam etwas, das über eine Zensierung oder Disziplinierung des menschlichen Geistes in seinem über das Ziel hinausschießenden verstandesmäßigen Begreifen weit hinausgeht und ihn „emporhebt". Ich werde auf dieses Theorem der docta ignorantia, das von jenem der coincidentia oppositorum nicht zu trennen ist, meine Ausführungen konzentrieren. Das wird dem vollen Umfang des philosophischen Werks des Cusaners nicht annähernd gerecht. Aber wie eine darin enthaltene Begründung der Pädagogik, die uns heute noch etwas zu denken aufgibt, ausschauen könnte, das – meine ich – hängt mit nichts so eng zusammen wie mit der belehrten Unwissenheit. –

Zuvor soll einiges über das Leben des Nikolaus von Cues mitgeteilt werden.[8] Geboren wurde er im Jahre 1401 in Kues, einer kleinen Ansiedlung an der Mosel nahe Bernkastel. Noch heute erinnert dort manches an ihn, vor allem sein in der Stiftskapelle beigesetztes Herz – während der übrige Leichnam in seiner Titelkirche in Rom begraben liegt –, seine imponierende Bibliothek, zu der auch einige wenige, kostbare physikalisch-astronomische Instrumente gehören, und ein von ihm gegründetes Hospital, in dem bis auf den heutigen Tag 33 notleidende, abgearbeitete Leute unter Gelobung von Keuschheit, Gehorsam und Treue ihren Lebensabend verbringen. Der Cusaner hatte das Hospital wenige Jahre vor seinem Tod gestiftet und so klug und kräftig mit Kapital in Gestalt von Gütern, Häusern, seiner anfallenden beweglichen und unbeweglichen Hinterlassenschaft ausgestattet, daß es „immerwährend" (perpetuo) seine Bestimmung erfüllen könne. Man ersieht aus diesem Vermächtnis, daß Nikolaus weder unbegütert noch in wirtschaftlichen Dingen untalentiert war. Sein Verhältnis zu Geld, Besitz und Profit kann als „aufgeschlossen" bezeichnet werden, was man früher gemeinhin darauf zurückzuführen pflegte, daß sein Vater ein erfolgreicher Kaufmann war. Er besaß das Schiffahrtsmonopol auf der Mosel, Fischereirechte und ausgedehnte Liegenschaften und war als Kapitalverleiher tätig. Die Legende hatte zeitweilig aus Cusanus den Sohn eines armen Schiffers gemacht. Das läßt sich nach Lage der Quellen nicht halten. Er war der Sohn eines wohlhabenden Bürgers.

Über die Kindheit des Nikolaus Krebs, wie sein ursprünglicher Name lautete, wissen wir nichts. Mit zwölf Jahren verließ er sein Elternhaus, weil zwischen ihm und seinem Vater, der des Jungen Grübelsinn nicht sonderlich schätzte, ein sehr gespanntes Verhältnis bestand. Aber das scheint Fabel zu sein. Ebenfalls unbelegt, wenn auch weniger unwahrscheinlich, ist die Vermutung, daß ein adliger Freund des Hauses ihn nach Deventer in Holland brachte, wo er Aufnahme bei den „Brüdern vom gemeinsamen Leben" gefunden haben soll. Diese Brüder bildeten eine geistliche Kongregation eigener Art. Sie legten keine auf Lebenszeit verpflichtenden Gelübde ab, waren auf der Suche nach neuen Lebensformen in der Nachfolge Christi und glaubten sie in einer „praktisch gerichteten Mystik" (Ernst Hoffmann) gefunden zu haben, d. h. in einer meditativen Versenkung in Gott, die jedoch nicht die Abkehr von der Welt zum Zweck hatte, sondern der Stärkung diente, um die Aufgaben, die in der Welt und deren Elend unübersehbar waren – die Bekämpfung von Armut, Krankheit, Dummheit –, anzupacken.

---

[8] Die biographischen Hinweise basieren auf Erich Meuthen, Nikolaus von Kues 1401–1464. Skizze einer Biographie, Münster 1964; Anton Lübke, Nikolaus von Kues, München 1968. Außerdem werden einige Formulierungen aus der historisch nicht ganz zuverlässigen, ansonsten zur Einführung sehr brauchbaren kleinen Cues-Schrift von Ernst Hoffmann (1947) übernommen.

Eine dem Cusaner immerfort naheliegende Neigung zur Mystik – oder bes- ser: zu einer stark von der Mystik gefärbten Ausdrucksweise – könnte hier ihre Wurzeln haben.

Als 15- oder 16jähriger immatrikulierte sich Nikolaus an der jungen Uni- versität Heidelberg, wohl mit der Absicht, Kleriker zu werden. Nach einem Jahr bereits verließ er Stadt und Universität – wir kennen die Gründe nicht – und wandte sich nach Padua, wo „die Wissenschaften aus der großen Kri- sis des Spätmittelalters" gesund und kräftig „hervorzugehen begannen" (E. Hoffmann). Neben seinem Hauptstudium des Kirchenrechts, das er 1423 mit der Promotion zum Doktor der Dekrete abschloß, beschäftigte er sich mit Mathematik und Astronomie, mit Medizin und Physik, mit der Literatur der Alten, damit mit Geschichte, und mit Rhetorik – weitgehend also mit Disziplinen, in denen der menschliche Forschergeist zu immer neuen, faszinierenden Erkenntnissen vordrang, die von keiner autoritati- ven Überlieferung und Lehre mehr abhängig, dafür der rationalen Kritik zugänglich waren und die humanitas des Menschen mit der wissenschaft- lichen Wahrheit und einer in ihr zu lokalisierenden Bildung verbanden. Für Nikolaus mag sich in diesen Studien bereits abgezeichnet haben, daß die metaphysischen Fragen anders zu stellen und zu behandeln sind, als es tradi- tionell und vor allem nördlich der Alpen geschah und zu einem Scheitern der Metaphysik zu führen drohte. In gröbster Vereinfachung: Die metaphy- sischen Fragen können nicht vollständig isoliert werden von den Fortschrit- ten, die unser schöpferischer Geist im Felde der gegenständlichen Mannig- faltigkeit macht; sie können aber auch nicht in methodisch gleicher Weise in Angriff genommen werden, da nichts einzelnes zu untersuchen und zu be- greifen ist, sondern der Sinn aller Vereinzelung, und dieser kann nicht von Gnaden eines ihn allererst begründenden oder beweisenden Verstandes sein; denn dessen Leistungen setzen ihn voraus, „wenn (immer) unser Verlangen (nach Wissen) nicht sinnlos (frustra) ist" (I, 196).

Den Studien in Padua schloß sich noch eine kurze Zeit an, in der Niko- laus, nach Deutschland zurückgekehrt und bereits mit einer Kirche nebst ansehnlicher Rente bedacht, sich in Köln der Theologie gewidmet zu haben scheint, und danach begann seine Karriere. Ihren ersten Gipfel erreichte sie zwischen 1432 und 1436 auf dem Baseler Konzil. Zwar bewirkten seine teils bewunderten, teils gefürchteten Beiträge einschließlich einer umfang- reichen Schrift, die der allgemeinen Eintracht in Kirche und Reich auf die Beine helfen sollte, nichts Gravierendes zugunsten der Reform der inner- lich maroden Una Ecclesia Catholica. Aber er selber fand Anerkennung und Respekt, und nach seinem Übertritt in das päpstliche Lager blieb nicht aus, daß der Papst sich das Können (und wohl auch den Ehrgeiz) des Cusa- ners kirchenpolitisch zunutze machte. Dieser enttäuschte in der Wahrneh- mung der ihm übertragenen großen und kleinen Missionen nicht, und das führte dazu, daß er 1448 zum Kardinal erhoben wurde – eine zur damaligen Zeit außergewöhnliche Auszeichnung für einen Nichtitaliener. Zwei Jahre später wurde er zudem – mit neuen Federn des Sieges am roten Hut – zum Bischof von Brixen geweiht, 1459 rückte er gar in die Stellung eines Generalvikars in Rom auf, das zweithöchste Amt, das man im Kirchenstaat erreichen kann.

Es steht mir nicht an, über das Wirken des Kardinals, des Bischofs und des Generalvikars ein Urteil zu fällen; ich kenne mich in der einschlägigen Materie nicht aus. Manche Biographen gestehen jedoch ein, daß dem Kirchenpolitiker Nikolaus von Kues nicht die von ihm ins Auge gefaßten großen Taten zu vollbringen beschieden gewesen sei, ja daß er in seinem Eifer für die Reform der Kirche und deren im Papst zum Ausdruck kommenden Einheit schwerwiegende Fehler gemacht habe. Sei dem wie auch immer. Vielleicht war und ist es eine schier unlösbare Aufgabe, zugleich politischen Geschäften nachgehen und über das absolut Eine philosophieren zu wollen, das nicht in partikularen Interessen und deren Verfechtung, nicht in *einem* religiösen Ritus gegenüber anderen manifest sein kann. Denn neben seinem durchaus einträglichen politischen Treiben hat der Cusaner nie für längere Zeit die Beschäftigung mit der Philosophie und Wissenschaft vernachlässigt. Es sind nur wenige, insgesamt acht von 24 Jahren seit Abschluß der Schrift ›De docta ignorantia‹, in denen sozusagen ein literarischer Produktionsausfall festzustellen ist. Es scheint mir nun wenig zweckmäßig zu sein, jetzt die Titel seiner mathematischen, naturwissenschaftlichen, theologischen und philosophischen Schriften anzuführen; allein die philosophisch-theologischen Abhandlungen machen mehr als zwanzig an der Zahl aus. Als nach meinem Dafürhalten herausragende nenne ich noch drei. ›De coniecturis‹, dessen deutsche Übersetzung ›Über die Mutmaßungen‹ mißverständlich ist – Cusanus meint mit Mutmaßung die prinzipielle Ungenauigkeit der von Menschen ausgehenden, bejahenden Feststellungen von Wahrem –, erschien bald nach der ›Belehrten Unwissenheit‹. Die Trilogie ›Der Laie über die Weisheit, über den Geist und über Experimente mit der Waage‹ untersucht in Dialogform, was Verstand und Vernunft zu leisten imstande sind. ›Über die Jagd nach der Weisheit‹ ist als vermächtnishaftes Alterswerk abgefaßt. Das Ende des Buchs erinnert noch einmal an einen Grundgedanken der cusanischen Philosophie: „In dieser Welt, in der wir teils wissen, teils ahnen, sind wir gehalten, in Abbild und allegorischer Darstellung (zum Unbegreiflichen und Unaussprechlichen) emporzusteigen" (I, 186/188).

Angemerkt soll noch werden, daß von einem bestimmenden Einfluß der philosophischen Arbeiten auf seine Epoche nicht gesprochen werden kann. Erst im 19. Jahrhundert hat man den Cusaner als einen der Großen in der Philosophie entdeckt; die pädagogische Bedeutung seiner Überlegungen wurde gar erst um die Mitte unseres Jahrhunderts herausgearbeitet und fruchtbar gemacht.[9] Über die Gründe, die zu dieser lange währenden Geringachtung, ja Vergessenheit geführt haben, können bislang nur Vermutungen geäußert werden. Eine gewisse, eher randständige Rolle hierbei dürfte das Latein gespielt haben, dessen sich der Cusaner bediente. Seine Sprache ist häufig dunkel und scheut nicht vor begrifflichen Neubildungen zurück, die – gemessen an klassischer Latinität – etwas Monströses an sich haben. Überhaupt ist die Darlegung der Gedanken auf weiten Strecken nicht als zügig, pünktlich, unmißverständlich, geschweige denn als gefällig zu bezeichnen. Es verwundert darum auch nicht, daß – seit es sie gibt – die Beschäftigung mit dem Werk des Cusaners – zugespitzt etwa auf das Theorem der Koinzidenz der Gegensätze – von recht unterschiedlichen Interpretationsmodellen ausgeht.[10] Ich selbst neige zu dem hermeneutischen Vorurteil, Nikolaus von Cues sei es vor allem darum gegangen, die dogmatisch-standpunkthaft festgefahrene Metaphysik seiner Zeit in ihrer unergiebigen Sprödigkeit, ihren Entstellungen und Verfehlungen des Thematisierten, ihrer Nichtbeachtung des neuartig-wissenschaftlichen Erkennens und eines ihm korrespondierenden neuen Geist- und Weltbegriffs, kurz: in ihrer kraftlosen Unzulänglichkeit durch Analyse und Kritik des menschlichen Erkennens zu korrigieren oder – wie Kurt Flasch, ein scharfsinniger Kenner der Materie, formuliert – „das Denken theoretisch über sich selbst und sein Verhältnis zur unendlichen Einheit zu verständigen". Mit einem gewissen Vorbehalt kann man davon sprechen, Nikolaus sei an einer Kritik unseres Vernunftvermögens interessiert gewesen. Allerdings reichte der kritisch-erkenntnistheoretische Impuls, verglichen mit den späteren einschlägigen Untersuchungen Kants, nicht so weit, auch die „Unmöglichkeit einer Metaphysik überhaupt" in Betracht zu ziehen; des Cusaners Glaube an das, was die Völker Gott nennen, scheint nie ernsthaft angefochten gewesen zu sein. Gleichwohl könnte sein Denken zur damaligen Zeit darum auf keine große Resonanz gestoßen sein, weil es sich in die formierte Diskussionslage nicht einfügte und beispielsweise den heftig geführten Streit für schlicht obsolet erklärte, ob Allgemeinbegriffe (wie 'Menschheit' oder 'Löffelsein'/'cocleari-

---

[9] Das Verdienst kommt Alfred Petzelt (1886–1967) zu, dessen pädagogische Systematik auf eine originäre Verknüpfung von Kant und Cusanus zurückgeht, wobei von diesem insbesondere das Konzept von der „Natur des Ich" als „Einheit schaffende Einheit" (unitas uniens) und darin als Ebenbild der absoluten Wahrheit (= Gott) aufgegriffen worden ist. Insofern ist für Petzelt pädagogisch das Ich nicht empirisch, und seine Attacken gegen den „empirischen Charakter", der sich in der Gegenwartspädagogik breitmacht, reklamieren die Gefahr, den Menschen zu einer meß- und disponierbaren Sache unter anderen zu machen, obwohl er als Maßsubjektivität kein Anderes unter Anderen ist.

[10] Vgl. Flasch, a. a. O., S. 223 ff.

tas') auf eine urbildhafte Realität des Gemeinten zurückverweisen oder
nicht mehr als Namen (nomina) sind, mit denen wir begreifen, ohne daß sie
ein wirkliches „Wesen" aller Menschen oder Löffel abbilden. „Alle diese
Differenzen der (um die „Washeit" der Dinge sich drehenden) Betrach-
tungsweisen und wie viele (sonst noch) sich denken lassen" – so schiebt
Cusanus sie beiseite –, „sind überaus leicht aufzulösen und zu versöhnen,
wenn (nur erst einmal) der Geist sich zur Unendlichkeit erhebt" (III, 198).
    Am 11. August 1464 stirbt Nikolaus in der kleinen umbrischen Bergstadt
Todi. Man weiß nicht genau, was ihn dorthin verschlagen hatte. –
    Ich wende mich nunmehr der Frage zu, was der Gedanke der belehrten
Unwissenheit des näheren besagt. Was meint Cusanus mit dem Nichtwissen, zu dessen Wissen oder aufgeklärtem Bewußtsein der Mensch gelangen
muß, weil in ihm offensichtlich – zum einen – eine Grenze erfahren wird,
die uns vor unnützen geistigen Ausschweifungen bewahrt, und – zum anderen – die Chance sich auftut, in einer gewissen Umkehr der geistigen Aktivität „wenigstens zu der Einsicht geführt zu werden, daß die (von uns jetzt
nicht zu begreifende) Wahrheit" nichts Schimärisches ist (I, 312)? In päd-
agogisch-bildungstheoretischer Terminologie heißt das: Inwiefern kommt
es letztlich nicht auf Wissen an, wovon doch zweifellos viele Vorteile abhängen und das, ohne ihm übrigens den Rücken kehren zu können, nur Toren,
Faule und Verblendete schmähen, sondern auf ein um sich wissendes Nichtwissen als dasjenige, das die Menschlichkeit – biblisch: die Gottebenbild-
lichkeit – des Menschen ausmacht? Von welchem Nichtwissen ist die Rede?
    Die Antwort soll anknüpfen an die Überschrift und einige Bemerkungen
des ersten Kapitels von ›De docta ignorantia‹. Damit wird nicht der ganze
Umfang des Lehrstücks von der ›Heiligen Unwissenheit‹ (I, 252) abge-
deckt. Aber das Wichtigste – scheint mir – kann deutlich werden. Die Über-
schrift lautet: Quomodo scire est ignorare, was auf deutsch heißt: Auf
welche Weise Wissen Nichtwissen ist. Hiermit wird ausgesprochen, daß Wissen und Nichtwissen als in einer grundsätzlichen Verbindung, in einem
unaufhebbaren Beieinander stehend angesehen werden.[11] Vom Nichtwissen wird also nicht abgehoben vom Wissen geredet, etwa so, daß wir dies
und das hinreichend präzise wissen und anderes zumindest mit ziemlicher
Sicherheit, während wir bei Weiterem im dunkeln tappen. Zum Beispiel
kennen wir gut das Krankheitsbild der Rhinitis, gewöhnlich Schnupfen genannt; wir wissen, wie Schnupfen ausgelöst wird, nämlich durch Tröpfchen-
oder Kontaktinfektion. Nicht ganz so prächtig ist es um das Wissen über die
Erreger bestellt; noch ein bißchen dürftiger ist die Lage im Blick auf die

[11] Ich schließe mich hier und im folgenden teilweise der Interpretation von Alfred
Petzelt in seinem Vorwort zu der von ihm herausgegebenen Sammlung philosophischer Schriften des Cusaners an.

Therapie. Vermessen dürfte es sein, wenn jemand vorgibt zu wissen, warum bei einigen, die mit Schnupfenviren in Berührung gekommen sind, kein Schnupfen ausbricht, während andere aller Schutzimpfung zum Trotz anfällig sind. Solcherlei *tatsächliches* Nichtwissen gegenüber in zureichenden Gründen gestütztem und bewährtem tatsächlichen Wissen, mithin ein Nichtwissen, das, wenn es gutgeht, übermorgen beseitigt sein kann, ist vom Cusaner nicht gemeint, sondern eine „Negativität", die – wenn man so sagen darf – auch dem allerpositivsten, d. h. für bewiesen oder evident erachteten Wissen zukommt. Was – so ist zu fragen – mag das sein, das an „wahrem" Wissen, wie immer es um seine Verläßlichkeit faktisch bestellt ist, gleichsam untilgbar „negativ", der Belehrung bedürftig, prinzipielles Nichtwissen ist?

Aus dem Text geht klar hervor, daß Nikolaus in seiner Einlassung sich auf das alltägliche und insbesondere auf das von den Einzelwissenschaften produzierte Gegenstandswissen bezieht. „Erkenntniskritisch" betrachtet hängt es davon ab, daß etwas Ungewisses oder Unbekanntes „im Vergleich und gemäß seinem Verhältnis zu einem als gewiß Vorausgesetzten" beurteilt, auf Gemeinsamkeit und Differenz geprüft und einem Meßverfahren unterzogen wird.

Alles Untersuchen besteht in einer (eher) leichten oder (eher) schwierigen vergleichenden In-Beziehung-Setzung . . . Da die Beziehung (proportio) in einem bestimmten Punkt zugleich Übereinstimmung und Verschiedenheit (Anderssein, alteritas) aussagt, kann sie ohne Zahl nicht (prägnant) verstanden werden. Die Zahl schließt also alles ein, was in ein Verhältnis gebracht werden kann. Folglich ist die Zahl nicht nur in der Quantität (ausschlaggebend) . . ., sondern in allem, das irgendwie der Substanz nach oder in zufälligen Merkmalen übereinstimmen oder verschieden sein kann. Daher urteilte Pythagoras wohl, daß alles durch die Kraft der Zahlen konstituiert und erkannt wird.[12] Allerdings überschreitet volle Genauigkeit der Verbindungen in körperlichen Dingen und eine vollkommene Vergleichung des Bekannten mit dem Unbekannten den menschlichen Verstand . . . (I, 194/196).

Ich übergehe Einzelheiten dieser Passage, die ohne weiteres weder logisch noch in der Formulierung recht zu befriedigen vermögen. Worauf es meines Erachtens dem Cusaner ankommt, ist folgendes. Im Bereich gegenständlichen Forschens kann von keiner Erkenntnis behauptet werden, daß sie unbedingt und unübertrefflich gilt. Bedingt ist sie in ihrer Bezüglichkeit auf bekanntes, vertrauenswürdiges Anderes, übertreffbar in ihrer numeri-

---

[12] Cusanus greift auf den Satz des Jungpythagoreers Philolaos, der Mitte des 5. Jahrhunderts v. Chr. lebte, zurück, daß „alles, was man erkennen kann, eine Zahl hat, ohne die nichts im Denken erfaßt und erkannt wird" (Fragment 4 des einschlägigen Kapitels in Hermann Diels' Fragmenten der Vorsokratiker). Die Urheberschaft des Satzes durch Pythagoras ist nicht erwiesen.

schen Präzisionsfähigkeit. So vergleicht man etwa ein Gerät oder Ereignis, mit dem man nichts anzufangen imstande ist, mit einem ihm möglichst nahekommenden, worüber man Bescheid weiß, und das hierbei herausgeschälte Besondere erhält ebenso wie das Gemeinsame seine (kontrollierbare) Bestimmtheit durch quantifizierendes Messen, das jedoch immer noch genauer sein kann und somit auch nie zu der Aussage berechtigt, zwei untersuchte Objekte seien vollkommen identisch.

Es interessiert jetzt nicht, ob wir uns heute noch mit des Cusaners Erklärung der Bedingtheit zustande gebrachten Wissens forschungslogisch zufriedengeben können. Und deplaziert ist der Einwand, die Feststellung der unabschließbaren Präzisierarbeit sei belanglos und stehe im Banne eines schwach- oder unsinnigen Exaktheitsideals. Hier überrollt die Fixierung an der zur Letztinstanz verklärten Lebenswelt mit ihrem Wissensbedarf die philosophische Problematik des Erkennens und protegiert eine Einstellung, die zwischen naiver Wissen(schaft)sgläubigkeit und ideologieanfälligem Wissen(schaft)sverdruß hin und her pendelt! Überdies trifft der Einwand den Cusaner nicht; denn nirgendwo fordert er, das Untersuchen müsse genauer sein als nötig, um vor allem purem Spekulieren und vorurteilshaftem Meinen – beispielsweise über das, was Schnupfen ist und wie beziehungsweise warum es zu Erkrankungen kommt – den Abschied zu geben. Cusanus hat keine ersichtlichen Bedenken, von „wahrem" – besser sollte es heißen: richtigem – Wissen zu sprechen, auch wenn durch das Aufgreifen weiterer Beziehungen und durch verfeinertes Messen höhere Grade von Richtigkeit erreicht werden könnten. Das ist nicht der Punkt, der ihn bewegte. Vielmehr betrifft seine Überlegung die Frage, wie es um die in der Zuständigkeit der Einzelwissenschaften liegende Richtigkeit des rational zustande gebrachten Wissens im Gegenstandsbereich, hinter das nicht zurückgegangen werden kann, erkenntniskritisch bestellt ist. Das Ergebnis lautet: Die Richtigkeit ist allemal relativ; alles gegenständliche Wissen, wie sehr wir ihm auch vertrauen dürfen, ist und bleibt conjectura, Mutmaßung. Aber wir sind uns dessen in aller Regel nicht bewußt und laufen so Gefahr, den eigentümlichen motus mentis, d. h. die eigentümliche Tätigkeit des Geistes, die im begreifenden Erkennen gegenständlicher Sachverhalte angemessen ist, auch dort noch für angemessen zu halten, wo gar nichts richtig oder falsch gewußt werden kann, sondern wo die absolute Wahrheit und Einheit – oder modern ausgedrückt: der Sinn des Ganzen einschließlich unseres Daseins – zur Debatte stehen. „Das Infinite als Infinites ist (jedoch dem vergleichend-messenden Verstande) fremd, da es sich jeder (räumlichzeitlichen) Verhältnisbeziehung entzieht."

Mit dieser ersten Demonstration eines prinzipiellen Nichtwissens, das jedem Wissen – mit Ausnahme des mathematischen – anhaftet, verbindet sich ein zweiter Gesichtspunkt, der fordert, Wissen und Nichtwissen zusammenzunehmen. Jedes Wissensurteil – etwa: das plötzliche Absterben von Bäumen ist durch sauren Regen verursacht – weist einen Zug an sich auf, der über es als Einzelfall des Erkennens hinausweist. Wiederum ist nicht die eventuelle Unzulänglichkeit und Verbesserungsfähigkeit gemeint. Vielmehr – so wird man es vielleicht plausibel machen können – ist der mit jeder affirmativen Aussage und schon mit jeder Wissenshypothese verbundene Anspruch ins Auge gefaßt, der Idee einer *einen* Wahrheit, dem „scibile", d. h. dem Wißbaren, zu entsprechen. Dieser durchgängige Geltungsanspruch – nichts Empirisch-Psychologisches, wie man neuerdings lesen kann, und doch sogleich allgemeine Gültigkeit dafür reklamierend! –, ich sage: dieser Geltungsanspruch macht Wissen insofern als Nichtwissen deutlich, als jenes über alle Tatsächlichkeit der Distinktion und Konnexion hinaus auf etwas „gerichtet erscheint", das ihm generell voraussetzungshaft zugrunde liegt, aber weder sein Thema ist, noch „via rationis", ohne es zu verdinglichen, erfaßt werden kann. Vereinfacht ausgedrückt: Wenn wir dies oder das untersuchen und schließlich im Rahmen der für tauglich genommenen Grundbegriffe, Verfahren usw. zu streng geprüftem „Vermutungswissen" (Karl Popper) [13] gelangen, dann setzen wir „die Wahrheit" oder Wißbarkeit, um derentwillen „unser Verlangen nach Wissen nicht sinnlos ist" (I, 196), voraus. Diese vorausgesetzte Wahrheit ist als Problem vom Bemühen um Einzelwahres zu unterscheiden, ist auch nicht dessen Summe. „Noch weniger steht sie am Ende eines zeitlich unendlichen Prozesses" (Petzelt), vielmehr regiert sie sozusagen das Gegenstandswissen, und im Erheben von Geltungsanspruch kommt die Teilhabe des vielen Richtigen an der einen Wahrheit zum Ausdruck. Wahres oder richtiges Wissen und absolute Wahrheit qua Einheit sind also, obwohl gar nicht voneinander trennbar, auseinanderzuhalten, und in bezug auf die veritas maxima oder praecisissima ist das positive Tatsachenwissen insofern negativ, als von ihm kein Weg des Begreifens, wie subtil und komplex es auch ausfallen mag, zu dem führt, wovon es gegenständlich-begrifflich ausgefaltetes Moment ist. Alfred Petzelt, der das cusanische Denken in die Pädagogik hineingenommen hat, formuliert das, ins Konstruktive gewendet, so: „Das gelehrte Nichtwissen als Charakterisierung unseres Gegenstandswissens meint ganz deutlich das immerwährende, nicht aufhebbare, also grundsätzliche Gerichtetsein unseres Wissens . . . auf ‚die Wahrheit'." Pädagogisch heißt das: In seinem Wissen durch Belehrung als ein Ignorant in Ansehung sowohl der genauen Wahrheit der Dinge wie auch der *einen* Wahrheit befunden zu werden, ohne daß damit dem rationalen Erkenntnisbemühen etwas am Zeuge geflickt wird, löst den

---

[13] Zum Thema „Wissen und Nichtwissen" scheint mir als Hinführung Karl R. Poppers Aufsatzsammlung ›Auf der Suche nach einer besseren Welt‹ (München 1984) besonders geeignet zu sein.

Menschen heraus aus ihn (und andere) täuschenden „Zurechtlegungen" eines theoretisch nicht über sich selbst verständigten Denkens (Flasch), läßt ihn alles unter dem *„Prinzip* der Frage" sehen und zeigt die Grenze auf, die dem diskursiven Verstand gesetzt ist. Das so begrenzte, dem rationalen Begreifen vorbehaltene Gebiet nennt der Cusaner „alteritas", Andersheit. –

Ich komme zu einem letzten Gedanken, der nur noch flüchtig berührt werden soll. Er nimmt aus dem eingangs zitierten Brief die Ankündigung auf, daß die belehrte Unwissenheit die metaphysischen Fragen nicht nur vor Verschüttung, dogmatischer Erledigung oder Deportation bewahrt, daß sie auch nicht einer sokratischen Skepsis gegenüber definitiven oder zum Definitiven tendierenden metaphysischen Behauptungen die Bahn ebnet, sondern daß sie das dem Begreifen Vorenthaltene auf nicht begreifende Weise erschließt. Das Vehikel hierfür – heißt es – sind die unvergänglichen Wahrheiten, die dem Menschen zu wissen vergönnt sind. Da es sich dabei nicht um Konjekturales handeln kann, kommt bloß die Mathematik in Frage, und zwar nicht, insofern im gegenständlichen Bereich mathematische Beziehungen und Gesetzmäßigkeiten aufgespürt werden, vielmehr als reine Mathematik.[14] „Auf den Pfaden der Alten schreitend und mit ihnen zusammengehend erklären wir, daß wir die (mathematischen) Figuren ihrer unvergänglichen Gewißheit wegen werden gebrauchen können; denn zu den göttlichen Dingen steht uns nur der Weg durch Symbole offen" (I, 230).

Der Gebrauch aber sieht folgendermaßen aus, an einem der zahlreichen Beispiele, die Cusanus anführt, verdeutlicht. „Es ist manifest, daß jedes . . . Dreieck drei Winkel hat, die zwei rechten gleich sind, und daß, je größer ein Winkel ist, die anderen desto kleiner sind." Vergrößert man nun einen der drei Winkel gedanklich „in maximaler Weise" auf 180 Grad, ohne vom Dreieck als zu untersuchender Ausgangsfigur zu lassen, dann besitzt es nur noch einen Winkel, „der drei ist, und drei, die einer sind" (I, 238). Zugleich verschwindet die Verschiedenheit der Winkel und der ihnen gegenüberliegenden Seiten mitsamt deren Begrenztheit. Überhaupt bleiben die Eigenschaften des Dreiecks, so wie es uns bekannt ist, nicht erhalten, und doch stecken in der einfachen, unendlichen Linie, wozu das Dreieck geworden ist, gewissermaßen alle seine Merkmale. Da es weiterhin nur eine absolut größte, unendliche Linie geben kann, fällt sie mit dem absoluten Minimum an Erstreckung zusammen: Das Größte ist das Kleinste, das Vielfältigste geht in der Einfältigkeit auf, die aber gerade nicht Gegensatz oder Widerspruch des Vielen ist, so wie es sich im Endlichen verhält, wo es absurd ist

---

[14] Zur Bedeutung der Mathematik bei Nikolaus von Kues vgl. den Beitrag von Helmut Meinhardt ›Exaktheit und Mutmaßungscharakter der Erkenntnis‹ in dem Sammelband von Klaus Jacobi, S. 127 f.

zu sagen, drei zu unterscheidende Winkel seien einer und dieser sei keiner, sondern Linie . . . Durch solcherlei, unsere Vorstellungskraft dispensierende „Setzung, die (dort, wo unser Verstand es mit Größen zu tun hat,) unmöglich ist, kann man sich helfen, zum Nicht-Quantitativen aufzusteigen . . .". Ich verzichte auf eine kritische Erörterung des vom Cusaner seiner Meinung nach gefundenen Weges der mathematischen Spekulation, die dem menschlichen Geist soll helfen können, „zum schlechthin Größten" und Einen, in dem alles Gegensätzliche zusammenfällt und das in keinem Namen oder Begriff – weil die Möglichkeit aller Benennungen – benannt werden kann, voranzuschreiten. Ausdrücklich wird nicht versprochen, daß dieser Weg zu mehr als zu einer Berührung des Absoluten führt. Die mathematische Spekulation versinnbildlicht in Rätselbildern, „auf welche Weise wir über das Höchste . . . denken sollen" (I, 232). Jedoch war der Cusaner davon überzeugt, daß sich dergestalt „die Pforte des Paradieses" öffnet und die Menschen Gott schauen. Es mag sein, daß – historisch betrachtet – hierin das Anliegen des Cusaners seinen Brennpunkt hatte. Seine Größe – meine ich – hat es in der Reflexion über das, was wir nicht wissen können und worin wir zu Fragenden werden.

Literaturhinweise

1. Hauptschriften

Philosophisch-Theologische Schriften, hrsg. von Leo Gabriel, lateinisch-deutsch, 3 Bände, Wien 1964–1967.
De docta ignorantia – Die belehrte Unwissenheit, lateinisch-deutsch, 3 Bände, Hamburg 1964, 1967, 1977.

2. Sekundärliteratur

a) Philosophisch

Flasch, Kurt: Nikolaus von Kues: Die Idee der Koinzidenz, in: J. Speck (Hrsg.), Grundprobleme der großen Philosophen. Altertum und Mittelalter, Göttingen 1972.
Hoffmann, Ernst: Nikolaus von Cues. Zwei Vorträge, Heidelberg 1947.
Jacobi, Klaus (Hrsg.): Nikolaus von Kues. Einführung in sein philosophisches Denken, Freiburg/München 1979.
Jaspers, Karl: Nikolaus Cusanus, München 1964.
Petzelt, Alfred: Von der Docta Ignorantia und der Coincidentia Oppositorum, in: Ders. (Hrsg.), Nicolaus von Cues. Texte seiner philosophischen Schriften, Bd. I, Stuttgart 1949.
Volkmann-Schluck, Karl-Heinz: Nicolaus Cusanus, Frankfurt a. M. ³1984.

b) Pädagogisch

Holzamer, Karl: Die Bedeutung des Nikolaus von Kues für die Pädagogik, in: Mitteilungen und Forschungsbeiträge der Cusanus-Gesellschaft 2, Mainz 1962.

Pöppel, Karl Gerhard: Die Docta Ignorantia des Nicolaus Cusanus als Bildungsprinzip, Freiburg i. Br. 1956.

DER WANDEL DES PÄDAGOGISCHEN DENKENS IM 17. JAHRHUNDERT

Von KARL HELMER

1. Das 17. Jahrhundert ist eine Zeit des Umbruchs. Ein Weltbild verliert seine Gültigkeit, diese Erde ist nicht mehr länger der Mittelpunkt allen kosmischen Geschehens, dennoch wirkt mittelalterliches Denken fort. Eine neue Wissenschaftlichkeit schafft sich Raum, konkurriert mit einer allumfassenden Kosmologie und siegt am Ende als Einzelwissenschaft. Die Schöpfungsordnung einerseits gibt den Menschen noch immer ihren Ort, die neue Subjektbezogenheit andererseits macht das Individuum zum Angel- und Bezugspunkt des Denkens und Handelns. Humanistisch stoische Tradition und lateinische Gelehrsamkeit bestimmen das Leben an den Hohen Schulen, daneben gewinnt die volkssprachliche Bildung Anhänger. Fanatische Religiosität geht einher mit epikureischer Lebenslust, Transzendentalität und Diesseitigkeit reißen die Menschen hin und her. Der große Krieg wütet dreißig Jahre lang, am Ende ist mehr als ein Drittel des Volkes sein Opfer geworden. Trotz bitterer Armut ihrer Untertanen setzen Fürsten ihr aufwendiges Leben fort; auf eine augenfällige Weise wird der Hof das Bild der großen Welt, Glanz und Verkommenheit, Fassade und Täuschung zugleich. Kunstsammlungen und Bibliotheken entstehen, eine unbändige Neugierde fördert unglaubliche Kuriositäten zutage. Das Druckgewerbe zieht die Wissenschaftler in die Städte, sie werden mehr und mehr zu Umschlagplätzen wissenschaftlicher Diskussionen. Noch immer spielt die Nobilität die Mäzenatenrolle, die Buchwidmungen weisen darauf hin, doch ist das Patriziat der freien Städte selbstbewußt geworden, zieht bedeutende Persönlichkeiten in die Mauern, fördert die Künste und Wissenschaften auf eigene Faust oder aus dem Stadtsäckel. Sprachgesellschaften verbinden Adelige und Bürger zur Pflege der deutschen Sprache und zur Förderung der Tugend. Geheime Gesellschaften ziehen die Fäden der Politik.[1]

Der Gang der Pädagogik im 17. Jahrhundert, ihre Themen und die Art ihrer Verhandlung spiegeln den Wechsel zu einer grundlegend neuen Welt-

---

[1] Vgl. ausführlicher: Karl Helmer, Weltordnung und Bildung. Versuch einer kosmologischen Grundlegung barocken Erziehungsdenkens bei Georg Philipp Harsdörffer, Frankfurt a. M./Bern 1982, S. 17 ff.

deutung und die damit einhergehende Neuorientierung der Wissenschaft. Noch in der Mitte des Jahrhunderts ist der Ausgang der Auseinandersetzung keineswegs entschieden. Fünfzig Jahre später ist die Pädagogik von einer kosmisch orientierten Wissenschaft zu einer Einzelwissenschaft geworden. Gewicht und Ansehen bezieht sie nun vor allem aus der Didaktik, die zeitweise sogar als eine Kunst angesehen wird, die anderen Disziplinen Maß und Richtung geben kann, wie es für die Literatur der Zeit belegbar ist. Die Orientierung von Schule und Unterricht am Gedanken der Nützlichkeit hat sich um 1700 durchgesetzt. Bezugsgrößen von Wissenschaft und Unterricht sind die individuelle Neugierde und der individuell und gemein bezogene Nutzen, curiositas et utilitas. Das Kriterium des Unterrichtens, sowohl die Inhalte als auch die Vorgehensweisen bestimmend, ist die capacitas hominis, die menschliche Fassenskraft. Das alles klingt in unseren Ohren nicht sehr aufregend, und doch war hundert Jahre vorher, zu Beginn des 17. Jahrhunderts, das Ergebnis einer Auseinandersetzung, die zu diesem Ergebnis führte, durchaus offen.

Worum ging es? Beginnen wir mit einem deutenden Bericht von einem auch seinerzeit aufregenden Ereignis: Am 17. Februar 1600 stand in Rom Giordano Bruno auf dem Scheiterhaufen. Ein solcher Anblick war den Zeitgenossen vertraut, doch geschah etwas damals Unfaßbares. Der zum Tode Verurteilte wandte sich vom Kreuz ab, das man ihm wie jedem Sterbenden und Todgeweihten vorhielt. Bruno war kein Ungläubiger, er starb vielmehr für einen bestimmten Glauben. Die Tatsache, so seine Überzeugung, daß Gott alles, was ist und denkbar ist, geschaffen hat, mache ein erneutes Eintauchen Gottes in seine Schöpfung unnötig. Daß Gott als Mensch geboren sei, könne mit dem Schöpfungsglauben nicht zusammenpassen. – Das war ein Angriff auf den zentralen Gedanken christlicher Heilsgeschichte; die Inkarnation, die Menschwerdung des Gottessohnes, galt als der Angelpunkt christlicher Kosmologie und Anthropologie; ohne dieses Faktum war diese Erde keine besondere, dieser Mensch nicht herausgehoben. Gegen die geltende Lehre der Theologie setzte Bruno auf den Gedanken eines göttlich fundierten und göttlich gelenkten unendlichen Kosmos, in dem die Geschichte nur eine zyklische Wiederkehr ist, deren Gang kein Einzelereignis prinzipiell verändern oder gar sein Höhepunkt sein kann.[2]

Ohne Brunos Denken und Tun über Gebühr zu strapazieren, kann man es als ein Gleichnis für die Auseinandersetzung interpretieren, die maßgeblich das Jahrhundert bestimmt. Es geht um die Lehre von einer die Welt umfassenden Ordnung, die Kosmologie, einerseits und die Geltung des

---

[2] Vgl. Hans Blumenberg, Aspekte der Epochenschwelle: Cusaner und Nolaner (= Die Legitimität der Neuzeit, erw. Ausg., 4. Teil), Frankfurt a. M. 1976, S. 109 ff.

Einzeldinges und des Einzelgeschehens andererseits. Rundum werden
variantenreich immer wieder dieselben Fragen gestellt: Was ist Maß und Ausgangspunkt menschlichen Erkennens, Denkens und Handelns, die allumfassende, immer schon gegebene, göttlich gesicherte Ordnung oder das
einzelne Ding, der einzelne Mensch, das Einzelereignis? Bedeutet menschliches Erkennen das Aufgreifen einer längst vorliegenden Schöpfungsordnung, die Abbildung der großen Ordnung, des Makrokosmos, im
Menschen, der so zu einem Spiegelbild des Kosmos im Kleinen, zum Mikro-
kosmos, wird? Oder muß der Mensch, jeder Mensch, immer neu, unter
Maßgabe seiner individuellen Fähigkeiten die Welt, das heißt sich selbst
und alles andere, die Dinge der Natur und des Zusammenlebens, selbst erst
in eine faßbare Ordnung bringen? Wird er selbst das Maß einer Ordnung,
die er selbst erfinden und schaffen und auf der Grundlage der Erforschung
des Einzeldinges auf andere Einzeldinge übertragen muß?

2. Einer der herausragenden Pädagogen der Zeit war Jan Amos Komensky, latinisiert Johannes Amos Comenius. Er wurde 1592 in Böhmen
geboren, studierte an den reformierten Universitäten Herborn und Heidelberg, reiste im Auftrag der böhmischen Brüderunität, einer reformierten
kirchlichen Vereinigung in der Nachfolge von Johan Hus, nach Polen und
Holland, nach England, Schweden und Ungarn. Der Krieg verjagte ihn
nach Lissa, wo er am Gymnasium lehrte. Die Zerstörung dieser polnischen
Stadt trieb ihn ins Exil nach Amsterdam, wo er 1670 starb[3]. Diese geraffte
Vita verdeutlicht die Unruhe dieses Mannes, zugleich die europäische
Dimension seines Wirkens.

Comenius war wohl der letzte große Theoretiker der Pädagogik, der sein
Denken ganz und gar der Schöpfungsordnung anpaßte. Sie garantiert in
seinen Augen die Ordnung des Erkennens und gibt dem Handeln Maß.
Hilfe zur rechten Erkenntnis bietet die Bibel. Sie erläutert den Sinn der
Dinge der Welt, diese wiederum kommentieren die Heilige Schrift. Die
Welt selbst, alle Kreatur, ist Offenbarung, sie ist das zweite Buch Gottes. Es
ist die Bestimmung und die Aufgabe des Menschen, den Sinn beider Offen-
barungen zu *erkennen,* ihn zur *Sprache* zu bringen und danach zu *handeln.*
Der verborgene Sinn der Dinge soll so ans Licht gebracht und die Schöpfung
dadurch vollendet werden. Die Dinge dieser Welt verweisen also immer auf
einen Sinn, der außerhalb ihrer selbst gelegen ist. Die Welt, alles was ist
und geschieht, sieht Comenius in eine große Bewegung gestellt, die mit
Gott beginnt und zu Gott zurückführt. Am Beispiel des wohl berühmtesten

[3] Vgl. zur Biographie: Milada Blekastad, Comenius. Versuch eines Umrisses von
Leben, Werk und Schicksal des Jan Amos Komensky, Oslo/Prag 1969; ferner: Franz
Hofmann, Jan Amos Comenius. Lehrer der Nationen, Leipzig/Jena/Berlin 1975,
S. 67.

Schulbuchs der Neuzeit, des ›Orbis sensualium pictus‹, ›Die sichtbare Welt‹ (von 1658), sei das dargelegt⁴.

Das erste Kapitel handelt von Gott, das letzte, das 150. Kapitel, spricht vom letzten Gericht. Die Welt selbst wird in vier Schritten erschlossen:

– Der erste Teil (c. 2–43) spricht von den *natürlichen Dingen,* von der Welt, wie Gott sie geschaffen hat. Die Entstehung der Erde, die Elemente, Pflanzen, Metalle und Steine, Vögel, Tiere und der Mensch werden vorgestellt. Das Sechstagewerk der Schöpfung wird nachgezeichnet.

– Im zweiten Teil (c. 44–108) ist von den *artificialia,* den von Menschen gemachten und arrangierten Dingen die Rede, von Garten- und Feldbau, von Vieh- und Bienenzucht, von Fischen, Jagen, Weinbau und Bierbrauen, von den Handwerken, vom Haus, der Erzgrube, der Stubeneinrichtung. Das Bad wird beschrieben, der Pferdestall und das Uhrwerk, der Wagen und das Schiff, Buchdruck, Bibliothek und Schule, auch die sieben freien Künste gehören hierher.

– Ein dritter Teil (c. 109–143) handelt von den *moralia.* Die Tugenden, Ehestand und Elternschaft, das Stadtwesen, Handel, Maße und Gewichte, Arzneikunst, Schauspiel und Fechten, Ball-, Brett-, Lauf- und Kinderspiel, Reich und Politik werden vorgestellt.

– Schließlich geht es um die *spiritualia* (c. 144–149), um Religion und Christentum, Judentum, Heidentum und Islam.⁵

3. Comenius hat in verschiedenen Schriften die Frage gestellt, welche Aufgabe in diesem festen Gefüge dem Menschen zukomme. Sein Hauptwerk ›De rerum humanarum emendatione consultatio catholica‹, ›Allgemeine Beratung über die Beseitigung der Fehler in den menschlichen Verhältnissen‹ (1645–1670), ist ganz dieser Frage gewidmet.⁶ Der Titel zeigt an, worum es geht: Der Mensch als das letzte Schöpfungswerk ist dazu ausersehen, die Schöpfung zu vollenden. Die Sünde hat seinen Verstand verdunkelt, seine Sprache verwirrt und sein Handeln verfälscht. Es kommt darauf an, Erkennen, Sprechen und Handeln in Ordnung zu bringen, damit das Werk des Menschen, die Vollendung der Schöpfung, getan werden kann.

In seiner letzten Schrift ›Triertium catholicum‹, ›Allgemeine Dreikunst‹ (1665–1670), stellt er das anschaulich vor Augen:

---

⁴ Johannes Amos Comenius, Orbis sensualium pictus, Die sichtbare Welt, Nürnberg: Michael Endter 1658. Nachdruck mit einem Nachwort von Heiner Höfener, Dortmund 1978.

⁵ Zur Erläuterung und Begründung dieser Ordnung vgl. Karl Helmer, Lexikographie bei Comenius, in: PR 34 (1980), S. 524ff.

⁶ Johannes Amos Comenius, De rerum humanarum emendatione consultatio catholica, Prag 1966; zur Übersetzung des Titels vgl. Johannes Schurr, Comenius. Eine Einführung in die Consultatio Catholica, Passau 1981, S. 17ff.

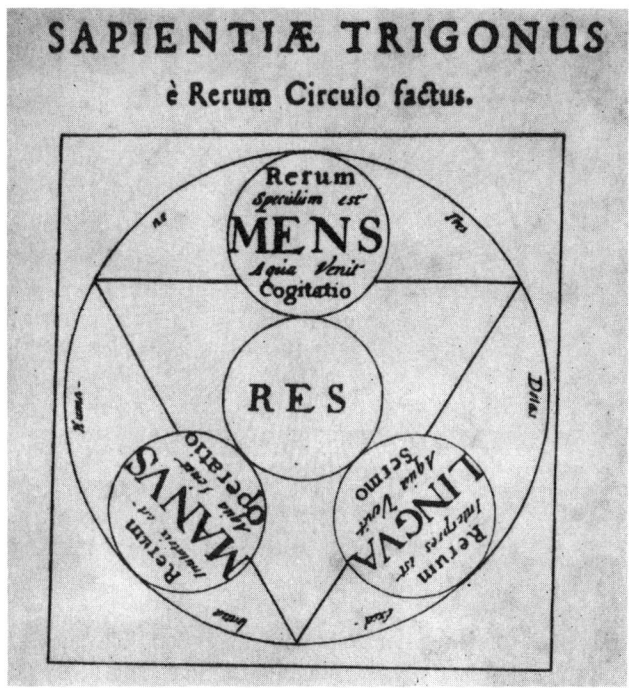

Abbildung 1: Das aus dem Kreis der Dinge erstellte Dreieck der Weisheit.[7]

In der Mitte steht die *res,* das Schöpfungsding. Das ist alles von Gott im Sechstagewerk Geschaffene, von den Elementen über die Lebewesen bis zum Menschen. Im ›Orbis pictus‹ werden sie im ersten Teil (c. 2–43) vorgestellt. *Mens,* das ist der Intellekt, der Verstand, die Vernunft des Menschen, ist der Spiegel der Schöpfung. Wohlgemerkt, Comenius formuliert hier nicht, der Mensch erkenne die Dinge, Erkenntnis gehe von ihm aus, sondern: in seiner mens spiegele sich die Schöpfung. *Lingua,* die Zunge, das Organ des Sprechens, ist die Interpretin der Dinge. *Manus,* die Hand, das Organ des Handelns, ist Nachahmerin der Schöpfungsdinge. Auf dreifache Weise ist der Mensch also von den kreatürlichen Dingen bestimmt. Sein Bedenken ist ihre Spiegelung, sein Sprechen ihre Interpretation, sein Handeln ihre Nachahmung. Zusammen bilden sie das Dreieck der Weisheit.

Die geometrischen Figuren Kreis und Dreieck verdeutlichen das Gemeinte. In der Gegenüberstellung mit der Bildfigur des 1. Kapitels des ›Orbis pictus‹ wird das sichtbar.

---

[7] Johannes Amos Comenius, Sapientiae primae Usus Triertium Catholicum Appelandus, Leiden 1681; hier nach Hofmann, Comenius (s. Anm. 3), S. 67.

DEUS.   ⑤❍ℑℑ.

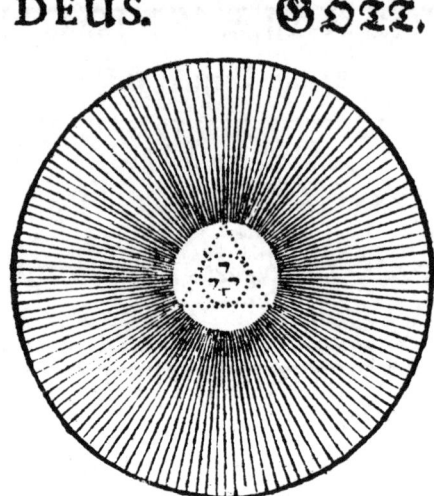

Abbildung 2: Deus – Gott.[8]

Der Kreis ist das Zeichen der Vollkommenheit und Vollständigkeit, er ist Sinnbild Gottes. Und da die Schöpfung Gottes Spiegelbild ist, ist der Kreis zugleich Bild der Schöpfung. Das Dreieck ist das Zeichen der Dreifaltigkeit, in der Schöpfung erscheint es gespiegelt, also auf der Spitze stehend, und verweist auf die dreifach gestaltete Weisheit des Menschen (s. Abbildung 1). Diese Weisheit ist also ein Bild der unendlichen Weisheit Gottes. Deswegen kann sie Pansophie, allumfassende Weisheit, genannt werden. Einzeln und zusammen sind mens, lingua und manus, sofern sie an der res orientiert sind, kleine vollkommene Ordnungen, Mikrokosmen.

Comenius übersieht nun nicht, daß der Mensch *faktisch* keineswegs weise ist. Seine Theorie verdeutlicht vielmehr die Aufgabe des Menschen, an der Vollendung der Schöpfung zu arbeiten, indem er im Erkennen die Wahrheit immer deutlicher spiegelt, sie in einer angemessenen Sprache immer deutlicher ausspricht und in seinem Handeln immer besser verwirklicht. Der Bildung, dem Unterricht und der Erziehung, sind so Ziele und Wege gewiesen. Das vollständige System der Pädagogik ist das getreue Bild des großen Systems der Schöpfungswelt, diese ist das treffende Bild des vollkommenen Gottes. Unterricht und Erziehung können also *natürlich* vorgehen, die Ordnung ihrer Gegenstände liegt vor, die Wege sind gegeben und die Ziele klar

---

[8] Comenius, Orbis pictus (s. Anm. 4), S. 6.

ausgewiesen.[9] In den Titeln comenianischer Werke erscheinen immer wieder die Attribute catholicus und magnus, allumfassend und groß. Sie deuten an, daß im Prinzip eine vollständige Erkenntnis, eine richtige Interpretation und ein rechtes Handeln dann möglich werden, wenn die Ordnung der Schöpfung ihr Maß ist. Daß sie verwirklicht werden können, hat die Beseitigung der Fehler in den menschlichen Verhältnissen zur Voraussetzung.

4. Zur gleichen Zeit, da Comenius seine wichtigen Werke schrieb und seine Theorien in Europa großen Widerhall fanden, gewannen eine neue Weltinterpretation und eine neue Wissenschaftlichkeit an Boden; ihre Wurzeln reichen weit zurück. Bereits im 14. Jahrhundert hatte der englische Theologe und Philosoph Wilhelm von Ockham (1275–1347) für eine Trennung von Glauben und Wissen gesprochen. Er leugnete die Möglichkeit, mit Hilfe der menschlichen Vernunft Glaubenswahrheiten zu erschließen. Eine Trennung von Theologie und Wissenschaft war geboren, und sie brachte ihrem Urheber die Anklage der Ketzerei ein. Johann von Tepl (um 1350–1414) läßt 1401 in seinem Werk ›Der Ackermann‹ die Titelfigur den Tod anklagen, weil er ihm seine Frau genommen hat; das ist Aufruhr gegen die gottgegebene Ordnung. In der zweiten Hälfte des 15. Jahrhunderts stellt der niederländische Maler Hieronymus Bosch (1450–1516) auf seinem Gemälde ›Der Garten der Lüste‹ einzelne Körperteile des Menschen isoliert dar und fügt sie manieristisch zu einem neuen Bild zusammen. Der Italiener Giuseppe Arcimboldi (1527–1593) bildet aus Möhren, Rettich, Gurken und anderen Früchten den Kopf des „Gemüsehändlers"; die Einzelelemente werden zu einem Neuen kombiniert. In der Mitte des 15. Jahrhunderts schafft es Nikolaus von Cues (1401–1464) noch einmal, in einer grandiosen philosophisch-wissenschaftlichen Anstrengung die Kosmologie mit dem Denken, das vom Menschen ausgeht, zu verbinden. Martin Luther (1483–1546) geht in dieser Hinsicht weit hinter den Cusaner zurück, die Reformation ist, wissenschafts- und philosophiegeschichtlich gesehen, der Versuch einer Restauration, einer Wiederherstellung spätantiken und frühmittelalterlichen Denkens, wenn auch in der Frage nach der Möglichkeit des persönlichen Heils die neue Denkweise durchbricht. Nikolaus Kopernikus (1473–1543) legt 1543 in Anlehnung an Aristarch von Samos (310–230) eine geozentrische Theorie vor und durchstößt damit die gefügte Ordnung.

Diese Schlaglichter beleuchten, was, punktuell und keineswegs verbreiteter Lehre entsprechend, seit dem 14. Jahrhundert rumorte. Es war der englische Philosoph Francis Bacon (1561–1626), auch Baco von Verulam genannt, der diese Tendenzen aufgriff und zu einem neuen System neuer Wissenschaften entwickelte. Sein Hauptwerk trägt den Titel ›Instauratio

---

[9] Vgl. u. a. Johann Amos Comenius, Große Didaktik, übers. und hrsg. von Andreas Flitner, Düsseldorf/München 1954, S. 78 ff.

magna‹, ›Große Erneuerung (der Wissenschaften)‹; es blieb ein Torso. Maß und Kriterium der Ordnung des Wissens und der Wissenschaften sind nach ihm die drei Fähigkeiten des menschlichen Intellekts: das Gedächtnis, die Phantasie und die Vernunft. Dem Gedächtnis zugeordnet ist der Bereich der Historie und aller Erfahrung des menschlichen Tuns. Der Phantasie entspringt das Planen, Konstruieren und Entwerfen, Poesie ist ihre schönste Tochter. Die ratio, die Vernunft, schließlich regiert die Wissenschaften und die Philosophie, die von Bacon noch zusammen gedacht werden. Vernunft nimmt die Einzeldinge wahr, überschreitet sie jedoch in der Abstraktion und ordnet sie. In der Ausführung dieses Zugriffs entsteht der Entwurf einer Enzyklopädie des gesamten möglichen menschlichen Wissens; die Wissenschaften haben das Ausfüllen des Gerüsts mit Einzelwissen zu besorgen. Das System der Enzyklopädie ist also von den Fähigkeiten des menschlichen Intellekts abgelesen, es ist anthropomorph; realbezogen ist allein die einzelne Dingbeschreibung. In der Welt selbst, so Bacon, ist keine Ordnung zu entdecken, sie ist nichts als ein Labyrinth, als ungeordnete Menge vereinzelter Sachen steht sie dem Menschen gegenüber, eine Ordnung muß der Mensch nach seinem Maß setzen[10].

Drei Folgerungen aus Bacons Überlegungen bekommen in der Neuzeit besonderes Gewicht:

– Der Entwicklung von der Wissenschaft, die der Ordnung der Welt abbildend nachgeht, zur Einzelwissenschaft ist der Weg geebnet. Oder anders gesagt, die Möglichkeit der Trennung von Philosophie und Wissenschaft als Einzelwissenschaft ist geschaffen, und sie wird noch im 17. Jahrhundert realisiert.

– Wissenschaft erfährt ihre Ordnung nach der Maßgabe menschlicher Fähigkeiten.

– Da nicht mehr wie auf kosmologischem Grund eine Sache prinzipiell für eine andere stehen kann, kommt es darauf an, möglichst viele Einzeldinge zu wissen. Die Triebfeder der Wahrnehmung wird die rastlose Neugierde, sie treibt die Menschen zu unermüdlichem Suchen und Sammeln. Neugierde erfährt ihre Legitimation durch den Nutzen, den man aus dem Wissen zu ziehen hofft. Der Nutzen für das Individuum und die Gesellschaft wird das Maß und der Zweck aller Forschung und Erkenntnis. Curiositas et utilitas – bis in unsere Zeit ist dieser Zusammenhang unter wechselnden Vokabeln in der Diskussion geblieben. Die Ordnung der Erkenntnis und des Wissens richtet sich nach den Möglichkeiten des menschlichen Intellekts, sie ist anthropomorph, Wissenschaft wird anthropozentrisch legitimiert und betrieben.

---

[10] Vgl. Karl Helmer, Lehrende Wissenschaft. Zur Grundlegung einer Pädagogik bei Georg Philipp Harsdörffer, in: PR 34 (1980), S. 333 ff.

5. Im Gefolge dieser neuen Wissenschaftlichkeit marschiert eine neue Pädagogik. Sie reduziert ihren Gegenstand und ihre Probleme, mehr und mehr rückt die Frage nach der Kunst des Beibringens ins Zentrum, bis am Ende des Jahrhunderts Pädagogik verbreitet als Didaktik ausgegeben wird. Das gilt es nun zu belegen.

Einer der erfolgreichsten Didaktiker des Jahrhunderts, nicht der theoretisch brillanteste unter ihnen, war Andreas Reyher (1601–1673), an seinen Schriften und seinem Wirken läßt sich beispielhaft verdeutlichen, worum es ging. Zum Verständnis bedarf es einiger Informationen zum Hintergrund: Als Herzog Ernst der Fromme von Sachsen-Gotha (1601–1675) im Jahre 1640 die Regierung seines Landes übernahm, begann er mit einer tiefgreifenden Erneuerung; er förderte die Wirtschaft, straffte die Verwaltung, regelte das Rechtswesen und richtete im ganzen Land Schulen ein. Er selbst war in seiner Jugend mehrfach mit Wolfgang Ratke (1571–1635), dem wohl größten und einflußreichsten Didaktiker des Jahrhunderts, zusammengekommen. Die Schulpläne des Herzogs waren ohne Zweifel wesentlich von Ratkes Theorien beeinflußt[11]. In Reyher fand Ernst den Organisator und Didaktiker, der sein Vorhaben theoretisch plante und praktisch verwirklichte.

Die neue Auffassung von der Welt zeigt sich besonders deutlich in seiner Bearbeitung der ›Janua linguarum‹, ›Sprachenthür‹, des Comenius (1631), die Reyher im Jahre 1643 veröffentlichte[12]. Die comenianische ›Janua‹ ist in Ordnung und Abfolge das Muster des ›Orbis pictus‹, sie ist ein Sprachbuch, das nach der Ordnung der Dinge vorgeht. Mit Gott beginnend und mit ihm schließend ist von den natürlichen Dingen, den menschlichen Werken, von den Einrichtungen des Zusammenlebens und den Religionen die Rede. Reyher läßt die einhundert Einzelkapitel des Comenius unverändert, er bringt sie lediglich in eine andere Ordnung und Reihenfolge. Sie werden nun zu 24 größeren Abschnitten zusammengestellt, die er „transitus" nennt; transitus meint Zugang, Übergang. Der erste Abschnitt erhält zum Beispiel den Titel ›Transitus scholasticus‹. Nicht mehr Gott und die Schöpfung sind der Ausgang und der Anfang der Erörterung, sondern die Lernenden und die Lehrer, der Schüler und die Schule. Das Kapitel über das Firmament, bei Comenius gleich am Anfang nach dem Bericht über die Entstehung der Welt und über die Elemente, steht nun im 22. Abschnitt, der den Titel ›Transitus mathematicus‹ trägt. Das Firmament wird ein mathematischer

---

[11] Vgl. Hubert Hettwer, Herkunft und Zusammenhang der Schul-Ordnungen, Mainz 1965, S. 194f.

[12] Vgl. zum Folgenden: Klaus Schaller, Die Pädagogik des Johann Amos Comenius und die Anfänge des pädagogischen Realismus im 17. Jahrhundert, Heidelberg ²1967, S. 414ff.

Gegenstand. Die Welt wird auf diese Weise nach den verschiedenen Zugängen geordnet, die vom Erkennen und Ordnen des Menschen her genommen sind, der didaktische Zugang ersetzt als Maß der Ordnung die von Gott kommende, ihn spiegelnde und zu ihm zurückstrebende Schöpfung. Mit dieser neuen Art des Zugangs zur Welt ändert sich auch die Betrachtensweise der Gegenstände. Alles soll, wie es heißt, etwas „eigentlicher" und „natürlicher" angesehen werden. Das heißt, der den Dingen kosmologisch zugedachte spirituale Sinn, das, was über den Gegenstand hinaus auf heilsgeschichtliche und metaphysische Dimensionen verweist, soll zurücktreten. Das muß so sein, weil es keinen Sinn macht, im Gang der vom Menschen ausgehenden Erkenntnis den Dingen diesen Sinn konstruierend beizulegen. An die Stelle der spiritualen Dimension tritt ganz folgerichtig die Bedeutung, die der Mensch für sich aus den Dingen gewinnen kann, der Nutzen für ihn selbst.

Auch dieser Wechsel der Perspektiven soll belegt werden; dazu bedarf es auch hier einiger Vorbemerkungen: Andreas Reyher verfaßte im Auftrag des Herzogs Ernst die allgemeinen Schulinstruktionen, in der Geschichte der Pädagogik werden sie nach einer späteren Fassung zumeist ›Schulmethodus‹ genannt. Die verschiedenen Fassungen der erstmals 1642 verfaßten Ordnung setzen je verschiedene Akzente. Die bedeutendste Änderung zeigt der Druck von 1662. Zum ersten Male in der Geschichte der neueren deutschen Schule wird hier der Unterricht von „natürlichen und anderen nützlichen Sachen" verbindlich angeordnet; der Unterricht in den Realien ist geboren.[13] Der Unterschied zur kosmologischen Betrachtungsweise der Dinge läßt sich leicht verdeutlichen. Im ›Orbis pictus‹ heißt es von den Blumen: „Unter den Blumen / sind die bekandtesten: Im Frühling / das Veilchen / die Hyacinthe / die Narzisse / Dann / die Lilien . . ."[14] Reyher formuliert so: „Von den Kraeutern dienen etliche dem Menschen zu Speise / etliche zur Artzney / etliche zu deren keines . . . Die übrigen Kraeuter dienen entweder zur Weide fuers Vieh / oder wenn sie Blumen tragen / zur Lust und Geruch."[15] Comenius stellt die Dinge in ihrer ihnen von Gott gegebenen Ordnung vor, eben so, wie sie sind. Reyher zeigt sie, wie der Mensch sie sieht und gebrauchen kann. An die Stelle der kosmologischen Weltauffassung tritt die vom Menschen ausgehende Erkenntnis unter dem Gedanken des auf den Menschen bezogenen Nutzens.

6. Der Versuch, den Wandel pädagogischen Denkens im 17. Jahrhundert

---

[13] Vgl. Johannes Müller (Hrsg.): Herzog Ernst's des Frommen Special- und sonderbarer Bericht, Gotha 1642, Zschopau 1883, S. 86 ff.

[14] Comenius, Orbis pictus (s. Anm. 4), S. 32.

[15] Andreas Reyher, Kurtzer Unterricht von natuerlichen Dingen, 1657; hier nach: Schaller, Comenius (s. Anm. 12), S. 418.

paradigmatisch zu erhellen, wird hier abgebrochen, er bleibt hier vorläufig und verlangt weitere Prüfungen. Am Ende soll eine systematisch orientierte Zusammenfassung stehen:

a) Um die Jahrhundertmitte wird allerorten eine Veränderung sichtbar. Das ptolemäische Weltbild bricht zusammen, diese Erde ist nicht mehr das Zentrum kosmischen Geschehens. Die entstehende Unsicherheit wird aufgefangen durch die Hinwendung zum Menschen, er wird als Dreh- und Angelpunkt des Erkennens und der Orientierung verstanden, alles wird auf ihn bezogen. Der Niedergang der Kosmologie führt zur Etablierung der Einzelwissenschaften, die nun anthropomorph orientiert sind und anthropozentrisch legitimiert werden. Die Einheit von Philosophie und Wissenschaft wird damit faktisch aufgehoben.

Die kosmologisch orientierte Pädagogik gipfelt noch einmal in der Theorie des Comenius. Pädagogik wird unter seinem Zugriff zu einem *vollkommenen System*, das in allem seine Vollständigkeit und Wahrheit aus der Schöpfungsordnung ableitet. Comenius erweist sich in dieser Hinsicht als ein Theoretiker, der noch einmal früh- und hochmittelalterliches Denken stilisierend auf den Begriff bringt. Er scheitert zugleich an dem Versuch, das Neue seiner Zeit in sein System einzubeziehen; sein größtes Werk, die ›Consultatio catholica‹, kann er nur noch als Utopie schreiben. Die ›Consultatio‹, so wertet Johannes Schurr 1981, „ist die Summe pädagogischer Weisheit, nicht nur des 17. Jahrhunderts, in dem sie entstand, sondern der Geschichte pädagogischen Denkens seit Platon, und überragt bei weitem an Universalität und Reichtum der Gedanken auch das, was später hervorgebracht wurde. Rousseau, Pestalozzi, Herbart, Schleiermacher . . . führten bloß im Detail aus, was bei Comenius in monumentaler Einheit und Größe versammelt war."[16] Die hervorragende Sachkenntnis von Schurr sei nicht bestritten, sein Urteil allerdings ist wohl überzogen. Ohne Zweifel, der Reichtum comenianischen Denkens ist ungemein. Die Möglichkeit eines allgemeinverbindlichen, universalen pädagogischen Systems allerdings mochte im 17. Jahrhundert gerade noch gegeben sein; kosmologisches Systemdenken wurde aber schon zu Lebzeiten des Comenius durch eine neue Wissenschaftlichkeit unterlaufen. Nur in ideologisch abgezirkelten Bereichen wird es bis heute mit normativem Anspruch fortgesetzt.

b) Solange und sofern alles, was ist und denkbar ist, als einheitlicher Schöpfungskosmos gedacht wird, kann Bildung als Einbildung in die Schöpfung, als Bildwerdung Gottes begriffen und Erziehung als Vorbereitung, Einpassung und Einordnung verstanden werden. Die Ordnung des Lehrens und Lernens liegt vor, ihre Inhalte und Wege sind gegeben, deswegen bedarf es keiner eigentümlichen Lehrkunst. In eben dem Maße, da die Kos-

---

[16] Schurr, Comenius (s. Anm. 6), S. 7.

mologie zurücktritt und die Einzelwissenschaften Boden gewinnen, wird die Frage drängend, was denn von den vielen einzelnen Dingen gelehrt werden soll, und was den Weg des Lehrens weisen kann. Die Ordnung des Lehrens muß neu geschaffen werden. Hier liegen Anlaß und Grund für eine neu entstehende Lehrkunst. Neuzeitliche Didaktik, das gilt es festzuhalten, entsteht im Gefolge der neuen Einzelwissenschaften als eine Einzelwissenschaft. Die Konjunktur einer solchen Didaktik ist bis in unsere Zeit vom Gewicht abhängig, das man den Einzelwissenschaften zuerkennt.

c) Am Ende des 17. Jahrhunderts wird Pädagogik weithin als Didaktik begriffen, das heißt, die Probleme der Pädagogik werden reduziert auf die der einzelwissenschaftlichen Lehrkunst. Die Fragen nach Bildung und Erziehung bleiben ausgeklammert, offenbar hängt es an ihnen selbst, sich gegenüber einzelwissenschaftlichen Zugriffen als sperrig zu erweisen.

Didaktik, die stringent einzelwissenschaftlich verfährt, muß alles, was ihr begegnet, unter dem Blickwinkel der Lehrbarkeit angehen. Sie wird das, was nicht lehrbar ist oder dessen Lehrbarkeit bestritten wird, Tugend, Weisheit, Bildung, entweder nicht verhandeln können oder für lehrbar halten. Beide Versionen finden sich in der Geschichte der Pädagogik vor. Im ersten Fall ist das weniger problematisch, wenn die einzelwissenschaftliche Didaktik durch eine philosophisch arbeitende Pädagogik eingefangen werden kann. Es ist ein fundamentales Problem, wenn unter Pädagogik lediglich Didaktik verstanden wird; in diesem Falle würden pädagogische Grundfragen ins Abseits geschoben, sie blieben unbedacht liegen. Die zweite Denkweise, Tugend und Bildung etwa für lehrbar zu halten, hat eine lange Tradition. Sokrates stritt gegen jene Sophisten, die das ganz undifferenziert vertraten. In dieser Hinsicht findet einzelwissenschaftliche Didaktik sich in der Tradition sophistischer Rhetorik, oder, um es thetisch zu formulieren, was auch historisch nachweisbar wäre: die sophistisch verstandene Rhetorik ist die Mutter der einzelwissenschaftlichen Didaktik, die sich mit dem Anspruch der Ausschließlichkeit für Pädagogik ausgibt. Ihre Prinzipien widerstreiten dem philosophisch interpretierten Gedanken der Bildung.

b) Die Tatsache, daß Neugierde zur treibenden Kraft einzelwissenschaftlicher Forschung erklärt wird und der Nutzen für den Menschen das Maß abgeben soll, führt im Zusammenhang der Didaktik zu besonderen Fragen. Zwei sollen formuliert werden:

Einzelwissenschaftliche Didaktik hat kein Kriterium der Gewichtung von Wissen. Alles, was überhaupt gewußt werden kann, kann wichtig sein, Neugierde will alles wissen. Eine von der Neugierde bestimmte Didaktik wird wohl soviel nur irgend möglich lehren wollen. Die These „Was wißbar ist und gelehrt werden kann, das muß auch gelehrt werden" ist durch keine innerdidaktische Argumentation zu bremsen. Vielwisserei kann so zum aus-

gewiesenen Ziel des Lehrens und Lernens werden; die Problematik liegt
auf der Hand.

Und die zweite Frage: Schulgeschichtlich ist festzuhalten, daß aus dem
geänderten Denken der Realienunterricht entsteht. Das Herzogtum Sachsen-Gotha macht hier den Vorreiter, gelehrt wird das, was nützlich ist, es
wird so unterrichtet, daß es brauchbar wird. Einzelwissenschaftliche Didaktik, die die Nützlichkeit zum maßgeblichen Kriterium erhebt, ist auf Bestimmungen des Nutzens von außerhalb ihrer selbst angewiesen. Die Lehrbarkeit selbst bietet dieses Kriterium nicht, auch die Neugierde kann den
Nutzen nicht bestimmen. Sie ist in dieser Hinsicht von anderen Einzelwissenschaften oder Institutionen abhängig. Tatsächlich ist dem Staat seit dem
17. Jahrhundert die Aufgabe zugefallen, über den Nutzen des Unterrichts
zu befinden.

Es gilt festzuhalten: Einzelwissenschaftlich verstandene Didaktik hat aus
sich selbst neben dem Gedanken der Lehrbarkeit offenbar kein Kriterium
zur Bestimmung des Ziels und des Weges von Unterricht. Prinzipiell scheint
sie deshalb immer in der Gefahr zu stehen, bloßes Instrument für fremde,
der Pädagogik heterogene Zwecke zu werden.

Die Geschichte des 17. Jahrhunderts ist geprägt von Auseinandersetzungen, deren Folgen heute noch andauern. Mittelalterliches Denken geht zu
Ende, die neuzeitliche Wissenschaftlichkeit setzt sich durch, und die Möglichkeiten einer pädagogischen Theorie ändern sich gründlich. Wird unsere
Gegenwart als eine Epoche rasender Veränderung erfahren, mag die Erforschung einer Zeit des Umbruchs in der Vergangenheit Fragen aufwerfen,
die Orientierungen zwar nicht enthalten, jedoch in Gang setzen können.
Der Pädagogik könnte aus der Geschichte eine Tradition zukommen, die
sie je gegenwärtig in der Klärung systematischer Probleme als skeptische
Anfragen und als widerspenstige Argumente zu respektieren und in ihre
Überlegungen einzubeziehen hätte. Umgekehrt wäre es dann auch schwerer,
Geschichtsschreibung als einen Fluchtweg der Wissenschaft oder als ein
bequem anzuzapfendes Gesetzesreservoir mißzuverstehen.

Ausgewählte Literatur

Ballauff, Theodor, Klaus Schaller: Pädagogik. Eine Geschichte der Bildung und
    Erziehung, Band II, Freiburg/München 1970, S. 115–302.
Blumenberg, Hans: Die Legitimität der Neuzeit, Frankfurt a. M. 1966. (Neuausgabe
    in drei Bänden, Frankfurt a. M. 1973–1976).
Erlinghagen, Karl: Katholische Bildung im Barock, Hannover/Berlin/Darmstadt/
    Dortmund 1972.
Helmer, Karl: Weltordnung und Bildung. Versuch einer kosmologischen Grund-

legung barocken Erziehungsdenkens bei Georg Philipp Harsdörffer, Frankfurt a. M./Bern 1982 (Paideia. Studien zur systematischen Pädagogik, Bd. 7).

Michel, Gerhard: Die Welt der Schule. Ratke, Comenius und die didaktische Bewegung, Hannover/Berlin/Darmstadt/Dortmund 1978.

Schaller, Klaus: Die Pädagogik des Johann Amos Comenius und die Anfänge des pädagogischen Realismus im 17. Jahrhundert, Heidelberg ²1967.

Schurr, Johannes: Comenius. Eine Einführung in die Consultatio Catholica, Passau 1981 (Schriften der Universität Passau, Reihe Geisteswissenschaften, Bd. 2).

JEAN-JACQUES ROUSSEAU

Von Jörg Ruhloff

1. Geschichtliche Wirkung und Stellung

„Das Paradigma", das Musterbeispiel „moderner europäischer Pädagogik: Jean-Jacques Rousseau": Diesen Titel trägt ein Abschnitt der jüngsten Gesamtdarstellung der pädagogischen Moderne, der ›Geschichte der Pädagogik‹ von Herwig Blankertz aus dem Jahr 1982. Es geschieht selten, daß ein Theoretiker noch mehr als 200 Jahre nach seinem Tod als beispielhaft für modernes Denken herausgestellt wird. Tatsächlich beruht diese Wertung jedoch nicht auf einer bloß privaten Vorliebe. In ihr spiegelt sich der kaum zu überschätzende wirkungsgeschichtliche Einfluß, den Rousseau bis in unsere Gegenwart auf die Pädagogik Europas gehabt hat und noch immer hat. Im deutschen Sprachraum ist für die letzten beiden Jahrhunderte wohl kein herausragender pädagogisch-philosophischer Theoretiker zu finden, dessen Werk keine tiefen Spuren Rousseauischen Denkens oder Spuren der mühevollen Abwendung von diesem Denken aufwiese. Und manche der ihrerseits zu den Klassikern zählenden Pädagogen, wie zum Beispiel Johann Heinrich Pestalozzi, sind in ihrer eigenen Erziehungs- und Bildungstheorie beinahe ganz und gar von der Problemstellung Rousseaus und der Auseinandersetzung mit ihr gefangen.

Auf den ersten Blick noch beeindruckender als diese theoriegeschichtliche Wirkung ist möglicherweise die Tatsache, daß programmatische Überlegungen und Forderungen Rousseaus in das heutige alltägliche Selbstverständlichkeitsbewußtsein von einem richtigen erzieherischen Umgang mit Kindern und Jugendlichen eingedrungen sind, wenn auch zumeist ohne Kenntnis und Reflexion ihrer Herkunft und ihrer Begründung. Dazu gehört vor allem die Vorstellung, daß Kinder und Jugendliche überhaupt einen Anspruch auf eine positive Berücksichtigung ihrer Kindlichkeit beziehungsweise Jugendlichkeit haben. Mit einiger Berechtigung darf man nämlich Rousseau als den Entdecker oder Erfinder zumindest der „Kindheit" bezeichnen.[1] Auf seine, wenngleich die ursprüngliche Intention oft völlig ver-

---

[1] Zu den Gründen der Relativierung der u. a. von Martin Rang herausgestellten These, Rousseau habe Jugend als „Bildungsjugend" entdeckt und erst durch ihn bekomme die Kindheit „philosophische Bedeutung", siehe meinen Beitrag: Die

drehenden und verfälschenden Aussagen, gehen nicht wenige der heute noch umlaufenden Erziehungskonzepte zurück, zum Beispiel: die Auffassung von der Erziehung als einem *Wachsenlassen,* die Idee einer radikal *antiautoritären* Erziehung, die Konzepte einer *negativen* oder *indirekten* Erziehung bis hin zu der neuerdings von einigen propagierten „*Anti-Pädagogik*", für die bereits die Absicht zu erziehen – wie immer sie auch ausgeführt sein mag – als ein diffamierungsbedürftiger „Angriff auf die (menschliche) Freiheit" gilt.

Rousseaus Wirkung setzt mit Vehemenz bereits zu seinen Lebzeiten ein, und sie ist – wie bekannt sein dürfte – keineswegs auf die Pädagogik eingeschränkt. Er war der „intellektuelle Wegbereiter der Französischen Revolution" (H. Blankertz). Sein Einfluß auf die politische Philosophie ist ebenso groß und anhaltend wie derjenige auf die Pädagogik. Er selber hat allerdings seine pädagogische Hauptschrift für sein wichtigstes Werk gehalten.

Derartige geschichtliche Wirkungen kommen nicht von ungefähr und gewiß auch nicht allein aus Genie und Fleiß. Ohne die Leistung der Person zu schmälern, wird man historisch urteilen dürfen, daß der in seinem Leben unglückliche Jean-Jacques mit seinem *Werk* das Glück hatte, der Erbe und Vollender einer Epoche, nämlich der französischen Aufklärung zu sein. Wie in Deutschland eine Generation später der von Rousseau „zurechtgebrachte" Kant, so versammelt in Frankreich Rousseau die wichtigsten Tendenzen der Aufklärung in seinem Denken, führt sie auf ihren Höhepunkt, überwindet sie in ihrer rationalistischen Enge und läutet damit eine neue Epoche ein. Für die Pädagogik ließe sich jenes glückliche Erbe u. a. an seinem Verhältnis zu John Locke zeigen, auf den Rousseau in seinem Hauptwerk mehrfach zurückgreift und der durch seine Aufklärungsarbeit, gerade auch in Beziehung auf die neue Einschätzung des Kindes in der Erziehung, in mancher Hinsicht den Weg für Rousseau erst frei gemacht hat. Verfolgt man die werkbestimmenden geschichtlichen Erbteile seiner Pädagogik weiter zurück, so stellt man fest, daß der große Anreger der Neuzeit seinerseits in für ihn zentralen Gedanken von der Antike angeregt ist. Das gilt an erster Stelle für den ebenso vieldeutigen wie tragenden Begriff der „Natur", der nicht erst mit Rousseau zu einem Grundbegriff wird, sondern der schon einmal etwa 2000 Jahre vor ihm, in der stoischen Philosophie der Griechen und Römer, von deren Hinterlassenschaft Rousseau manches gelesen hat, ein Brennpunkt der gedanklichen Bewegung war. Soweit

---

geschichtliche Dimension pädagogischer Aufgabenkonzepte, in: Enzyklopädie Erziehungswissenschaft, Bd. 3, Stuttgart 1986, Abschn. 2.2. Zu verweisen ist im übrigen auf Georges Snyders, Die große Wende der Pädagogik. Die Entdeckung des Kindes und die Revolution der Erziehung im 17. und 18. Jahrhundert in Frankreich, Paderborn 1971.

ihm die Abhängigkeit von der Tradition selber bekannt war, hat Rousseau sie auch freimütig eingestanden. Gleich zu Beginn des ›Emile‹ empfiehlt er seinen Lesern Platons ›Staat‹ als die „schönste Abhandlung über die öffentliche Erziehung, die jemals geschrieben wurde" (S. 114).[2] Rousseau war also nicht bloß, wie jeder andere auch, ein Denker, der in seiner Zeit stand, sondern darüber hinaus einer mit ausgeprägtem Sinn für die Zeitlichkeit und Geschichtlichkeit. Nicht zuletzt auf sein feines Gespür für das, was für *ihn* zu sagen an der Zeit war, mag seine verblüffende Wirkung zurückgehen. Auf besondere Begünstigungen durch äußerliche Lebensumstände und soziale Stellung ist seine Bedeutung jedenfalls gewiß nicht zurückzuführen. – Von seinem Leben können wir – vor allem dank seiner ausgiebigen, elegant formulierten Selbstbekenntnisse – so vieles wissen, daß die Beschränkung Mühe macht.

2. Leben

Rousseau wurde am 28. Juni 1712 in Genf geboren. Der – wie später der Sohn – reiz- und streitbare Vater, ein Uhrmachermeister, muß nach einer öffentlichen Beleidigung aus der Stadt fliehen, als Jean-Jacques 10 Jahre ist. Die Mutter war bereits bei seiner Geburt am Kindbettfieber gestorben. Der Junge bleibt allein bei einem Onkel zurück. Mit 12 Jahren wird er Lehrling beim Gerichtsschreiber, mit 13 bei einem Graveurmeister, mit 16 benutzt er einen Ausflug, um sich der eintönigen, erlebnisarmen Pein im calvinistischen Genf zu entziehen und nach Turin zu wandern, wo er unter anderem zum katholischen Glauben übertritt. Das ist der Anfang eines bis zu seinem Ende ruhelosen Lebens, in dem die Phasen ungestörter Muße Ausnahmen bleiben. Er ist nacheinander: Lakai, Priesterseminarschüler, Chorsänger, Landstreicher, Musikant und Musiklehrer, ausgehaltener Geliebter einer älteren Dame und Hauslehrer. Er unterbreitet der Académie Française ein Projekt, die bisher übliche Notenschrift durch eine von ihm erfundene Zahlennotierung zu ersetzen. Er wird Sekretär des französischen Gesandten in Venedig. Er verfaßt eine Oper und ein Singspiel, das sogar am Hofe Ludwigs XV. aufgeführt wird. Er gewinnt den Preis einer bedeutenden wissenschaftlichen Akademie, wird über Nacht in Paris und in ganz Europa berühmt, muß – und will – sich jedoch weiterhin seinen Lebensunterhalt als Notenkopierer verdienen. Er geht mit einer einfältigen Serviererin eine Liaison ein, die ein Leben lang hält, aber erst 23 Jahre später durch die Eheschließung besiegelt wird. In der Zwischenzeit waren ihm fünf Kinder geboren worden, die er allesamt ins Findelhaus gab. Er tritt 1743 wieder in die

---

[2] Seitenangaben im Text: Emile nach der Reclam-Ausgabe, hrsg. von Martin Rang, Stuttgart 1980.

calvinistische Kirche von Genf ein. Seit dem Erscheinen seiner beiden Hauptwerke – des ›Contrat Social‹ und des ›Emile‹ im Jahre 1762 – bleibt er für den Rest seines Lebens teils politisch verfolgt, teils im Wahne der Verfolgung. Von Schmerzen geplagt irrt er mit seiner Thérèse durch die Schweiz, Frankreich, England und stirbt schließlich am 20. Mai 1778 auf dem Landgut eines französischen Beschützers und Gönners. 1794 wird sein Sarg von den Revolutionären in das Pariser Pantheon übergeführt. „Unter den Denkern, die als Schriftsteller und Philosophen auftraten, zeigt sich ein Mann, Rousseau, . . . des Amtes würdig, Lehrer des Menschengeschlechts zu sein." So heißt es in einer Rede, die Robespierre am 7. Mai 1794 vor dem Nationalkonvent des revolutionären Frankreich hielt.[3]

Drei tiefgreifende Einschnitte in seinem Leben können hervorgehoben werden. Das *erste* lebensbestimmende Ereignis ist die Begegnung und die langjährige Freundschaft mit Madame de Warens, die für ihn zugleich Mutter, Geliebte und vor allem so etwas wie eine Privatuniversität wurde. Das *zweite* große Ereignis ist das Preisausschreiben der Akademie von Dijon über die Frage „Ob der Fortschritt der Wissenschaften und Künste zur Läuterung der Sitten beigetragen" habe. Gegen die allgemein vorwaltende aufklärerische Erwartung der Zeitgenossen verneint Rousseau in seinem dazu eingereichten ›Ersten Discours‹ die Frage in schroffer Form, und er gewinnt damit den Preis. „So ward ich", schreibt er im Rückblick, „als ich am wenigsten daran dachte, beinahe ohne es zu wollen, zum Schriftsteller."[4]

Die in der ersten großen Abhandlung von 1750 vorgetragene Zivilisationskritik rückt die gesellschaftliche Verfallenheit der Menschen in den Mittelpunkt. Sie erneuert damit einen sozialkritischen und menschlichkeitskritischen Gedanken, der in der antiken Philosophie der Stoa zuerst eine wesentliche Bedeutung bekommen hatte und der bis in das 20. Jahrhundert fortwirkt, zum Beispiel in der großartigen Analyse, die Martin Heidegger in ›Sein und Zeit‹ von dem an das „Man" und die „Alltäglichkeit" verfallenen Dasein gibt, aber auch in dem ganz unprofessionellen Protest vieler einzelner gegen die gesellschaftlichen Rollenzumutungen, deren Zwang sie ausgesetzt sind. Bei Rousseau heißt es:

Wie erfreulich wäre das Leben bei uns, wenn das äußere Verhalten stets die Einstellung des Herzens widerspiegelte, wenn feines Benehmen Tugend bedeutete, wenn unsere (Maximen) unser Handeln und Denken bestimmten, wenn vom

---

[3] Zitiert nach Georg Holmsten, Jean-Jacques Rousseau, Reinbek 1983, S. 165. Lebensweg und Werkmotive sind in ihrer geistesgeschichtlichen Verzahnung von Martin Rang in seiner Einleitung zur Reclam-Ausgabe des ›Emile‹ in gedrängter Form vorzüglich dargestellt worden.

[4] Brief an Malesherbes vom 12. Jan. 1762, in: Schriften, hrsg. von H. Ritter, Bd. 1, S. 483.

Ehrentitel eines „Philosophen" die wahre philosophische Weisheit nicht wegzudenken wäre! Aber so viele Vorzüge finden sich allzu selten vereint . . . Bevor die Kunst unsere Umgangsformen geschliffen und unsere Leidenschaften eine glatte Sprache zu sprechen gelehrt hatte, waren unsere Sitten einfach, aber unverfälscht; und der Unterschied im Verhalten verriet auf den ersten Blick den Unterschied im Charakter. Die menschliche Natur war im Grund nicht besser; aber die Leichtigkeit, mit der man sich gegenseitig durchschaute, gab den Menschen ihre innere Sicherheit; und dieser Vorteil, von dessen Wert wir uns keine Vorstellung mehr machen, bewahrte sie vor vielen Lastern. – Heute, wo ein gewähltes Benehmen und ein verfeinerter Geschmack die Kunst zu gefallen auf Regeln reduziert haben, sind unsere Sitten von einer erbärmlichen und trügerischen Gleichförmigkeit, und die Geister scheinen alle nach dem selben Muster gebildet: Immerzu fordert die Höflichkeit, gebietet die Schicklichkeit, immerzu folgt man der Konvention, niemals dem eigenen Wesen. Man wagt nicht mehr, sich so zu zeigen, wie man ist; und unter dem ständigen Zwang werden die Menschen dieser „Gesellschaft" genannten Herde in gleichen Situationen alle das gleiche tun . . . Man wird daher nie genau wissen, wen man vor sich hat: Um einen Freund kennenzulernen, wird man also die bedeutsamen Gelegenheiten abwarten müssen, das heißt abwarten, bis es dafür zu spät ist; denn gerade dieser Gelegenheiten wegen wäre es wichtig gewesen, ihn zu kennen.[5]

Der *dritte* tiefe Lebenseinschnitt ist die Zeit der Abfassung der beiden umfangreichen Hauptschriften, die 1761 abgeschlossen und 1762 veröffentlicht wurden. Der ›Contrat Social‹, der ›Gesellschaftsvertrag‹, ist der Gipfelpunkt seiner politischen Philosophie und Gesellschaftstheorie. Die Spannung, die von ihm ausgegangen ist, dürfte noch heute spürbar sein, wenn man nur den ersten Satz in die Erinnerung ruft:

> Der Mensch wird frei geboren, und überall liegt er in Ketten.

Aber es war nicht diese politisch brisante Schrift, die sein Lebensunglück endgültig heraufbeschwor, sondern die gleichzeitige pädagogische Hauptschrift ›Emile oder über die Erziehung‹. Auch der ›Emile‹ beginnt mit einem berühmten Satz, dessen gedankliche Sprengkraft jedoch heute zumeist gar nicht mehr empfunden wird:

> Alles ist *gut*, wie es aus den Händen des Schöpfers kommt;
> alles *entartet* unter den Händen des Menschen.

Diese These brach mit der kirchlichen Lehre von der Erbsünde. In ihrer Konsequenz lag es, daß der Mensch, weil nicht zur Sünde verurteilt, weil ursprünglich gut, eigentlich auch keines Erlösers mehr bedarf, sondern dann, wenn er ins Verderben geraten war, auch grundsätzlich fähig sein mußte,

---

[5] Rousseau, Preisschriften und Erziehungsplan, hrsg. von H. Röhrs, Bad Heilbrunn 1967, S. 28 f.; in der Ausgabe von H. Ritter weniger durchsichtig übersetzt: Bd. 1, S. 35 f.

aus eigener Kraft davon wieder loszukommen. Vor allem aber mußte dann auch die Möglichkeit denkbar sein, gar nicht erst in eine Verkehrung zu geraten. Und *diese* Möglichkeit, die ursprüngliche Güte gar nicht erst zu verlieren, liegt für Rousseau in einer neudurchdachten Erziehung.

Für den Bischof von Paris war *das* der Grund, den ›Emile‹ öffentlich zu verdammen und für seine Konfiszierung zu sorgen. Rousseau rächt sich dafür mit einem eindrucksvollen öffentlichen Brief an Christophe de Beaumont, Erzbischof von Paris, in dem es unter anderem heißt:

> Man hat schon lange angefangen, ein gewisses Staatswohl an die Stelle der Gerechtigkeit zu setzen. Ich weiß auch sehr wohl, daß es Fälle gibt, wo ein Mann im öffentlichen Amt gegen einen guten Bürger wider seinen Willen eifern muß . . . Ich beklage mich also nicht, daß Sie einen Hirtenbrief gegen mein Buch ergehen lassen, aber ich beklage mich darüber, daß Sie zugleich mit so wenig Redlichkeit als Wahrheit einen Hirtenbrief gegen meine Person haben ergehen lassen. . . . Was habe ich Ihnen denn getan, ich, der ich von Ihnen immer mit so viel Achtung sprach, der ich Ihre unerschütterliche Standhaftigkeit so sehr bewunderte, aber freilich auch bedauerte, daß Ihre Vorurteile Sie hinderten, einen rechten Gebrauch davon zu machen . . . So zieht man sich aus der Affäre, wenn man streiten will und doch Unrecht hat. Da Sie meine Einwürfe nicht widerlegen konnten, haben Sie mir ein Verbrechen daraus gemacht.[6]

Mit der These von der ursprünglichen, natürlichen Güte des Menschen ist der maßgebliche Ansatzpunkt des Rousseauschen Erziehungs- und Bildungsgedankens erreicht.

3. Umriß des Erziehungs- und Bildungsgedankens

In dem eben zitierten, an die 100 Seiten langen Brief an den Erzbischof erläutert Rousseau seinen Grundgedanken folgendermaßen:

> Der Hauptsatz aller Moral, den ich in meinen Schriften befolgt und besonders in diesem letzten Werke ganz auseinandergesetzt habe, lautet, daß der Mensch von Natur gut ist und die Gerechtigkeit und die Ordnung liebt, daß das menschliche Herz von Natur nicht verdorben ist und daß die ersten Regungen der Natur immer gut sind . . . Ich habe gezeigt, daß alle Laster, welche man dem menschlichen Herzen zuschreibt, ihm nicht natürlich sind, ich habe ihre Entstehungsart gezeigt und sozusagen ihre Genealogie geschrieben, und endlich habe ich gezeigt, wie durch die allmähliche Veränderung seiner natürlichen Güte der Mensch das geworden ist, was er jetzt ist . . . Mein Buch habe ich der Untersuchung gewidmet, wie man es anfangen müßte, die Menschen zu hindern, böse zu werden . . . Ist der Mensch seiner Natur nach gut, wie ich es bewiesen zu haben glaube, so folgt daraus, daß er so lange gut bleibt, als etwas ihm Fremdes ihn nicht verändert, und sind die Menschen böse, wie

---

[6] Schriften, hrsg. von H. Ritter, Bd. 1, S. 507.

man sich bemüht hat, es mir zu beweisen, so folgt daraus, daß ihre Bosheit einen anderen Ursprung hat. Man versperre also dem Laster den Zugang, und der Mensch wird immer gut bleiben. Auf dieses Prinzip baue ich die negative Erziehung als die beste oder vielmehr als die einzig gute. Ich zeige, daß man bei einer positiven Erziehung, welchen Weg man dabei auch einschlage, immer ein ganz anderes Ziel erreicht, als man sich vorgenommen hat . . . Positive Erziehung nenne ich diejenige, welche den Geist vor der Zeit bilden und dem Kinde die Kenntnis von Pflichten des Menschen einprägen will. Negative Erziehung nenne ich diejenige, welche erst die Organe als die Mittel unserer Kenntnisse verfeinern will, ehe man uns Kenntnisse beibringt, und welche zur Vernunft durch die Übung der Sinne erst vorbereitet. Die negative Erziehung ist also bei weitem nicht müßig. Sie gibt keine Tugenden, aber sie kommt dem Laster zuvor, sie zeigt die Wahrheit nicht, sie verhütet aber den Irrtum. Sie bereitet das Kind auf alles vor, womit es das Wahre erkennen kann, sobald es fähig ist, dasselbe zu verstehen, und das Gute, sobald es dasselbe lieben kann.[7]

Diesen Grundgedanken gilt es nachzuvollziehen und in den Hauptlinien seiner Durchführung kennenzulernen. – *Der* Mensch ist von Natur aus gut; aber *die* Menschen sind tatsächlich schlecht. Das ist die Ausgangsposition. Sie drängt zu der Frage, wie diese Differenz zu erklären und womöglich zu vermeiden ist. Wenn die These von der anfänglichen Güte zutrifft, so kann das Böse nur zu einem späteren Lebenszeitpunkt und nur durch äußere Ursachen oder Zwangsläufigkeiten entstehen. Bösartig werden die Menschen also aufgrund einer fehllaufenden Entwicklung beziehungsweise aufgrund einer diese Fehlentwicklung hervorrufenden Erziehung. Zur Fehlentwicklung kommt es nach Rousseau dann, wenn die Erziehung dem Heranwachsenden etwas zu leisten oder zu unterlassen zumutet, dem er doch nicht gewachsen ist. Dadurch werden die anfangs guten Regungen verdorben. Der einzelne wird aus seinem natürlichen Entwicklungsgang gleichsam herausgetrieben. Er wird dazu verführt oder genötigt, etwas anderes zu scheinen und zu erstreben als das, was er aus eigener Kraft in Wahrheit ist und sein kann. „Alle Bösartigkeit entspringt der Schwäche. Das Kind ist nur böse, weil es schwach ist. Macht es stark, und es wird gut sein" (Emile, S. 166).

Die gewöhnliche Erziehung tut das Gegenteil davon. Sie begünstigt bereits im Kleinkindalter die naturgegebene objektive „Schwäche" des Kindes, das ist: die kindliche Unfähigkeit, seine natürlichen Bedürfnisse schon aus eigener Kraft befriedigen zu können. Die übliche positive Erziehung steigert die Schwäche, indem sie deren Ausdruck falsch deutet und sie dem Kind als Stärke erscheinen läßt. Rousseau verdeutlicht das am Umgang mit dem Gebrüll von Kleinkindern: „Die ersten Tränen des Kindes sind Bitten. Wenn man sich nicht vorsieht, werden es bald Befehle. Anfangs lassen sie sich helfen und zum Schluß bedienen. So bildet sich aus ihrer eigenen

---

[7] Schriften, hrsg. von H. Ritter, Bd. 1, S. 508 f., 510, 518 f.

Schwäche, aus der zunächst das natürliche, richtige Gefühl der Abhängigkeit entsteht, schließlich die Vorstellung ihrer Herrschaft und Überlegenheit" (Emile, S. 165). Aus dem Kleinkind wird ein Haustyrann. Durch eine entwicklungsverfehlende Erziehung werden Herrschsucht, Egozentrik und unnatürliche Abhängigkeitsverhältnisse hervorgerufen. Die kindliche Freiheit, die aufgrund des entwicklungsbedingten Mißverhältnisses zwischen objektiv berechtigten Bedürfnissen und vorhandenen Kräften auf die Hilfe Erwachsener angewiesen ist, verkehrt sich und schlägt um in Machtausübung und Trotz einerseits, in Befehlshörigkeit andererseits. Darum ist es „wichtig, (das Kleinkind) frühzeitig daran zu gewöhnen, daß es nicht zu befehlen hat: weder den Menschen, denn es ist nicht ihr Herr, noch den Dingen, denn sie hören es nicht" (Emile, S. 165).

Demgegenüber wird die entwicklungsentsprechende, naturgemäße Erziehung darauf bedacht sein müssen, die kindlichen Wünsche, wo immer es möglich ist, auf die kindlichen Kräfte einzuschränken. Sie wird im übrigen alles daransetzen, für den *Gebrauch* dieser Kräfte Platz und Gelegenheit zu schaffen; denn im *Gebrauch* steigert das Kind von sich her – „natürlich" – seine Kräfte, bildet sie zur Stärke aus und macht sich damit sozusagen „wachsen". Eine solche Erziehung beginnt ganz handfest damit, dem Säugling Bewegungsfreiheit zu verschaffen, anstatt ihn, wie es zu Rousseaus Zeiten allgemein üblich war, aus Furcht vor möglicher Verletzung in Windeln und Wickeln zu mumifizieren.

Rousseau nennt diese Erziehung „*negativ*" und spricht damit ihr Prinzip an. „Negative Erziehung" hat nichts zu tun mit pädagogischer Untätigkeit. Die Rede vom „Negativen" bezieht sich, wie er erläutert, darauf, durch Erziehung der Entstehung von Bösartigkeiten zu wehren, anstatt positiv, zum Beispiel durch direkte Mitteilung, durch Einübung von Pflichten, Normen und Handlungsweisen, das Gute, beziehungsweise das, was man gemeinhin für gut und sozialbekömmlich hält, im Heranwachsenden zu sozialisieren, zu installieren und zu internalisieren. Ein wesentlicher Zug der „negativen Erziehung" ist also ihre *Indirektheit*. Indirekt kann und muß sie sein, weil ja die allmählich auszuwickelnde Menschlichkeit bereits *von sich her* gut und nur noch nicht zur Entfaltung aller ihrer Möglichkeiten gekommen ist. Der Akzent des „negativen" Konzepts liegt aber weniger auf der bloßen Entwicklung, so als wäre dies etwas Automatisches und ohne Erziehung Ablaufendes. Der Akzent liegt vielmehr darauf, daß sich der Erzieher in seinen Aufgabenstellungen von dem Gedanken der wachsenden Autonomie des zu Erziehenden führen läßt, anstatt sich selber eine Gesetzgebungsfunktion anzumaßen.[8] *Was* die zunehmende Autonomie des Heranwachsenden anregt

---

[8] Vgl. Theodor Ballauff, Philosophische Begründungen der Pädagogik, Berlin 1966, S. 114 ff.

und fördert und was ihr im Wege steht, das allerdings muß pädagogisch im
voraus bedacht sein, und nichts wäre verfehlter, als Rousseaus Pädagogik
für eine Vorstellung von Erziehung in Anspruch zu nehmen, die das Kind
oder den Jugendlichen nach eigenen Interessen 'sich selbst verwirklichen'
läßt. „Folgt mit eurem Zögling dem umgekehrten Weg", so heißt es einmal
im ›Emile‹. „Laßt ihn immer im Glauben, *er* sei der Meister, seid es in Wirklichkeit aber selbst. Es gibt keine vollkommenere Unterwerfung als die, der
man den Schein der Freiheit zugesteht. *So* bezwingt man sogar seinen *Willen*" (S. 265). – Wie verträgt sich das – die Forderung an die Erziehung, den
kindlichen Willen zu unterwerfen, und die These, daß es um die zunehmende Autonomie des Heranwachsenden geht?

Nur scheinbar liegt ein Widerspruch vor. Rousseau geht nämlich in seiner
Theorie einer entwicklungs-entsprechenden Erziehung von der Annahme
aus, daß das vernünftige Wollen im *Kindesalter* noch gar nicht an der Zeit
ist. „Der wahrhaft freie Mensch will nur das, was er kann, und tut nur, was
ihm paßt. Dies ist mein oberster Grundsatz. Er braucht nur auf die Kindheit angewandt zu werden . . . Der vernünftige Mensch weiß an seinem
Platz zu bleiben: aber das Kind kennt den seinen nicht und kann sich also
auch nicht auf ihm behaupten . . . Der Erzieher muß es an seinem Platz
zurückhalten . . . Es soll weder Tier noch Mensch (Erwachsener) sein, sondern Kind. Es soll seine Schwäche spüren, aber nicht darunter leiden; es soll
abhängen, aber nicht gehorchen; es soll bitten, aber nicht befehlen. Nur durch
seine Bedürfnisse ist es den andern untergeordnet . . . (Das) Glück der Kinder (besteht) ebenso wie das der Erwachsenen im Gebrauch ihrer Freiheit.
Aber die Freiheit der Kinder ist durch ihre Schwäche beschränkt" (Emile,
S. 195, 196). Unter der von Rousseau ausdrücklich als eine *Hypothese*
bezeichneten Voraussetzung, daß das Kindesalter noch nicht das Alter vernünftigen Wollens ist, obwohl auch das Kind bereits den jedem Menschen
eigentümlichen Freiheitsdrang hat, bedeutet demnach Bewahrung der kindlichen Autonomie, ihm „den Schein der Freiheit" zu lassen, tatsächlich
jedoch – ohne daß Kinder es merken dürften – ihr Leben „klug zu regeln".

Das ausgezeichnete Medium, dessen diese indirekte Erziehung im *Kindesalter* sich bedient, ist das Spielen. Im schönen Schein des freien Spiels
macht Emile alle diejenigen Sinnes- und Lebenserfahrungen, durch die er
ohne direkten Unterricht unmerklich für das Alter der Vernunft, das
Jugendalter, reif wird. Nicht zuletzt lernt er in seinen Spielen, auch den
Schmerz und das Leid als das natürliche Geschick des Menschen zu ertragen. „. . . (Die) Freiheit, die ich meinem Zögling gewähre, entschädigt ihn
reichlich für die . . . Unannehmlichkeiten, denen ich ihn aussetze. Ich sehe
die Kerlchen im Schnee spielen, blaugefroren, erstarrt vor Kälte und kaum
noch fähig, die Finger zu bewegen. Es liegt nur bei ihnen, sich wärmen zu
gehen, aber sie tun es nicht. Zwänge man sie dazu, so würden sie hundert-

mal mehr die Härte des Zwangs empfinden als die Härte der Kälte. Worüber beklagt ihr euch also? Mache ich euer Kind unglücklich, nur weil ich es Unbequemlichkeiten aussetze, die es gern ertragen will? In der Gegenwart bereite ich ihm sein Glück, indem ich ihm seine Freiheit lasse; und für die Zukunft bereite ich ihm das Beste, indem ich es gegen die Übel wappne, die es ertragen muß. Wenn es die Wahl hätte, mein Schüler oder der eure zu sein – glaubt ihr, daß es auch nur einen Augenblick schwanken würde?" (Emile, S. 200). – Auf dem Boden solcher Erfahrungen wird Emile später sein Leben nach der Einsicht führen können, daß das Glück auf dieser Erde „nur ein negativer Zustand" ist, nämlich ein relativ geringes Maß an Leid, das am ehesten *dem* Menschen beschieden ist, der seine Wünsche mit seinen Fähigkeiten in Einklang zu halten versteht (vgl. Emile, S. 187). Die Pädagogik Rousseaus ist insofern alles andere als eine Lehre von der Selbsterlösung der Menschen zu einem Zustand des Paradieses auf Erden.

Bei alledem lernt Emile in seiner Kindheit sehr viel, ohne jemals in die Schule gehen zu müssen. Er lernt aufmerksam zu sehen, zu hören und zu empfinden. Er wird körperlich gewandt und kann eher schwimmen als – wie es die exklusive Erziehung der Zeit empfiehlt – reiten, „weil es teuer ist". Er erfährt nicht nur, wie man einen Garten bestellt, sondern bei dieser Gelegenheit auch, daß das Recht des Eigentums auf Arbeit beruht. Im letzten Abschnitt der Kindheit, im Alter zwischen etwa 12 und 14 Jahren, in dem das einzige Mal im Menschenleben – eine richtige Erziehung vorausgesetzt – die Kräfte die Bedürfnise übersteigen, kommt auch der gewachsene Verstand – noch nicht die Vernunft – zu seinem Recht. Emile wird zwanglos in Mathematik und Geometrie eingeführt. Er wird mit Erd- und Himmelskunde, mit Elektrizität und Magnetismus, mit dem ganzen Bereich der Naturgesetzlichkeit befaßt. Er erlernt ein Handwerk, das Schreinern, und kommt dadurch mit den Grundlagen von Ökonomie und Gesellschaftstheorie indirekt zumindest insoweit in Berührung, als er praktisch-erfahrungsmäßig mit dem Sachverhalt vertraut wird, daß „der Mensch und Bürger, was er auch sei, . . . der Gesellschaft kein anderes Gut zu bieten (hat) als sich selbst; denn seine anderen Güter besitzt sie schon, ob er will oder nicht, und wenn ein Mensch reich ist, nutzt er entweder seinen Reichtum nicht oder die Öffentlichkeit hat auch daran teil. Im ersten Fall stiehlt er den anderen das, was er sich selbst versagt, und im zweiten gibt er ihnen nichts. So ist die soziale Verschuldung ganz und gar bei ihm, solange er nicht mit seinem Reichtum zahlt . . . Es ist völlig unrichtig, daß ein Mensch durch das, was er für die Gesellschaft getan hat, einen anderen von seinen Verpflichtungen ihr gegenüber entbindet, denn da ein jeder mit seinem ganzen Wesen verpflichtet ist, kann er auch nur für sich selbst bezahlen, und kein Vater kann seinem Sohn das Recht übertragen, für die andern unnütz zu sein. Aber das ist genau das, was er . . . tut, indem er seine Reichtümer, die

Beweis und Preis seiner Arbeit sind, auf ihn übergehen läßt. Derjenige, der in Müßigkeit ißt, was er nicht selbst verdient hat, stiehlt es, und in meinen Augen gibt es kaum einen Unterschied zwischen einem Rentier, den der Staat für sein Nichtstun bezahlt, und einem Straßenräuber, der auf Kosten der Vorüberreisenden lebt. Lebt der Mensch isoliert außerhalb der Gesellschaft, so ist er niemandem verpflichtet und hat das Recht zu leben, wie es ihm gefällt; innerhalb der Gesellschaft aber, wo er notwendigerweise auf Kosten der anderen lebt, schuldet er ihnen durch seine Arbeit den Preis für seinen Unterhalt – da gibt es keine Ausnahme. Die Arbeit ist also eine unerläßliche Verpflichtung für den Menschen, der innerhalb der Gesellschaft lebt. Ob reich oder arm, stark oder schwach – jeder müßiggehende Bürger ist ein Betrüger" (Emile, S. 410f.).

In der Gesellschaft aber wird Emile einst leben müsen. „Emile wird vorbereitet, unter der Bedingung der Entfremdung existieren zu können, ohne sich dabei selbst zu verlieren."[9] Eine Rückkehr zur Natur im Sinne eines Zustandes der primitiven Wilden ist für Rousseau undenkbar. Das „Zurück zur Natur" hat er niemals gepredigt. Es wurde ihm nur von seinen gehässigen Gegnern angehängt, von denen einer Rousseau damit lächerlich zu machen suchte, daß er ihn als einen naturtrunkenen Trottel auf die Bühne brachte, dem der welke Kohlkopf aus der Hosentasche baumelt.

Trotz des gesellschaftlichen Lebenshorizontes, auf den auch die Erziehung Emiles im Kindesalter durchaus bezogen ist, ist weder die Erziehungssituation, die Rousseau in seinem Gedankenexperiment durchspielt, die einer sozialen Gruppenerziehung, noch ist die Sozialität unmittelbar-direktes Thema. Die Gründe dafür liegen nicht allein im Prinzip der Negativität der Erziehung und auch nicht nur in der von Rousseau für richtig unterstellten Annahme, daß das menschliche Zusammenleben als Problem vernünftigen Wollens die Sache der Kindheit noch nicht sein kann. Die Gründe liegen darüber hinaus in der doppelten Frontstellung, in der sich Rousseaus Gesamtgedankengang bewegt. *Einmal* geht es ihm um die Überwindung der falschen, positiven Erziehung. Zum anderen geht es ihm – und das ist vor allem das Thema des gleichzeitig verfaßten ›Contrat Social‹ – um die Überwindung einer falschen, auf den Willen und die angemaßte Herrschaft einzelner gegründeten Gesellschaftlichkeit. In der pädagogischen Durchführung dieser Doppelstrategie und Zweifronten-Argumentation, im ›Emile‹, kommt das soziale Problem vor allem in der Weise vor, daß der Heranwachsende daran gehindert wird, der Sozialisation im Sinne der verfaulten Gesellschaft zu verfallen. Um diese Möglichkeit durchzuspielen, versetzt

[9] Jörg Bockow, Erziehung zur Sittlichkeit. Zum Verhältnis von praktischer Philosophie und Pädagogik bei Jean-Jacques Rousseau und Immanuel Kant, Frankfurt a. M. 1984, S. 83.

Rousseau in seinem theoretischen Experiment Emile in einen auf das äußerste „verdünnten" sozialen Raum,[10] zu dem es auch gehört, daß die Erziehung des Kindes fernab vom überzivilisierten Stadtleben erfolgt, und er läßt ihn weitgehend auch dort mit seinem Erzieher allein sein. Aber das ist gleichsam nur eine technische Bedingung zur Vereinfachung des Gedankenexperiments, weil das Operieren mit einer Kindergruppe die Probleme der Darstellung um ein Vielfaches kompliziert hätte. – Es scheint mir gerade auch in diesem Zusammenhang wichtig zu erkennen, daß der ›Emile‹ nicht – wie es häufig geschrieben wird – eine „Utopie" ist, also nicht eine fiktive Vorwegnahme einer künftigen Erziehungswirklichkeit, sondern ein *Gedankenexperiment,* dessen Sinn in der theoretischen Prüfung einer Hypothese besteht, deren Lösungsprinzip dann auf höchst verschiedene Weise realisiert werden könnte (vgl. Emile, Vorwort S. 103).

Der soziale Horizont, das heißt also jetzt: der gesellschaftskritische Zug, unter dessen Voraussetzung auch die Kindeserziehung des Emile allein angemessen zu verstehen ist, wird gleich zu Beginn des ersten Buches unmißverständlich angesprochen. Es geht Rousseau um einen Menschen, der in der Gesellschaft menschlich sein kann. Aber das kann er nicht, wenn die Erziehung auf die gegebenen sozialen Bedingungen unkritisch ausgerichtet wird; denn die gegebene Gesellschaft ist unmenschlich. Zu der von Rousseau intendierten Mitmenschlichkeit gehört zum Beispiel zwar unter anderem auch die Fähigkeit, sich sein Brot in einem Beruf zu verdienen. Aber die Rangordnung, die die Berufstätigkeit in der Erziehung und im Leben hat, ist eine ganz andere als die zeitübliche: „In der natürlichen Ordnung, wo die Menschen alle gleich sind, ist das Menschsein ihr gemeinsamer Beruf. Und wer immer zum Menschsein erzogen wurde, kann nicht fehlgehen in der Erfüllung aller Aufgaben, die es verlangt. Ob mein Zögling zum Waffenhandwerk, zum Dienst an der Kirche oder zur Juristerei bestimmt ist – das ist mir ganz gleichgültig. Vor der Bestimmung der Eltern fordert ihn die Natur für das menschliche Leben. Leben ist der Beruf, den ich ihn lehren will. Aus meinen Händen entlassen wird er – und ich bin damit einverstanden – weder Beamter noch Soldat, noch Priester, er wird in erster Linie Mensch sein. Notfalls wird er, was ein Mensch sein muß, genau so gut können wie jeder andere . . ." (Emile, S. 116). Aber er wird es auf menschliche Weise vollziehen und nicht auf die übliche Weise eines entfremdeten Sozialisationsproduktes: „Der gesellschaftliche Mensch wird als Sklave geboren und lebt und stirbt als Sklave. Bei seiner Geburt zwängt man ihn in einen Wickel. Bei seinem Tod nagelt man ihn in einen Sarg. Solange er menschliche Gestalt hat, ist er durch unsere Institutionen gefesselt" (Emile, S. 118).

---

[10] Herwig Blankertz, Die Geschichte der Pädagogik, Wetzlar 1982, S. 72.

Mit dem Jugendalter, mit dem Erwachen der Leidenschaften, kommt nun aber die Zeit, den bislang weitgehend unthematischen gesellschaftlichen Horizont als ausdrückliches Thema in das Blickfeld Emiles zu rücken. Die isolierende Kindheitserziehung hat ihn stark gemacht, den Vorurteilen und Verführungen des gesellschaftlichen Daseins, des *man*, nicht zum Opfer zu fallen. Erhalten bleibt auch im Jugendalter trotzdem das Prinzip der indirekt-negativen Erziehung. Nur wird es von nun an auf andere Weise eingelöst. War im Kindesalter die Gefährdung der Menschlichkeit durch Abschirmung vor den für Emile ohnehin nicht durchschaubaren gesellschaftlichen Einflüssen angemessen, so muß der Bildungsgang im Jugendalter einen anderen Umweg nehmen. Jetzt droht die Gefahr von innen. Sie entstammt der „zweiten Geburt", den erstmals erwachten Leidenschaften, deren naturgemäßes Ziel die Erfüllung in der Liebe ist. Aber zu lieben ist schwer! Emile muß in einem Bildungsgang Mitgefühl und vernünftiges Wollen erst lernen.

Was ist da zu tun, wenn einerseits die Natur auf erotische Erfüllung drängt, andererseits die Vernunft, die ja auch zur *menschlichen* Natur gehört, auf Bildung angewiesen ist? Rousseau läßt sich etwas einfallen, was Leidenschaft und Vernunftausbildung von innen heraus zu verknüpfen vermag. Emile muß sich verlieben, ohne diese Liebe sogleich erfüllen zu dürfen. Er soll gleichsam auf Eros' Flügeln die Welt der Gesellschaft und der Mitmenschlichkeit lernend und sich bildend durchschreiten: „Man weiß nicht mehr, was der echte amour über die ablenkenden Neigungen der jungen Leute vermag. Die gewöhnlichen Erzieher verstehen nämlich auch nicht mehr davon (als die jungen Leute) und drehen sie deshalb nur (von der Liebe) weg. Und doch muß sich ein junger Mensch entweder dem amour hingeben oder verkommen. In allen Grundsätzen, in allen Schuldigkeiten ist man nur auf den äußerlichen Anschein aus. Ich aber bin aus auf die Wirklichkeit, und ich müßte mich sehr täuschen, wenn da andere vermittelnde Kräfte wären als diejenigen, auf die hin ich freigegeben habe."[11]

In den Spannungsbogen der Verliebtheit Emiles werden mithin alle anderen Bildungsthemen im Jugendalter gestellt. Dazu gehört die Erschließung von Kunst und Geschichte, von Gesellschaftstheorie, Ökonomie, Politik – nicht nur über das Studium von Büchern, sondern durch eigene Erfahrung in den Pariser Salons und auf einer ausgedehnten Europareise. Dazu gehört weiter die Philosophie. Dazu gehört auch die Religion, der im ›Emile‹ ein eigens eingeschobenes Kapitel, das berühmte Glaubensbekenntnis des savoyischen Vikars, gewidmet ist. Eine Religion ist das freilich, die mit konfessioneller Kirchlichkeit nicht mehr viel zu schaffen hat. Daß alle Menschen an einen Gott zu glauben nicht umhin können, hält Rousseau für

---

[11] Interpretierende Übertragung; vgl. Rousseau, Emile, hrsg. von Michel Launay, Paris 1966, S. 615f.

natürlich und für vernünftig, weil doch der ursächliche Zusammenhang von allem und jedem die Vorstellung von einer *letzten* Ursache unausweichlich mache. Ob man indessen an Jahwe, Allah oder Christus glaubt, das hängt von der geographischen Weltregion ab, in der einer zufällig geboren wurde und aufwuchs. Und so lautet denn die religionspädagogische Empfehlung, einen jeden in der Religion seines Vaters zu erziehen. Im übrigen hüte man sich davor, beweisen zu wollen, „daß diese Religion, welche es auch sein mag, die einzig wahre ist . . . Die Macht der Argumente über diesen Punkt hängt gänzlich von dem Land ab, in dem man sie vorbringt. Ein Türke, der in Konstantinopel das Christentum so lächerlich findet, soll nur sehen, wie man in Paris über den Mohammedanismus denkt" und umgekehrt (Emile, S. 535).

Gelingen kann dieser umfangreiche Bildungsgang, wenn die erotische Spannung nicht kurzgeschlossen wird. Rousseau zögert die Erfüllung der Liebe bis in das dritte Lebensjahrzehnt hinaus, damit das Mitgefühl und die Vernunft im Durchdenken und Vollbringen mitmenschlicher Aufgaben zur Reife kommen können. Sein Verständnis des derart zum Träger und Medium der Bildung gemachten amour ist übrigens ausdrücklich an Platons Theorie vom Eros orientiert. Deshalb gehört auch die erotisch-theoretische Hauptschrift Platons, das ›Symposion‹, zur bildenden Jugendlektüre des Emile. „Die wahre Philosophie der Liebenden ist die des Platon", so heißt es einmal in der ›Nouvelle Héloise‹.[12] Und im ›Emile‹ sagt er über die Symposion-Lektüre seines erdachten Zöglings: „(Diese Studien) sind ihm um so angenehmer, als er in einem Alter und in einer Verfassung ist, wo sich das Herz von jeder Art Schönheit hinreißen läßt. Stellt euch auf der einen Seite meinen Emile, auf der anderen einen Kollegienflegel bei der Lektüre (von) . . . Platons Symposion (vor): welch ein Unterschied! Wie ist das Herz des einen ergriffen, wo der andere gar nichts fühlt. Guter Junge, halt an mit deiner Lektüre, du bist zu bewegt. Mag dir die Sprache der Liebe gefallen, so möchte ich doch nicht, daß sie dich verführt. Sei mitfühlend, aber auch vernünftig. Bist du nur eines von beidem, so bist du nichts."[13]

Nachdem beides, Vernunft und Mitgefühl, zuletzt auf der großen, zweijährigen Europareise in aller Breite für die wesentlichen Lebensbereiche herausgebildet worden ist, ist es Zeit, Emile zu verheiraten. Inzwischen hat er zwei oder drei der wichtigsten Sprachen gelernt, hat gesehen, „was wirklich sehenswert ist, sei es aus der Naturgeschichte, sei es aus der Politik, aus der Kunst, seien es Menschen" (Emile, S. 937). Jetzt ist er fähig, in sich

---

[12] Rousseau, Julie ou Le nouvelle Héloise, hrsg. von Michel Launay, Paris 1967, S. 167.

[13] Emile, hrsg. von Ludwig Schmidts, Paderborn [5]1981, S. 372 (vgl. Reclam-Ausgabe S. 698).

selber zu ruhen, obwohl er in der Gesellschaft leben muß. Ein wenig zu ungestüm ist er wohl immer noch: „Was bedeutet mir meine Stellung in der Welt? Was tut's, wo ich bin? Überall, wo Menschen sind, bin ich bei meinen Brüdern; überall da, wo keine sind, bin ich zu Hause . . . Wenn mein Besitz mich versklavt, werde ich freudig auf ihn verzichten; ich habe Arme, um zu arbeiten, und ich werde leben. Wenn meine Arme (mich im Stich lassen), lebe ich, wenn man mich ernährt, und sterbe, wenn man mich verläßt; ich sterbe auch dann, wenn man mich nicht verläßt: denn der Tod ist kein Übel der Armut, sondern ein Gesetz der Natur. Wann immer der Tod kommt, biete ich ihm die Stirn; er wird mich niemals dabei überraschen, etwas zu unternehmen, um am Leben zu bleiben; er wird mich niemals daran hindern, gelebt zu haben" (Emile, S. 939f.).

Das ist, beinahe wörtlich nach Seneca, die stoische Lebens- und Sterbenshaltung des jungen gebildeten Mannes. Der Erzieher indes hält es gleichwohl für richtig, die jugendliche Weltferne, wiewohl sie ihm gefällt, doch ein wenig ins Praktische zu wenden. Da es kein Vaterland mehr und noch keine gerechte Gesellschaft gibt, soll Emile in der Gesellschaft *so* leben, als ob er der Stifter einer neuen Menschheit und Menschlichkeit wäre. In Anhänglichkeit an seinen Geburtsort soll er seine Menschlichkeitspflichten erfüllen und mit den Menschen so umgehen, daß er ihnen zu Nutzen ist, als Wohltäter und als Beispiel.

4. Zusammenfassung

Zum Abschluß sei der pädagogische Grundgedanke Rousseaus in sechs Punkten zusammengefaßt:

(1) Der Mensch ist von Natur gut, und die Aufgabe der Erziehung besteht darin, seine Güte auf negativ-indirekte Art zu erhalten.

(2) Der Mensch ist auf einen Entwicklungs- und Bildungsgang angewiesen, um seine Menschlichkeit zur Reife zu bringen, und die Sache der Erziehung ist es, ihn zur rechten Zeit in die altersentsprechenden Aufgaben zu verwickeln, damit aus dem Menschsein Menschlichkeit, Bildung werden kann, das ist die ungezwungene Harmonie zwischen dem von Natur gewährten individuellen Können und dem Wollen.

(3) Die Gefährdung der Menschlichkeit im Entwicklungs- und Erziehungsgang liegt darin, daß die Erziehung die natürliche Reihenfolge der Entfaltung der menschlichen Vermögen übersehen und verwirren kann. Daraus entspringen Bösartigkeit und Entfremdung, die Verlagerung des Selbstseins in das Haben [14] und das Herrschen über andere Menschen und über die äußere Naturordnung.

---

[14] Vgl. Th. Ballauff, a. a. O., S. 105.

(4) *Welche* Entwicklungs- und Bildungsabfolge der Vermögen die natürliche ist, das kann nur durch Vernunft und Erfahrung, also nur theoretisch-hypothetisch ermittelt werden. Rousseau versucht das in einem großangelegten Gedankenexperiment. Für ihn stellt sich der natürliche Gang so dar, daß die auf die äußere Welt bezogene Entwicklung und Bildung der *Sinne* im *Kindesalter* die erste sein muß. Im *Jugendalter* folgt ihr die auf die innere, geistige Welt und die Mitmenschen bezogene Entwicklung der Vermögen des *Mitgefühls* und der *Vernunft*. Hinter dieser Einteilung steht die Anthropologie Descartes', der den Menschen als Körperwesen und als Geistwesen, als res extensa und res cogitans interpretiert hatte.

(5) Die von Rousseau vorgesehenen Bildungsinhalte, ihre Abfolge und die Art ihrer Vermittlung sind dementsprechend als Hypothesen zu nehmen. Das ausgezeichnete Medium der Bildung von Mitgefühl und Vernunft ist die Erotik, weil sie für Rousseau zu der subtilsten und individuellsten Interpretation von Menschlichkeit herausfordert.

(6) Der bildungs- und erziehungstheoretische Gedankengang Rousseaus kann als ein einschneidender, Epochen teilender Moment in der Geschichte der Pädagogik beurteilt werden. In seiner Theorie kommt eine Grundtendenz der nachmittelalterlichen Pädagogik zu einem gewissen Abschluß, nämlich die Tendenz, Bildung und Erziehung unabhängig von konfessionellen Glaubensbindungen und ohne Berufung auf die Mitwirkung einer höheren Macht zu verstehen. Die entscheidenden Schritte dahin waren die Preisgabe des Erbsündendogmas und der Versuch, das Böse vernünftig zu erklären, womit es als teuflisch hinwegerklärt ist. Erklärt wurde Bösartigkeit von Rousseau als eine grundsätzlich vermeidbare Fehlleitung der Menschwerdung in ihrem zeitlichen Nacheinander und ihrem sinnvollen Auseinanderhervorgehen. Grundsätzlich vermeidbar ist die Entstehung von Bösartigkeit aufgrund eines metaphysischen Theorems, das eine ursprüngliche, „natürlich"-gegebene, nur zu entdeckende, nicht zu entwerfende Bestimmung des Menschen voraussetzt, kraft derer er zur Harmonie mit sich selber und allem, was ist, zu kommen vermag, – ein bereits renaissance-humanistisches Postulat!

Indem Rousseau das Böse zeitlich-genetisch relativiert, ermöglicht er eine Auffassung von Pädagogik, die sich von der tradierten christlich-konfessionellen Gottesvorstellung frei macht. Von da ist es nur noch ein kleiner Schritt zu einer gänzlich nach-religiösen Pädagogik. Bereits Rousseaus Pädagogik beansprucht, aus menschlicher Einsicht der Gewährung des Guten fähig zu sein, wenngleich sie weit von der Anmaßung entfernt ist, menschliche Güte erzeugen oder herstellen zu können.

Die Abkoppelung der Pädagogik von Theologie und Konfession war die seit der Antike wohl radikalste Erneuerung rückhaltloser Bildungs- und Erziehungstheorie. Sie war zugleich die Bedingung dafür, daß nun auch die

Pädagogik auf den Weg der modernen, hypothetisch verfahrenden Wissenschaftlichkeit gelangen konnte. Dieser Weg wurde unmittelbar nach Rousseau und von ihm wesentlich mitangeregt überall in Europa zu gehen versucht und ist bis heute noch nicht zu Ende gegangen.

Literatur

Primärliteratur

Emile ou de l'éducation, hrsg. von Michel Launay, Paris 1966 (Flammarion).
Emile oder Über die Erziehung, hrsg. von Martin Rang, Stuttgart 1980 (Reclam).
Emile oder Über die Erziehung, hrsg. von Ludwig Schmidts, Paderborn ⁵1981 (Schöningh).
Der Gesellschaftsvertrag, hrsg. von Werner Bahner, Stuttgart 1958 (Reclam).
Preisschriften und Erziehungsplan, hrsg. von Hermann Röhrs, Bad Heilbrunn 1967 (Klinkhardt).
Schriften in zwei Bänden, hrsg. von Henning Ritter, München, Wien 1978 (Hanser).
Julie oder Die neue Héloise, hrsg. von Dietrich Leube, München 1988 (dtv).

Sekundärliteratur

Ballauff, Theodor: Erziehung zur Natürlichkeit bei Rousseau, in: Ders., Philosophische Begründungen der Pädagogik, Berlin 1966, S. 97–121.
Blankertz, Herwig: Die Geschichte der Pädagogik. Von der Aufklärung bis zur Gegenwart, Wetzlar 1982.
Bockow, Jörg: Erziehung zur Sittlichkeit. Zum Verhältnis von praktischer Philosophie und Pädagogik bei Jean-Jacques Rousseau und Immanuel Kant, Frankfurt a. M. 1984.
Forschner, Maximilian: Rousseau, München 1977.
Holmsten, Georg: Jean-Jacques Rousseau, Reinbek 1983.
Rang, Martin: Rousseaus Lehre und Bild vom Menschen, Göttingen ²1965.

GOTTHOLD EPHRAIM LESSING

Von Dieter-Jürgen Löwisch

Die pädagogische Geschichtsschreibung kennt ihn nicht und die philosophische Geschichtsschreibung ignoriert ihn weitestgehend in gleicher Unbekümmertheit; der Grund dafür mag darin zu finden sein, daß Lessings philosophisches und pädagogisches Denken schwer in ein Raster entsprechender philosophischer und pädagogischer Geschichtsschreibung zu bringen ist. Dort, wo er – wenn man das so sagen darf – „griffiger" ist, nämlich im literaturwissenschaftlichen Bereich, hat er auch eine entsprechende Würdigung erfahren. Doch ist es aufgrund seiner Bedeutung, seiner Wirkung und seiner Persönlichkeit gerechtfertigt, ihn neben Rousseau und Kant und hier in unserer Darstellung von Stationen pädagogischen Denkens zwischen Rousseau und Kant zu stellen. Lessing ist *der* humanistische Denker der Aufklärung, das heißt der Aufklärungsdenker, für den und bei dem das vernunftbezogene, freiheitfordernde, wahrheitsuchende Denken, die qualitas des Menschen, ganz im Dienste des Menschen steht, und das heißt: im Dienste eines menschenwürdigen Lebens. Er vollendet und setzt um in Deutschland, was Rousseau gedacht hat; er, der sächsische Predigersohn, der es bis zum geachteten und gefürchteten Kritiker gebracht hat, denkt in seiner Art und Weise Jean-Jacques Rousseau weiter und Immanuel Kant vor, was Kant, der preußische Philosoph, dann in die Form einer bis heute wirksamen kritischen Philosophie bringt.

1729 wird Lessing in der Nähe von Dresden, in Kamenz, geboren als eines von zwölf Kindern. Der Vater ist Prediger und das Auskommen der Familie ist knapp. Früh erfährt Lessing Not – ein Zustand, der sich in differenzierter Weise fortsetzen sollte bis zu seinem relativ frühen Tod im Jahr 1781. Die wirtschaftliche Not der Familie macht es daher auch notwendig, daß Lessing eine Freistelle in der Fürstenschule St. Afra in Meißen erhält. Mit 17 Jahren beginnt Lessing nach Schulabschluß ein Studium in Theologie – nicht begeistert, aber auf Drängen des Vaters. Nach zwei Jahren wechselt er über zum Medizinstudium, das er nach dem Leipziger Theologiestudium jetzt in Wittenberg aufnimmt. Er wird später darin sein Magisterexamen ablegen. Vorerst jedoch studiert er mehr schlecht als recht; statt zu studieren, schreibt er lieber Theaterstücke und erreicht es auch, daß Friederike Caroline Neuber (genannt die Neuberin),[1] die sich als Leiterin von Schauspieler-

---

[1] Friederike Caroline Neuber war Schauspielerin und Theaterleiterin und zog

Theatertruppen um die Reform des deutschen Theaters verdient gemacht hatte und die mit Gottsched zusammenarbeitete, ein Stück vom jungen Lessing (›Der junge Gelehrte‹) 1747 aufführt. Jetzt hält es Lessing nicht mehr beim Studieren; er geht als Journalist nach Berlin, gibt eine eigene Zeitschrift heraus und wird Redakteur der Berlinischen privilegierten Staats- und Gelehrtenzeitung. Er wechselt noch einmal nach Wittenberg, legt dort den schon erwähnten Magister ab, geht nach Leipzig, lebt dann wieder in Berlin, später in Hamburg als Dramaturg und am Ende in Wolfenbüttel als Bibliothekar. Zwischendurch unternimmt Lessing diverse längere und kürzere Reisen. Auch geht er, nie verlegen darum, neue Erfahrungen machen zu wollen, für fünf Jahre als Gouvernementssekretär des Generals Graf von Tauentzien nach Breslau. Hier, inmitten des Kriegslagers „bei der Arbeit in der militärischen Schreibstube, die den Gamaschendienst registriert" und anderen Amtsgeschäften, entstehen die ›Minna von Barnhelm‹ und der ›Laokoon‹.

Doch: wo er auch ist und was er auch tut: Lessing schreibt und übersetzt, er theologisiert und er ästhetisiert, er philosophiert, er kritisiert und er polemisiert. Unruhe und Rastlosigkeit kennzeichnen sein äußeres Leben, unruhig und rastlos ist er auch in seinem geistigen Schaffen – und dabei immer produktiv. Er ist ständig auf der Suche nach Neuem, nach Anregung, nach Wahrheit. Lessing lebt quer zum etablierten Bürgertum, er empört sich gegen seine Auftrag- und Arbeitgeber und wirft, auch ohne jede wirtschaftliche Absicherung im Rücken, die Arbeit hin, weil er lieber menschenwürdig als abgesichert und träge und ruhig leben will. („Lieber betteln gegangen als so mit sich handeln lassen!") Er hält unbeirrt daran fest, ein der Vernunft, und das heißt für ihn: ein dem Anspruch von Wahrheit entsprechendes Leben zu führen, sich nicht korrumpieren zu lassen und sich auch nicht gängeln und einschränken zu lassen. Ist über ihn beispielsweise gegen Ende der siebziger Jahre die Zensur verhängt worden (Verbot der theologischen Streitschrift ›Anti-Goeze‹ und Vorzensur für geplante Veröffentlichungen dieser Art), und sind ihm dadurch seine theologischen Auseinandersetzungen verboten worden, die er öffentlich führte unter anderem eben gerade durch die Veröffentlichung und Kommentierung der Reimarus-Fragmente und durch seine giftig-galligen polemischen – aber nie ungerechten – Auseinandersetzungen mit dem Hamburger Hauptpastor Goeze, so entscheidet er sich nicht für das Schweigen. Vielmehr sucht er den Weg, seine Streitigkeiten und seine Vorstellungen nun in Form eines Theaterstückes auf die Bühne zu verlegen oder sogenannte Dialoge eines Unbekannten anonym

von 1727–1750 mit ihrer Theatertruppe durch Deutschland. Die Neuberin sorgte sich um das deutsche Theater und machte sich um dessen Reform verdient. Zeitweilig arbeitete sie mit Gottsched zusammen.

herauszugeben. So entstehen ›Nathan der Weise‹ und die Freimaurer-Gespräche ›Ernst und Falk‹.

Auch wenn er wirtschaftliche und persönliche Not erleidet: Lessing sucht alles, was ihm widerfährt, aus dem Glauben an einen hinter allem stehenden Sinn zu ertragen, denn ihm kann, aufgrund seines Glaubens an die Vernunft als dem specimen humanitatis, nichts widervernünftig sein, auch wenn es unvernünftig oder nicht vernünftig oder unverständlich erscheint. Am eindrucksvollsten dokumentiert dies Lessings Brief an den Freund Eschenburg vom 31. 12. 1777: Wenige Stunden nach der Geburt stirbt Lessings Sohn, und der Vater, der zugleich noch um das Leben seiner Frau bangt, schreibt: „Mein lieber Eschenburg, Ich ergreife den Augenblick, da meine Frau ganz ohne Besonnenheit liegt, um Ihnen für Ihren gütigen Anteil zu danken. Meine Freude war nur kurz: Und ich verlor ihn so ungern, diesen Sohn! denn er hatte so viel Verstand! so viel Verstand! – Glauben Sie nicht, daß die wenigen Stunden meiner Vaterschaft mich schon zu so einem Affen von Vater gemacht haben! Ich weiß, was ich sage. – War es nicht Verstand, daß man ihn mit eisern Zangen auf die Welt ziehen mußte? daß er so bald Unrat merkte? – War es nicht Verstand, daß er die erste Gelegenheit ergriff, sich wieder davonzumachen? – Freilich zerrt mir der kleine Ruschelkopf auch die Mutter mit fort! – Denn noch ist wenig Hoffnung, daß ich sie behalten werde. – Ich wollte es auch einmal so gut haben wie andre Menschen. Aber es ist mir schlecht bekommen. Lessing."[2]

Lessing müht sich das gesamte Leben hindurch; auch in seinem geistigen Schaffen, in seinem Beruf, ist ihm nichts zugeflogen, auch dort hat er es nicht so gut gehabt, wie andere Menschen es in seinem Berufsstand hatten. Es gibt nur sehr wenig autobiographische Notizen Lessings. Eine von den wenigen sei jedoch zum Zwecke der Charakterisierung Lessings im folgenden wiedergegeben – sie soll zugleich ein Schlaglicht auf das Prinzip seiner Arbeitsweise und seines Denkens werfen, auf die Methode der *produktiven Kritik*.[3]

---

[2] Lessings Briefe in einem Band; ausgewählt und erläutert von Herbert Greiner-Mai (Bibliothek Deutscher Klassiker), Berlin und Weimar 1967, S. 411. (Lessing wird durchweg zitiert nach der 23bändigen Lachmann-Muncker-Gesamtausgabe [siehe Literaturhinweise].)

[3] Wenn Kritik fruchtbar (produktiv) sein soll, dann muß sie in ihrer Praktizierung den Kräften eines jeden einzelnen, demgegenüber sie in Anwendung gebracht wird, entsprechen; dann muß sie nach Lessing auch gegen einen „großen Dichter" unerbittlich sein, denn er steht der Beförderung des Guten und Wahren am nächsten, auf ihm lastet mehr Verantwortung als auf einem „elenden Dichter". Aus dieser Haltung heraus erklären sich die scharfen Attacken, die Lessing gegen große Zeitgenossen ritt, Attacken, die teilweise erbarmungslos mit den Opfern umgingen und Lessing zu einem gefürchteten Mann machten.

Im 101.–104. Stück der ›Hamburgischen Dramaturgie‹ kann man lesen: „Als vor Jahr und Tag einige gute Leute hier den Einfall bekamen, einen Versuch zu machen, ob nicht für das deutsche Theater sich etwas mehr tun lasse, als unter der Verwaltung eines sogenannten Prinzipals geschehen könne: so weiß ich nicht, wie man auf mich dabei fiel und sich träumen ließ, daß ich bei diesem Unternehmen wohl nützlich sein könnte? – Ich stand eben am Markte und war müßig; niemand wollte mich dingen: ohne Zweifel, weil mich niemand zu brauchen wußte; bis gerade auf diese Freunde! – Noch sind mir in meinem Leben alle Beschäftigungen sehr gleichgültig gewesen: ich habe mich nie zu einer gedrungen oder nur erboten; aber auch die geringfügigste nicht von der Hand gewiesen, zu der ich mich aus einer Art von Prädilektion erlesen zu sein glauben konnte. . . . Man erweist mir zwar manchmal die Ehre, mich für (einen Dichter) . . . zu erkennen. Aber nur, weil man mich verkennt. Aus einigen dramatischen Versuchen, die ich gewagt habe, sollte man nicht so freigebig folgern. Nicht jeder, der den Pinsel in die Hand nimmt und Farben verquistet, ist ein Maler. Die ältesten von jenen Versuchen sind in den Jahren geschrieben, in welchen man Lust und Leichtigkeit so gern für Genie hält. Was in den neuerern Erträgliches ist, davon bin ich mir sehr bewußt, daß ich es einzig und allein der Kritik zu verdanken habe. Ich fühle die lebendige Quelle nicht in mir, die durch eigene Kraft sich empor arbeitet, durch eigene Kraft in so reichen, so frischen, so reinen Strahlen aufschießt: ich muß alles durch Druckwerk und Röhren aus mir herauf pressen. Ich würde so arm, so kalt, so kurzsichtig sein, wenn ich nicht einigermaßen gelernt hätte, fremde Schätze bescheiden zu borgen, an fremdem Feuer mich zu wärmen und durch die Gläser der Kunst mein Auge zu stärken. Ich bin daher immer beschämt und verdrießlich geworden, wenn ich zum Nachteil der Kritik etwas las oder hörte. Sie soll das Genie ersticken: und ich schmeichelte mir, etwas von ihr zu erhalten, was dem Genie sehr nahe kömmt. Ich bin ein Lahmer, den eine Schmähschrift auf die Krücke unmöglich erbauen kann" (X, 209/210).

Produktive Kritik – sie zeigt sich in Lessings Denken von Anbeginn bis Ende, unter anderem auch in seiner kritischen Rezensententätigkeit, sie zeigt sich auch in seinen von ihm so genannten ›Rettungen‹ von Menschen, in denen er sich bemüht, „die Namen berühmter Männer zu mustern, ihr Recht auf die Ewigkeit zu untersuchen, unverdiente Flecken von ihnen abzuwaschen, die falschen Verkleisterungen ihrer Schwächen aufzulösen" (Rettung des Horaz, Einleitung). *Kritiken* und *Rettungen* haben ein positives Ziel: die Beförderung des Wahren und Richtigen, den Nachweis des Gültigen – aber nicht um des kritischen Geschäftes selber willen, sondern um des Praktischen willen, das heißt: um des Umgangs von Mensch mit Mensch, von Mensch mit Sache, von Mensch mit Gedanken, mit Ideen, mit Geschichte willen. Das Wahre und das Rechte sind für Lessing immer be-

zogen auf den Menschen, auf Menschlichkeit, auf Menschheit. Auch die Mu-
sterung des „Rechtes auf die Ewigkeit" unter dem Gedanken historischer
Gerechtigkeit[4] in den Rettungen dient dieser Aufgabe. Wenn – wie angenommen – die Menschheit auf dem steten Wege der Vervollkommnung ist,
also unter dem Gedanken der *Perfektibilität* steht, dann leistet jeder einzelne Mensch in der Geschichte auch seinen Beitrag zur Vervollkommnung;
und die Geschichte der Menschheit, in die der einzelne eingegliedert gehört, ist eine Geschichte der Vervollkommnung der Vernunft auf dem Weg
der Vervollkommnung der vielen Einzelvernünfte. Insofern steht auch jede
Kritik unter dem Perfektibilitätsdruck und muß grundsätzlich produktiv
sein. Die Vernunft trägt in sich das Streben nach Vollkommenheit, nach
Vollendung ihres Auftrags – mit Notwendigkeit ist sie auf diesen Zustand
hin angelegt. Im § 4 der ›Erziehung des Menschengeschlechts‹ heißt es: „Erziehung gibt dem Menschen nichts, was er nicht auch aus sich selbst haben
könnte: sie gibt ihm das, was er aus sich selber haben könnte, nur geschwinder und leichter. Also gibt auch die Offenbarung" – unter der Voraussetzung, daß Offenbarung im Grunde nur Erziehungsfunktion hat, also sich
überflüssig machen können muß –, „dem Menschengeschlechte nichts, worauf die menschliche Vernunft, sich selbst überlassen, nicht auch kommen
würde: sondern sie gab und gibt ihm die wichtigsten dieser Dinge nur
früher" (XIII, 416).

Das, was der Mensch aus sich selber haben kann, muß also in allen Möglichkeiten in ihm angelegt sein. Es ist sein Menschentum, seine Humanität.
Für Rousseau – ich erinnere dies – war es Auftrag an den Erzieher Jean Jac-
ques, das Kind zum Menschen zu erziehen – nicht zum Kaufmann, Advo-
katen, Offizier, sondern allein zum Menschen, zu dem die Natur ihn bestimmt
hat. Der Erzieher befördert dieses Menschentum bei Rousseau im Rahmen
der natürlichen oder negativen Erziehung, von selbst gelangt der Mensch
nicht dahin. Und verfehlt er diese Form der Erziehung, dann stellen sich
alle Übel des gesellschaftlichen und in Ketten lebenden Menschen ein. Insofern erweist sich Rousseau die Gesellschaft mit ihrer Kultur, ihren Sitten,
ihrer Zivilisiertheit für das Aufwachsen des Menschen als ein Grundübel.
Anders bei Lessing: Die Erziehung erzieht nicht und lehrt nicht das Men-
schentümliche, sie hält nicht vom Gesellschaftlichen ab – sondern sie ermöglicht ein geschwinderes Vernünftigwerden inmitten der nicht geschmähten
gesellschaftlichen Verhältnisse. Diese sind – statt sie zu schmähen – kritisierenswert, und das heißt für Lessing nicht nur kritisierensbedürftig, sondern
der kritischen Behandlung wert, da sie unter dem Perfektibilitätsauftrag der
Vernunft geschaffen sind vom Menschen für den Menschen: „Die Staaten

---

[4] Zur Bedeutung „historischer Gerechtigkeit" verweise ich auf Wolfgang Ritzel:
Gotthold Ephraim Lessing, Stuttgart, Berlin, Köln, Mainz 1966, S. 44 ff.

vereinigen die Menschen, damit durch diese und in dieser Vereinigung jeder
einzelne Mensch seinen Teil von Glückseligkeit desto besser und sicherer
genießen könne. – Das Totale der einzeln Glückseligkeiten aller Glieder ist
die Glückseligkeit des Staats. Außer dieser gibt es gar keine. Jede andere
Glückseligkeit des Staates, bei welcher auch noch so wenig einzelne Glieder
leiden und leiden *müssen,* ist Bemäntelung der Tyrannei. Anders nichts!"
(XIII, 352). Auch bei Annahme einer verbreiteten besten Staatsverfassung
wird es immer staatliche Unterteilungen geben, das heißt kleinere Staaten
und Gesellschaftsformen mit Eigeninteressen unter dem nämlichen für alle
geltenden Gesetz. Mithin sind notwendig Trennungen gesetzt, sie sind nicht
hinwegzuschmähen, sie sind ein vernünftiges Faktum. Und als Vernunftfak-
ten sind sie für Lessing segenswert, selbst wenn die sie begleitenden Übel
groß sind [5]: „das ist: wenn jetzt ein Deutscher einem Franzosen, ein Fran-
zose einem Engländer, oder umgekehrt, begegnet, so begegnet nicht mehr
ein *blosser* Mensch einem *blossen* Menschen, die vermöge ihrer gleichen
Natur gegen einander angezogen werden, sondern ein *solcher* Mensch begegnet einem *solchen* Menschen, die ihrer verschiedenen Tendenz sich
bewußt sind, welches sie gegeneinander kalt, zurückhaltend, mißtrauisch
macht, noch ehe sie für ihre einzelne Person das geringste miteinander zu
schaffen und zu teilen haben" (XIII, 356). Lessing sieht in aller Deutlichkeit
und bar aller moralischen Aufgeregtheit das vom Menschen geschaffene
Trennende: „Nicht als *blosse* Menschen gegen *blosse* Menschen; sondern
als *solche* Menschen gegen *solche* Menschen (verhalten sich die Menschen),
die sich einen geistigen Vorzug streitig machen und darauf Rechte gründen,
die dem natürlichen Menschen nimmermehr einfallen könnten" (XIII,
357). Von daher erklären sich ihm auch die verschiedenen Religionen: „Ein
Staat: mehrere Staaten. Mehrere Staaten: mehrere Staatsverfassungen.
Mehrere Staatsverfassungen: mehrere Religionen" (XIII, 357), Religionen,
„die . . . doch wohl zu unterscheiden wären, bis auf die Kleidung, bis auf
Speis und Trank", wie Saladin in der Ringparabel dem Nathan erwidert (III,
92). *Diese Entwicklung ist nicht widervernünftig.* Die Natur oder Vorsehung
hat dem Menschen die Vernunft mit ihrem inhärenten Streben nach Vollendung in dessen Regie übergeben, was bedeutet, daß der Mensch sie eben
auch in ihrem Anspruch verfehlen kann: er kann eben irren – wobei das
Irren etwas Vernunftgemäßes ist. Denn „es ist nicht wahr", so erklärt Lessing
im Bild, „daß die kürzeste Linie immer die gerade ist" (XIII, 434), sowie
sich aus allen „Irrwegen noch abnehmen läßt, wohin der wahre Weg geht"
(XIII, 393). Aber selbst auf krummen Wegen kann, wird und muß der
Mensch mit Notwendigkeit zum Ziel kommen: „Sie wird gewiß kommen,
die Zeit der Vollendung, da der Mensch, je überzeugter sein Verstand einer

---

[5] Vgl. Ernst und Falk: XIII, 359.

immer bessern Zukunft sich fühlt, von dieser Zukunft gleichwohl Bewegungsgründe zu seinen Handlungen zu erborgen nicht nötig haben wird; da er das Gute tun wird, weil es das Gute ist, nicht weil willkürliche Belohnungen darauf gesetzt sind, die seinen flatterhaften Blick ehedem bloß heften und stärken sollten, die innern besseren Belohnungen desselben zu erkennen" (XIII, 433). Diese Gewißheit trägt und bestimmt Lessing. Sie trägt ihn nicht nur im Aushalten seiner ständigen Notsituationen, sondern auch im Aushalten und Durchführen seiner ständigen kritischen „Streifzüge". Und diese Gewißheit ermöglicht es ihm auch, seine Kritik grundsätzlich als *produktive Kritik* zu verstehen, mit ihr nicht zu zerstören, nicht Destruktion zu betreiben, sondern mit ihr jeden kritischen Platz als einen konstruktiven oder – wie er es nennt – „baubedürftigen" Platz auszuweisen und *durch Kritik* darauf *aufzubauen.*

Die Perfektibilitäts-Hypothese, daß die Natur oder Vorsicht oder Vorsehung oder Gott (und da Gott für Lessing „Geist" ist) oder Geist den Menschen ausgestattet habe mit einer sich selbst vollendenden Vernunft, steht auch Pate bei der Erklärung von Religion. Nathans Ringparabel beginnt mit folgenden Sätzen: „Vor grauen Jahren lebt' ein Mann im *Osten,* der einen Ring von unschätzbarem Wert *aus lieber Hand* besaß. Der Stein war ein Opal, der hundert schöne Farben spielte, und hatte die geheime Kraft, vor Gott und Menschen angenehm zu machen, wer in dieser Zuversicht ihn trug." Ursprung aller Religionen – und in ›Nathan der Weise‹ wird auf die drei Offenbarungsreligionen Christentum, Judentum und Islam in Gestalt der drei Ringe eingegangen – ist der eine Ring aus lieber Hand, den ein Mann im Osten trug. *Osten:* das ist Orient, Ort des Sonnenaufgangs, Ort des aufgehenden Lichts, des Guten, der Vernunft. Aus *lieber Hand:* das ist Vorsehung, Natur, Gott, Geist. Im Laufe der Zeiten ergab sich nun aus pragmatischen Gründen die Notwendigkeit, weitere Ringe anzufertigen: diese sind nicht mehr notwendig wie der Ursprungsring, sie sind zufällig und geschichtlich. Von diesen jetzt im Umlauf befindlichen Ringen wirkt nun keiner mehr entsprechend dem Urring: „der echte Ring war nicht erweislich" und „der echte Ring vermutlich ging verloren". Die auf Vernunft gründenden Staatsverfassungen sind wie die auf Geist gründenden Religionen: sie sind zufällig, geschichtlich. So erklärt Nathan im Gespräch mit Saladin auch, als es um die Unterscheidbarkeit der Religionen geht, die in Äußerlichkeiten, aber nicht in ihren jeweiligen Gründen bestehe: „Gründen alle (unterscheidbaren Religionen) sich nicht auf Geschichte? Geschrieben oder überliefert! Und Geschichte muß doch wohl allein auf Treu und Glauben angenommen werden?" (III, 90–95). Geschichtswahrheiten sind mithin zufällige, aus pragmatischer Vernunft resultierende Wahrheiten, „Geschichtswahrheiten können der Beweis von notwendigen Vernunftwahrheiten nie werden". Also müssen sie untersucht und hinter-fragt werden auf ihre, sie alle ermöglichende Bedingung. Und diese Bedingung lautet: Vernunft, Geist: „Gott ist ein Geist . . . und welcher Satz ist vermögender, alle Arten der Religion zu verbinden, als dieser?" (XIV, 158). Und diese Vernunft nun gebietet allen drei Ringträgern im ›Nathan‹: „Es eifre jeder seiner unbestochnen von Vorurteilen freien Liebe nach! Es strebe von euch jeder um die Wette, die Kraft des Steins in seinem Ring an Tag zu legen! . . . Und wenn sich dann der Steine Kräfte bei euern Kindes-Kindeskindern äußern: so lad ich über tausend tausend Jahre sie wiederum vor diesen Stuhl. Da wird ein weiser Mann auf diesem Stuhle sitzen als ich; und sprechen."

Die Kraft des Steins – und sie ist Geist, Vernunft – „an Tag zu legen", erfüllt sich für Lessing in Sanftmut, Wohltun, Verträglichkeit – nicht in Reflexion, nicht im Aufgehen in theoretischer Haltung. Lessing ist in jeder Phase seines Denkens Aristoteliker: das verrät nicht nur die ständige Rede von der Entwicklung zur Vollendung der im Menschen angelegten höchsten Stufe der Vernunft, die Rede vom ständigen Streben, dem sich der Mensch nicht entziehen könne, das zeigt auch die Forderung des Wahren und Guten für das Leben, für das Handeln, das zeigt auch das Abwägen dessen, was maßvoll-vernünftig ist zu tun, was aber darüber hinaus auch noch aus moralischen Gründen getan werden kann und soll: immer geht es ihm um das Tun, um das Handeln, um das „prattein" und das „eu zen" des Aristoteles. Es gibt bei Lessing keine radikale Abwendung vom gesellschaftlichen Leben, keine radikale Gesellschaftskritik und Kulturkritik, so wie sie Rousseau in seinen Preisschriften vorlegte: Lessing hat diese gelesen und hat sich intensiv mit ihnen auseinandergesetzt, vor allem mit der ersten Preisschrift zu der Frage, „ob der Fortschritt der Wissenschaften und Künste dazu beigetragen habe, die Sitten zu läutern" – Rousseau verneint bekanntlich diese Frage mit einer eminenten Kulturkritik, in der auch der Gedanke fällt, daß das Grundübel in der Kulturentwicklung der Menschheit in der ersten Einzäunung eines Stückes Land durch einen Menschen zu suchen und zu finden sei. Lessing kritisiert diese Rousseausche Preisschrift, er argumentiert, aber nicht in vernichtender, sondern in *produktiver* Absicht: „Ich habe die gekrönte Rede des Herrn Rousseau gelesen. Ich finde sehr viel erhabne Gesinnungen darinne und eine männliche Beredsamkeit. Die Waffen, mit welchen er die Künste und Wissenschaften bestürmet, sind zwar nicht allezeit die stärksten: gleichwohl weiß ich nicht, was man für eine heimliche Ehrfurcht für einen Mann empfindet, welcher der Tugend gegen alle gebilligte Vorurteile das Wort redet, auch sogar alsdann, wenn er zu weit gehet." Dann folgt in der Replik Gegenargument um Gegenargument, und das Ganze endet – wieder typisch für Lessings produktive Kritik: „Kurz – Herr Rousseau hat Unrecht; aber ich weiß keinen, der es mit mehrerer Vernunft gehabt hätte" (V, 64–65). Nicht das Unrecht-haben ist das Ausschlaggebende; auch hier gilt, daß der Mensch ein Vernunftrecht auf Irrtum, auf Irrwege, auf krumme Vernunftwege hat. Ausschlaggebend ist die redliche Gesinnung, die sich im vernünftigen Verfolgen der Wahrheit dokumentiert: „Das Vergnügen einer Jagd ist ja allezeit mehr wert als der Fang; und Uneinigkeit, die bloß daher entstehet, daß jeder der Wahrheit auf einer andern Stelle aufpaßt, ist Einigkeit in der Hauptsache und die reichste Quelle einer wechselseitigen Hochachtung, auf die allein Männer Freundschaft bauen" (XII, 294).

Freundschaft – sie ist Leitmotiv für Lessing; Freundschaft und Menschsein gehören zusammen.[6] Die Freimaurer-Dialoge ›Ernst und Falk‹ sind Dialoge um Freundschaft und Menschlichkeit. Im ›Nathan‹ ist das höchste Gut menschlichen Miteinanders die Freundschaft oder das bloße Menschsein. Ob in ›Ernst und Falk‹ die Existenz „solcher Menschen" dem Wunsche nach „bloßen Menschen" gegenübergestellt wird oder ob im ›Nathan‹ Lessing schreibt: „Kommt, wir müssen, müssen Freunde sein!" – gewendet zum jungen, beinahe fanatischen Christen, dem Tempelherrn – „Verachtet mein Volk, so sehr ihr wollt (Nathan ist Jude). Wir haben beide uns unser Volk nicht auserlesen. Sind wir unser Volk? Was heißt denn Volk? Sind Christ und Jude eher Christ und Jude als Mensch? Ah! wenn ich einen mehr in euch gefunden hätte, dem es genügt, ein Mensch zu heißen!" (III, 63): immer geht es Lessing darum, das nicht hinwegzudenkende und hinwegzuwünschende Trennende zwischen den Menschen zu überhöhen, nicht aufzuheben, durch Menschlichkeit, durch Freundschaft, durch Liebe, durch Verträglichkeit und Wohltun. Dazu muß man *weise* sein.

Von Anfang bis zum Ende seines Schaffens dient Lessing die Hypothese: „Der Mensch ward zum Tun und nicht zum Vernünfteln erschaffen.[7] Aber

---

[6] Das Moment der Freundschaft bei Lessing ist in der Lessing-Literatur oft hervorgehoben worden, so in sehr prononcierter Weise beispielsweise bei Benno von Wiese (Lessing. Dichtung, Ästhetik, Philosophie, Leipzig 1931). Auch Hannah Arendt äußerte sich in einer Rede über Lessing ›Von der Menschlichkeit in finsteren Zeiten‹ (München 1960) hierzu: „Daß das Humane nicht schwärmerisch auftritt, sondern nüchtern und kühl; daß die Menschlichkeit sich nicht in der Brüderlichkeit erweist, sondern in der Freundschaft; daß die Freundschaft nicht intim persönlich ist, sondern politische Ansprüche stellt und auf die Welt bezogen bleibt – all dies scheint uns so ausschließlich kennzeichnend für die Antike, daß es uns eher verwirrt, wenn wir ganz verwandte Züge im Nathan wiederfinden, der, wiewohl er modern ist, mit einigem Recht das klassische Schauspiel der Freundschaft genannt werden könnte" (S. 42).

[7] Der hier von Lessing formulierte anthropologische Grundsatz ist von erheblicher Bedeutung für die Pädagogik. Ich verweise hierzu auf meinen kurzen Aufsatz in der von mir besorgten Textauswahl von Lessing zur Pädagogik: Lessings Beitrag zur Pädagogik, in: Lessing: Ausgewählte Texte zur Pädagogik, Paderborn 1969,

eben deswegen, weil er nicht dazu erschaffen ward, hängt er diesem mehr als jenem nach. . . . Er, der Mensch, sollte sich Schranken setzen lassen? Glückselige Zeiten, als der Tugendhafteste der Gelehrteste war! . . . *Der weiseste unter den Menschen* . . . bemühte sich, die Lehrbegierde von (dem) . . . verwegenen Fluge zurückzuholen", auf dem die Denker sich befanden, denen „der Himmel, vorher der Gegenstand ihrer Bewunderung, das Feld ihrer Mutmaßungen" wurde. „Törichte Sterbliche, was über euch ist, ist nicht für euch! Kehret den Blick in euch selbst! In euch sind die unerforschten Tiefen, worinnen ihr euch mit Nutzen verlieren könnt. Hier untersucht die geheimsten Winkel. Hier lernet die Schwäche und Stärke, die verdeckten Gänge und den offenbaren Ausbruch eurer Leidenschaften! Hier richtet das Reich auf, wo ihr Untertan und König seid! Hier begreifet und beherrschet das einzige, was ihr begreifen und beherrschen sollt; euch selbst. So ermahnte Sokrates, oder vielmehr Gott durch den Sokrates", und da Gott Geist/Vernunft ist: ermahnte die Vernunft durch den Sokrates. Auch *Christus als „von Gott erleuchteter Lehrer"* – und das heißt: von der Vernunft erleuchteter Lehrer *ist ein Weiser:* auch ihm genügte es, ein Mensch zu heißen und als Mensch in den genannten Tugendhaltungen zu leben und zu handeln (XIV, 155–158). Und *der dritte Weise in der Menschheitsgeschichte* ist diesem humanistischen Aufklärungsdenker – Nathan der Weise. Er lebt und handelt so, wie es Lessing in ›Ernst und Falk‹ von den Menschen in ihren diversen und notwendigen Besonderungen für die Zukunft fordert: „Die Weisesten und Besten eines jeden Staates" sollen sich dem sogenannten *opus supererogatum* freiwillig unterziehen, das heißt sie sollen ein Handeln an den Tag legen, das „über die Vorurteile der Völkerschaften hinweg" ist, denn es muß Menschen geben, die „dem Vorurteil ihrer angeborenen Religion nicht unterliegen" und die nicht glauben, „daß alles notwendig gut und wahr sein müsse, was sie für gut und wahr erkennen". Ihm, Lessing, dienen stellvertretend für eine derartige Haltung die Freimaurer, die es freiwillig auf sich genommen haben, „den unvermeidlichen Übeln des Staates entgegenzuarbeiten", wobei unter Übeln solche gemeint sind, „ohne welche auch der glücklichste Bürger nicht sein kann" (XIII, 363–364).

Auch hier gilt es zu unterscheiden, auch hier gilt es, produktiv kritisch zu sein. Lessing gibt sich nicht utopischen Vorstellungen hin: eine menschliche Gemeinschaft, in der nur Gutes um des Guten willen getan wird, nur Wahres um der Wahrheit willen getan wird, in der völlige Aufklärung und Reinigkeit des Herzens herrschen, sie steht nicht im Prospekt des in naher Zeit Erreichbaren. Dies wäre der Stand des natürlichen Menschen, das heißt des voll der Vorsehung entsprechenden Menschen, der die Tugend um ihrer

S. 153–166; sowie auf mein Bändchen: Interpretationen zur Anthropologie: G. E. Lessing, Münster 1970.

selbst willen liebt und der nicht aufgrund von Interessen oder unter Sanktionen, aus Vorurteilen oder unter Tyrannei oder aus tyrannischen Gründen heraus handelt. Voraussetzung dazu, daß diese Tendenz zur Vollkommenheit ergriffen wird, daß diese „höchsten Stufen der Aufklärung und Reinigkeit" erlangt werden – mit Nathan: über tausend, tausend Jahre, also in Ewigkeit, die auch im § 100 der Erziehungsschrift für den einzelnen Menschen reklamiert wird –, wenn auch erlangt werden somit in einem nicht absehbaren Zeitraum, ist Lessing die notwendige Abfolge von Entwicklungsepochen menschlicher Vernunft, die zwar entsprechend dem Entwicklungsplan mit dem Menschen in der Vernunft des Menschengeschlechts angelegt ist, die aber durch Eingriffe von außen beschleunigt werden kann. Was mit dem Menschengeschlecht dabei geschehen ist und was zu geschehn hat, das parallelisiert Lessing mit der Erziehung des einzelnen Menschen (XIII, 421–435): Um die Menschen aus der Rohigkeit schneller, als die langsame Geschichte der Menschheit es vermöchte, herauszuführen, wurde das Alte Testament als *erstes Elementarbuch* dem Menschengeschlecht in die Hand gegeben: es arbeitete mit sehr rohen Vorstellungen, gerade recht für das noch rohe und ungeschliffene Denken des israelitischen Volkes, mit Vergeltung, mit Belohnungen und Bestrafungen. Als die Zeit einer ausgebildeteren Vernünftigkeit herangereift war, ersetzte das *zweite Elementarbuch* des Neuen Testaments das erste: dieses arbeitete jetzt mit Hoffnungen, mit Verheißungen: „Eine innere Reinigkeit des Herzens im Hinblick auf ein anderes Leben zu empfehlen, war ihm allein vorbehalten." Auch das zweite Elementarbuch ist aber nun an sein Ende gelangt – ihm folgt das „Christentum der Vernunft", nicht ein vernünftiges Christentum, sondern eines der Vernunft: es zeichnet sich ab, man kann es wittern oder schon zu sehen beginnen, so umschreibt es Lessing. Seine kritischen Schriften sind für die dritte Menschheitsepoche die Fingerzeige, die Richtungsstöße, ein „neuer Richtungsstoß für die menschliche Vernunft". Dieses neue *dritte Elementarbuch*, das „Christentum der Vernunft", fordert die Preisgabe jeglicher Offenbarung: Das Alte Testament hatte Vernunftwahrheiten geoffenbart, um sie geschwinder zu verbreiten und sie fester zu gründen, wie Lessing schreibt. Das Neue Testament predigt bestimmte Lehrstücke des Christentums als Offenbarung, wie die Unsterblichkeit der Seele oder die Trinität, diese Lehrstücke werden aber nicht als das gelehrt, was sie sind, nämlich als „Resultat menschlicher Schlüsse". Das dritte Elementarbuch nun geht von der zentralen Forderung aus, die Lessing im § 76 der ›Erziehung des Menschengeschlechts‹ unzweideutig formuliert: „Die Ausbildung geoffenbarter Wahrheiten in Vernunftwahrheiten ist schlechterdings notwendig, wenn dem menschlichen Geschlechte damit geholfen sein soll. Als sie geoffenbart wurden, waren sie freilich noch keine Vernunftwahrheiten; aber sie wurden geoffenbart, um es zu werden. Sie waren gleichsam das Facit, welches der

Rechenmeister seinen Schülern voraussagt, damit sie sich im Rechnen einigermaßen danach richten können. Wollten sich die Schüler an dem vorausgesagten Facit begnügen: so würden sie nie rechnen lernen und die Absicht, in welcher der gute Meister ihnen bei ihrer Arbeit einen Leitfaden gab, schlecht erfüllen" (XIII, 432).

Diesen drei Entwicklungsstufen des Menschengeschlechts entspricht die Erziehung des einzelnen Menschen, damit jeder einzelne in die Lage kommt, seinen Beitrag leisten zu können zu der Aufgabe, die Entwicklung des Menschengeschlechts beschleunigt zu befördern. Die Frage: „Soll das menschliche Geschlecht auf die höchsten Stufen der Aufklärung und Reinigkeit nie kommen? Nie?" beantwortet Lessing „Nie? – Laß mich diese Lästerung nicht denken, Allgütiger! – Die Erziehung hat ihr Ziel; bei dem Geschlechte nicht weniger als bei dem Einzelnen. Was erzogen wird, wird zu etwas erzogen" (XIII, 433). Und wie lautet das Ziel? Die Vernunftfähigkeit des Menschen entwickeln zu helfen, ihm den Weg der ihn jederzeit verpflichtenden Wahrheitssuche für ein menschenwürdiges Leben zu weisen, ihm seine moralische Inkompetenz im Festhalten an Vorurteilen aufzuklären und ihn der notwendigen Urteilshaftigkeit seines Lebens zu versichern – das ist für Lessing Ziel und Aufgabe von Erziehung und – wie hinzugefügt werden kann – von Bildung. Entscheiden, richten, schließen, unterscheiden, urteilen heißt im Griechischen „krinein". Kritik ist daher für Lessing Prinzip und Aufgabe der Vernunft, nicht nur eine Methode des Denkens. Wird sie lediglich als eine solche genommen, dann gebiert das für Lessing Philologenkrämerei, geistlose Pedanterie, Kritikastertum – sie sind ihm wertlos, steril; sie entsprechen dem Vernünfteln, und ihnen verdankt das Menschengeschlecht unfruchtbare, unnütze Vergeudung von Vernunftmöglichkeiten. Unfruchtbar und wertlos sind diese Formen des Denkens, weil sie nichts Neues begründen können, das heißt nichts gründen können, was mit Grund Anspruch auf künftigen Bestand für menschliches Handeln und Leben erheben kann. Die an die Stelle methodischer Kritik tretende produktive Kritik kann jedoch nie zu eindeutigen Aussagen kommen, weil der Mensch nie im Besitz von Wahrheit sein kann, denn für Lessing gilt das folgende unumstößlich: „Nicht die Wahrheit, in deren Besitz irgend ein Mensch ist oder zu sein vermeinet, sondern die aufrichtige Mühe, die er angewandt hat, hinter die Wahrheit zu kommen, macht den Wert des Menschen. Denn nicht durch den Besitz, sondern durch die Nachforschung der Wahrheit erweitern sich seine Kräfte, worin allein seine immer wachsende Vollkommenheit bestehet. Der Besitz macht ruhig, träge, stolz. Wenn Gott in seiner Rechten alle Wahrheit, und in seiner Linken den einzigen immer regen Trieb nach Wahrheit, obschon mit dem Zusatze, mich immer und ewig zu irren, verschlossen hielte, und spräche zu mir: wähle! Ich fiele ihm mit Demut in seine Linke und sagte: Vater gib! Die reine Wahrheit ist ja doch nur für dich allein!" (XIII, 23–24). Der moralische Mensch definiert sich also durch den Imperativ, in seiner ihm aufgegebenen Wahrheitssuche, die immer stückwerkhaft ist und bleiben wird, in Form produktiver Kritik seinem jeweils ihm möglichen Vervollkommnungsstreben gerecht werden zu sollen. Oder mit Lessings kategorischem Imperativ: „Handle deinen individualischen Vollkommenheiten gemäß!" Dies ist das Gesetz, dem moralische Wesen folgen sollen (XIV, 178).

Folgen sie ihm in dieser Auslegung, dann bewegen sie sich auf dem Weg der Weisheit (Sokrates, Christus, Nathan, Freimaurer), dann vermögen sie auch beispielsweise die baubedürftigen Plätze zu entdecken und auf ihnen zu bauen, wovon schon die Rede war. Und dies ist es, was Lessing in ›Ernst und Falk‹ dazu bewegen kann, zu erklären: „Wenn die bürgerliche Gesellschaft auch nur das Gute hätte, daß allein in ihr die menschliche Vernunft angebauet werden kann: ich würde sie auch bei weit größern Übeln noch segnen" (XIII, 359).

Es wird sich in den folgenden Kapiteln zeigen, daß in Lessing *zum letzten Male* in strenger Weise – wenn auch nicht in systematischer Weise – Individualität und allgemeines Menschentum, Wille und Verstand, theoretische Vernunft und praktische Vernunft, analytische Kritik und konstruktive Kritik *in eins* gedacht werden. Produktive Kritik als Aufgabe und Prinzip von Vernunft wird in der Nachfolge Lessings in dieser Form nicht mehr weiterverfolgt und als verbindlich gesetzt. Die analytische Kritik entwickelt sich in einer die ganze deutsche Geistesgeschichte – und nicht nur die deutsche – bestimmenden Weise. Im Todesjahr Lessings 1781 erscheint Kants ›Kritik der reinen Vernunft‹. Und schon allein die Tatsache, daß einige Jahre darauf Kant die ›Kritik der praktischen Vernunft‹ veröffentlicht, verdeutlicht das Auseinanderbrechen der gedanklichen Einheit von theoretischer und praktischer Vernunft, wenn auch Kant noch versucht, den Primat der praktischen Vernunft zu erhalten bei gleichzeitiger analytischer Trennung von theoretischer und praktischer Philosophie.[8]

---

[8] Ob mit dem Tode Lessings und dem Erscheinen von Kants ›Kritik der reinen Vernunft‹ – beides im Jahre 1781 – ein Wechsel im Verständnis von „Kritik" stattfindet oder ob Kant selber noch (nicht jedoch die nachkantische Philosophie) in einem Kontinuum mit Lessing steht, wird unterschiedlich gedeutet: Claus von Bormann meint, daß es zwei „Arten von Aufklärung" gäbe: Lessing und Kant. „Beide sind sie als Kritiker berühmt. Aber bis in die kleinste Nuance des Stils hinein ist der Unterschied spürbar. Jener beleuchtet aus einem nichtreflexiven Wissen die ihm begegnenden Probleme im engen Sich-Einlassen auf die Sache oder in schroffer Polemik, die den Streit in die gelehrte Öffentlichkeit trägt, damit das ‚Publikum' mit nach der Wahrheit sucht. . . . Dagegen verwickelt Kant das Denken von vornherein in die Probleme der Methode. . . . 1781 stirbt Lessing und erscheint die Kritik der reinen Vernunft. Die wissenschaftliche Kritik setzte sich durch" (Der praktische Ursprung der

Literaturhinweise

Werk

Gotthold Ephraim Lessings sämtliche Schriften, hrsg. von Karl Lachmann, 3., aufs neue durchgesehene und vermehrte Auflage, besorgt durch Franz Muncker, 23 Bände, Stuttgart 1886–1924.
Lessings Werke. Vollständige Ausgabe in 25 Teilen, hrsg. mit Einleitung, Anmerkungen sowie einem Gesamtregister von Julius Petersen und Waldemar von Olshausen, Berlin, Leipzig, Wien, Stuttgart 1925–1929.
Lessings Gesammelte Werke in Zehn Bänden, hrsg. von Paul Rilla, Berlin 1954–1958.
Lessings Werke in fünf Bänden, ausgewählt von Karl Balser mit einer Einleitung von Thomas Höhle (Bibliothek Deutscher Klassiker), Berlin und Weimar 1965.
Lessing: Ausgewählte Texte zur Pädagogik, besorgt von Dieter-Jürgen Löwisch (Schöninghs Sammlung Pädagogischer Schriften), Paderborn 1969.

Sekundärliteratur

Arendt, Hannah: Von der Menschlichkeit in finsteren Zeiten. Rede über Lessing, München 1960.
Cassirer, Ernst: Die Philosophie der Aufklärung, Tübingen ²1932.
Löwisch, Dieter-Jürgen: G. E. Lessing, Münster 1970.
–: Pädagogik und Gleichheit – zum Beispiel bei G. E. Lessing, in: Vierteljahrsschrift für wissenschaftliche Pädagogik 54 (1978), S. 421–434.

Kritik, Stuttgart 1974, S. 113). Willi Oelmüller dagegen erklärt: „Lessing und Kant haben in der Tat entscheidend zur Erneuerung der Philosophie beigetragen. Lessings Kritik der über ihre eigenen Voraussetzungen unaufgeklärten Aufklärung wird von Kant fortgesetzt durch seine kritische Philosophie der Subjektivität auf dem Boden der neuen geistig-wissenschaftlichen und gesellschaftlich-politischen Wirklichkeit" (Die unbefriedigte Aufklärung, Frankfurt a. M. 1969, S. 109). Ich selbst habe versucht nachzuweisen, daß sich im Rahmen kantischer Transzendentalphilosophie die kritische Methode in ihrer Doppelnatur erweist: gemäß dem Primat der praktischen Vernunft wird die negative Kritik, die Irrtümer verhindern will und die theoretische Vernunft in ihrem Geltungsbereich eingrenzt, erst vollständig in ihrer Bedeutung für die geforderte Herstellung von Moralität. Darin erweist sich mir eine Kontinuität des Aufklärungsdenkens bei Lessing und Kant. Vgl. hierzu: Dieter-Jürgen Löwisch, Über den Fortschritt zum Besseren – Kants Stellung zum Wert utopischen Denkens, in: Vierteljahrsschrift für wissenschaftliche Pädagogik 51 (1975), S. 19–36, und: Ders., Die praktisch-moralische Endabsicht der kritischen Methode Kants – mit einem Blick auf Lessings Kritikverständnis, in: Akten des 5. Internationalen Kant-Kongresses, Teil I.2, Bonn 1981, S. 812–820.

Mann, Thomas: Rede über Lessing, in: Preußische Akademie der Künste, Jahrbuch der Sektion für Dichtkunst, Berlin 1929, S. 150–169.

Mayer, Hans: Lessing. Mitwelt und Nachwelt, in: H. Mayer, Studien zur deutschen Literaturgeschichte, Berlin 1953.

Mehring, Franz: Die Lessing-Legende. Zur Geschichte und Kritik des preußischen Despozismus und der klassischen Literatur, Stuttgart [4]1913.

Rilla, Paul: Lessing und sein Zeitalter, Berlin 1960.

Ritzel, Wolfgang: Pädagogische Motive in Lessings Literaturbriefen, in: Die Deutsche Berufs- und Fachschule 60 (1964), S. 183–191.

–: Gotthold Ephraim Lessing, Stuttgart usw. 1966.

Vorländer, Karl: Die Philosophie unserer Klassiker: Lessing, Herder, Schiller, Goethe, Berlin 1923.

Wiese, Benno von: Lessing. Dichtung, Ästhetik, Philosophie, Leipzig 1931.

IMMANUEL KANT I

Von Wolfgang Fischer

Mit dem Namen Immanuel Kant verbindet sich gemeinhin nicht die Vorstellung, daß dem großen Philosophen auch in der Geschichte des pädagogischen Denkens ein prominenter Platz gebührt. In einem vor wenigen Jahren – 1979 – erschienenen zweibändigen Werk über die ›Klassiker der Pädagogik‹ seit Beginn der Neuzeit, also seit dem 14./15. Jahrhundert, kommen zwar Kants Zeitgenossen Rousseau, die Philanthropen, Pestalozzi, Herder vor, aber Kant wird – wie weitverbreitet – durch Verschweigen abgesprochen, „im engeren Sinn" ein Pädagoge gewesen zu sein oder für die Pädagogik eine Bedeutung gehabt oder erlangt zu haben, die etwa der von Wilhelm von Humboldt oder von Karl Marx, die ja auch nicht als Pädagogen „im engeren Sinne" zu rubrizieren sind, vergleichbar wäre.

Nun könnte man das, da um eine Auswahl niemand herumkommt, für eine läßliche Sünde oder gar keine halten, wenn der Herausgeber nicht mit dem Anspruch auftreten würde, „diejenigen pädagogischen Traditionslinien" und ihre Urheber in einer gewissen Vollständigkeit darzustellen, „deren Sichtweisen und Problemlagen unsere Gegenwart noch spürbar treffen".[1] Angesichts dieses selbstgesetzten, etwas windigen Kriteriums zeugt es allerdings von einem ignorantenhaften Befangensein in einem Vorurteil, Kant pädagogisch keine Beachtung zu schenken. Man mag hierfür vielleicht noch durchgehen lassen, daß die Gruppe der pädagogischen Denker, die heute intensiv sich mit Kant auseinandersetzen, als ein verlorener Haufen eingeschätzt wird. Unhaltbar aber ist die Vernachlässigung Kants, wenn man allein nur Folgendes zur Kenntnis nimmt.[2] Bis zu Kant war der Begriff der Mündigkeit fast ausschließlich ein Rechtsbegriff, der übrigens nichts mit unserem Mund oder mit der Sprachlichkeit des Menschen zu tun hat (wie Luther schon und Habermas noch irrtümlich meinten), sondern der als ein solcher – bis heute – besagt, daß jemand einen Zustand, eben den der althochdeutschen 'munt', erreicht hat, um „ihm bislang vorenthaltene"

---

[1] So Hans Scheuerl in der ›Einleitung‹ des von ihm herausgegebenen Werks, Band I, S. 11.

[2] Vgl. den Art. Mündigkeit von M. Sommer, in: J. Ritter u. K. Gründer (Hrsg.), Historisches Wörterbuch der Philosophie, Band 6, Darmstadt 1984, Sp. 225–235.

Rechte wahr- und ihm ersparte Haftungen zu übernehmen. So gibt es beispielsweise eine Ehe-, aber auch eine Strafmündigkeit.

Kant nun hat dem Begriff über die rechtliche Bedeutung hinaus noch einen anderen, sowohl geschichts- wie auch bildungsphilosophischen Sinn im Zusammenhang mit dem Phänomen der Aufklärung gegeben. Mündig nennt er denjenigen, der ohne Leitung eines anderen, etwa eines Seelsorgers, Monarchen oder auch Gottes, sich seines Verstandes zu bedienen versteht und im maßvollen öffentlichen Gebrauch desselben zum mitgestaltenden Subjekt der Geschichte wird.[3] Hierauf geht ein verschiedenartiges pädagogisches Bemühen in Theorie und Praxis zurück, das – nicht unumstritten – die pädagogische Szenerie seit ca. 1968 wesentlich geprägt hat und noch immer prägt. Es gehört schon einige Willkür dazu, angesichts dieser Sachlage unter der Devise, die für die Gegenwart bedeutsamen pädagogischen Denker zu behandeln, über Kant stillschweigend hinwegzugehen. Unberücksichtigt bleibt bei diesem Tadel, daß auch vor der jüngsten Gegenwart das pädagogische Denken ohne Kant nur als ein Zerrbild darstellbar ist. Viele einflußreiche Pädagogen des 19. Jahrhunderts knüpfen mehr oder weniger an ihn an oder reiben sich an ihm – wie zum Beispiel Herbart –, und gegen Ende des vorigen Jahrhunderts entwickelt sich die Pädagogik des sogenannten Neukantianismus, die ausdrücklich auf ihren Namenspatron zurückgeht und die ab 1933 wegen „nichtnationalsozialistischer Wissenschaftsauffassung", wie man einem ihrer Vertreter bei seiner Relegation von der Universität mitteilte, gewaltsam zum Verstummen gebracht wird. Nach 1945 – noch vor dem Boom der emanzipatorischen Mündigkeitspädagogik – sind es Theodor Litt, Alfred Petzelt, Theodor Ballauff, Wolfgang Ritzel – um nur einige der inzwischen Verstorbenen oder über 70jährigen zu nennen –, deren pädagogische Arbeiten mit Kants Werk in einer unübersehbaren Beziehung stehen. Es scheint mir also ungerechtfertigt zu sein, unter dem Aspekt der Wirkung – falls er überhaupt historisch sonderlich geeignet ist, da er von vornherein vermeintlich Wirkungsloses zu substantiell Belanglosem nivelliert – mit Kant „pädagogisch" kurzen Prozeß machen zu dürfen.

Zur Ehrenrettung der pädagogischen Geschichtsschreibung muß allerdings erwähnt werden, daß auch Ausnahmen von der Regel vorliegen. Aber im großen und ganzen herrscht das Vorurteil vor, auf Kant als einen pädagogisch relevanten Denker verzichten zu können. Es wäre eine reizvolle Sache, den Gründen hierfür einmal nachzugehen, da es merkwürdigerweise insbesondere die geisteswissenschaftliche Pädagogik nach Wilhelm Dilthey und religiöse oder politisch-weltanschauliche Erziehungslehren sind, in

---

[3] Kant, Beantwortung der Frage: Was ist Aufklärung? (1784), in: Werke, hrsg. von Ernst Cassirer (= WC), Bd. 4, S. 167–176.

denen Kant keine ernsthafte Berücksichtigung findet. Sollte es vielleicht so sein, daß genau ihnen ein radikales Grundlegungsdenken nicht ins Konzept paßt, weil für sie Theorie entweder nur nachgängige Erhellung einer in sich selbst gerechtfertigten „Erziehungswirklichkeit" oder deren Ausrichtung nach ideologischen Normen, nach Menschen-, Welt- und Leitbildern ist? Aber das kann jetzt nicht weiter verfolgt werden. Wenden wir uns – Wirkung hin, Wirkung her – Kant zu unter der Fragestellung, welche Bedeutung seine Philosophie für eine Sinn und Maß aussprechende Grundlegung der Erziehung und Bildung haben könnte. Dabei ist es, wie sich zeigen wird, ratsam, Kant gleichsam zu halbieren, obwohl ein solcher Schnitt ihm Gewalt antut. Im ersten Teil wird Kants ›Kritik der reinen Vernunft‹ samt den darin enthaltenen pädagogischen Konsequenzen im Zentrum stehen; der zweite Teil wird sich überwiegend mit seiner praktischen Philosophie befassen.[4] Doch zuvor soll – wie üblich – ein knapper Blick auf Kants Leben geworfen werden.[5]

Geboren wurde Kant am 22. April 1724. Er war das vierte von neun Kindern eines unbegüterten Sattler- oder Riemermeisters und dessen ebenfalls einfachen Verhältnissen entstammender Ehefrau. Sein Geburtsort war Königsberg, dessen weiteren Dunstkreis er nie überschritten hat. Das für seine Zeiten enorme, manchmal allerdings falsche „Wissen" von der Erde und ihrer Bevölkerung, über das Kant verfügte, hat er sich nicht durch Reisen erworben, woran ihn lange während mißliche finanzielle Umstände, seine schwächliche Konstitution, später seine Arbeit und wohl auch eine Abneigung gegen unnötige Veränderungen gehindert haben dürften, sondern durch emsiges Lesen, das seiner äußerst lebhaften Wißbegier entsprach. Durch sie scheint er bereits als Knabe aufgefallen zu sein. Jedenfalls finden

---

[4] Nicht ausdrücklich berücksichtigt wurde Kants Vorlesung über Pädagogik (WC, Bd. 8, S. 453–508). Diese von Kant viermal, zuletzt 1786/87 gehaltene Vorlesung liegt uns nur in einer von seinem jüngeren Kollegen, dem Orientalisten und Theologen Friedrich Theodor Rink, besorgten Veröffentlichung vor. Sie ist 1803 erschienen und wird mit Recht von den meisten Sachkennern als editorisch ungenügend eingestuft; vgl. dazu Traugott Weisskopf, Immanuel Kant und die Pädagogik, Zürich 1970. Für nicht überzeugend halte ich die Auffassung, Kants Pädagogik-Vorlesung sei wesentlich empirisch-pragmatisch angelegt, ohne entsprechende Züge in ihr leugnen zu wollen. Gewisse Ungereimtheiten, die sicherlich nicht Rink anzulasten sind – wie die scheinbare Widersprüchlichkeit von lebensklug machender pragmatischer und moralischer Bildung –, klären sich erst, wenn man die eher begrifflich-systematischen Passagen in den Rahmen von Kants geschichtsphilosophischen Überlegungen einstellt.

[5] Der Skizze liegen vor allem zugrunde: Immanuel Kant – Sein Leben in Darstellungen von Zeitgenossen, Darmstadt 1980, sowie die im Literaturverzeichnis angegebenen Arbeiten von F. Paulsen und E. Cassirer.

wir den Achtjährigen, von fremden Händen materiell unterstützt, als Schüler in einem vom pietistischen Ungeist regierten Collegium, das er acht Jahre lang weitgehend erlitten hat. Es überfielen ihn „Schrecken und Bangigkeit", so soll Kant nach dem Zeugnis eines Freundes später gesagt haben, „wenn er an jene Jugendsklaverei zurückdächte": Schule von sechs Uhr morgens bis vier Uhr nachmittags, dabei stündlich das Ritual zur Heuchelei verführender Gebete; der Unterricht großenteils ein trockenes Pauken der alten Sprachen sowie von Französisch und Polnisch, fast stets, ohne auf den Sinn von Texten einzugehen; Hebräisch und Griechisch ausschließlich auf die Bibel beschränkt, Mathematik und Logik nur randständig, Realien überhaupt keine, dafür um so mehr Religion, und diese wohl mit einem Ansporn zu selbstquälerischer Zergliederung des eigenen Seelenlebens, worüber Kant im letzten, von ihm selbst noch herausgegebenen Werk, der ›Anthropologie‹ von 1798, schreibt, daß sie „der gerade Weg" sei, um „in Kopfverwirrung vermeinter höherer Eingebungen und . . . in Illuminatism(us) – also Erleuchtungswahn – oder Terrorism(us) – also Angst und Schrecken – zu geraten" (§ 4).

Mit sechzehn Jahren – das war damals normal – immatrikulierte sich Kant an der Universität Königsberg. Unnormal und schon damals von seiten des Staates unerwünscht war es, daß man nicht sogleich sich für ein sogenanntes Brotstudium, sei es der Theologie, der Jurisprudenz oder der Medizin, entschied. Kant verhielt sich faktisch unnormal und studierte Philosophie, wozu damals auch, allerdings sachlich schon verselbständigt, die Mathematik und die Physik gehörten. Vor allem der letzteren scheint er neben der Metaphysik seine intellektuelle Liebe gewidmet zu haben: es bahnt sich gleichsam von langer Hand ein Problem an, das ihn später umgetrieben hat, nachdem er aus seinem dogmatischen Schlummer in den warmen Daunen der Schulmetaphysik erweckt worden ist. Das Problem betrifft die Frage, ob auch die Sache der traditionellen Metaphysik, also Aussagen über Gott, die Welt, die Seele, die Freiheit, das höchste Gut usw., der gleichen wissenschaftlichen Behandlung und Klärung fähig sind wie die Gegenstände der Naturwissenschaft.

Aber noch war es nicht soweit. 1746, also 22jährig, verläßt Kant die Universität mit einer recht selbständigen, interessanten, aber leider fachlich ungenügenden Arbeit aus dem Bereich der – wir würden heute sagen – theoretisch-physikalischen Grundlagenforschung, besser: -reflexion.[6] Da er über keine Mittel verfügte und in einem gewissen Sinne auch nichts Ordentliches studiert hat, war er gezwungen, sich als Hauslehrer zu verdingen. Diesen Beruf übte er zur Zufriedenheit seiner Herrschaften knappe zehn Jahre aus, und nebenher beschäftigte er sich vornehmlich mit geophysikalischen

---

[6] Gedanken von der wahren Schätzung der lebendigen Kräfte, WC, Bd. 1.

Dingen. So entstand unter anderem eine Schrift, in der Kant auf der Grundlage der Physik von Galileo Galilei und Isaac Newton eine Erklärung über
die Entstehung unseres Planetensystems, ja des gesamten Kosmos gibt:
Alles, so der Grundgedanke, ist durch einander anziehende und abstoßende
Kräfte genetisch vollkommen plausibel zu machen; der Kosmos ist nichts
Abgeschlossenes, befindet sich in ständiger Ausdehnung, besteht aus werdenden und vergänglichen Sonnensystemen, und in alledem waltet, natur-
wissenschaftlich betrachtet, kein göttlicher Schöpferwille oder -plan. Diese
sogenannte Kant-Laplacesche Theorie oder Hypothese – der französische
Forscher Laplace hat sie unabhängig von Kant 1796 formuliert; seitdem ist
sie eine Diskussionsgrundlage der Astronomie bis heute – konfrontierte
Kant unausweichlich mit der Frage, wie der ganz nach von der Vernunft
aufgestellten Gesetzen erklärbare Weltbau und Weltfahrplan sich mit einem
Gott und mit der Religion vertrügen. Einerseits war Kant aufgrund seiner
Betrachtungen überzeugt davon, daß, gäbe man ihm „Materie", er zu
„zeigen" imstande sei, wie eine Welt (mechanisch-zwangsläufig) daraus
entstehe. So heißt es etwas emphatisch in der Vorrede der besagten Schrift
mit dem Titel ›Allgemeine Naturgeschichte und Theorie des Himmels‹ [7].
Andererseits war er kein Atheist, auch wenn er mit der kirchlichen Gottes-
dienerei längst nichts Rechtes mehr anzufangen wußte.

Seine Antwort von 1755 kann uns und konnte auch ihn auf Dauer nicht
befriedigen. Sie lautete ungefähr so. Die Schönheit und die Zweckmäßigkeit
allen naturhaft-kosmischen Geschehens (auf der Erde und im Universum)
legen ein Zeugnis ab für dessen Abhängigkeit von einem höchsten Wesen,
ohne daß man dieses höchste Wesen – sprich: Gott – für das Begreifen der
mathematisch-physikalischen Ordnung auch nur im entferntesten nötig hat.
Mit anderen Worten heißt das: Naturwissenschaft und metaphysisch-religiö-
ser „Glaube" sind dergestalt indifferent – gleich-gültig – gegeneinander, daß
sie einander nicht bedürfen, aber sich auch nicht widersprechen. Allerdings
basiert ihre gute Verträglichkeit darauf, daß beide Bereiche *nach der Methode,* die in ihnen gilt, strikte auseinandergehalten werden und daß sich
die Sätze der Physik wie der Metaphysik auch beweisen lassen. Der „frühe"
Kant war hiervon überzeugt. In der Schönheit und Zweckmäßigkeit – keine
naturwissenschaftlichen Kategorien – sah er eine hinlängliche Rechtfertigung für die Existenz eines Gottes, und da physikalische Gesetzmäßigkeit
und nichtphysikalische Zweckmäßigkeit sich logisch nicht ausschließen,
schließt sich auch nicht aus, sondern fordert sich gar, der ohne Gott erkenn-
und erklärbaren Geschichte der Natur einen (allerdings naturwissenschaft-
lich kompetenten) göttlichen Urheber neben-, ja vorzuordnen.

Das Fehlerhafte hieran ist unter anderem, daß die Rede von der Schön-

---

[7] WC, Bd. 1, S. 232.

heit und Zweckmäßigkeit aller Naturerscheinungen, will sie mehr als ein privates ästhetisches Empfinden ausdrücken, immer schon voraussetzt, wofür sie Zeugnis ablegen soll. Ohne an einen weisen Schöpfergott zu glauben, ist niemand gehalten, zum Beispiel den von Kant in Aussicht gestellten Untergang unseres Planetensystems einschließlich der Erde für zweckmäßig oder ein Erdbeben mit seinen schrecklichen Folgen für wohlgefällig zu halten. Auf diese kritischen Überlegungen war Kant noch nicht gekommen,[8] und so verband er noch, was er zwar bereits als voneinander unabhängig erkannt hatte, nämlich Physik und Metaphysik, wovon er aber nicht schon einsah, daß möglicherweise eines von beiden das angestammte Feld, weil rational unhaltbar, verlassen und sich eine gänzliche Neufassung gefallen lassen müsse, falls es nicht überhaupt in den Orkus gehört.

Ich kehre zu Kants Leben und philosophischem Werdegang zurück, durch den sich – so sehe ich es – wie ein manchmal unsichtbarer roter Faden das Thema hindurchzieht, wie es um das Verhältnis von neuzeitlicher Wissenschaft mit ihren imponierenden theoretischen Erkenntnissen und dem dadurch in Bedrängnis geratenen Problem- und Wissensbestand der altehrwürdigen Metaphysik bestellt ist. 1755 promovierte Kant mit einer kurzen, wiederum physikalischen Untersuchung ›Über das Feuer‹; im gleichen Jahr wurde er mit einer Abhandlung, die neues Licht auf die ersten Grundsätze metaphysischer Erkenntnis bringen wollte, habilitiert. Nunmehr war er Privatdozent für Philosophie, und da Privatdozenten keine Stelle mit festen Einkünften innehatten, sondern von den Geldern ihrer Hörer lebten, las Kant sechzehn bis manchmal weit mehr als zwanzig Wochenstunden (über Mathematik, Physik, Geographie, Logik und Metaphysik), um endlich ein reichlicheres Auskommen als bisher zu haben. Sonderlich Bemerkenswertes aus den ersten Jahren seiner akademischen Lehrtätigkeit ist nicht überliefert. Man weiß, daß seine Veranstaltungen großen Anklang bei den Studenten fanden, daß Kant in der sogenannten Gesellschaft ein gern gesehener Gast war, daß es, obwohl Ambitionen und Chancen bestanden, zu einer Verehelichung nicht reichte. Man weiß nicht genau, warum Kant keinen Bund fürs Leben schloß[9]; um so lebhafter hat sich die Erklärungswut einiger Biographen damit befaßt, die mehrheitlich ihm eine gewisse Zögerlichkeit bescheinigen. Ich lasse das dahingestellt.

Der Forschungsschwerpunkt des Privatdozenten Kant lag offensichtlich anfänglich noch immer im Bereich der Naturwissenschaften; dafür sprechen

---

[8] A. a. O., S. 320–325.

[9] Nicht recht überzeugend ist der ihm nachgesagte Satz: „Da ich eine Frau brauchen konnte, konnt' ich keine ernähren; und da ich eine nähren konnte, konnt' ich keine mehr brauchen." Überliefert von G. S. A. Mellin (?) im 1. Band seiner anonym erschienenen Schrift: Immanuel Kants Biographie, Leipzig 1804, S. 203.

einige kleinere Aufsätze. Aber von ca. 1760 an muß sich allmählich ein Wandel vollzogen haben. Unter dem Einfluß der Werke englischer und französischer Philosophen, vor allem David Humes, Pierre Bayles und Jean-Jacques Rousseaus, verlagerte Kant das Hauptinteresse seiner Studien. Hume und Bayle öffneten ihm gleichsam die Augen für den dogmatischen, das heißt ohne Erkenntniskritik verfahrenden Charakter, der der traditionellen Behandlung der metaphysischen Probleme anhaftete. Und bezüglich Rousseau notierte Kant in seinem Handexemplar seiner 1764 herausgekommenen ›Beobachtungen über das Gefühl des Schönen und Erhabenen‹:

Ich bin selbst aus Neigung ein Forscher. Ich fühle den ganzen Durst nach Erkenntnis und die begierige Unruhe, darin weiterzukommen. Es war eine Zeit, da ich glaubte, dieses alles könnte die Ehre der Menschheit machen, und ich verachtete den Pöbel, der von nichts weiß. Rousseau hat mich zurechtgebracht. Dieser verblendete Vorzug verschwindet; ich lerne die Menschen ehren und würde mich viel unnützer finden als die gemeinen Arbeiter, wenn ich nicht glaubte, daß diese Betrachtung (allererst) allen übrigen einen Wert geben könnte, (nämlich) die Rechte der Menschheit herzustellen.

Ich interpretiere das so: Hume und Bayle lösten den radikalen Zweifel an der Wahrheitsfähigkeit, das heißt: rationalen Beweisbarkeit metaphysischer Sätze über Gott, die Welt und die Seele aus. Die bislang noch in ihren Bereichsgrenzen von Kant für theoretisch richtig und vertretbar anerkannte Schulmetaphysik geriet ins Wanken und Schleudern. Rousseau hingegen wies auf ein Doppeltes hin: Zum einen ist auch die unwiderlegliche wissenschaftliche Forschung nicht schon „an sich" ein Segen oder die Zierde der Menschheit. Zum andern ist es die Beförderung der unter Ungleichheit und Rechtlosigkeit verschütteten Menschlichkeit jedes Menschen gleich welchen Standes, der das Interesse der Philosophie vorzüglich gelten sollte: Hier, in der zuwege zu bringenden aufgeklärten Moralität und Moralisierung der Menschheit, also im praktischen Gebrauch, könnte liegen, worumwillen Metaphysik und Glaube vernünftig und haltbar sind und worin die traditionelle Metaphysik ihr wahres Recht und ihre neue Aufgabe nach dem Debakel ihrer alten Gestalt hat.

Aus dieser Interpretation wird auch deutlich, daß Kant kein Anhänger von Hume, Bayle oder Rousseau in der Weise wurde, daß er ihre skeptizistischen oder schwärmerischen Lehren einfach übernahm. Sie erweckten ihn aus seinem dogmatischen Schlummer und Dünkel; sie erschlossen ihm ein zu beackerndes Feld, dessen Bestellung ihnen selbst in Kants Augen nicht gelungen war. Eine gewaltige Aufgabe, nämlich die der radikalen Revision und Neukonstitution der Metaphysik diesseits ihrer Verirrungen in unerweisliche, ekelerregende spekulative Aussagensysteme, das heißt im Diesseits der theoretischen und praktischen Vernunft, nicht mehr auf ein Wissen um Transzendentes, also aller Erfahrung Sich-Entziehendes aus, sondern als kritische oder Transzendentalphilosophie, tat sich vor ihm auf.

Aber noch mangelte es dem Privatdozenten Kant an Zeit, um allein die Aufgabe, geschweige denn deren Lösung in den Griff zu bekommen. Das wurde um einiges besser, als Kant nebenberuflich 1766 die Stelle eines kärglich, aber festbesoldeten Hilfsbibliothekars antrat. Ganz auf das Neuzuschaffende sich zu konzentrieren vermochte er jedoch erst, als er 1770 als 46jähriger in das existenzsichernde Amt eines ordentlichen Professors für Logik und Metaphysik berufen wurde. Die damit verbundene Entlastung von einem Übermaß an Lehre und eine äußerste Disziplin in der Lebensführung, ohne übrigens zu einem ungeselligen und bornierten Einsiedler zu werden, waren die äußeren Bedingungen, nunmehr nicht länger nur Gelegenheitsarbeiten, in denen sich das Neue bloß abzeichnete, zu verfassen – wie etwa ›Die Träume eines Geistersehers‹ von 1766, worin ironisch-sarkastisch mit der traditionellen Metaphysik abgerechnet wird –, sondern den Neubau der ganzen Philosophie von Grund auf und nach allen Richtungen hin in Angriff nehmen zu können. Zehn in der Literatur sogenannter „schweigender" Jahre, in denen Kant fast nichts veröffentlicht hat, bedurfte es, ehe das Nachdenken so weit war, daß in wenigen Monaten die erste der vier großen Kritiken zu Papier gebracht werden konnte. 1781, in Kants 57. Lebensjahr, erschien die ›Kritik der reinen Vernunft‹. Ihrem – auch pädagogisch bedeutsamen – Grundgedanken, so wie ich ihn sehe, wende ich mich nun zu; Kants weiterer Lebensweg wird im Zusammenhang seiner späteren Schriften weiterverfolgt werden. –

Die ›Kritik der reinen Vernunft‹ – ein etwas seltsamer Titel, bei dem das Wörtchen „rein" besagt, daß die Vernunft frei von allem ihr durch die Sinne vermittelten Erfahrungsmaterial auf dem Prüfstand steht –, ich sage: die ›Kritik der reinen Vernunft‹ beginnt in der Vorrede mit einem wuchtigen Satz, der meines Erachtens auf den Kern der ganzen Untersuchung vorweist, ohne indes alles abzudecken, was in ihr (auf damaligen knapp 900 Seiten) geleistet wird. Der Satz lautet:

> Die menschliche Vernunft hat das besondere Schicksal in einer Gattung ihrer Erkenntniss: daß sie (nämlich) durch Fragen belästigt wird, die sie nicht abweisen kann; denn sie sind ihr durch die Natur der Vernunft selbst aufgegeben, die sie aber auch nicht beantworten kann; denn sie übersteigen alles Vermögen der menschlichen Vernunft.[10]

An welche Gattung unseres Wissens- und Erkenntnisdranges Kant hierbei gedacht hat, dürfte nach allem bisher Vorgetragenen ziemlich klar sein. Es ist die Gattung der metaphysischen Erkenntnisse. Kant behauptet nun

---

[10] Kritik der reinen Vernunft, A VII. – Die Zitate hieraus werden wie üblich nach der Seitenzählung der ersten (A) oder zweiten Auflage (B) angegeben.

nicht, daß es sich dabei um etwas schlechterdings Perverses, Abartiges, jeden Sinnes Entbehrendes handle. Metaphysische Fragen gehören gleichsam zu unserer Vernunft, und keine noch so große und durch Wissenschaft abgesicherte und vorangetriebene Erfahrung kommt für sie auf, vermag etwa zu sagen, was es mit dem Weltganzen „eigentlich" auf sich habe, ob ein Gott existiere oder nicht, was das „Wesen" der Seele oder – auf unsere Epoche übertragen – was der Sinn oder das Endziel der Geschichte sei. Man kann es vielleicht auch so deutlich machen: Unser Erkenntnisstreben fängt gemeinhin mit handfesten Fragen an, die auf der Basis bewährter Grundsätze der Erfahrung, endlich in methodisch kultivierter, wissenschaftlicher Gestalt beantwortet und abgehakt werden. Dabei mag manches einer späteren Überprüfung nicht standhalten, aber das ist kein prinzipieller Mangel. Als eine Beeinträchtigung kann jedoch angesehen werden, daß jede Antwort neue Fragen involviert, die auf immer entferntere Bedingungen verweisen. Wissen wir zum Beispiel die Ursache einer Veränderung, deren Mechanismus und Folgelasten, dann drängt sich neben Fragen, die weiterreichende Zusammenhänge betreffen, schließlich das Problem auf, ob etwas und gegebenenfalls was „hinter" dem allen als eine Art umgreifender Superinstanz – etwa ein allmächtiges Wesen oder die in unendlicher Entwicklung sich befindende „Natur" – waltet. Hier nun droht Gefahr. Die Vernunft gerät in Versuchung, ja sieht sich geradezu genötigt – denn die metaphysische Problematik läßt sich nicht liquidieren; auch der strammste positivistische Antimetaphysiker bezieht metaphysisch Stellung, etwa für die Zulänglichkeit und Gesamtzuständigkeit sogenannter lebensweltlicher Erfahrung –, „zu (abschließenden) Grundsätzen ihre Zuflucht zu nehmen", die in keiner möglichen Erfahrung ihre Gewißheit verbürgende Entsprechung haben. So wird etwa der Grundsatz aufgestellt oder insgeheim unterstellt, die Seele sei ihrem innersten Wesen nach, wohin keine psychologische Forschung und Beobachtung vordringen, etwas absolut Einfaches, Spirituelles und daher unsterblich, oder auch, sie sei etwas Zusammengesetztes, Abhängiges, aus feinster Materie Bestehendes und somit vergänglich.

Dieses Beispiel wird die meisten von uns wahrscheinlich kalt lassen, nicht aber vielleicht das folgende: Es wird der Grundsatz proklamiert oder nachgebetet, das Wesen oder die Bestimmung des Menschen sei die Verwirklichung seines Selbst oder „Ich". Mit solchen Grundsätzen, insofern sie Anspruch auf objektive Gültigkeit erheben, stürzt die Vernunft sich „in Dunkelheit und Widersprüche" (A VIII), wendet dann alle Kraft auf, ihre Zutiefstüberzeugung zu beweisen und gegen Anwürfe von außen und innen kämpferisch zu verteidigen sowie, wenn es sein muß, kriegerisch zum Sieg zu führen. Dieses Fiasko wurzelt nach Kant – ich wiederhole es – nicht in einer Blödsinnigkeit der metaphysischen Fragen überhaupt. Ihnen wird ausdrücklich „vorzügliche Wichtigkeit" zugestanden. Das Fiasko wurzelt vielmehr darin, daß unsere Vernunft sich nicht entblödet, leichtsinnig Antworten vom Charakter rational beweisbaren Wissens zu geben, etwa in Gestalt von Gottesbeweisen oder dem nicht minder vergeblichen Nachweis jüngeren Datums, daß die Materie gegenüber dem Bewußtsein das Primäre, das Ursprüngliche ist – beziehungsweise umgekehrt. Ein „Dogmatismus der Metaphysik" ist die Folge, der das Denken korrumpiert und in „-ismen" kaserniert und lahmlegt.

Diese fatale Ausgangslage fordert für Kant, daß die Vernunft, statt sozusagen darauflos zu erkennen, endlich mit sich selbst ins Gericht geht und untersucht, wie einerseits allgemeingültige Erkenntnisse im wissenschaftlichen Bereiche möglich sind, wie andererseits es kommt, daß gleichfalls aus ihrem Schoße entstammende, unabweisliche Fragen, wenn sie erkenntnismäßig behandelt werden, offensichtlich zu lauter Blendwerk führen, bei dem das Gegenteil bei unvoreingenommener Betrachtung genauso als richtig imponiert wie das, wovon es die Antithese ist. Das Motto der Kritik der reinen Vernunft heißt also: Was können wir wissen? Und Kritik des Vernunftvermögens ist dann nicht Kritik von philosophischen „Büchern und Systemen", jedenfalls nicht in der Hauptsache, sondern die auf Sonderung – griechisch: krísis – abzielende Bestimmung der Quellen, des Umfangs und der Grenzen des Vernunftgebrauchs. Dabei ist durchaus noch nicht ausgemacht, wenn auch zu erwarten, daß es der traditionellen, sich rationalistisch gebärdenden Metaphysik ans Leben geht; denn ein bloß desolater Zustand, der allerdings nicht zu übersehen war, beweist noch gar nichts. „Aus Prinzipien" ist vielmehr zu zeigen, ob wir theoretisch in den Gefilden des aller sinnlichen Erfahrung Entzogenen Klarheit und Sicherheit zu gewärtigen haben und ob bisher vielleicht nur nicht ordentlich zu Werke gegangen worden ist, oder ob es ein Kunstfehler war, ist und bleibt, die metaphysischen Fragen überschwenglich zu beantworten, wie demütigend für die menschliche Vernunft es auch sein mag, nichts definitiv Solides in Ansehung dessen, was wohl wichtiger ist als jeder einzelwissenschaftliche Fortschritt, ausrichten zu können.

Kant wendet also den Blick der Philosophie weg von dem, was bislang ihre bevorzugten Gegenstände der Erkenntnis waren: die Ideen von Gott, Freiheit, Unsterblichkeit, Weltganzem, Wesen der Dinge. Er wendet den Blick hin auf unsere Erkenntnis*art* von Gegenständen, nicht in psychologischer Manier, sondern darauf bezogen, was Erkenntnis und Urteil so möglich macht, daß ihnen teils objektive Geltung zukommt, teils offensichtlich gerade nicht oder jedenfalls noch nicht, und objektive Geltung heißt, daß etwas Erkanntes allgemein und notwendig so ist, wie das Urteil lautet. Das bereitet keine Schwierigkeiten, wenn ein Urteil analytisch ist wie in dem Satz: Wenn es regnet, wird es naß. Hier steckt sozusagen im 'Regen' das Merkmal der Nässe, und beobachten wir, daß es regnet, dann gilt auch objektiv, daß es naß ist. Um eine Erkenntnis handelt es sich genaugenommen hierbei jedoch nicht, wenn wir mit Erkenntnis den Gedanken verknüpfen, daß etwas nicht schon im Begriff Enthaltenes ausgesagt und das Wissen erweitert wird. Das ist bei den synthetischen Urteilen der Fall. Im Beispiel: Wenn die Temperatur im Wasser einer Pfütze ansteigt, sich verändert, dann ist das auf Sonneneinstrahlung zurückzuführen. Die registrierte Temperaturschwankung gibt tatsachenanalytisch weder den Hinweis auf die Sonne her noch, was viel aufregender ist, daß sie überhaupt mit etwas Ursächlichem verknüpft ist. Daß die Sonne de facto die Ursache ist, beweisen wir im Fall empirisch, gegebenenfalls durch Experimente. Die Lebens- oder wissenschaftliche Erfahrung bestätigt (oder bestätigt nicht), was wir als Vermutung, als Hypothese an eine der Erklärung für bedürftig gehaltene Erscheinung herantragen. Wir entwerfen eine mögliche Gesetzmäßigkeit, prüfen sie und schreiben dergestalt bei positivem Ausgang der angestellten Versuche der Natur die Gesetze vor. Aber dazu kommt es überhaupt erst – so Kants Überlegung –, weil wir – wiederum synthetisch – das, was geschieht, also etwa eine Temperaturänderung, mit dem Begriff der Ursache verbinden. Dieser Begriff der Ursache ist aber weder ein Bestandteil des Begriffs des Geschehens noch finden wir ihn in irgendeinem bloß wahrgenommenen Geschehen als ein Moment desselben, geschweige denn, daß eine behauptete und empirisch ausnahmslos funktionierende Verursachung eines Ereignisses dazu berechtigt, die Kategorie der Kausalität als notwendig dazugehörig und allen Erscheinungen zukommend zu erkennen. Mit anderen Worten: Der Ursachenbegriff beziehungsweise die Kategorie der Kausalität stammen selber nicht aus dem Material der Erfahrung, indem im Nachhinein – lateinisch: a posteriori –, also aus der Erfahrung geschöpft, ein Mannigfaltiges, das wir wahrnehmen, zu einer sachlich sinnvollen Einheit zusammengefügt, synthetisiert wird, wie etwa besonders augenfällig im Jungbegriff 'Biotop' oder in dem Urteil, daß Körper schwer sind. Der Grundsatz der Kausalität geht vielmehr, obgleich auch zusammenfügend, aller Erfahrung voraus, ist eine erfahrungsunabhängige, synthetisierende logische Bedingung dafür – meint Kant –, daß die Verknüpfung von Materialien der Erfahrung der Form nach überhaupt möglich ist. Darum heißt er „a priori", wörtlich: vom Früheren her, im Vorhinein.

Unter dem Strich bedeutet das alles, daß unser Erkennen zwei Wurzeln hat. Die eine Wurzel ist die Wahrnehmung, prägnanter: die Empfindung; die andere sind die reinen Formen des Verstandes (und der Anschauung), wofür ich exemplarisch (und in grober Vereinfachung) die Kategorie der Kausalität beziehungsweise den Begriff der Ursache herausgegriffen habe. Erst wenn beides zusammenspielt, „Erfahrung" und apriorisches Vermögen des Verstandes, liegt objektive Erkenntnis der Möglichkeit nach vor. Fehlt

es prinzipiell am Material der Erfahrung, weil zum Beispiel der Grundsatz
der Ursächlichkeit ins Übersinnliche projiziert wird, gleichsam eine letzte,
unbedingte Ursache behauptend, dann ist kein Probierstein der beanspruchten Wahrheit vorhanden. Die vermeintliche Erkenntnis ist weder
wahr noch falsch; sie ist überhaupt keine oder eine des trügerischen
Scheins. Uns ist mithin alle Aussicht genommen, je hinter Erscheinungshaf-
tes auf dem Wege des Erkennens zu gelangen; wir wissen um Dinge als Erscheinungen in Raum und Zeit und gemäß der reinen Begriffe, unter denen
wir sie vorstellen; was etwas „an sich" ist, also sein sogenanntes Wesen
betreffend, entzieht sich aller theoretisch begreifen wollenden Vernunft.

Diese ganze Untersuchung, die sich nicht mit Gegenständen befaßt, sondern die bezogen ist auf die Art der Erkenntnis, insofern diese auf apriorischen Elementen beruht, nennt Kant transzendental oder transzendentale
Kritik (A 11 f.). Sie übersteigt die Erfahrung, nicht jedoch in ein Jenseits,
wo keine Kontrolle statthat, sondern ins logisch Vorauszusetzende, worin
unser Erkennen sich zugleich als mehr erweist als ein zufälliges Abbilden
von sinnlich Wahrgenommenem. Diese transzendentale Kritik war in der
›Kritik der reinen Vernunft‹ in doppelter Weise bloß vorbereitend. Zum
einen war sie die Vorbereitung für ein vollständiges philosophisches System,
das an die Stelle der zermalmten alten, dogmatisch-spekulativen Tran-
szendenz-Metaphysik als eine neue Metaphysik treten sollte, ohne irgend-
welche inhaltlich abschließende Bastardsätze, die sich zwangsläufig blamie-
ren müssen. Zum anderen war sie Vorbereitung darauf, die herkömmliche
Metaphysik „aus (entdeckten) Prinzipien" für null und nichtig zu erklären.
Das letztere geschieht in der ›Kritik der reinen Vernunft‹ selbst in jener umfangreichen Abteilung, die den Titel ›Die transzendentale Dialektik‹ trägt.
In ihr nimmt Kant die auf das Weltganze, auf die Seele und auf Gott gerichteten metaphysisch-dogmatischen Behauptungen auseinander, spielt sie
antithetisch gegeneinander aus, führt ihre Unhaltbarkeit auf die Objektives
vorgaukelnde, mit Einbildungen statt mit Begriffen operierende leichtsin-
nige Grenzüberschreitung des Vernunftgebrauchs zurück, so daß er zu dem
ein bißchen überzogenen Satz sich berechtigt fühlt:

> Der größte und vielleicht einzige Nutzen aller Philosophie der reinen (theore-
> tischen) Vernunft ist also wohl nur negativ, da sie nämlich nicht . . . zur Erweiterung,
> sondern als Disziplin zur Grenzbestimmung dient und anstatt Wahrheit zu entdecken
> nur das stille Verdienst hat, Irrtümer zu verhüten (A 795).

Mit diesen brockenhaften Hinweisen muß es ein Genügen haben, was die
Darstellung der Intention und des komplexen Inhalts der ›Kritik der reinen
Vernunft‹ anbelangt.

Was nun bedeutet das für das Problem einer Grundlegung der Pädagogik? Welcher Sinn, welches Maß wird ihr zugesprochen, in welchem sie ihre

besonderen Überlegungen und ihr Handeln zu rechtfertigen hat, will sie nicht maßlos-blind daraufloswursteln oder bloß exekutieren, was in der sogenannten Erziehungswirklichkeit üblich oder Mode oder ihr vom Staat, von der Gesellschaft vorgegeben ist? Kant selbst hat die pädagogische Relevanz seiner ›Kritik der reinen Vernunft‹ mehrfach in ihr anklingen lassen, besonders in der abschließenden ›Transzendentalen Methodenlehre‹. Ich möchte auf drei Aspekte hinweisen, ohne daß in ihnen sich erschöpft, was für das pädagogische Denken aus ihr zu gewinnen ist.

Erstens: Kant macht darauf aufmerksam, daß Unterricht und Lernen mehr sein müssen als das Beibringen beziehungsweise gedächtnismäßige Aneignen von Wissen. Alles Wissen, dessen wir bedürfen, um aus der Beschränktheit von subjektiven Meinungen und aus der dumpfen Enge eines nächsten Lebensumkreises herauszukommen, ist – leicht mißverständlich formuliert – das Produkt von Fragen und Methoden, womit der Mensch an die Natur und an die Kultur herantritt. Nicht „gibt es" sozusagen objektiv Gegenständliches, das durch die Sinne in uns hineinspaziert; nie ist auf diese Weise plausibel zu machen, daß irgend etwas Erkanntes objektiv gilt oder auf objektive Geltung wenigstens Anspruch macht. Diese Spontaneität der fragenden, von Grundsätzen ausgehenden und synthetisierenden Vernunft kann unterrichtlich nicht unterboten werden, will man nicht „Lastesel des Parnasses", lebendige Lexika, mit Kenntnissen gemästetes Nutzvieh oder an den Tatzen ihrer überschätzten subjektiven „Erfahrungen" saugende Privatiers heranzüchten. Lernen hätte dann nichts mit Erkennen zu tun, wäre vielleicht bloß eine wünschenswerte Veränderung im kognitiven Bereich als Folge rezeptiv eingeprägten Lernmaterials. Das aber besagt: Ein erstes Prinzip bildenden Unterrichts ist *die Frage,* nicht in Gestalt eines launenhaften Kreuz- und Querfragens, überhaupt nicht zwangsläufig als Schülerfrage, sondern so, daß einsichtig wird, daß unser Erkennen Antwort auf Fragen ist und daß in jeder Antwort neue Fragen ihr Recht fordern.[11]

Ein zweites Prinzip ist die Gewährleistung der Synthesis der Vernunft, die das Mannigfaltige in Verbindung bringt. Auch hier ist Abwegiges zu vermeiden, etwa ein Gesamtunterricht, der aus psychologischen Gründen – wie zum Beispiel der Motivation – ganz verschiedenen Wissensgebieten Zugehöriges nebeneinanderstellt oder auf einen Erlebnismittelpunkt oder ein anderes, fächerübergreifendes Zentrum ausrichtet. Synthesis als Maßgabe des Unterrichts betrifft die Aufgabe, nach der Ordnung der Methode eines Faches zu lehren und zu lernen und in ihr Zusammenhang und Verschiedenheit zu fassen, also nicht in subjektivistischen oder opportunen Anwandlungen.

Drittes Prinzip: Aller Unterricht muß auf die Voraussetzungen dessen zu

---

[11] Vgl. dazu Alfred Petzelt, Von der Frage, Freiburg ²1962.

sprechen kommen, was das Wissen konstituiert beziehungsweise was als Grundsätze das jeweilige Erkennen und Lernen immer schon trägt und steuert. Das heißt: jeder Fachunterricht hat seine philosophisch-erkenntnis-theoretische Dimension. Sie grundsätzlich aus dem Unterricht herauszuhalten, nicht zum Problem der Reflexion werden zu lassen, ist der beste Weg, die leistende Vernunft nicht ihrer selbst, ihrer Grenzen, der Bedingtheit ihrer Leistungen ansichtig werden zu lassen. Gewöhnlich schlägt sich das in einer naiv-dogmatischen Verklärung der Wissenschaften als Institution oder in einer nicht minder törichten Wissenschaftsverdrossenheit bei überzogenen Erwartungen nieder.

Zweitens: Kant verwehrt es der Pädagogik, daß in ihrem Bereich auch nur der geringste Vorschub zu einer wissensmäßigen Beantwortung jener metaphysischen Fragen geleistet wird, die wir nicht abschütteln können. Aber damit nicht genug! Da der Mensch offensichtlich nicht nur verlockt, sondern genötigt ist, zu irgendwelchen Behauptungen über Gott, das Wesen der Dinge und Menschen, den Sinn des Daseins usw. seine Zuflucht zu nehmen, muß Pädagogik Front gegen jedes undisziplinierte, absolute Wahrheit reklamierende Ausschweifen der Vernunft machen, wo ihrem Eifer keine Erfahrung als „Probierstein" der Wahrheit korrespondiert. Sie muß immer dort, wo Metaphysisches dogmatisch behauptet wird, den Zweifel regen, muß dem Gottes- oder Freiheitsbeweisler usf. die nicht minder starken, sich jedoch gegenseitig paralysierenden Scheingründe des Atheisten oder Deterministen entgegenhalten. „Gerade das Gegenteil", so heißt es in der ›Kritik der reinen Vernunft‹ (A 755) von der häufig für pädagogisch angemessen erachteten Bevormundung und Stabilisierung der Jugend in einem „spekulativen Bauwerk" dogmatisch-metaphysischer Provenienz, „muß in der . . . Unterweisung" geschehen. Nicht ist das Trachten und Wähnen dort, wo es kein Wissen und keine Beweise gibt, durch die Anlieferung von ideologischen Waffen für die Abfertigung der Gegner und für die Unterdrückung der verborgenen Dialektik „im eigenen Busen" zu unterstützen. Vielmehr gilt es, alles „Großtun der Vernünftler" – und heute auch: alles Großsprechen der Irrationalisten, Gefühlsheimkehrer, im weltanschaulich-religiösen Engagement Befangenen – fragwürdig zu machen, indem der Mensch seiner Unwissenheit als einer schlechthin notwendigen inne wird durch ein philosophierendes Ergründen der Quellen, des Umfangs und der Grenze unserer Erkenntnis oder deren Surrogate. Das aber ist nicht nur der Ausgang des Menschen aus dogmatischer Verstrickung, Befreiung vom Gift, das unsere (apriorischen) Grundsätze „dogmatisch verdirbt", sondern Freigabe des Menschen zum rückhaltlosen Denken, das zwar dort, wo Erkenntnis möglich ist, nichts zu suchen, da jedoch, wo keine Erkenntnis hinreicht, einen ihm vorbehaltenen Raum, ein Problemasyl für das Metaphysische hat; denn sosehr es ein Kunstfehler ist, metaphysische Fragen definitiv zu beantworten, so sehr ist es auch ein Kunstfehler, sie nicht und sich ihnen nicht theoretisch-skeptisch zu stellen.

Dieser letzte Gedanke geht über Kant hinaus. Er nämlich sah – *drittens* – in Ansehung unserer theoretischen Ohnmacht in den Fragen der Metaphysik eine andere, unsere Vernunft dennoch befriedigende Lösung. Sie liegt in der praktischen Vernunft und einer pädagogisch auf sie bezogenen Willens- und charakterlichen Grundsatzbildung. Davon handelt der zweite Teil.

IMMANUEL KANT II

Von Dieter-Jürgen Löwisch

Die im ersten Teil vorgestellten Gedanken Kants bezogen sich im wesentlichen auf die Darlegung der transzendentalphilosophischen Methode: diese Weise philosophischen Denkens ist gerichtet auf die Untersuchung der Vernunftmöglichkeiten und auf deren Begrenzung angesichts ihrer ihr zukommenden Fähigkeiten. Die Vernunft darf mit Blick auf ihre Erkenntniswünsche nicht alles erkennen, was sie glaubt – und unredlicherweise (für Kant) auch unternimmt –, erkennen zu müssen. Kant grenzt die Erkenntnismöglichkeiten ein, indem er – fürs erste – darzulegen versucht, daß es über Metaphysisches nichts erkenntnismäßig auszusagen gibt. Über Metaphysisches: das heißt, über Gegenstände, die hinter (meta) der Physik (physis) liegen. Das sind die für Kant wichtigen Fragen nach der Unsterblichkeit der Seele (gibt es ein ewiges Leben?), nach Gott (gibt es einen Gott als Idee von einem höchsten Wesen [ens summum], als Idee von einem höchsten Verstandeswesen [summa intelligentia] und als Idee von einer Urquelle alles dessen, was unbedingt Zweck sein mag [summum bonum]) (XXI, 33) und als dritte Frage die: nach Freiheit (gibt es eine unbedingte Bedingung, oder anders: gibt es eine ungewirkte Ursache, eine Kausalität aus Freiheit, mithin ein Erstes, einen Anfang?).

Für Kant bedrängen diese drei Fragen die menschliche Vernunft: auf den „wuchtigen" Eingangssatz der ersten Auflage der ›Kritik der reinen Vernunft‹ wurde schon hingewiesen: „Die menschliche Vernunft hat das besondere Schicksal in einer Gattung ihrer Erkenntnisse: daß sie durch Fragen belästigt wird, die sie nicht abweisen kann; denn sie sind ihr durch die Natur der Vernunft selbst aufgegeben, die sie aber auch nicht beantworten kann; denn sie übersteigen alles Vermögen der menschlichen Vernunft" (A VII). Kein subjektives oder persönliches Interesse leitet Kant, wenn gesagt wird, daß ihm diese Fragen bedrängende Fragen seien: „de nobis ipsis silemus – von uns selbst schweigen wir", lautet sein von Bacon entnommenes Motto der Kritik der reinen Vernunft: Es geht ihm um die *Sache der Vernunft,* die auf den „Prüfstand" oder vor den „Gerichtshof" (beides Kantische Bilder) gebracht wird. Und so ist die transzendentalphilosophische Frage nicht die nach einem zu erkennenden Faktum (keine *quaestio facti*), sondern sie ist eine Frage nach der Rechtmäßigkeit des Erkennens eines Faktums (eine *quaestio iuris*). Die transzendentalphilosophische Methode fragt nach der

„Bedingung der Möglichkeit der Erkenntnis von Gegenständen", beispielsweise nach der Bedingung der Möglichkeit der Erkenntnisaussage: die
Sonneneinstrahlung ist die Ursache für die Erwärmung des Steines. Oder:
sie fragt nach der Bedingung der Möglichkeit der moralischen Erkenntnisaussage: die Freiheit des Willens ist Voraussetzung für verantwortliches
Handeln und für Zurechenbarkeit des Handelns.

Und erst diese Frage nach der Möglichkeitsbedingung der Erkenntnis
von Gegenständen zieht nach sich die Frage nach der Bedingung der
Möglichkeit der Gegenstände selbst: der Gegenstand ist erst als gedachter
Gegenstand und erkannter Gegenstand wirklich, weil durch den Verstand
konstituiert; das sinnliche Anschauen allein konstituiert ihn noch nicht.
„Gedanken ohne Inhalt sind leer, Anschauungen ohne Begriffe sind blind",
so heißt es in der ›Kritik der reinen Vernunft‹ (A 51). Mithin und aufs Moralische und Metaphysische gewendet: man muß über Freiheit erst etwas
erkenntnismäßig aussagen können, um von der Tatsächlichkeit, dem Faktum freien Handelns und verantwortlichen Verhaltens ausgehen zu können,
ja auch mit ihm umgehen zu können, beispielsweise als Pädagoge.

Man könnte hier fragen: Ist dies für Kant wirklich so wichtig gewesen?
Mußte er nach der ihm endlich gelungenen Grenzbestimmung menschlichen Erkennens die Schritte in die Metaphysik vornehmen und mußte er
dort nach Bedingungen der Möglichkeit von Erkenntnisaussagen suchen –
in einem Feld, das von seiner Besonderheit her gar nicht geöffnet ist für die
der Vernunft gestatteten Erkenntnismöglichkeiten? Die Antwort muß lauten: Ja – Kant mußte dies, weil er die Sache der Vernunft zu untersuchen
sich vorgenommen hatte und weil dieses Vorhaben keine willkürliche Unter-
brechung oder gar keinen willkürlichen Abbruch gestattete. Denn: Unter
der Voraussetzung, daß der Mensch generell Vernunftwesen ist, ist er in all
seinem Denken und Handeln Vernunftwesen. Die Hypothese der Vernunftbestimmtheit des Menschen läßt sich nicht leugnen, denn im Akte des Leug-
nens würde sich die Vernunft, die sich leugnet, selbst als Möglichkeitsbedingung wieder voraussetzen. Das Fragen nun (die quaestio) ist methodisches
Prinzip der Vernunft; das Sich-Ausruhen auf gefundenen Antworten kann
nur ein vorläufiges Ausruhen sein und gilt als ständiger Anlaß zum Weiter-
fragen. Den Menschen finden wir insofern als erkennen wollenden und
erkennenden Menschen: die Rechtmäßigkeit dieser Aussage als Erkenntnisaussage hat Kant in der ›Kritik der reinen Vernunft‹ geliefert, indem er
aufwies, was der Mensch wissen und von welcher Grenze an er nicht mehr
wissen kann. Dort nun, jenseits der Grenze des Wissens, setzt das Glauben
an: für Kant nicht *der* Glauben, sondern *das* Glauben.

Kann das Glauben des Menschen nun vernunftmäßig gerechtfertigt werden? Und: Muß der Mensch an etwas glauben können? Für Kant: Ja – Der
Mensch muß beispielsweise an Freiheit *mit Gründen glauben* können, damit

er sich überhaupt den Sinn der Frage, „was soll ich tun?", bewußtmachen kann und Antworten darauf suchen und finden kann. Die Frage, „was soll ich tun?", hebt sich ja bekanntlich ab von der Frage, „was muß ich tun?", indem dem Menschen die Möglichkeiten der Entscheidung und Entschließung gegeben sind.[1] Nur – es muß sich bei Menschen als Vernunftwesen um begründete Entscheidungen handeln. Begründete Entscheidungen sind Vernunftentscheidungen, die der einzelne zu treffen hat. Jeder einzelne muß als Vernunftwesen also grundsätzlich selber denken können. Jeder einzelne muß somit auch selber entscheiden können, a) daß er etwas gerechtfertigterweise glaubt und b) warum er dessen gewiß ist, daß er gerechtfertigterweise glaubt. Diese Gewißheit ist keine logische Gewißheit, denn wenn es eine solche wäre, könnte der Mensch wissen und brauchte nicht glauben zu müssen. Diese Gewißheit ist eine moralische Gewißheit der Art, daß er sich dessen gewiß ist, in der Weise A oder in der Weise B handeln zu sollen. Doch diese Formulierung, „daß er sich dessen gewiß ist", genügt Kant noch nicht. Schon in der ersten Auflage der ›Kritik der reinen Vernunft‹ (1781) – also bevor er die ›Kritik der praktischen Vernunft‹ (erschienen 1788) geschrieben und die ›Grundlegung zur Metaphysik der Sitten‹ (1785) veröffentlicht hat – hebt Kant hervor, daß der Erfolg der kritischen Vernunftstreifzüge nicht in dem Moment der Negativität, nicht in dem Moment des Verhütens von Irrtümern allein zu finden ist. Im ersten Teil der Kant-Vorlesung war von Wolfgang Fischer auf diese Äußerung Kants hingewiesen worden: „Der größte und vielleicht einzige Nutzen aller Philosophie der rei-

---

[1] Es ist sicher keine Frage des Sollens, ob ich schlafe oder ob ich esse, ob ich atme oder ob ich sterbe: hier herrscht jeweils ein naturbedingtes Müssen vor. Anders sieht es in den Fällen aus, die mir zur Entscheidung aufgegeben sind: ob ich zum Beispiel jetzt lese oder schreibe, ob ich jetzt rauche oder es sein lasse, ob ich mich verehliche oder ob ich damit noch warte oder ob ich es überhaupt nicht tue, ob ich als Arzt einem Patienten das Leben verlängere oder ob ich als Journalist mich um Objektivität bemühe. Hier sind mir die Dinge nicht gegeben (wie der mich übermannende Schlaf oder die Atemnot oder das organische Defizit, auch wenn ich sie vielleicht nicht will), sondern hier sind mir Handlungen zur eigenen Entscheidung aufgegeben; hier handelt es sich um Fragen, die unter dem Anspruch eines Sollens stehen: ich soll eine Entscheidung treffen. „Das *Sollen* drückt eine Art von Notwendigkeit und Verknüpfung mit Gründen aus, die in der ganzen Natur sonst nicht vorkommt. Der Verstand kann von dieser nur erkennen, *was da ist,* oder gewesen ist, oder sein wird. Es ist unmöglich, daß etwas darin anders *sein soll,* als es in allen diesen Zeitverhältnissen in der Tat ist, ja das Sollen, wenn man bloß den Lauf der Natur vor Augen hat, hat ganz und gar keine Bedeutung. . . . Es mögen noch so viele Naturgründe sein, die mich zum *Wollen* antreiben, noch so viele sinnliche Anreize, so können sie nicht das *Sollen* hervorbringen, sondern nur ein noch lange nicht notwendiges, sondern jederzeit bedingtes Wollen, dem dagegen das Sollen, das die Vernunft ausspricht, Maß und Ziel, ja Verbot und Ansehen entgegen setzt" (A 547/548).

nen Vernunft ist also wohl nur negativ, da sie nämlich nicht, als Organon, zur Erweiterung, sondern, als Disziplin, zur Grenzbestimmung dient, und, anstatt Wahrheit zu entdecken, nur das stille Verdienst hat, Irrtümer zu verhüten." Aber Kant fährt an der gleichen Stelle fort mit dem Gedanken: „Indessen muß es doch irgendwo einen Quell von positiven Erkenntnissen geben, welche ins Gebiet der reinen Vernunft gehören und die . . . das Ziel der Beeiferung der Vernunft ausmachen" (A 795/796). Dabei ist für Kant – wieder in der ersten Auflage der ›Kritik der reinen Vernunft‹ – die „Idee der Freiheit der eigentliche Stein des Anstoßes für die Philosophie" (A 448), sie ist also ein Ziel, wenn nicht das Ziel der Beeiferung der Vernunft. Trotz der nicht möglichen logischen Gewißheit kann es hierbei nun zu einer moralischen Gewißheit kommen. Und Zweiflern gegenüber ruft Kant in der ›Kritik der reinen Vernunft‹ in der ersten Auflage aus: „Es bleibt euch noch genug übrig, um die vor der schärfsten Vernunft gerechtfertigte Sprache eines festen *Glaubens* zu sprechen, wenn ihr gleich die des *Wissens* habt aufgeben müssen" (A 745). Das heißt: *die moralische Gewißheit ist* ein vor der schärfsten Vernunft gerechtfertigter Glaube – sie ist *ein Glaube aus Gründen*.

Vorhin sagte ich: Kant genüge die Formulierung noch nicht, daß der in einer Entscheidung stehende Mensch „sich dessen gewiß ist", in der Weise A und nicht in der Weise B handeln zu sollen. Er kann sich nicht dessen gewiß sein, weil es das, dessen er sich gewiß ist, nicht als etwas außer ihm gibt, wie einen Gegenstand, dessen er sich durch seine Erkenntnis von ihm gewiß ist. Sicher kann der in der Entscheidung stehende Mensch sich dessen vergewissern, was gesellschaftlich gewünscht ist, wie er handeln soll; oder was eine legale, das heißt vom Gesetzgeber erwartete Entscheidung wäre. Hier braucht er nicht allein zu glauben: das Gesetz schlüge bei einem nicht-legalen oder bei einem illegalen Verhalten unweigerlich zurück, wenn das Verhalten auffiele. Hier lägen demnach auch keine moralischen Entscheidungen vor, handelte man lediglich legal, denn man bände sich dabei „knechtisch" an vorgegebene Verhaltensnormen. Mithin gäbe es auch in den genannten Fällen des rein gesellschaftlich gewünschten oder des rein legalen Verhaltens keine moralische Gewißheit. Diese ist an das „Sollen", ist an „Freiheit" gebunden, die zu erkennen und zu befolgen der menschlichen Vernunft aufgegeben ist. Sollen und Freiheit kann es somit nicht außerhalb des Menschen geben, sondern nur innerhalb des Menschen, im innern Menschen. Dies ist Grund dafür, daß Kant auch sagt: Im Bereich des Metaphysischen, speziell auf das Handeln des Menschen bezogen, ist die „Überzeugung", die er gewinnt, „nicht logische, sondern moralische Gewißheit, und, da sie auf *subjektiven Gründen* (der moralischen Gesinnung) beruht, so muß ich nicht einmal sagen: es ist moralisch gewiß, daß . . ., sondern, *ich bin* moralisch gewiß usw. Das heißt: der Glaube an einen Gott und eine andere Welt" wie auch – ich ergänze – an Freiheit des Willens „ist mit meiner moralischen Gesinnung so verwebt, daß, so wenig ich Gefahr laufe, die erstere einzubüßen (scil. nämlich die logische Gewißheit), ebensowenig besorge ich, daß mir der zweite (scil. der moralische Glaube) jemals entrissen werden könne" (A 829).

„Subjektive Gründe der moralischen Gesinnung" und „ich bin moralisch gewiß" – dies beides gilt es im weiteren zu erläutern. Kant spricht in der eben zitierten Äußerung von „*Verwebung" meines Ich mit meiner Gesinnung und mit meinem Handeln.* Das heißt: im Prinzipiellen darf es gar kein Handeln geben, das ohne eine Ordnung abläuft. Diese Ordnung ist keine der Sache, wenn es sich um ein moralisches Handeln dreht. Zu Ordnungen, die eng mit der Sache verknüpft sind, gehörten neben sogenannten *Sachgesetzlichkeiten* auch Gebote der *Nützlichkeit* oder der *Klugheit* eines Handelns für einen Zweck, der sich aus der gerade anliegenden Situation ergeben mag, sei es Machtwille, sei es Profitgier, sei es Konkurrenzkampf, sei es der Wunsch, Hunger zu stillen, oder sei es das Bedürfnis nach einem Geschlechtsakt. Moralisch gerechtfertigt ist keine dieser Handlungen durch sich selbst. Der Kaufmann, der seine Kunden nicht betrügt und nicht ausnimmt, handelt fürs erste einmal – zumindest auch – aus Gründen, die der Klugheit und Nützlichkeit zuzurechnen sind: denn er behält auf diese Weise eher seine Kunden, als wenn er sie betrüge. Und der Geschlechtsakt zwischen Mann und Frau ist fürs erste einmal ein wechselseitiger Gebrauch der beiderseitigen Geschlechtseigentümlichkeiten zur Bedürfnisbefriedigung, also auch ein reiner Nützlichkeitsakt.[2] Beide Beispiele stammen von Kant.

---

[2] Letzteres müßte kurz erörtert werden, weil es für Kant schwierig gewesen sein dürfte, im Rahmen seiner Moralphilosophie den Geschlechtsakt überhaupt moralisch zu legitimieren. Kant versucht dies, indem er den Geschlechtsakt in zweierlei Wertigkeiten sieht: einmal in Gestalt der Ehe als personalem Bezugsverhältnis der Ehegatten und zum andern in Gestalt des Konkubinats als wechselseitigem Gebrauchsverhältnis der Gliedmaßen der Beteiligten. Dabei ist Kants Verständnis von Ehe eine Gratwanderung zwischen zeitgebundener gesellschaftlicher Einschätzung, christlicher Aufgabenbestimmung, rechtlich funktionaler Zweckgebung auf der einen Seite und eigener moralphilosophischer Bestimmung auf der anderen Seite. Die Ehe ist ihm „die Verbindung zweier Personen verschiedenen Geschlechts zum lebenswierigen wechselseitigen Besitz ihrer Geschlechtseigenschaften"; die Ehegatten haben sich wechselseitig zum Besitz, „welcher durch den gleichzeitig wechselseitigen Gebrauch ihrer Geschlechtseigentümlichkeiten seine Wirklichkeit erhält". Mit dem Erwerb des Gatten geht einher der Erwerb des jeweiligen Gliedmaßes, der jedoch personal eingebettet ist: „Es ist aber der Erwerb eines Gliedmaßes am Menschen zugleich Erwerb der ganzen Person, – weil diese eine absolute Einheit ist, – folglich ist die Hingebung und Annehmung eines Geschlechtes zum Genuß des andern nicht allein unter der Bedingung der Ehe zulässig, sondern auch allein unter derselben möglich." Die personale Ganzheit findet sich jedoch nicht im Konkubinat, das – könnte

Moralisches Handeln läge in einer konsequenten Auslegung Kants erst dann vor, wenn jeder, der sich in solche Handlungsmöglichkeiten begibt, dabei moralisch gewiß ist; und das heißt: wenn er alles, was nicht verallgemeinbar ist, was zeitbedingten Launen, natürlichen Triebwünschen, was Fremdaufforderungen, was Vorurteilen entspringt, was das Denken festlegende und in Fesseln bindende Weltanschauungen betrifft, mithin wenn er alles das, was entmündigt oder was in Unmündigkeit hält, abstreift. Aber nicht, wenn er es nur einfachhin so abstreift: denn auch hier gilt Lessings Ausruf, daß nicht alle frei seien, die ihrer Ketten lediglich spotteten. Sondern moralisches Handeln liegt dann vor, wenn der einzelne alles Fremde abstreift mit Vernunftgründen, die ihm keiner streitig machen kann, weil es sich um *seine* Vernunftgründe handelt, mithin um seine moralische Gesinnung. Jeder einzelne ist moralisches Subjekt oder moralische Person kraft seines Denkens. Er hat seine moralische Gewißheit; *es gibt keine objektive moralische Gewißheit.* –

Wir würden heute sagen, oder besser: viele von uns Weltoffenen und Urbanen würden heute sagen, daß Kant ein regelrechter Spießbürger gewesen sein müsse. Wenn wir dies sagen, dann schwingt dabei der Anklang eines moralischen Vorwurfes oder eines moralisch disqualifizierenden Urteils mit. Kant ist beispielsweise zeitlebens nie aus Königsberg herausgekommen. Und: Kant hat ein äußerst geregeltes und geordnetes Leben geführt. Einer seiner Biographen berichtet: „Kant ging jeden Nachmittag" zu seinem englischen Freunde Green, „fand Green in einem Lehnstuhl schlafen, setzte sich neben ihn, hing seinen Gedanken nach und schlief auch ein; dann kam Bankdirektor Ruffmann und tat ein Gleiches, bis endlich Motherby zu einer bestimmten Zeit ins Zimmer trat und die Gesellschaft weckte, die sich dann bis sieben Uhr mit den interessantesten Gesprächen unterhielt. Diese Gesellschaft ging so pünktlich auseinander, daß ich öfters die Bewohner der Straße sagen hörte: es könne noch nicht sieben sein, weil der Professor Kant noch nicht vorbeigegangen wäre." Das ganze Tagesleben ist bei Kant bis ins Letzte geregelt; die Morgenzeremonie des Aufstehens um fünf Uhr, der morgendliche Pfeifengenuß, die Arbeit am Schreibtisch, die Vorlesungs-

es ein Vertragsverhältnis sein – „ein Kontrakt der Verdingung . . . eines Gliedmaßes zum Gebrauch eines anderen" sein müsse (Metaphysik der Sitten: Metaphysische Anfangsgründe der Rechtslehre §§ 24 bis 27; VI, 277–280). Die genannte Gratwanderung des (ehelich nicht betroffenen) Moralphilosophen Kant in der Bestimmung von Ehe und Eherecht als moralisch zu rechtfertigender Institutionen zwischen Zeitgeist und kritischer Moralphilosophie dürfte deutlich werden; die Unzeitgemäßheit des kantischen Aufklärungsverständnisses, radikal genommen, angesichts des als legal Geltenden und des als legal Gehaltenen dokumentiert sich gerade an einem solchen Thema.

tätigkeit, selbst das Schlafengehen punkt zehn Uhr abends. Auch hier wird berichtet, daß dies zeremoniellen Charakter gehabt habe: „Durch vieljährige Gewohnheit hatte er (Kant) eine besondere Fertigkeit erlangt, sich in die Decken einzuhüllen. Beim Schlafengehen setzte er sich erst ins Bett, schwang sich mit Leichtigkeit hinein, zog den einen Zipfel der Decke über die eine Schulter unter dem Rücken durch bis zur andern und durch eine besondere Geschicklichkeit auch den andern unter sich, und dann weiter bis auf den Leib. So emballiert und gleichsam wie ein Kokon eingesponnen, erwartete er den Schlaf." Kants Selbstdisziplin war im Einhalten der Ordnungen, die er für sein Leben als richtig und vertretbar ansah, unvorstellbar. Seine Biographen berichten eingehend darüber. Jede Störung dieser selbstgesetzten Ordnungen bedeuteten Irritationen, die ihn verärgerten. So notiert Kant zwischen Entwürfen und Reflexionen über Gott und Welt und Ich: „Mein Deckbett mit Eyerdunen muß wieder vorgenommen werden. Die Wollene Decke hat mich diese Nacht frieren machen. Die Wollene Decke muß wieder vorgenommen werden; aber ohne einen Leinen Bezug. Leinen ist ein Nichtleiter der Wärme. Wolle ein Leiter", – womit selbst ein sachlicher Ordnungsgedanke ins Spiel gebracht wird (XXI, 142). Oder der Ärger über ein unschmackhaftes Essen wird zwischen Reflexionen über die Suche nach einer Vorstellung von Gott eingeflochten: „Die am Himmelfahrtstage durch Versalzung des Butterfisches frühmorgends fehlgeschlagene Kocherei muß nicht mehr vorkommen" (XXI, 153). Man kann sehen: Kants Leben war pedantisch, es war bis ins einzelne geordnet, geregelt. Ordnung gehörte für ihn zum Leben, zum Alltag, zum Handeln, zum Denken, *Ordnung gehörte für Kant zum Ich*. Diese Ordnung des Ich ist dabei eine selbstgesetzte Ordnung, eine Ordnung, die ihm, Kant, zurechenbar ist, wie sie jedem anderen, der sich seine Ordnung setzt, auch zurechenbar sein können muß. Das bedeutet, daß keiner einem anderen Vorschriften moralischer Art machen darf. Respektierung und Achtung des anderen als eigenständig denkendes und eigenverantwortlich handelndes Wesen drücken sich in dieser Grundhaltung aus. Wir würden heute sagen, daß hier der Gedanke von Eigenrecht und Eigenwert der Person seine Ausprägung erfährt, die sich – transzendentalphilosophisch befragt – begründet aus der Vernunftbestimmtheit des Menschen generell und damit aus der Vernunftbestimmtheit jedes einzelnen Menschen. Insofern wertet Kant auch nicht moralisch, wenn er sich mit anderen auseinandersetzt, sondern er geht analytisch vor und respektiert den anderen, auch den Gegner, wie er den anderen zugleich auch achtet: das bezeugt jeder Rückgriff auf Vordenker oder Zeitgenossen, wozu auch der Briefwechsel Kants mannigfache Hinweise gibt. Dies wird beispielsweise auch durch Kants Reaktion auf eine tägliche Störung im Arbeiten durch das Absingen kirchlicher Lieder in einem angrenzenden Gefängnis bezeugt. Die Reaktion ist trotz erlittener Irritation der Tagesordnung gemäßigt, obwohl die Störung erheblich gewesen sein muß, denn sie hat sogar Eingang in die ›Kritik der Urteilskraft‹ gefunden mit folgender Anmerkung: „Diejenigen, welche zu den häuslichen Andachtsübungen auch das Singen geistlicher Lieder empfohlen haben, *bedachten nicht, daß sie* dem Publikum durch eine solche lärmende (eben dadurch gemeiniglich pharisäische) Andacht eine große Beschwerde auflegen, indem sie die Nachbarschaft entweder mit zu singen oder ihr Gedankengeschäft niederzulegen *nötigen*" (§ 53, V 330; Hervorhebung von mir). Die Nötigung durch Dritte kritisiert hier Kant, wie er auch kritisiert, daß das Bedenken der Folgen zu kurz geraten sei. Aber er gibt keine moralische Verurteilung ab, wie er sich auch verwahren würde gegen eine solche durch Dritte, die ihm ein spießbürgerliches Leben vorwürfen. –

Auf diesem Hintergrund soll jetzt in der Analyse weitergegangen werden. *Ordnung des Ich,* so nannte ich eben das, worauf es Kant ankäme. Ordnung des Ich – das heißt: geordnetes Denken und Handeln. Geordnetes Denken und Handeln können sich nur ergeben aus Denken, aus Nachdenken, aus Begründen und aus einem Auf-Dauer-Stellen dessen, was in diesen Reflexions- und Argumentationsverfahren zutage gefördert wird. Das Fragen und Rückfragen, das Denken und Bedenken bedeuten: die Suche nach Gründen, die Denken und Handeln gerechtfertigt machen. *Die Suche nach Gründen will Gründlichkeit; und „Kritik"* in kantischem Verstande ist eine solche *Suche nach Gründen,* die „zur Beförderung einer gründlichen Metaphysik als Wissenschaft" veranstaltet wird (B XXXV). Wie löst Kant nun das Problem der gerechtfertigten Akzeptanz von metaphysischen Aussagen, vor allem wenn er die ›Kritik der reinen Vernunft‹ als „notwendige *vorläufige* Veranstaltung zur Beförderung einer gründlichen Metaphysik" ansieht (B XXXVI) und erklärt, daß „die ganze Zurüstung . . . der Vernunft, in der Bearbeitung, die man reine Philosophie nennen kann, . . . in der Tat nur auf die drei gedachten Probleme gerichtet (sei) (scil. Freiheit des Willens/Unsterblichkeit der Seele/Dasein Gottes) . . ." (A 800)? Diese Erklärung deckt sich auch mit dem Hinweis Kants darauf, daß im ganzen kritischen Vernunftgeschäft der praktischen Vernunft das Primat zukäme und alles Vernunftinteresse zuletzt praktisch und im „praktischen Gebrauche allein vollständig" sei (V 121).

Geordnetes Denken und Handeln können sich – so sagte ich vorhin – nur aus einem ständigen Denken und Nachdenken ergeben. Kant beschließt 1788 die ›Kritik der praktischen Vernunft‹ mit folgenden einprägsamen Worten: „Zwei Dinge erfüllen das Gemüt mit immer neuer und zunehmender Bewunderung und Ehrfurcht, je öfter und anhaltender sich das Nachdenken damit beschäftigt: *der bestirnte Himmel über mir und das moralische Gesetz in mir.*" – Das heißt: Physik und Metaphysik sind hier angesprochen. „Beide darf ich nicht als in Dunkelheiten verhüllt oder im Überschwänglichen, außer meinem Gesichtskreise suchen und bloß vermuten; ich sehe sie vor mir und verknüpfe sie unmittelbar mit dem Bewußtsein meiner Existenz" (V, 161/162). Daß der bestirnte Himmel über mir und das moralische Gesetz in mir Sachen sind, die mich angehen, also meine Vernunftsachen sind, daß sie überhaupt meine Vernunftsachen sind und auch nur *meine* Vernunftsachen sind, ist abhängig vom Bewußtsein meiner Existenz. Auch hier heißt es wieder nicht: abhängig von meiner Existenz, sondern abhängig von dem Bewußtsein meiner Existenz. Dieses Bewußtsein ist notwendige Voraussetzung. Und zu ihm gelange ich nur durch ein Denken, das Beziehungen herstellt, das synthetisiert. Es handelt sich um ein Denken, das seinerseits von nichts anderem wieder abhängig ist, sondern das ursprünglich-synthetisch ist. Kant hat dies auf folgende Formel gebracht, von der letztlich auch die ganze moralphilosophische Reflexion abhängig ist wie auch von ihr der ganze aufklärerische Impuls von Kants Denken lebt – zu guter Letzt auch der ganze emanzipatorische Schwung der vergangenen eineinhalb Jahrzehnte in pädagogischer Theorie und Praxis.[3] Die Formel lautet in der ›Kritik der reinen Vernunft‹: „Das: *Ich denke,* muß alle meine Vorstellungen begleiten *können*; denn sonst würde etwas in mir vorgestellt werden, was gar nicht gedacht werden könnte, welches ebensoviel heißt, als die Vorstellung würde entweder unmöglich, oder wenigstens für mich nichts sein. . . . Denn die mannigfaltigen Vorstellungen, die in einer gewissen Anschauung gegeben werden, würden nicht insgesamt *meine* Vorstellungen sein, wenn sie nicht insgesamt zu einem Selbstbewußtsein gehörten" (B 131/132).[4]

[3] In welch starkem Maße beispielsweise die Kritische Theorie der Frankfurter Schule wie auch die ganze sich auf die Kritische Theorie zurückbeziehende emanzipatorische Pädagogik abhängig sind und beeinflußt sind von der kritischen Philosophie Kants, die eine solche der theoretischen wie der praktischen Vernunft ist, das bezeugen nicht nur diesbezügliche Äußerungen vor allem Max Horkheimers, das bezeugen auch Vertreter der emanzipatorischen Pädagogik, beispielsweise in besonderer Weise der jüngst verstorbene Herwig Blankertz. Ich verweise hierzu auf die leitenden Gedanken in Blankertz ›Die Geschichte der Pädagogik – Von der Aufklärung bis zur Gegenwart‹ (Wetzlar 1982) und das jüngst erschienene, postum von Jörg Ruhloff herausgegebene Bändchen: Herwig Blankertz, Kants Idee des Ewigen Friedens, Wetzlar 1984.

[4] In der ersten Auflage findet sich derselbe Gedanke in folgender, noch etwas hölzern wirkender Formulierung: „Alles empirische Bewußtsein hat aber eine notwendige Beziehung auf ein transzendentales (vor aller besonderen Erfahrung vorhergehendes) Bewußtsein, nämlich das Bewußtsein meiner selbst, als die ursprüngliche Apperzeption. Es ist also schlechthin notwendig, daß in meinem Erkenntnisse alles Bewußtsein zu einem Bewußtsein (meiner selbst) gehöre. . . . Der synthetische Satz: daß alles verschiedene *empirische Bewußtsein* in einem einigen Selbstbewußtsein verbunden sein müsse, ist der *schlechthin* erste und synthetische Grundsatz

Das grundsätzliche, beinahe superkategoriale kantische Ich-denke ist die logische Möglichkeitsbedingung der Erkenntnis als meiner Erkenntnis und die logische Möglichkeitsbedingung dafür, daß ich gehalten bin, mir in metaphysischen Dingen statt logischer Gewißheit moralische Gewißheit zu verschaffen, weshalb es auch hieß: „ich bin moralisch gewiß". Der kantische Satz: „Das Ich-denke muß alle meine Vorstellungen begleiten *können*", gilt grundsätzlich, und das heißt: er gilt für den theoretischen wie für den praktischen Vernunftbereich.[5] Nur im praktischen Bereich kommt der Mensch mit dem Ich-denke und dem denkenden Verstand nicht aus – und damit kommen Probleme auf. Man kann Vernunftsachen als seine Vernunftsachen denken – daraus folgt aber noch kein Handeln. Insofern greift Kant in der ›Grundlegung zur Metaphysik der Sitten‹ zu einem Konstrukt: er setzt dem reinen Denken des Ich analog einen reinen guten Willen. „Es ist überall nichts in der Welt, ja überhaupt auch außer derselben zu denken, was ohne Einschränkung für gut könnte gehalten werden, als allein ein *guter Wille*. . . . Der gute Wille (ist) die unerläßliche Bedingung selbst der Würdigkeit, glücklich zu sein" (IV, 393). Der gute Wille ist „an sich gut" und trägt seinen „vollen Wert in sich selbst" (IV, 394). Der gute Wille ist Vernunftvoraussetzung fürs Handeln; er kann nur gut sein, weil die Vernunft auch nur das Gute als das Wahre will, nämlich: Ordnung des Ich, Gründlichkeit des Denkens und Handelns, ihre eigene Verwirklichung mithin. (In den späteren Schriften wird Kant geschichtsmetaphysisch den „Fortschritt zum Besseren" als Vernunftauftrag ausweisen.[6] Der Wille ist auf Vernunftbeförderung ausgelegt, mithin ist er ursprünglich gut, denn die Beförderung

---

unseres Denkens überhaupt. Es ist aber nicht aus der Acht zu lassen, daß die bloße Vorstellung *Ich* in Beziehung auf alle anderen (deren kollektive Einheit sie möglich macht) das transzendentale Bewußtsein sei" (A 117/118).

[5] Das „Ich denke" begleitet für Kant die theoretische und die praktische Vernunft, indem entsprechend dem „Beschluß" der ›Kritik der praktischen Vernunft‹ sowohl „der bestirnte Himmel über mir" als Erkenntnisobjekt wie auch „das moralische Gesetz in mir" als Handlungsprinzip von Kant verknüpft werden mit dem „Bewußtsein meiner Existenz", das heißt dem „Ich denke". Gottfried Martin, der in ähnlicher Weise in seinem Kant-Buch die Klammer um die theoretische und die praktische Vernunft in dem „Ich denke" sieht, faßt das in die Formulierung: „Das erkennende und das handelnde Subjekt sind ja nicht zwei Subjekte, sondern sie sind doch gewiß ein und dasselbe Subjekt, schon deshalb, weil jedes sittliche Handeln ein Erkennen in sich schließt, weil es keine Freiheit gibt ohne die Erkenntnis und ohne das Selbstbewußtsein der Freiheit." Dabei ist das „Ich denke" die ursprüngliche Spontaneität, die Möglichkeitsbedingung des Selbstbewußtseins und damit die Möglichkeitsbedingung des erkennenden und des handelnden Subjekts als des „Ich erkenne" und „Ich will" (Gottfried Martin, Immanuel Kant, Köln [3]1960, S. 201).

[6] Hierzu verweise ich auf meinen Versuch: Über den „Fortschritt zum Besseren"

kann nur zum bonum gehen. Aber noch reicht die Erklärung nicht aus. Zur
moralischen Gewißheit, die der logischen analog ist, benötigt Kant noch
eine Auslegung der praktischen Vernunft, aus der heraus deutlich wird, daß
der Wille mit Notwendigkeit, wenn er ein Vernunftwille ist, gut sein muß.
Und dies Fehlende ist die „Vorstellung eines objektiven Prinzips, sofern es
für einen Willen nötigend ist", und das als „Formel . . . Imperativ" heißt
(IV, 413). Ein Imperativ, der unbedingt gebietet, der also nicht abhängig ist
von Zwecken oder ähnlichem, ist ein kategorischer Imperativ. „Der kategorische Imperativ würde der sein, welcher eine Handlung als für sich
selbst, ohne Beziehung auf einen andern Zweck, als objektiv-notwendig
vorstellte" (IV, 414). Er ist also formal und prinzipiell; unter seiner Zugrunde-
legung besteht „das Wesentlich-Gute (der Handlung) in der Gesinnung, der
Erfolg mag sein, welcher er wolle" (IV, 416). Dieses Grundgesetz der praktischen Vernunft gilt für Kant infolge seiner Unabhängigkeit von irgend
etwas anderem als „praktischer Satz a priori". Und die Bedingung der Möglichkeit des Bewußtseins oder der Erkenntnis dieses Grundgesetzes wird
von Kant als *Faktum der Vernunft"* ausgegeben: es ist kein empirisches
Faktum, sondern – und hier windet sich Kant, weil er die Fesseln seiner
transzendentalphilosophischen Methode schmerzhaft spürt – es ist „das einzige Faktum der reinen Vernunft, die sich dadurch als ursprünglich gesetzge-
bend ankündigt" (V, 31). Dieser kategorische Imperativ lautet: „Handle so,
daß die Maxime deines Willens jederzeit zugleich als Prinzip einer allgemeinen Gesetzgebung gelten könne!" Das heißt: Meine gegenwärtige Absicht,
etwas Bestimmtes zu tun (= Maxime) soll einem Willen entsprechen, der
ein guter Wille ist; und ein solcher guter Wille ist der, der verallgemeine-
rungsfähig und verallgemeinerungswürdig ist, oder anders: nach dem jeder
andere in dieser Maximen-Situation grundsätzlich auch so wie ich müßte
handeln können und dürfen.

Auf die Problematik dieses guten Willens und des Kategorischen Imperativs unter transzendentalphilosophischer Betrachtung will ich hier nicht
weiter eingehen. Kant selber hat seine Schwierigkeiten damit gehabt. Doch
die Bedeutung dieses Kategorischen Imperativs will ich kurz erörtern. Dabei sollte noch erwähnt sein, daß dieser Kategorische Imperativ auch unter
der Bezeichnung „Sittengesetz" und „moralisches Gesetz" bei Kant Verwendung findet.

Das „moralische Gesetz in mir", das meines ist – wie ich vorhin ausführte –
läßt mich in seiner willentlichen und durch gute Gründe fundierten Befol-
gung zur moralischen Persönlichkeit werden; die Bezeichnung „moralische
Persönlichkeit" ist die Bezeichnung für eine Qualität; sie ist nach einer

– Kants Stellung zum Wert utopischen Denkens, in: Vierteljahrsschrift für wissenschaftliche Pädagogik 51 (1975), S. 19–36.

Erläuterung in der ›Metaphysik der Sitten‹ „nichts anderes als die Freiheit eines vernünftigen Wesens unter moralischen Gesetzen, . . . woraus dann folgt, daß eine Person keinen anderen Gesetzen als denen, die sie sich selbst gibt, unterworfen ist" (VI, 223). So wie der einzelne immer selber begründete Entscheidungen zu treffen hat, so wie der einzelne immer *selber denken* und begründen muß und sich nicht zum Befehlsempfänger machen lassen darf, wie er auch keine Norm- und Wertdressur über sich ergehen lassen darf und sich grundsätzlich auch nicht unter Vormünder stellen lassen darf, seien es nun weltanschaulich-ideologieträchtige Vormünder oder seien es solche, die mit Heilsversprechungen kommen und damit fromme Kirchenlämmer züchten wollen, *so hat der einzelne als Vernunftwesen selbstgesetzgebend*, sprich: *autonom zu sein. Mit guten Gründen hat der einzelne sich zu seinem von ihm allein zu vertretenden Handeln zu bestimmen*; nur er allein kann für sein Handeln auch zur Rechenschaft gezogen werden, *es gibt kein stellvertretendes Gewissen, es gibt keine stellvertretende moralische Gewißheit.* Jede Delegation einer Entscheidung an andere zeugt von Unmündigkeit und von Vernachlässigung der *Pflicht, selber sein Handeln unter dem Kriterium der Verallgemeinerungsfähigkeit in der jeweiligen Maximen-Situation zu bedenken und zu bestimmen.* [7]

Wie ein roter Faden ziehen sich das Ich-denke und das Gebot des Selberdenkens durch Kants Philosophie. Daß er dabei im Rahmen einer Gesinnungsethik stehenzubleiben scheint, kann kritisiert werden und mag heute nicht mehr haltbar sein. Doch hat Kant gleichzeitig die *Grundlagen für eine Verantwortungsethik* gelegt und selber auch trotz seiner Erklärung, daß der Erfolg des Handelns in moralischer Absicht unwesentlich sei, das Fehlen des Bedenkens von Folgen kritisiert; man entsinne sich des Gefängnisbeispiels in der ›Kritik der Urteilskraft‹. Daß er *Grundlagen für eine* Verantwortungsethik und damit für eine *Verantwortungsbildung* gelegt hat, ergibt sich daraus, daß seine Ethik eine Ethik der Aufklärung und eine Ethik des zur Eigenbegründung des Handelns verpflichteten Subjekts ist. Schuldig wird der Mensch an der grundsätzlichen Möglichkeit von Verantwortlichkeit und Mündigkeit, wenn er die Mündigkeit verspielt nicht „aus Mangel des Verstandes", sondern aus Mangel „der Entschließung und des Mutes, sich seiner – des Verstandes – ohne Leitung eines andern zu bedienen . . . Habe Mut, dich deines eigenen Verstandes zu bedienen!" ruft Kant daher als „Wahlspruch der Aufklärung" aus (VIII, 35). Es geht ihm immer um

---

[7] Eine Umsetzung dieses Gedankens von Kant in gegenwärtige Auseinandersetzungen um die Entwicklung von Fortschritt, die gleichzeitig die ›Aktualität Kants‹ – so ein Buchtitel von Gerhard Funke (Bonn 1979) – dokumentieren mag, habe ich vorgenommen in meinem Aufsatz: Das Dilemma eines verantwortbaren Fortschritts, in: Vierteljahrsschrift für wissenschaftliche Pädagogik 60 (1984), S. 301–316.

„den Geist einer vernünftigen Schätzung des eigenen Werts und des Berufs des Menschen, selbst zu denken" (VIII, 36). Das Selberdenken ist für Kant der oberste Garant der Gewißheit, der logischen und der moralischen, und wer sich gegen ihn vergeht, der vergeht sich am höchsten Gut auf Erden, der vergeht sich für Kant an der von nichts abhängigen Vernunft des Menschen.

Die Instrumentalisierung der Vernunft, von der wir heute sprechen, die Vereinnahmung der Vernunft durch Zwecke, die den einzelnen Menschen von seiner Vernunft entfremden, alles dies sah Kant auch in seiner Zeit, nur nicht in dem heutigen Ausmaß. Daher war für Kant die *Ordnung des selberdenkenden Ich* ein unaufgebbares Postulat und eine notwendige Konsequenz des Aufklärungsdenkens: „Aufklärung in *einzelnen Subjekten* durch Erziehung zu gründen, ist . . . leicht; man muß nur früh anfangen, die jungen Köpfe zu dieser Reflexion zu gewöhnen. Ein *Zeitalter* aber aufzuklären, ist sehr langwierig, denn es finden sich viele äußere Hindernisse, welche jene Erziehungsart teils verbieten, teils erschweren", schreibt Kant im Oktober 1786 (VIII, 147). Mit dem zweiten Satz sollte er bis heute recht behalten. Aber dies desavouiert den Kritik- und Aufklärungsanspruch Kants nicht. –

Wieviel kantisches Erbe in zeitgenössischen Pädagogik-Konzeptionen steckt, kann sich jeder nach dem Dargestellten durch Selberdenken zu Bewußtsein bringen. Und wie berechtigt die im ersten Teil vorgetragene Kritik an denen ist, die der kantischen Philosophie nur Ignoranz entgegenbringen, indem sie einfach vergessen machen, daß die kantische Transzendentalphilosophie in theoretischer wie in praktischer Wendung sowohl die zeitgenössische pädagogische Reflexion geprägt als auch das pädagogische Handeln der Neuzeit und Gegenwart bestimmt hat, mag ebenso deutlich geworden sein.

Literaturhinweise

Werk

Gesammelte Schriften, begonnen von der Königlichen Akademie der Wissenschaften, Berlin 1900 ff. (= Akademie-Ausgabe).
Werke in 11 Bänden, hrsg. von Ernst Cassirer, Berlin 1921–1922 (= Cassirer-Ausgabe [WC]).
Werke in 6 Bänden, hrsg. von Wilhelm Weischedel, Wiesbaden 1956–1964 (= Weischedel-Ausgabe).
Ausgewählte Schriften zur Pädagogik und ihrer Begründung, besorgt von H.-H. Groothoff unter Mitwirkung von Edgar Reimers, Paderborn 1963.

Gesamtdarstellungen

Bauch, Bruno: Immanuel Kant, Berlin und Leipzig [3]1923.

Cassirer, Ernst: Kants Leben und Lehre, Berlin [2]1921.

Gulyga, Arsenij: Immanuel Kant, Frankfurt a. M. 1981.

Paulsen, Friedrich: Immanuel Kant. Sein Leben und seine Lehre, Stuttgart [6]1920.

Rickert, Heinrich: Kant als Philosoph der modernen Kultur, Tübingen 1924.

Vorländer, Karl: Immanuel Kant. Der Mann und das Werk, 2 Bde., Leipzig 1924.

Zur Pädagogik Kants

Ballauff, Theodor: Vernünftiger Wille und gläubige Liebe. Interpretationen zu Kants und Pestalozzis Werk, Meisenheim a. Gl. 1957.

–: Die Begründung der Persönlichkeitspädagogik bei Kant, in: Ders., Philosophische Begründungen der Pädagogik, Berlin 1966.

Bockow, Jörg: Erziehung zur Sittlichkeit, Frankfurt a. M./Bern 1984.

Derbolav, Josef: Abriß europäischer Ethik, Würzburg 1983.

Fischer, Wolfgang: Kant und die „Kritikfähigkeit" als pädagogisches Prinzip, in: W. Fischer, D.-J. Löwisch, J. Ruhloff, Die Angst des Lehrers vor der Erziehung, Duisburg 1980, S. 9–22.

Funke, Gerhard: Von der Aktualität Kants, Bonn 1979.

Hinske, Norbert: Kant als Herausforderung an die Gegenwart, Freiburg/München 1980.

Jaspers, Karl: Die großen Philosophen, Band 1, München 1957.

Löwisch, Dieter-Jürgen: Sitte, Legalität und Moralität in der Erziehung, in: Kantstudien 1968, S. 212–230.

–: Die praktisch-moralische Endabsicht der kritischen Methode Kants – mit einem Blick auf Lessings Kritikverständnis, in: Akten des V. Intern. Kant-Kongresses I. 2, Bonn 1981, S. 812–820.

–: Einführung in die Erziehungsphilosophie, Darmstadt 1982.

Pleines, Jürgen-Eckardt (Hrsg.): Kant und die Pädagogik, Würzburg 1985.

Vierteljahrsschrift für wissenschaftliche Pädagogik 51 (1965), Heft 1 (mit Abhandlungen von J. Ruhloff, D.-J. Löwisch, H. Girndt).

Vierteljahrsschrift für wissenschaftliche Pädagogik 58 (1982), Heft 3 (mit Abhandlungen von Th. Ballauff, P. Vogel, W. Fischer, H. Blankertz).

JOHANN HEINRICH PESTALOZZI

Von Theodor Ballauff

1. Zunächst einige kurze Angaben zur Biographie Pestalozzis! Geboren am 12. Januar 1746 in Zürich verliert er den Vater früh, seine Erziehung liegt in den Händen seiner Mutter und einer Magd. Er studiert zunächst Theologie und Jura. Dann aber, angeregt durch Rousseau und die Industriepädagogen, wendet er sich den Erziehungsfragen seiner Zeit und seiner Umwelt zu. Nach einer kurzen landwirtschaftlichen Ausbildung gründet er bei Birr (Aargau) das Gut Neuhof (1769), um sich ganz einem „natürlichen Leben" zu widmen. Er wandelt den Hof 1775 in eine Erziehungsanstalt für arme Kinder um, in der er eine allgemeine Grundbildung mit handwerklicher und landwirtschaftlicher Ausbildung zu verbinden sucht. Das Unternehmen scheitert nach wenigen Jahren (1779). Pestalozzi gibt in ›Die Abendstunde eines Einsiedlers‹ (1780) eine Rechtfertigung seines pädagogischen Vorhabens. In der Folgezeit wendet er sich sozialpolitischen Problemen zu. Ein großer Erfolg wurde der 1. Band seines Romans ›Lienhard und Gertrud‹, in dem er die sozialpolitische Bedeutung der „Wohnstubenerziehung" darstellte (4 Bände 1781–87).

Die Französische Revolution beeindruckt Pestalozzi sehr, um sie dann allerdings einer strengen Beurteilung zu unterziehen, zum Beispiel ›Ja und Nein?‹ (1793). In seinem umfangreichen Werk ›Meine Nachforschungen über den Gang der Natur in der Entwicklung des Menschengeschlechts‹ (1797) versucht Pestalozzi von neuem – wie schon in der ›Abendstunde‹ –, sich Rechenschaft zu geben über seine bisherigen Absichten und Unternehmen, vor allem aber die Grundlagen einer „Erziehungstheorie" zu gewinnen. In mehreren Ansätzen wird die Problematik in anthropologischer, politischer, ethischer Hinsicht erörtert. So gelangt Pestalozzi zu einer Grundkonzeption seiner Pädagogik, die wir noch genauer analysieren müssen.

Pestalozzi übernimmt 1798 ein Waisenhaus in Stans, einem Dorf, das von der französischen Besatzungsmacht grausam wegen eines Aufstandes bestraft worden war. Viele Kinder waren elternlos geworden. Auf engstem Raum lebt Pestalozzi mit den Kindern zusammen. Hier werden ihm menschliche und pädagogische Grunderfahrungen zuteil. In seinem ›Brief über meinen Aufenthalt in Stans‹ (1799) berichtet er darüber. Das Unternehmen selbst konnte sich wegen vieler widriger Umstände nicht halten. 1800–1804 leitet er eine Schule in Burgdorf, dann in Buchsee, von 1805–

1825 in Iferten (Yverdon). 1825 kehrt er auf den Neuhof zurück. Die Unternehmen Pestalozzis waren auf lange Sicht nicht von Bestand, was nicht zuletzt an Pestalozzis organisatorischem Ungeschick lag.

Einen Höhepunkt erfuhr Pestalozzis Wirken in den Jahren zwischen 1804–1810. Von fern und nah fand man sich bei ihm ein, um den bedeutenden Pädagogen an Ort und Stelle in seiner Tätigkeit, in seinen Institutionen zu erleben und mit ihm ins Gespräch zu kommen. Es stellte sich allerdings bald heraus, daß vieles nicht so war, wie man es nach den Schriften Pestalozzis und nach ersten Berichten vermutete. Auch die innere Ausgeglichenheit des Instituts litt sehr unter der Rivalität einiger Mitarbeiter. Pestalozzi selbst mußte in einem seiner späten Werke ›Schwanengesang‹ (1826) – eine Schrift, die schon früher weitgehend niedergeschrieben war – diesen Lebensabschnitt und seine Institutionen einer scharfen Selbstkritik unterziehen.

Unentwegt jedoch – bis zu seinem Tod 1827 – versucht er, seinen Zeitgenossen die Grundgedanken seiner Pädagogik verständlich zu machen, vor allem die Wendung von dem anfänglichen Entwurf einer „natürlichen Pädagogik" und dem späteren Konzept einer sittlichen Erziehung zu dem Gedanken einer von Glauben und Liebe getragenen Bildung.[1]

2. Drei, die Notwendigkeit und Berechtigung der Erziehung und Bildung begründende Gedankengänge kann man bei Pestalozzi unterscheiden: eine sozialpolitische Begründung, eine anthropologische Begründung und eine Begründung aus der menschlichen Verkehrtheit. Diese Darlegungen Pestalozzis umschließen zugleich eine Grundlegung der Pädagogik, sind sie doch der Versuch, ein systematisches Ganzes zu konzipieren.

Die so sich aufbauende Pädagogik ist kein einheitlicher Entwurf. Während seines langen Lebens setzt Pestalozzi immer wieder von neuem an, immer von einer anderen Seite, zugleich findet er für das früher Gesagte neue Wendungen und Formulierungen.

2.1 Man wird Pestalozzi nur gerecht, wenn man seine Begründung der Erziehung im Sozialen und Politischen an den Anfang stellt. Die sachlichen Zusammenhänge zwingen ihn bald dazu, diesen Ansatz und Rahmen zu überschreiten. Der „Glaube an die Möglichkeit einer Veredlung des Menschengeschlechts" – so umschreibt Pestalozzi in ›Wie Gertrud ihre Kinder lehrt‹ die große Voraussetzung seiner Pädagogik, so sehr seine bitteren Erfahrungen mit den Menschen diesen Glauben in Frage stellten. Jeden Menschen sieht er von diesem Glauben an eine „Veredlung" beseelt, ebenso

---

[1] Vgl. zur Biographie Herbert Schönebaum 1954, Käte Silber 1957, Friedrich Delekat 1968.

steht ihm das Unerfülltbleiben des aus diesem Glauben entspringenden Strebens vor Augen (›Abendstunde eines Einsiedlers‹, 1780). Die erste Aufgabe, die sich für Pestalozzi ergibt, ist daher sozialpolitisch begründet, nämlich die Armenerziehung. Von Jugend auf – so betont er in seiner Rede am dreiundsiebzigsten Geburtstag – ging das Ziel meines Lebens dahin, „dem Armen im Land durch tiefere Begründung und Vereinfachung seiner Erziehungs- und Unterrichtsmittel ein besseres Schicksal zu verschaffen". Die Erziehung des armen Menschen besitzt den Vorrang.

Wills Gott werden auch unsre jetzigen Tage etwas dazu beitragen, daß auch von der nur Geld und Lust und Ehre suchenden Welt doch allmählich wird erkannt werden, daß ein wohlbesorgtes armes Kind mehr abträgt als ein wohlbesorgtes Merino, daß aus Armut und Elend zu einem glücklichen, selbständigen Menschenleben erhobene Dörfer mehr Ehre bringen als Prachtsäle für Musik und Tanz, und daß aus der Verwilderung zum Dank und zum Diensteifer erhobene Menschen mehr Lust und Freude gewähren als ganze Ställe voll Prachtpferde, Jagdhunde und selber auch noch so viele dumme schlechte Kerls, die in Prachtlivreen hinten und vornen an deinem Wagen stehen und dich an deinem Tisch, und wo du gehst und stehst, genieren (›Wie Gertrud‹).[2]

Erziehung bedeutet in diesem Zusammenhang Aufhilfe. Über allem Wachstum der Kultur in Künsten und Wisenschaften darf diese Hilfe nicht vergessen werden, ja jene müssen für das Wohl des niederen Volkes eingesetzt werden.

Diese Aufhilfe umschließt Selbsthilfe. Jene soll nicht den Menschen sich selbst abnehmen, etwa durch gesellschaftliche Institutionen und Organisationen. „Lernet doch, arme Menschen! Lernet euch selber versorgen, es versorgt euch niemand."[3]

Pestalozzi prägt einen eigenen Begriff für die sich ergebende zweite Aufgabe. Schon in der ›Abendstunde‹ begegnet diese Formulierung: Emporbildung. – Emporbildung des Menschen, auch des ärmsten und niedersten zu reiner Menschenweisheit – ebenfalls ein von Pestalozzi anfänglich gebrauchter Terminus –, umreißt die Notwendigkeit von Bildung überhaupt. Menschenweisheit – das besagt ein Wissen um die eigene Lage und ihre Verhältnisse, ebenso um die eigenen Bedürfnisse; dieser Ausdruck soll aber zugleich ein Sich-verstehen auf diese Verhältnisse und Bedürfnisse bezeichnen, nicht also Wissenschaft, sondern ein wissendes Können.

Eine solche Erziehung erstreckt sich auf das „Volk", wie Pestalozzi sagt. Niemand kann von ihr ausgeschlossen werden. Ihr Ziel ist das „Heil des Volkes".

---

[2] SW XIII, 183/Ballauff 1957, 150.
[3] LW, Bd. 4, 310f./Ballauff 1957, 151.

Freund, es ist keine Anmaßung in meiner Seele, ich wollte durch mein Leben nichts, und will heute nichts anderes, als das Heil des Volkes, das ich liebe und elend fühle, wie es wenige elend fühlen, indem ich seine Leiden mit ihm trug, wie sie wenige mit ihm getragen haben (›Wie Gertrud‹).[4]

Die Erziehung schließt die einzig mögliche Rettung des Volkes, ja der Menschheit in sich.

Es ist für den sittlich, geistig und bürgerlich gesunkenen Weltteil keine Rettung möglich als durch die Erziehung, als durch die Bildung der Menschlichkeit, als durch Menschenbildung! (›An die Unschuld‹).[5]

2.2 Wir können bei Pestalozzi drei anthropologische Gedankengänge verfolgen:
– der Mensch als „natürliches Wesen",
– der Mensch als sittliches Wesen und
– der Mensch als das sich in Glauben und Liebe gewährte Wesen.
Die mit diesen Titeln bezeichneten Gedankengänge bilden eine Abfolge, in der sie sich überschreiten, aufheben und bewahren. Seit der ›Abendstunde‹ stellt sich Pestalozzi die Frage nach dem „Wesen des Menschen". Zunächst findet er die Antwort in einer Theorie der Natürlichkeit.

2.2.1 Der Natur gehört der Mensch an, von ihr her nimmt er seinen Ursprung. Sie gewährt einem jeden seine Lebensmöglichkeit und sein Können in Gestalt von Anlagen und „Kräften". Diese treiben zu ihrem Gebrauch an. Das Auge will sehen, der Fuß will gehen, der Geist will denken. – So formuliert Pestalozzi noch in seinem Spätwerk ›Schwanengesang‹. – All dies von der Natur Gewährte drängt zur Entwicklung. Dafür bietet die Natur Ordnung, Weg und Norm. Die Natur – besser: die Natürlichkeit wird zu dem einzig angemessenen Weg der Menschenbildung. Die „Bahn der Natur" – wie Pestalozzi mit Rousseau sagt – ist ausschließend –, es gibt keinen anderen angemessenen Weg, sie ist offen und leicht, sie führt zum Ziel der vollen menschlichen Entfaltung. Die Natürlichkeit versetzt jeden einzelnen in eine Individuallage und in soziale Verhältnisse; sie stattet ihn mit Bedürfnissen aus, die ihn die Bahn der Natur weisen.
Pestalozzi hat diese Theorie der Natürlichkeit im Anschluß an Rousseau zunächst entworfen, um sich selbst über sein Vorhaben und sein Tun Rechenschaft abzulegen. Er ist ihr nie völlig untreu geworden, aber sein weiteres Nachdenken und seine Erfahrung in den achtziger Jahren führen ihn zu der Einsicht, daß die Natur im Menschen überschritten werden muß, gerade um sie vor sich selbst, ihrer eigenen Verderbnis zu schützen.

---

4 SW XIII, 328/Ballauff 1957, 163.
5 GW 6, 394/Ballauff 1957, 163, vgl. Adalbert Rang 1967.

2.2.2 Der erste Ansatz der weiteren ›Nachforschungen‹ läßt Pestalozzi die Sittlichkeit entdecken, die nun nicht mehr schlicht gewährte Entfaltung von Kräften und Antrieben ist, sondern das Werk des Menschen selbst. Pestalozzi erkennt die Bedingtheit und Abhängigkeit des einzelnen von der Gesellschaft und die Unmöglichkeit, die Natürlichkeit einfach darzuleben. Ja, die Natürlichkeit gerät selbst in eine Verkehrung hinein, die in den gesellschaftlichen Verhältnissen zum Vorschein kommt.

In der Mitwelt muß jeder sich selbst zu wahren suchen. In ihr kann der einzelne nicht mehr allein maßgeblich bleiben, vielmehr müssen alle einander maßgeblich werden.

So kommt es zu Gesetz und Recht, aber auch zu Streit und „Verderben". Jeder sucht sich selbst mit Hilfe aller anderen seine Natürlichkeit, und d. h. seinen unmittelbaren „Selbstgenuß", zu sichern. Die „Gesellschaft" konstituiert sich. Der Mensch wird ihr überantwortet, von ihr her ist er, was er wird. Wieder hat er sich zu fügen, jetzt aber den einschränkenden Geboten und dem Zwang eben dieses Miteinanders. Selbstsucht und Gesellschaftsordnung treten in endlose Auseinandersetzung, die „ungesellige Geselligkeit" (Kant) herrscht. Jetzt wirft ihn diese Gesellschaftlichkeit an den „Ort", an dem er ein „Mitglied der Gesellschaft" sein darf. Und nur das darf er sein, was zu sein ihm diese Gesellschaft gestattet. In dieser gesellschaftlichen „Geworfenheit" an seinen „individuellen Ort" findet er sich bald „oben", bald „unten", wenn er diese seine Lage auf die Rangordnung der in Gesellschaft möglichen – d. h. anerkannten – Situationen und Positionen bezieht, bald befindet er sich im Genuß, bald darbt und verkommt er.

. . . Als 'Werk der Gesellschaft', als 'Werk der Welt' bin ich ein Tropfen der von der Spizze der Alpen in einen Bach fällt.

Unsichtbar, ein nichtiges Wesen, falle ich mit dem Staub seines Mooses von meinem Felsen, glänze bald in silbernen Strahlen der Sonne, fließe bald im Dunkel der Höhlen, stehe hier im reinen Wasser der Seen, dort im Kot der Sümpfe gleich still, falle aus Sümpfen und Seen dann wieder ins Treiben der Flüsse, und schwimme in der Gestalt ihrer Wogen bald hell bald trüb, bald sanftwallend, bald wirbelsprudelnd, bald zwischen reinen Gefilden, bald zwischen stinkenden Stätten, bald zwischen gräßlichen Ufern dahin, bis ich in den ewigen Meeren des Todes meine Auflösung finde (›Nachforschungen‹).[6]

So umschreibt Pestalozzi in den ›Nachforschungen‹ die Abhängigkeit eines jeden. Als Werk der Gesellschaft bin ich also wiederum – wie anfänglich in meiner Natürlichkeit – von einer Instanz ins Leben gerufen, die mir nicht mehr Kraft, Fülle und Genuß unmittelbar gewährt, sondern mir bald dies, bald das zuteil werden läßt oder entzieht. Als selbständiges Wesen werde ich

---

[6] SW XII, 122 f./Ballauff 1957, 79 f.

negiert. Die Gesellschaft ist zwar entstanden, um den einzelnen vor der Willkür und Gewalt der anderen zu schützen; aber sie nimmt ihm wieder, was sie zu bieten versprach. Daher muß sich jeder Mensch von neuem aus diesen Abhängigkeiten, diesen Direktiven zu lösen suchen, um seine ursprüngliche Selbständigkeit wiederzuerlangen.

Allerdings darf nicht übersehen werden, daß Gesellschaft und Welt auch von meiner Mitwirkung abhängen. Es besteht geradezu ein Kreisprozeß, in welchem jeder einzelne am Zustandekommen der Gesellschaft und Kultur mitwirkt. Umgekehrt behalten diese jeden in sich ein, gerade durch sein Mitwirken, ja beide Seiten identifizieren sich:

Ich werde selbst Welt – und die Welt wird durch mich – ich ungesondert von ihr, bin ein Werk der Welt – sie ungesondert von mir, ist mein Werk (›Nachforschungen‹).[7]

Aber – fährt Pestalozzi fort –

ich habe eine Kraft in mir, mich von der Welt und die Welt von mir zu sondern, durch diese Kraft werde ich ein Werk meiner selbst. Ich fühle mich also auf eine dreifache Art in der Welt (›Nachforschungen‹).[8]

– nämlich als Werk der Natur, als Werk der Gesellschaft und als Werk meiner selbst.

Erst in der selbstgeleisteten Negation der Gesellschaftlichkeit werde ich mein eigener „Schöpfer" und erfahre meine Einmaligkeit, meine Singularität.

Diese Kraft ist im Innersten meiner Natur selbständig, ihr Wesen ist auf keine Weise eine Folge irgend einer anderen Kraft meiner Natur. – Sie ist, weil ich bin, und ich bin, weil sie ist (›Nachforschungen‹).[9]

In diesem Herausgestelltsein aus Welt erreicht jeder seine Singularität im Sinne von Unteilbarkeit, Unmittelbarkeit, Unvertretbarkeit, Unwiederholbarkeit. Sich so auf sich zurücknehmen, das kann niemand für mich tun; so ganz bei sich selbst sein, das kann ja immer nur ich, kein anderer kann mir das abnehmen. In Pestalozzis Worten: „Kein Mensch kann für mich fühlen, ich bin. – Kein Mensch kann für mich fühlen, ich bin sittlich" (›Nachforschungen‹).[10]

Sittlichkeit stellt in den Gegensatz zu „den vielen"; die „vielen" sind zufrieden mit der bloßen Natürlichkeit und der Gesellschaftlichkeit. Der sittliche Mensch stellt sich außerhalb von „Welt", er sieht sie als das, was sie ist, und er sucht anderes als Genuß und Arbeit, wie sie der „Kurzschluß" der

---

[7] SW XII, 121 f./Ballauff 1957, 81.
[8] A. a. O./Ballauff 1957, 81.
[9] SW XII, 105 f./Ballauff 1957, 82.
[10] SW XII, 106/Ballauff 1957, 82.

„animalischen Natürlichkeit" und der Gesellschaftsordnung täglich bietet.[11]

Reine Sittlichkeit als ein solches Sichaufsichstellen des Menschen als eines einzelnen und einzigen aus Welt heraus muß dann aber gerade durch ihre Irrealität gekennzeichnet werden. „Reine Sittlichkeit" widerstreitet der Wahrheit der menschlichen Natur als der harmonischen Totalität der Kräfte, d. h. doch als eines In-der-Welt-Seins. „Reine Sittlichkeit" wäre „reiner Egoismus" und zugleich „Selbstvernichtung", sollte doch dies Sichherausstellen aus Welt gerade einem erneuten Sichhineinstellen in Welt dienen.

Reine Sittlichkeit streitet gegen die Wahrheit meiner Natur, in welcher die thierischen die gesellschaftlichen und die sittlichen Kräfte nicht getrennt, sondern innigst miteinander verwoben, erscheinen. – So wie ich die Folgen nicht tragen könnte, die es auf mich haben würde, wenn ich alle Dinge dieser Welt blos als ein für mich selbst bestehendes Thier, oder blos als ein in bürgerlichen Verhältnissen stehendes Wesen ins Auge fassen würde, eben so wenig könnte ich die Folgen tragen, die es auf mich haben müßte, wenn ich selbige einzig und ausschließend in dem Gesichtspunkt, was sie zu meiner innern Veredlung beitragen, und von meiner thierischen Natur und von meinen gesellschaftlichen Verhältnissen unabhängend ins Auge fassen wollte (›Nachforschungen‹).[12]

Daher müssen auch „mystische" und „asketische" Weltflucht verworfen werden: Weltlichkeit und Sittlichkeit gehören zusammen. Sich die „Unschuld" zu bewahren ist nicht der Sinn des Lebens, sondern die Wieder-Holung in der Weltlichkeit, in der ich mich immer wieder zurückhole aus der Verfangenheit in die gesellschaftlichen Verhältnisse und der Verfallenheit an sie.

2.2.3 Noch einmal überschreitet Pestalozzis Grundlegung einer Pädagogik die Theorie der Sittlichkeit in der Konzeption des Menschen als des ohnmächtigen, sich selbst erst durch Liebe und Glauben geschenkten Wesens.

Pestalozzis Gedankengang setzt in einer durchaus geläufigen Weise an, nämlich bei einem Vergleich von Tieren und Menschen. Pestalozzi nennt eine Reihe von Unterschieden[13]:

Erstens: Die Unbildsamkeit des Tierischen; der Fuchs vor tausend Jahren war der gleiche wie der Fuchs in unseren Wäldern heute.

Im Tierischen fehlt jede schöpferische Bereicherung und Vervollkommnung. Wir würden heute sagen, es fehlt die „Geschichtlichkeit" im Sinne einer unerschöpflichen variablen Überholung.

Zweitens: Diese Entwicklung wird gelenkt vom „Instinkt", ja, das ganze

---

[11] Ballauff 1957, 88.
[12] SW XII, 109 f./Ballauff 1957, 92.
[13] Ballauff 1966, 141 ff.

Leben des Tieres unterliegt dieser „unmittelbaren" Führung durch die Natur. Wie „vermittelt" zeigt sich demgegenüber diese natürliche Führung beim Menschen! Drittens: Die schnelle Entwicklung des tierischen Wesens fällt als weitere Unterscheidung in die Augen. Wie bald erreicht das Tier seine natürliche Wesensfülle, wie „verlangsamt" erscheint demgegenüber die Entwicklung des Menschen!

Es ist dem menschlichen Geiste fast unbegreiflich, wie das junge Tier so schnell alles werden und alles sein kann, was es sein soll, um so mehr, da die menschliche Entfaltung in dem Grad langsam und von fremder Hilfe, von fremdem Einfluß und von fremder Kunst abhängig, als das Tier davon unabhängig ist (›An die Unschuld‹).[14]

So zeichnet sich das Leben des Tieres durch frühe Selbständigkeit aus, gegenüber der „Hilflosigkeit" des sich entwickelnden Menschen.

Viertens: Das Tier lebt vom ersten Tag seiner Geburt an in eigener Gier und Kraft, nicht wie das Kind in der Kraft der Mutter und ihrer Hilfe.

So groß ist der Unterschied in der Richtung der Triebe zwischen dem menschlichen Säugling und dem tierischen. Dieser letztere lebt von der Stunde seiner Geburt an in sich selber im Gefühl seiner Kraft, und er lebt durchaus nicht wie der menschliche in der Kraft der Mutter und durch sie, er lebt durchaus nicht im Glauben an sie, sondern in einer von der Stunde seiner Geburt an sich äussernden lebendigen Gierigkeit nach dem Gebrauch seiner eigenen Kraft (›An die Unschuld‹).[15]

Damit sind wichtige Spezifika des Tierischen umrissen. Und man wird sich hierbei ebenso an Herders „Anthropologie" mit ihrem Aufweis der Differenz von Mensch und Tier erinnern wie auch an die modernen Versuche, von hier aus eine „Anthropologie" aufzubauen. Wir denken an das von Bolk aufgewiesene „Retardationsphänomen", an die „Instinktdefizienzen" beim Menschen und die „Eingepaßtheit in eine Umwelt" beim Tier, an die „Vollkommenheit" der tierischen Organisation und die „organische Mangelhaftigkeit" des Menschlichen, wie sie in dem großen Entwurf einer Anthropologie von Arnold Gehlen zur Grundlage gemacht worden sind. Das für Pestalozzis Gedankengang Kennzeichnende ist nun gerade die Wendung zum Positiven hin, die er diesen Unterschieden zu geben weiß und die seinen Gedankengang scharf abhebt von der Herder-Gehlenschen Wendung. Pestalozzi gelangt zu anderen Ergebnissen als jene. Die Positivität der langsamen Entwicklung liegt gerade darin, daß der Mensch seiner Menschlichkeit inne wird. Sie ist ihm „natürlich", d. h., die Natur gewährt ihm solche „Retardation", auf daß er „Zeit habe", das Wesentliche seiner selbst, das nicht im Tierischen zu suchen ist, zu erfahren. Wäre seine Entwicklung zu schnell beendet, so würde er sozusagen vom Tierischen abgefangen und in

---

[14] GW 6, 208/Ballauff 1966, 142.
[15] GW 6, 211/Ballauff 1966, 142.

ihm hängenbleiben, bevor er Mensch geworden ist. Die verlangsamte Entwicklung ist positiv.

Dem Menschen wird es durch die Langsamkeit seiner Entwicklung möglich gemacht, nicht nur durch das Hören auf Mutter und Familienangehörige sich in Anspruch nehmen zu lassen, sondern darüber hinaus sich in der Unterstellung unter diesen Anspruch als lebendiges Wesen „von Grund aus" zu bestimmen, also auch als „physisches Wesen". Die tierische Natur wird nicht unwesentlich, aber sie wird auch nicht einfach überbaut von neuen „Vermögen"; sie wird vielmehr aufgehoben und bewahrt, indem sie zur Menschlichkeit „veredelt" wird. Die tierische Kraft muß daher zunächst „stillgelegt", sie muß niedergehalten werden, damit der Mensch nicht von sich selbst fortgerissen werde, d. h. vom Vernehmen des Anspruchs, mit anderen Worten, damit die Natur in Gestalt der Mitmenschen, zuerst der Mutter, ihn in seine Menschlichkeit hervorrufen könne. Sprache muß das ureigene Medium menschlicher „Entwicklung" werden.

Die menschliche Kraft entfaltet sich im Kinde gleichsam durch das Verschwinden des Bewußtseins seiner Kraftlosigkeit im Glauben an die Mutter, die tierische hingegen durch das rege Bewußtsein seiner eigenen sinnlichen Kraft in Mißtrauen und Lieblosigkeit. Die menschliche Kraft entfaltet sich aus der Menschlichkeit selber, die tierische hingegen ... aus dem Mangel an Menschlichkeit und an menschlichem Glauben selber. Welch ein hohes Geheimnis liegt in dieser ersten Quelle der menschlichen Entfaltung! [16]

Nun erscheint das Tier als „Mängelwesen". Die physische Hilflosigkeit und Langsamkeit gewährt das Glauben- und Liebenlernen als das rein Menschliche, das dem Tier gerade vorenthalten bleibt. Der Mensch erscheint als das sich geschenkte Wesen, das sich nicht selbst erhält und hervorbringt, wie es bis zu einem gewissen Grad das Tier tut. Das Wesentliche des Menschen liegt in seiner Kraftlosigkeit, in seiner Schwäche, die das Kind schon in seiner Angewiesenheit auf mütterliche Pflege und mütterlichen Zuspruch erfährt. Seine Kraft wird ihm durch die Liebe der Mutter zuteil. In dieser Liebe lernt das Kind an die Mutter glauben und auf sie vertrauen.

Sprachen wir bisher von einer spezifischen Differenz zwischen Tieren und Menschen, so müssen wir, strenggenommen, von einer absoluten Differenz sprechen, wenn wir mit Pestalozzi folgendes bedenken:

Es besteht eine ewige Scheidewand zwischen dem Licht und der Finsternis, zwischen der Menschlichkeit und der Tierheit, zwischen dem Sinn des Geistes und zwischen dem Sinn des Fleisches. Die Menschheit vermag es nicht, Gott und dem Mammon zugleich zu dienen, sie vermag es nicht, geteilt im tierischen und geistigen

---

[16] GW 6, 212f./Ballauff 1966, 146.

Leben sich in sich selbst im Gleichgewicht zu erhalten. Im Streit des Geistes und des Fleisches, im Streit des menschlichen und des tierischen Sinns ist immer einer vorherrschend und der andere unterliegend (›An die Unschuld‹).[17]

Der Mensch ist entweder ganz Mensch oder ganz Tier, hier gibt es keinen Ausgleich, die Unterordnung muß eine umfassende, alles durchdringende und umwandelnde sein. Alle Kräfte, die die Natur gewährt, müssen menschlich vollzogen werden. Sie geben von sich aus noch nicht das Menschliche her.

Der Mensch gewinnt sich also auch nicht, sozusagen auf höherer Ebene, als ein Wesen wieder, das alles, was ihm gegenüber dem Tier mangelt, durch Handeln, Sprache und Denken kompensatorisch erwirbt, um nun, „wie das Tier", sich einer Welt zu bemächtigen und dadurch sich zu sich selbst zu ermächtigen. Hier in Pestalozzis Gedanken sind wir sozusagen am Gegenpol zu aller modernen „Anthropologie".

In Liebe und Glauben wird die Reflexivität der Sittlichkeit aufgehoben und die Unmittelbarkeit der Natürlichkeit wieder erreicht. Aus dem „Sichselbst-Sein" der Sittlichkeit wird das „Sich" eliminiert.

In der Sittlichkeit ringt sich der Mensch als ein „Ich-Selbst" oder zu einem „Ich-Selbst" von der Menge los, in der Liebe wird er von „sich selbst" freigemacht zu Mitsein und Sachlichkeit.

2.3 Pestalozzis langer Lebensweg belehrte ihn über Liebe und Glauben als das Eigenste des Menschen; er lehrte ihn aber auch einsehen, daß der Mensch primär das Gegenteil lebt. Der „wirkliche Mensch", der jeder von uns ist, mit dem jeder es täglich zu tun hat, ist ein anderer als der „wahre Mensch", als der Mensch in seiner Wahrheit. Am wirklichen Menschen erscheint zunächst alles Menschliche in sein Gegenteil verkehrt.

In diesem gewirkten und wirksamen Leben der Menschen ist alles in Frage gestellt. Nicht im Sinne einer nachträglichen, etwa von einer Wissenschaft, gestellten Frage! Das Leben geschieht selbst als solche absolute Infragestellung. Durch sie wird daher der Mensch nicht so sehr in die Entsprechung auf die von seiner Umwelt gestellten Aufgaben gerufen als vielmehr in die Verantwortung, nämlich „Rede und Antwort zu stehen", damit die Ursprünglichkeit wieder hervortrete.

Diesen Gedanken des Menschen als Wesen der Verkehrtheit hat Pestalozzi in seinen späteren Schriften immer erneut behandelt.

In dieser Einsicht liegt für Pestalozzi eine dritte Begründung der Erziehung.

In aller Weltlichkeit waltet die Sorge und in ihr die Selbstsucht. Die Selbstsucht ist dabei das Ergebnis der natürlichen Kraft, als welche der

---

[17] GW 6, 357f./Ballauff 1966, 147.

Mensch seinen Lauf antritt, und zwar durch ihre Anwendung. Sie läßt den Menschen aber in der Gesellschaftlichkeit scheitern.

Der Selbstsucht korrespondiert das Wohlwollen, auch dieses ein Ergebnis der Natürlichkeit: Der Mensch in der „harmlosen Behaglichkeit seiner befriedigten Natur" räumt dem anderen einen Platz neben sich ein. Er nimmt das Wohl des anderen in seinen Willen auf: Er ist bereit, dem anderen eine eigene Sphäre zuzugestehen, soweit die satte Fülle des eigenen „Könnens und Habens" nicht beeinträchtigt wird.

Die behagliche Wonne ist das allgemeine Ziel des tierischen wie des gesellschaftlichen „Daseins". Diese „Teleologik" der Natürlichkeit – die Erfüllung des eigenen Wesens in der Befriedigung des eigenen Seinkönnens – strukturiert alles menschliche Miteinander. Der Erwerb des Eigentums erwächst ebenso aus diesem Streben, die Behaglichkeit auf einen Fleck zusammenzubringen, wie es der Sinn der Staatskunst ist, also aller Politik, das größtmögliche Wohlbefinden für die größtmögliche Anzahl Menschen herzustellen. Dadurch wird auch das größtmögliche „Wohlwollen" hervorgelockt. Wer satt ist, der ist eher geneigt, auch einem anderen Anteil an den Gütern der Erde zu geben, als der, der Hunger hat. Aber wie in der Selbstsucht, so hat auch im Wohlwollen das Telos des „satten Behagens" die Direktion.[18]

Selbstsucht und Wohlwollen sind sozusagen die auf den Kopf gestellten Spiegelbilder des eigentlich Menschlichen: des Glaubens und der Liebe. Wie der Glaube das wahre Selbst des Menschen findet, weil vernehmen läßt, so bedeutet die Liebe das echte „Wohlwollen". In ihr aber wird nicht mehr „gewollt" wie in aller Selbstsucht der Weltlichkeit, in der sich der Mensch in der Welt sucht und der Welt abverlangt, sondern „mein Sein" besteht gerade genuin in der Freigabe des „Wohls" des anderen. Dieses Wohl meint nun nicht mehr Behaglichkeit, sondern ein Frieden schenkendes Am-Werk-Sein im Sinne einer Erfüllung der Aufgaben, zu denen wir, ich und du, berufen sind. In der Welt ist die Liebe selten, ja Weltlichkeit besagt faktische Lieblosigkeit. In der Identifikation von Liebe und Wohlwollen wird die Liebe vom kraftvollen Willen sogar als Schwäche gedeutet.

Pestalozzi gibt eine summarische Charakteristik menschlicher Verkehrung schon in ›Lienhard und Gertrud‹ – im vierten Teil, der 1787 erschien:

> Der Mensch . . . ist von Natur, wenn er sich selbst überlassen, wild aufwächst, träg, unwissend, unvorsichtig, unbedachtsam, leichtsinnig, leichtgläubig, furchtsam und ohne Grenzen gierig, und wird dann noch durch die Gefahren, die seiner Schwäche, und die Hindernisse, die seiner Gierigkeit entgegentreten, krumm, verschlagen, heimtückisch, mißtrauisch, gewaltsam, verwegen, rachgierig und grausam. – Das ist der Mensch, wie er von Natur, wenn er sich selbst überlassen, wild aufwächst,

---

[18] Ballauff 1966, 122.

werden muß; er raubet wie er ißt, und mordet wie er schläft. Das Recht seiner Natur ist sein Bedürfniß, der Grund seines Rechts ist sein Gelust, die Gränzen seiner Ansprüche ist seine Trägheit und die Unmöglichkeit, weiteres zu gelangen.[19]

In späteren Schriften hat Pestalozzi diese Analysen weiter ausgeführt und eine Fülle von Charakteristika dieser Verkehrtheit des Menschlichen herausgearbeitet. Auf sie ausführlich einzugehen würde den Rahmen meines Vortrages sprengen.

Trotz des Wissen um die wirklichen Menschen in all ihrer Verkehrtheit gibt Pestalozzi nie den Glauben an eine „Veredlung des Menschengeschlechts" auf. Immer wieder erfährt er als seine eigene Aufgabe, den Menschen zu ihrer Menschlichkeit zu verhelfen.

Mit einem Worte, ich bin durch den Eindruck des Ganzen und durch die ununterbrochene Gleichheit meiner Erfahrungen dahin gekommen: den Glauben wieder in mir herzustellen, den ich im Anfange meiner pädagogischen Laufbahn mit so vieler Wärme in mir selbst nährte, aber im Fortgang derselben, unter der Last ihrer Zeitkunst und ihrer Zeithülfsmittel beynahe verlor – den Glauben an die Möglichkeit einer Veredlung des Menschengeschlechts.[20]

Die Erziehung bedeutet für Pestalozzi die einzig mögliche Rettung des Volkes, der Menschheit: „Es ist für den sittlich, geistig und bürgerlich gesunkenen Weltteil keine Rettung möglich als durch die Erziehung, als durch die Bildung zur Menschlichkeit, als durch die Menschenbildung" (›An die Unschuld‹).[21]

3. Pestalozzis Theorie und Praxis ist nicht ohne Kritik geblieben; und sie drängt sich einem nur zu oft beim Studium seiner Biographie und bei der Lektüre seiner Schriften auf. Sicher hatte seinerzeit Eduard Spranger nicht völlig unrecht, wenn er sagte, in Pestalozzi vereinigen sich pädagogische Genialität und Dilettantismus, so etwa in der Methodengläubigkeit seiner mittleren Lebenszeit, in der ausgedachten Methode selbst, in der Hilfslosigkeit gegenüber Institution und Administration und so vielem anderen.

Aber auch die vorgetragenen Gedanken, ihre Umschreibungen, ihre pathetischen Formulierungen – sind sie wirklich originell? Sind sie nicht ein Ineinander von christlichen, philanthropischen, aufklärerischen, Rousseauistischen, Kantianistischen, revolutionär-demokratischen Thesen, Ansätzen, Bruchstücken? Wieviel Trivialitäten und Allgemeinplätze begegnen uns, wieviel Beteuerungen und Forderungen, deren Eindringlichkeit nicht über ihre Banalität hinwegtäuschen kann?![22]

[19] SW III, 330f./Ballauff 1966, 123f.
[20] SW XIII, 229/Ballauff 1966, 130.
[21] GW 6, 394/Ballauff 1966, 130.
[22] Vgl. zu dieser Diskussion die Pestalozzi-Aufsätze in: Pädagogische Rundschau 1980.

Auch an dieser Kritik ist vieles berechtigt. Trotzdem hat sie nicht dazu geführt, Pestalozzi beiseite zu schieben. Man hat ihn immer wieder interpretiert, zitiert, seine Intentionen aufgegriffen, viele seiner Konzeptionen ins eigene Konzept übernommen.

Man wird hier wohl zu einem angemessenen Urteil kommen, wenn man, wie es übrigens Pestalozzi selbst in seinen Spätwerken tat, vieles von seinen erzieherischen Versuchen und seinen Aussagen als zu simpel und zu kurzschlüssig kennzeichnet und es zu den geschichtlichen Akten legt. Das Gewichtige ist und bleibt der gedankliche Weg Pestalozzis, den ich in den ›Begründungen‹ anzudeuten versuchte, und damit in der selbstkritischen Formulierung seiner Einsichten bis zu der abschließenden von der gläubigen Liebe als Zentrum auch des Pädagogischen.

Denn in diesem gedanklichen Weg durchlaufen wir sowohl eine systematische Folge von interpretatorischen Überholungen als auch eine mehr geschichtliche Abfolge von Grundkonzeptionen, wie sie sich historisch nachweisen lassen: die Theorie der Natürlichkeit (frühe Antike, Stoa, 17. Jahrhundert, Rousseau), die Theorie der Verkehrtheit (Platon, Stoa, Kirchenväter, Reformatoren, Moralisten, Kant, Fichte), die Theorie der sittlichen Autonomie (Humanismus, 18. Jahrhundert, Kant, Fichte), die Konzeption der Selbstlosigkeit in Glauben und Liebe (Philon von Alexandreia, frühes Christentum, Meister Eckhart, Oratorianer, Fénelon). Pestalozzis Werk steht für das Zustandekommen der neuzeitlichen Selbstinterpretation und ihrer Grundthese vom Menschen als Werk seiner selbst. Pestalozzi gelangt in der Kritik an dieser These zur Wiederaufnahme eines immer schon in der Geschichte auffindbaren Grundgedankens vom Menschen als das sich selbst geschenkte Wesen, das seine Menschlichkeit in der Liebe als selbstloser Erfüllung von Aufgaben erfährt. Liebe wird hier nicht als blinde Emotion und überwältigender Affekt verstanden, sondern als sehende Liebe, wie Pestalozzi sagt, die ihre Aufgaben und ihre Erfüllungen zu begründen und zu ermessen weiß; und das alles nicht in der Gewißheit der eigenen Macht und Kraft, sondern im Glauben daran, daß jeder mit dieser Kraft zur „Verbesserung der menschlichen, ja der weltlichen Verhältnisse" begabt werden kann, wenn er sich in jener umschriebenen „Liebe" Dingen, Wesen, Mitmenschen zuwendet. [23]

Das ist nun allerdings eine harte Antithese, die noch nie allzuviel Anhang gefunden hat, obwohl zu allen Zeiten Millionen von Menschen ihr nachgelebt haben, ohne Philon von Alexandreia oder Jesus von Nazareth gekannt zu haben, ohne von Pestalozzis Lehren gehört zu haben. Jene Menschen sind daher auch weitgehend anonym geblieben und nicht in die Geschichte der Mächte und Mächtigen eingegangen, die aus sich und der Welt ein Werk

[23] Vgl. Th. Ballauff/Kl. Schaller: Pädagogik 1969–71.

ihrer selbst zu machen suchten. In einem Zeitalter der sogenannten Natur-
beherrschung und der zunehmenden Gewalt über die Mitmenschen werden
wir trotzdem eher bereit sein, Pestalozzis Weg wieder zu durchschreiten und
unsere Pädagogik unter die Nachdenklichkeit seiner abschließenden Ergebnisse zu stellen.

Pestalozzi gelangt in diesem Gedankengang zu einer These, die wohl
erst Max Scheler in der Mitte des 20. Jahrhunderts aussprach und begründete; sie fand allerdings nicht das rechte Verständnis auf seiten der
„Anthropologen". Die Menschlichkeit zeichnet nicht die Vernünftigkeit
und ihre Autonomie aus, sondern vielmehr der „Geist", wie Scheler
sagen wird. „Intelligenz" wird auch den Tieren zuteil, die sie in den Dienst
ihrer Lebensbewältigung stellen. Der intelligente Affe Sultan weiß etwas
mit den Stöcken anzufangen. Der junge Pavian weiß die Paschas zu täuschen und eine ihrer Frauen zu verführen. Der junge Schimpanse erkennt,
wie sehr Lärm seine älteren Genossen in Schrecken setzt, ihn aber mächtig
und angesehen werden läßt. Und er beginnt, wenn er es für angebracht hält,
die leeren Kanister auf dem Lagerplatz der Affenfarm aneinanderzu-
schlagen.

Aber das, was den Menschen zuteil wird, sucht ihr Wesen von Grund auf
zu bestimmen: Sie erfahren ihr Können, ihre Einsicht, ihr Wissen als Gabe
und ihre menschliche Aufgabe als selbstlose Verantwortung der Wahrheit.[24]

Literaturhinweise

Werk

Pestalozzi, J. H.: Sämtliche Werke, hrsg. von A. Buchenau, E. Spranger, H. Stett-
bacher, Bd. 1 ff., Berlin 1927 ff. (= SW).
–: Gesammelte Werke in zehn Bänden, Zürich 1944–47 (= GW).
Heinrich Pestalozzis lebendiges Werk, hrsg. von Adolf Haller, 4 Bde., Basel 1948
(= LW).

Hauptschriften

Die Abendstunde eines Einsiedlers, 1780.
Meine Nachforschungen über den Gang der Natur in der Entwicklung des Men-
schengeschlechts, 1797 (›Nachforschungen‹).
Brief an einen Freund über den Aufenthalt in Stans, 1799.
Wie Gertrud ihre Kinder lehrt, 1801 (›Wie Gertrud‹).

---

[24] Zu meinen Darlegungen vgl.: Pestalozzis Erbe – Verteidigung gegen seine Ver-
ehrer. Bad Heilbrunn/Obb. 1987, und das maßgebliche Werk von Urs P. Meier.

An die Unschuld, den Ernst und den Edelmut meines Zeitalters und meines Vater-
landes, 1815 (›An die Unschuld‹).
Der Schwanengesang, 1826.

Sekundärliteratur

Ballauff, Theodor: Vernünftiger Wille und gläubige Liebe. Interpretationen zu Kants
und Pestalozzis Werk, Meisenheim 1957.
–: Philosophische Begründungen der Pädagogik, Berlin 1966.
–: Auseinandersetzung mit Pestalozzis Erbe. Ein nachdenklicher Rückblick. In:
Johannes Gruntz-Stoll (Hrsg.): Pestalozzis Erbe – Verteidigung gegen seine Ver-
ehrer. Bad Heilbrunn/Obb. 1987. S. 93–103.
Ballauff, Theodor, und Klaus Schaller: Pädagogik, Bd. 1–3, Freiburg/München
1969–73.
Delekat, Friedrich: Pestalozzi. Mensch, Philosoph, Politiker, Erzieher, Heidelberg
1968.
Goldschmidt, Hermann Levin: Pestalozzis unvollendete Revolution, Schaffhausen
1977.
Litt, Theodor: Der lebendige Pestalozzi, Heidelberg [2]1961.
Meier, Urs P.: Pestalozzis Pädagogik der sehenden Liebe. Zur Dialektik von Engage-
ment und Reflexion im Bildungsgeschehen. Mit einem Geleitwort v. Th. Ballauff.
Bern 1987.
Natorp, Paul: Pestalozzi. Sein Leben und seine Ideen, Leipzig und Berlin [5]1927.
(Pestalozzi-Aufsätze in:) Pädagogische Rundschau 34 (1980), Heft 2/3.
Rang, Adalbert: Der politische Pestalozzi, Frankfurt a. M. 1967.
Schönebaum, Herbert: J. H. Pestalozzi. Wesen und Werk, Berlin 1954.
Schurr, Johannes: Pestalozzis ›Abendstunde‹. Versuch einer einführenden Medita-
tion, Passau 1984.
Silber, Käthe: Pestalozzi. Der Mensch und sein Werk, Heidelberg 1957.
Zur Bibliographie ›Pestalozzi‹ siehe Index Bibliographicus in: Paedagogica Historica
(Gent) 21 (1981) ff.

JOHANN FRIEDRICH HERBART

Von Wolfgang Fischer

Johann Friedrich Herbart darf – so meine ich – in einem Überblick über die Geschichte des pädagogischen Denkens, selbst wenn keine Vollständigkeit angestrebt ist, gewiß nicht fehlen. Mit seinem Namen verbindet sich in aller Regel immerhin die These, er sei „der Begründer der Pädagogik als Wissenschaft und Berufswissenschaft für den Lehrer"[1] und Erzieher gewesen. Zwar gab es vor ihm bereits Ansätze, um die schwierige Kunst des Erziehens – wie beispielsweise Kant es gefordert hatte – endlich in Wissenschaft zu verwandeln[2], das heißt, sie aus den Tatzen zufallsabhängiger, bloß vermeintlich zwecksprechender Erfahrung herauszureißen. Es gab sogar zwischen 1778 und 1783 einen ersten, mit einem Fachmann besetzten Lehrstuhl für Pädagogik an einer deutschen Universität.[3] Aber – so lautet ein Urteil Herbarts über die seinerzeitige Lage –: Im ganzen werde die Pädagogik mit ziemlicher Mittelmäßigkeit durchdacht und betrieben.[4] Über dem „Hinaufschauen zu der Hoheit unserer Bestimmung" als Mensch ignoriere man gewöhnlich, daß der Mensch auch Individualität und in ein irdisch-vielfaches Interesse eingebunden sei. Das will sagen, daß Pädagogik als Theorie sich weitestgehend darin erschöpfe, über die menschliche Natur und über den Endzweck der Erziehung spekulative Betrachtungen anzustellen sowie von daher ein System von ordnungsstiftenden Prinzipien zu deduzieren, während der junge Mensch, wie er als „höckerige" Individualität im

---

[1] So zuletzt Herwig Blankertz, in: Die Geschichte der Pädagogik. Von der Aufklärung bis zur Gegenwart, Wetzlar 1982, S. 143.

[2] Einen knappen Überblick über die ›Entstehungsgeschichte der Pädagogik als Wissenschaft in der Neuzeit‹ gibt Theodor Ballauff, in: Berichte zur Wissenschaftsgeschichte 1 (1978), S. 71–85. Hinzuweisen ist auch auf Clemens Menze, Die Wissenschaft von der Erziehung in Deutschland, in: Josef Speck (Hrsg.), Problemgeschichte der neueren Pädagogik, Stuttgart 1978, S. 9ff.

[3] 1778 wurde in Halle eine Professur für Pädagogik (und Philosophie) eingerichtet. Sie wurde mit dem Philanthropen Ernst Christian Trapp besetzt. Dessen Nachfolger Friedrich August Wolf ordnete seine Pflicht, über Pädagogik zu lesen, weitgehend der Lehre und Forschung im Gebiet der alten Sprache unter, da er der Überzeugung war, daß die Entwicklung zu „echter" Menschlichkeit die Frucht klassischer Studien sei.

[4] PS II, 45.

Kraftfeld eigener und fremder Interessen, zudem in eine bestimmte Lage geworfen, dem Erzieher begegnet, in seinem Sosein und in seiner als „*Tatsache*" aufzufassenden „Bildsamkeit" unberücksichtigt bleibe. Diese halbierte pädagogische Rationalität führe dann unter anderem dazu, daß im Blick auf das, was praktisch-pädagogisch „wahr" und möglich, was eine richtige Maßregel etwa des Unterrichts sei – zum Beispiel den Umkreis der Lehre bei Kindern auf das Nahe zu beschränken oder ihn frühestmöglich ins ihnen Unbekannte auszudehnen –, jeder nur nach seiner beschränkten Erfahrung spricht. „Ein neunzigjähriger Dorfschulmeister hat (so) die Erfahrung seines neunzigjährigen Schlendrians; er hat das Gefühl seiner langen Mühe; aber hat er auch die Kritik seiner Leistungen und seiner Methode?"[5]

Diesem Miß- und Rückstand, in dem sich die Pädagogik am Ende des 18. Jahrhunderts befand, glaubte Herbart Abhilfe schaffen zu können. „Woran dem Erzieher gelegen sein soll, das muß ihm wie eine Landkarte vorliegen oder womöglich wie der Grundriß einer wohlgebauten Stadt, wo die ähnlichen Richtungen einander gleichförmig durchschneiden . . ." Eine solche orientierende Landkarte, auf der nicht nur ein oberster, allgemeiner und zwingender Zweck der Erziehung samt ihm zugeordneten Grundsätzen eingezeichnet ist, sondern auch das, was bislang bloß in „rohem Empirismus", ohne wissenschaftliche Konzeption und Kritik, vonstatten ging, wollte Herbart in seinen pädagogischen Büchern und Aufsätzen darbieten. Zu fragen ist mithin, wie er die Sache der Pädagogik neu gesehen und auf solche Fundamente gestellt hat, dank deren im Geschäft des Unterrichtens und Erziehens die Rücksicht auf die Bestimmung des Menschen und die Rücksicht auf dessen Wirklichkeit zum Akkord, zum Einklang gelangen können.

Doch zuvor einige Hinweise zur Person und zum Leben![6] Geboren wurde Herbart 1776 in Oldenburg. Er war einziges Kind eines Justizrates und dessen Ehefrau, die gutbürgerlichen Kreisen entstammte. Bis zu seinem zwölften Lebensjahr wurde er durch Privatlehrer unterrichtet; ein besonderes Augenmerk wurde in der Familie den außergewöhnlichen musikalischen Talenten des Knaben und deren Förderung gewidmet. Überhaupt war Herbart, wenn man seinen Biographen Glauben schenkt, das, was man ein frühreifes Kind zu nennen beliebt. Er bevorzugte mathematische und geographische Spiele, tat sich im Kreise der wenigen zu ihm passenden

---

[5] PS II, 19.

[6] Eine biographische Skizze von Walter Asmus findet sich im Anhang von PS I, S. 181–204. Vom selben Verfasser liegt eine zweibändige „pädagogische Biographie" vor: Johann Friedrich Herbart. Der Denker (Bd. I); Der Lehrer (Bd. II), Heidelberg 1968 und 1970. Zum „angemessenen Verständnis" des ethisch-pädagogischen Schaffens von Herbart hat Josef Kühne einen aufschlußreichen „biographisch-genetischen Abriß" in seine Untersuchung von 1976 (S. 155–176) aufgenommen.

Gespielen dadurch hervor, daß er ihnen gern etwas vorpredigte, fand Entzücken am Umgang mit Älteren und verschmähte bald alle auf Kinder zugeschnittene Literatur. Er lernte mit großem Fleiß sowie auffälliger Leichtigkeit – zum Beispiel als Elfjähriger „die Logik" – und verfaßte aus freien Stücken mit dreizehn und vierzehn Jahren je einen philosophisch tendierenden Aufsatz – der eine über „die Existenz eines ewigen Gottes", der andere über die Freiheit des Menschen. Während der Schulzeit las der Sechzehnjährige Kants ›Grundlegung zur Metaphysik der Sitten‹. Das Buch hinterließ einen tiefen, bleibenden Eindruck insofern, als es unausweichlich vor die Alternative stellt, entweder das Angenehme, Verdienstliche, Nützliche oder das Gute zu wählen. So jedenfalls empfand Herbart den Sinn des Werkes, und wie sehr er später auch nicht müde wurde, Kant den „Mißgriff" vorzuhalten, „die Sittenlehre wissenschaftlich mit einem kategorischen Imperativ" statt mit „ursprünglichen" ästhetischen Urteilen *angefangen* zu haben, so hartnäckig blieb er zeitlebens dabei, daß die Entbindung der „Menschheit vom kategorischen Imperativ" der weit schlimmere Mißgriff wäre.

Für Herbart war klar, daß er nach Absolvieren der Schule nicht dem Wunsche des Vaters entsprechend ein juristisches Brotstudium aufnehmen, sondern Philosophie studieren würde. So ging er 1794 nach Jena, wo Johann Gottlieb Fichte lehrte und glaubte, die kantische Transzendentalphilosophie verbessern und vervollkommnen zu müssen. Herbart fand jedoch nach geraumer Zeit immer weniger Gefallen an der „Gewalt", die Fichte auf Kosten der „Gültigkeit der Begriffe" „in sein Denken legte", und an einem Idealismus, der dem empirischen Menschen, speziell dessen kausal erklär- und möglicherweise berechenbaren Gemütsvorgängen, zugunsten einer davon abgehobenen, unvermittelten sogenannten transzendentalen Freiheit keine Beachtung schenkte. Der Schwerpunkt seiner akademischen Studien verlagerte sich folglich in die Lektüre philosophischer und poetischer Schriften und in die mitunter tagtägliche Diskussion philosophischer, geschichtlicher, poetischer und anderer Probleme im Freundeskreise.

Nach drei Jahren brach er sein Studium ab. Einer der Freunde hatte ihm in der Schweiz die Stelle eines Hauslehrers angeboten, und Herbart griff dankbar zu, da er die Möglichkeit sah, dort nicht länger sich nur „unter philosophischen Idealen herum(zu)treiben", sondern zu begreifen, „was der Mensch ist, wie er es ward und wie er mehr werden kann" (W. Asmus). In die reichlich zwei Jahre während pädagogische Tätigkeit fiel auch ein Besuch, den er Pestalozzi in Burgdorf abstattete. Dieser hatte dort gerade eine Art Schule aufgebaut, in der er seine Idee einer Elementarbildung, das heißt eines auf Grundelementen der Anschauung aufbauenden Unterrichts realisierte. Die Begegnung mit Pestalozzi, die Beschäftigung mit dessen Schriften und seine – Herbarts – eigenen pädagogischen Bemühungen um drei grundverschiedene Jungen verstrickten ihn endgültig in die Aufgabe,

die Sache der Pädagogik theoretisch auf ein neues, durchgängig wissenschaftlich anspruchsvolles Niveau zu heben. Hierbei mußte auch die Erfahrung gebührend zu Worte kommen; denn – so Herbarts Überzeugung –

> die (dem Erziehen Maß und Richtung gebende) sittliche Idee . . . verstummt dem
> Einzelnen . . . Sie weiß nichts von seiner nächsten Schranke, sie tadelt und beschämt,
> aber helfen kann sie nicht. Sie will ihn am Ziele, er ist auf dem Wege, aber sie weiß
> nichts vom Wege, viel weniger (noch) kann sie ihn führen [7].

Aber die Erfahrung, deren es um der Führung willen bedarf, kann nicht
die der alltäglichen „bloßen Praxis" sein. Sie „zieht den Gesichtskreis in die
Enge", beruhigt zum Beispiel den, der sich erfolgreich wähnt, ohne ihm zu
sagen, ob seiner Manier, zu unterrichten und zu erziehen, der Erfolg zuzurechnen und ob nicht ein anderes Verfahren besser sei. Darum muß Praxis
in Theorie eingebettet, von ihr angeleitet sein. Erst Theorie lehrt, so formuliert Herbart 1802 in seiner allerersten Vorlesung über Pädagogik im
Anschluß an Kant, „wie man durch Versuch und Beobachtung sich bei der
Natur zu erkundigen habe, wenn man ihr bestimmte Antworten entlocken"
will. Und da, pädagogisch betrachtet, zur Natur des Menschen in gewissem
Sinne auch die „Bildsamkeit des Willens zur Sittlichkeit" gehört, geht es
ohne philosophische Umsicht, die Problematik des Zwecks der Erziehung
betreffend, ganz und gar nicht. Das alles muß gleichsam unter den Hut
eines geschlossenen Systems der Pädagogik gebracht werden. So ungefähr
kann umschrieben werden, was Herbart beim Verlassen seiner Hauslehrer-
stelle durch den Kopf gegangen sein dürfte. Allerdings waren ihm die
Grundzüge des auszuarbeitenden Planes schon ziemlich klargeworden;
denn ständig hatte er über das, was er erziehend und unterrichtend tat,
nachgedacht und ausführlich schriftlich alle zwei Monate darüber Rechenschaft abgelegt.

Die ersten beiden Jahre nach seiner Rückkehr von Bern benutzte Herbart, um sich auf die Promotion und Habilitation vorzubereiten. Nebenher
verfaßte er einige philosophische und pädagogische Aufsätze und schrieb
sein erstes pädagogisches Buch über ›Pestalozzis Idee eines ABC der Anschauung‹. Die zweite Auflage dieses Werkes, 1804 erschienen, versah er
mit einem Anhang, der den seltsamen Titel trägt ›Über die ästhetische Darstellung der Welt als das Hauptgeschäft der Erziehung‹. Zum ersten Mal
kommt hierin die Grundkonzeption seiner Pädagogik, die sich im wesentlichen nicht mehr ändern sollte, zum Ausdruck. Nach meinem Dafürhalten
ist die Kenntnis dieses Nachwortes für das Verständnis Herbarts unumgäng-
lich, zumal das später Verfaßte darauf nicht mehr detailliert eingeht, sondern es voraussetzt. Ich werde darauf zurückkommen.

---

[7] PS I, 119.

Herbarts akademische Karriere begann nach erfolgreicher Habilitation im Jahre 1802 an der Universität Göttingen, zunächst als Privatdozent, dann als außerordentlicher Professor. Er las über Philosophie und Pädagogik, die nach wie vor im Zentrum seiner Interessen stand und von der her – so sehe ich es – er weitgehend seine Ethik, seine empirische und rationale Psychologie und seine in meinen Augen reichlich abwegige Metaphysik entwickelte. 1806 erschien sein pädagogisches Hauptwerk ›Allgemeine Pädagogik, aus dem Zwecke der Erziehung abgeleitet‹. Die öffentliche Resonanz war zunächst nicht allzu groß, was vielleicht mit daran lag, daß eine Reihe anderer pädagogischer Veröffentlichungen ungefähr gleichzeitig den Markt geradezu überschwemmte, etwa die Edition von Kants Vorlesungen über Pädagogik (1803) oder pädagogische Lehrbücher von Schwarz, Niemeyer, Wolke, Pölitz, Jean Paul und anderen mehr.

Immerhin hatte die ›Allgemeine Pädagogik‹ hinreichend Eindruck gemacht, so daß nicht zuletzt dieser Schrift wegen er 1808 den Ruf auf Kants ehemaligen Lehrstuhl an der Universität Königsberg erhielt, jetzt als Professur für Philosophie und Pädagogik ausgeschrieben. Herbart nahm an, und zu seinen Pflichten rechnete er die Gründung eines pädagogischen Seminars beziehungsweise didaktischen Instituts, an dem angehende Lehrer üben und experimentieren konnten. Herbart hielt jedoch wenig von einer Pädagogik, die sich in der üblichen schulischen Unterrichtung nebst wachsamem und strengem Disziplinhalten erschöpfte, gar noch unter staatlichpolitischer Direktion. „Erziehung", so sagte er, könne „nicht wie in einer Fabrik arbeiten"; sie degeneriere dann dazu, daß jeder Heranwachsende nach den Bedürfnissen des Marktes oder der Gesellschaft mit wünschenswerten Kenntnissen, Fertigkeiten und Verhaltensweisen ausgestattet und auf möglichst gewinnbringende Leistung abgerichtet werde. So verspiele man den guten Sinn sowohl individueller Besonderheit wie auch allgemeiner „Gleichförmigkeit", die nicht mit Uniformität zu verwechseln sei. Darum erweiterte er das pädagogische Seminar zu einer Art pädagogischem Pensionat. Zehn Jungen bildeten in seinem Haus mit ihm, seiner Frau und einigen Studierenden eine Lebens- und Erziehungsgemeinschaft, wobei Herbart nicht auf so etwas wie Vater- oder Muttergefühl als Verbürgung pädagogischer Könnerschaft oder auf ein gemütsbewegendes Gemeinschaftserleben als Hefe für pädagogisches Gelingen setzte, sondern schlicht darauf, daß – zum einen – die theoriebegleitende Komponente praktisch-pädagogischer Erfahrung gleichsam den ganzen Zögling stetig um sich haben müsse und daß – zum anderen – die Erziehung des Zöglings nur vorankommen könne, wenn seiner Individualität Rechnung getragen werde, auch wenn es pädagogisch gerade darum geht, nicht das Individuelle und schon gar nicht „das eigene Selbst" des Kindes zum Maßstab zu nehmen. Diese „schulkritischen" Überlegungen haben ihren literarischen Niederschlag, insbesondere was das Verhältnis von Erziehung, Schule und Staat anbelangt, in zwei meines Erachtens noch immer beachtenswerten Texten gefunden: ›Über Erziehung unter öffentlicher Mitwirkung‹ aus dem Jahre 1810 und ›Über das Verhältnis der Schule zum Leben‹ von 1818. Mehr sei über die Wirksamkeit in Königsberg nicht gesagt.

1833, also nach vierundzwanzig Jahren im preußischen Staatsdienst, ging Herbart, darüber verärgert, daß er nicht Nachfolger Hegels in Berlin geworden war, nach Göttingen zurück. Er veröffentlichte 1835 dort den ›Umriß pädagogischer Vorlesungen‹, den man als seine zweite pädagogische Hauptschrift bezeichnen kann, obwohl substantiell gravierende Veränderungen gegenüber der ›Allgemeinen Pädagogik‹ nicht zu finden sind. Die Jahre in Göttingen weisen bis auf eine Ausnahme keine besonderen Ereignisse auf. Die Ausnahme geschah 1837, als der König Ernst August von Hannover in einem Staatsstreich die Verfassung brach. Sieben Göttinger Professoren, die sogenannten Göttinger Sieben, darunter die Gebrüder Grimm, protestierten entschieden dagegen. Als Quittung dafür wurden sie sofort aus ihren Ämtern entlassen und des Landes verwiesen. Herbart war zur Zeit des Vorkommnisses Dekan der Philosophischen Fakultät. Er schlug sich auf die Seite des Königs und verurteilte das Handeln seiner Kollegen, mag sein, weil er die Universität vor ungnädigen Reaktionen des Königs bewahren wollte oder weil er im Banne seiner sittlichen Ideen aller streithaften Aufsässigkeit zutiefst abhold war. Ungefähr vier Jahre später, am 14. August 1841, starb er, nachdem er noch das Erscheinen der zweiten, stark vermehrten Ausgabe des ›Umrisses‹ erleben konnte.

Zu großer, auch internationaler Bedeutung gelangte Herbarts Pädagogik erst um die Mitte des 19. Jahrhunderts. Als Herbartianismus, zum Teil in einer verkommenen Gestalt, spielte sie bis in die zwanziger Jahre unseres Jahrhunderts eine erhebliche Rolle, dominierte teilweise die Unterrichtspraxis in den Volksschulen und die seminaristische Volksschullehrerbildung. Ihr einziger ernsthafter Widerpart, die neukantianische Pädagogik mit Paul Natorp an der Spitze, vermochte es nicht, ihr den Wind aus den Segeln zu nehmen. Erst die „geisteswissenschaftliche Pädagogik" schaffte es, den Herbartianismus aus dem Feld zu schlagen und Herbart nach dem Zweiten Weltkrieg beinahe als einen der Ihren zu vereinnahmen und zu verlebendigen.[8] Aber das gehört auf ein anderes Blatt pädagogischer Geschichtsschreibung. Ich wende mich wieder der Frage zu, wie Herbart die für ihn schlecht bestellte Sache der Pädagogik anders als bislang üblich gesehen und einer Lösung zuzuführen versucht hat, in der die philosophische und die empirische Dimension in einem Grundriß zum Akkord dergestalt ge-

---

[8] Vgl. Herman Nohl: Der lebendige Herbart, Vorwort, S. III–XIII, der von Nohl herausgegebenen Allgemeinen Pädagogik, Weinheim 1951.

bracht werden, daß jedes pädagogische Problem zunächst erst einmal seine ordentliche Stelle und auf Dauer auch seine wissenschaftliche Klärung erhält.

Auf einen ersten Blick in Herbarts pädagogische Schriften gewinnt man nun allerdings nicht den Eindruck, daß ihm der Entwurf einer eigenständigen, in sich geschlossenen wissenschaftlichen Pädagogik überzeugend gelungen ist. Der Leser, der sich nicht von zum Teil glänzenden Beobachtungen, höchst geistreichen Formulierungen, nachdenkenswerten Einzelüberlegungen in den Bann schlagen läßt, der auch nicht schon die respektable Gliederung des Stoffs in den beiden Hauptschriften für das von Herbart angestrebte umfassende System der Pädogogik hält, sondern auf den „eigentlichen Kern" des Ganzen – ein Ausdruck Herbarts – achtet, stößt auf mancherlei Zwiespältiges, eher der Aufklärung Bedürftiges als Klärung Bietendes. Dabei denke ich weniger an tatsächlich oder scheinbar Ungereimtes, das auf der Ebene der handfesten Maßregeln sich findet, obwohl Herbart versprochen hat, gerade diesbezüglich aus dem Schlamassel zufallsbedingter, einander häufig widersprechender roher Erfahrungen herauszuführen. Ich aber lese zum einen, daß für die Erziehung der Heranwachsenden das „Hin- und Herrütteln der Empfindungen", also zum Beispiel die Erregung von Scham und Schmerz, untauglich sei, obwohl vielen Praktikern ein wohltätiges Herumrühren im Gemüte von Kindern schon „die Kunst zu bessern" ist. Zum andern steht geschrieben, daß es darauf ankomme, kräftig „das Gemüt . . . zu bewegen", ja mit „großen Scenen" aus dem Leben die Heranwachsenden zu konfrontieren, weil von ihnen ein „Effekt" ausgeht, den keine verstandesmäßig „helle Einsicht" zu erbringen imstande ist. Was nun ist die gut begründete, „wahre" Erziehungs-Maßregel? Die – im Modeton unserer Tage formuliert – Auslösung und Förderung von subjektiver Betroffenheit oder der Verzicht darauf? Aber es könnte sein, daß solcherlei Widersprüchliches sich als bloßer Schein entpuppt, wenn man tiefer in Herbarts Pädagogik eindringt und dabei etwa auf feine sachliche und sprachliche Unterscheidungen – etwa zwischen dem flüchtigen Rühren im Gemüt und einer ästhetisch orientierten Bewegung des Gemütes – stößt.

Jedoch auch im „Kern"bereich der pädagogischen Hauptbegriffe und Hauptsätze scheint nicht alles im reinen zu sein. Ich werde das an zwei Beispielen demonstrieren. Sie möchten zugleich geeignet sein, das, was Herbart vorschwebte, ersichtlich zu machen.

Erstes Beispiel: Einerseits heißt es: „Es dürfte wohl besser sein, wenn die Pädagogik", statt sich bei der Philosophie anzusiedeln und deren geschmeidige „Weisheit an der Erziehung zu erproben", im Blick auf ihre nur philosophisch zu bewältigenden, nicht in „bloßer Erfahrung" klärbaren Aufgaben „sich so genau als möglich auf ihre *einheimischen Begriffe* besinnen und ein *selbständiges* Denken mehr kultivieren möchte, wodurch sie zum *Mittel-punkte* eines (eigenen) Forschungskreises würde und nicht mehr Gefahr liefe, als entfernte, eroberte Provinz von einem Fremden aus regiert zu werden".[9] Das ist eindeutig dagegen gerichtet, daß philosophische Schulen und „Sekten" mit ihren Lehrsätzen, was vor allem das Rechtlich-Sittliche oder die „Natur des Menschen" oder auch den Endzweck der Geschichte anbelangt, sich der Pädagogik bemächtigen und sie zu ihrem „Spielball" werden lassen. Denn welcher -ismus, welche ethische Position hat recht, noch gänzlich davon abgesehen, daß keine Philosophie das Studium der Realität mit ihren Schranken und Möglichkeiten ersetzt? Auf unsere Tage übertragen: Soll und darf Pädagogik der Philosophie der Frankfurter Schule, dem Marxismus, dem kritischen Rationalismus, dem Pragmatismus, der Lebensweltphilosophie usw. usf. zu Diensten sein, von religiösen oder weltanschaulichen Dogmen beziehungsweise politischen Grundwerten ganz zu schweigen, zu denen Erziehende oder die Veranstalter von Erziehung sich bekennen? Verkommt Pädagogik hierbei nicht allemal dazu, die ihr Anvertrauten nach irgendeiner Deutung von Mensch, Leben, Welt zu konstruieren, sie im jeweils besten Glauben übers Ohr zu hauen; denn definitiv wahr ist doch wohl keine positive Antwort, die philosophisch oder weltanschaulich, gar aus der Inbrunst tiefen Fühlens auf die unabweisbaren metaphysischen Fragen gegeben wird? Kurz: Herbart wandte sich gegen den üppigen Wuchs alter und immer neuer Philosopheme – das heißt: Ergebnisse philosophischer Bemühungen – im lockeren Boden der Pädagogik, wodurch diese weder theoretisch noch praktisch aus ihrer miesen Verfassung herauskam. Ihre begrifflichen Grundlagen standen gleichsam unter fremder, durch nichts außer der eigenen theoretischen Schwäche der Pädagogik legitimierter Vor- und Oberherrschaft, und das unterband auch die Möglichkeit, eine unabhängige pädagogische Forschung zu entwickeln, die einer nach sachimmanenten Gesetzmäßigkeiten sich vollziehenden, erfolgreichen Erziehung zugute käme. Darum die Forderung, „die einheimischen Begriffe der Pädadogik . . . (selbständig) zu kultivieren (und) sie zum Mittelpunkt eines Forschungskreises zu machen". Das ist das höchst bemerkenswerte Einerseits, das bei Herbart sich findet, und es kann als programmatische Antwort auf den Substanz- und Umfangverlust der traditionellen Philosophie sowie als Einschwenken der Pädagogik in den Verselbständigungsprozeß von Wissenschaften interpretiert werden.

Andererseits aber lesen wir: „Pädagogik als Wissenschaft hängt ab von der praktischen Philosophie und (der) Psychologie. Jene zeigt das Ziel der Bildung, diese den Weg, die Mittel und die Hindernisse."[10] Oder an anderer

---

[9] PS II, 21.
[10] PS III, 165.

Stelle: „Das Erziehungsgeschäft zwingt den denkenden Kopf, sich um praktische Philosophie und Psychologie zu kümmern, und mit verworrenen Begriffen ist da nicht durchzukommen", und mit Sorge blickte Herbart einer
„Periode des entschiedenen, alle Philosophie aufgebenden Skeptizismus"
entgegen, was für ihn gleichbedeutend damit war, „von der Bestimmung
und von der Natur des Menschen" keinerlei Kenntnis zu haben und die
„Möglichkeit seiner Bildung ... völlig im Dunkeln" zu belassen.[11]
    Pädagogik ist hiernach also angewiesen auf ihr sozusagen von außen zum
Tragpfeiler Gereichendes, ja sie allererst aus dem Soge richtungs- und regel-
loser Empirie Befreiendes. Das nun verhält sich zur vorher erwähnten
Absage an die Fremdherrschaft anderer wissenschaftlicher Disziplinen nur
dann nicht zwiespältig, wenn die zielweisende praktische Philosophie wie
die wegweisende Psychologie der Pädagogik doch nicht fremd sind; eine
– wie ich meine – nicht recht befriedigende Lösung; denn entweder ist die
Pädagogik ihre eigene philosophische Besinnung und spezifische Forschung, nicht in dummer Abschottung, aber ihre eigene Fragestellung nicht
leichtfertig preisgebend, oder sie ist angewandte Ethik und Psychologie,
folglich unselbständig und ausweglos gekettet an das, was andere ihr jeweils
gebieten.
    Eine zweite Möglichkeit, den Zwiespalt geglättet zu bekommen, bestünde
darin, daß Herbart gegenüber aller bisherigen, mehr oder minder „verdor-
benen" Philosophie, die der Pädagogik schlecht bekommen ist, die einzig
wahre, definitiv gültige Philosophie und Psychologie aus der Taufe gehoben
hat. Denn es ist natürlich Unsinn, die Pädagogik weiterhin als von einem
Fremden regierte, in schlechter Unselbständigkeit und Rückständigkeit
gehaltene Provinz zu beklagen, wenn gar keine Abhängigkeit von vergänglichen, sich und andere täuschenden Erkenntnissen vorliegt, sondern eine
Einbettung in der einen, alles umfassenden, unüberbietbaren, ewigen Welt-
und Menschenweisheit. Mir ist unbekannt, ob Herbart – gewiß kein großer
Zweifler, was das eigene Denken anbelangt – im Blick auf seine Philosophie
und Psychologie so weit gegangen ist. Wie dem auch sei: So unakzeptabel
sein selbstwidersprüchlicher Rückfall in eine ethische und psychologisch
normative Pädagogik ist, so scharf wie bis dahin keiner hat er das Thema
einer eigenständigen Pädagogik als Wissenschaft formuliert und begründet.
    Zweites Beispiel! Einerseits heißt es: Der Erzieher „darf nicht darauf
warten, das Gute (im Zögling) werde wohl von selbst (zum Zuge und
Durchbruch) kommen; er muß es herbeiführen. Die Freiheitstheorien"
– jene also, die das gute Wollen in einem absoluten Freiheitsakt gründen –
„leiden keine Erziehung. Der Erzieher ist unvermeidlich Determinist, wiewohl er bescheiden genug sein kann, nicht die ganze Determination (des

---

[11] E 154f.

Menschen) in seiner Gewalt zu glauben."[12] Dieser Grundgedanke Herbarts ist wesentlich gegen „die von Kant ausgegangene transzendentale Freiheitslehre" gerichtet. Ihr wird ausdrücklich bescheinigt, „sich von selbst von der Pädagogik" auszuschließen und nicht zuletzt darum falsch zu sein. Gemeint ist, auf den Punkt gebracht, folgendes. Kant hatte bekanntlich in seiner Philosophie der praktischen Vernunft dem Menschen Freiheit des Willens zugesprochen, nicht als etwas, das man theoretisch oder empirisch beweisen könne, sondern als ein Vernunftpostulat, um das niemand herumkomme, der Sittlichkeit jenseits von Lohn und Strafe, von Neigung und Abneigung, von erstrebenswerten materiellen Gütern und gleichwohl als etwas unbedingt Gesolltes anerkennt. Ohne einen schlechthin freien Willen zu denken, der gemäß einem kategorischen Imperativ Wollen in Bewegung zu setzen beziehungsweise Maximen des Wollens zurechtzurücken vermöchte, wäre jedermanns Tun und Lassen bloß ein moralisch letztlich unzurechenbares Feldgeschehen, und dem Menschen käme keine Würde zu, sondern nur ein Preis. Insofern die Freiheit in kritischer Betrachtung also weder etwas Empirisches noch ein haltbarer theoretischer Begriff von etwas jenseits aller Erfahrung Liegendem ist, gebührt ihr, transzendental genannt zu werden, das heißt: ein Prädikat des Menschen zu sein, wenn man ihn moralisch nimmt.

Herbart hat diese transzendentale Freiheit „irrigerweise als positiv-metaphysische Setzung" verstanden, statt sie in ihrer „grenzbegrifflichen Bedeutung" zu erfassen.[13] Mit anderen Worten: Er hat sie als eine absolute Kraft einer reinen praktischen Vernunft mißdeutet, an die – weil etwas Metaphysisches – nicht heranzukommen ist, die entweder unbedingt, durch nichts und niemanden beeinflußt und beeinflußbar, moralisch waltet und schaltet oder ebenso unantastbar – zum Beispiel durch erzieherische Einwirkungsversuche – in einer Art von Tiefschlaf oder Lähmung verharrt. Darum vertragen sich für Herbart – insoweit richtig – transzendentale Freiheitstheorien nicht mit einer der „Besserung" verpflichteten Pädagogik, genausowenig wie irgendein Fatalismus, der auch keinem menschlich-irdischen Mühen ein Eigengewicht gegenüber einem allmächtigen metaphysischen Willen einräumt. Gründlicher konnte man meines Erachtens Kant nicht fehlinterpretieren. Seine praktische Idee der Freiheit – so problematisch ihr Fundament eines eigenständigen Willensvermögens auch ist – schließt immanent durchaus nicht aus, moralisch bessernd pädagogisch tätig zu sein, es sei denn in der Weise einer totalen Verhaltensdetermination dort, wo der selbständige Gebrauch der Vernunft gefördert werden soll. Herbart hätte darauf stoßen

---

12 E 158.
13 So zutreffend Theodor Ballauff in seinen Schlußerwägungen ›Für und Wider‹ zu Herbarts Pädagogik im Band III seiner ›Pädagogik. Eine Geschichte der Bildung und Erziehung‹, Freiburg/München 1973, S. 101.

können, wenn er Kants Vorlesung über Pädagogik gründlich gelesen und in Verbindung mit der Kritik der praktischen Vernunft gebracht hätte. In seinem Mißverständnis von transzendentaler Freiheit war er jedoch konsequent, der verworfenen „freiheitstheoretischen" Begründung der Pädagogik eine deterministische entgegenzusetzen – jedenfalls einerseits.

Andererseits nämlich lesen wir als einen konträren, in vielen Wendungen immer wiederkehrenden pädagogischen Grundgedanken, „daß Knaben und Jünglinge gewagt werden müssen, um Männer zu werden". Und schon 1804 heißt es:

Machen, daß der Zögling sich selbst finde als wählend das Gute, als verwerfend das Böse: dies oder nichts ist Charakterbildung! Diese Erhebung zur selbstbewußten Persönlichkeit soll ohne Zweifel im Gemüt des Zöglings selbst vorgehen und durch dessen eigene Tätigkeit vollzogen werden; es wäre Unsinn, wenn der Erzieher das eigentliche Wesen der Kraft dazu erschaffen und in die Seele eines anderen hineinflößen wollte . . . (Diese) Freiheit der Wahl, die *wir alle* in uns finden, welche wir alle als die schönste Erscheinung unserer selbst ehren und welche wir unter den anderen Erscheinungen unserer selbst hervorheben möchten, – diese ist es gerade, welche der Erzieher . . . festzuhalten trachtet.[14]

Eine Erziehung also, die mit Drohungen, Strafen, harten Zu- und Eingriffen und überhaupt mit Maßnahmen, die eher zur Regierung von Menschen gehören, die Heranwachsenden ungebührlich drangsaliert, auf sie formierend einwirkt, sie unter strenger Aufsicht hält, verhindert, daß die Heranwachsenden „ihrer selbst innewerden" und es zu einem starken, unverschrobenen, endlich sittlich-tugendhaft geprägten Charakter bringen. Tugend oder „Charakterstärke der Sittlichkeit" ist aber „der Name für das Ganze des pädagogischen Zwecks", und Tugend definiert Herbart als „die in einer Person zur beharrlichen Wirklichkeit gediehene – Idee der inneren Freiheit".[15] Man könne – so Herbart – ja wohl nicht von einem sittlich-tugendhaften Charakter reden, wenn keine freie Wahl des Guten, wovor sich zum Beispiel „die Begehrungen staunend beugen", statthat, wenn vielmehr alles ein durch und durch von unmittelbar wirkenden Ursachen determiniertes Verhalten ist. Darum haben im Zentrum der „eigentliche(n) Erziehung" "Mitteilung und gemeinsames Durchdenken der Gründe" zu stehen. Falls dennoch dann und wann auf Zwang und Gehorsam, auf ein Sich-Durchsetzen des Erziehens nicht verzichtet werden kann, „so doch (nur so), daß (die Zöglinge) bei der ersten Muße Rechenschaft erhalten, warum so und nicht anders entschieden sei, daß demnach der Befehl (oder was mit ihnen geschieht) ihrer eigenen künftigen Kritik entgegengeht"[16].

---

[14] PS I, 107 f.
[15] PS III, 167.
[16] PS II, 36.

Das klingt nach dem Vorangegangenen wenig nach dem unvermeidlichen Determinismus, der den Gesichtskreis des Herbartschen Erziehers ausmachen soll – eines Erziehers, von dem allerdings an anderer Stelle des gleichen Buches wiederum geschrieben steht, es sei seines Amtes, zwar nicht nach seinem oder der Eltern Privatgeschmack die Söhne und Töchter aufzustutzen, wohl aber im vorfindlichen weiten, leeren Raum der Kinderseelen den pädagogisch richtigen „Bau" hochzuziehen, die in ihren Begehrungen richtig geleitete „Jugend zweckmäßig in Handlung zu setzen" oder – wie andernorts formuliert – den gebildeten Menschen zu konstruieren oder „in die vorhandenen Gedanken(massen) und Gesinnungen" zweckmäßig steuernd einzugreifen und „höhere Grade (von) Gedanken und Empfindungen . . . hervor(zu)bringen", da niemand aus sich dazu imstande sei. Die in diesen und zahlreichen weiteren Sentenzen zum Ausdruck kommende Zwiespältigkeit legt den Verdacht eines nicht nur sprachlich mißglückten Versuchs nahe, um der Charakterstärke der Sittlichkeit willen die gebotene erzieherische Einflußnahme als eine Weise des Bewirkens *und* ein freies, gutes Wollen des Menschen miteinander verträglich zu machen. Schauen wir uns Herbarts Versuch, das „Rätsel", „wie Determinismus und Sittlichkeit (qua freies Wollen des Guten) zusammen bestehen können", zu lösen, des näheren an.

Da Freiheit als etwas Transzendentales für Herbart ein „Unbegriff" ist, womit Pädagogik „nichts anfangen" kann, muß das gleichwohl aus innerer Freiheit stammende, gute Wollen in einem gewissen Sinn allererst geschaffen, durch Erziehung „herbeigeführt" werden. Dafür bieten sich hauptsächlich zwei zusammengehörende Einflußnahmen an.

a) Das primäre, unfreie Wollen ist in einem erziehenden Unterricht, der keine pure Wissensmast sein darf, auch keine kollektive Abrichtung von Schülermengen nach kontingenten Zwecken und Bedürfnissen, in einen umfassenden Vorstellungs- oder Gedankenkreis einzubinden. Anders gesagt: Da nach Herbart das Wollen generell in Vorstellungen wurzelt, ist der „Vorrat" an Vorstellungen, soweit es irgend geht und höchst vielseitig, durch planmäßige Unterrichtung auszubauen. Natürlich ist damit keine additive Anhäufung von Wissensbrocken und Empfindungen gemeint. Durchaus muß Vieles gelernt, an Vielem empfindend teilgenommen werden; aber mehr als nur für den Tag oder ein Examen wird erst dann gelernt, wenn das mannigfaltige Einzelne zur Klarheit gelangt sowie untereinander in Verbindung gebracht und durch Vertiefung und Besinnung dem Ich als sein eigener, zusammenhängender Bewußtseinsinhalt präsent ist. Herbart hat für einen dergestalt ganz im Zeichen der sittlichen Persönlichkeitsbildung stehenden Unterricht eine allgemeine Didaktik oder allgemeine Unterrichtslehre entwickelt. Ich gehe auf sie nicht ein, sondern beschränke mich auf die Zweckbestimmung, um derentwillen Kinder und Jugendliche zu einer höchsten, ein vielseitiges, gleichschwebendes Interesse wachrufenden „geistigen Tätigkeit" zu veranlassen sind. Es handelt sich um die Erweiterung und Konsolidierung des besagten Gedankenkreises. Sie entschränken sozusagen das zunächst labile, in Begierden und Impulsen verstrickte, kurzsichtige, nicht selten selbstsüchtige Wollen, bewaffnen es mit neuen Erkenntnissen und Empfindungen einer vernünftigen Teilnahme, welche einer bloß vom Zufall abhängigen, zumeist engen Erfahrung und dem nicht minder zufälligen Umgang nicht überlassen bleiben dürfen. Bereits in diesem Verständnis ist der entsprechend konzipierte Unterricht mit seiner Bildung des Gedankenkreises „der wesentlichste Teil der Erziehung", „der Hauptsitz der Charakterbildung".

Aber damit kann es für Herbart nicht schon ein Genüge haben; denn das einem weiten, auch geordneten Vorstellungskreis entstammende Wollen mag zwar klug und umsichtig sein, aber um „gut", das „Gegenteil aller Willkür", genannt zu werden, bedarf es noch etwas Weiteren, wofür der erziehende Unterricht und – bevor er im Zögling mächtig geworden ist – die ihn vorbereitende und unterstützende Zucht zu sorgen haben. Dieses Weitere betrifft die Beurteilung des Wollens beziehungsweise der Verhältnisse, in denen das Wollen allemal innesteht; denn wollend verhalten wir uns entweder zu Sachen, zu Mitmenschen oder zu uns selbst. „Niemand" – so schreibt Herbart – „wächst (jedoch) auf . . ., dem gar nichts von dem eigentümlichen ästhetischen Wert der verschiedenen Willensverhältnisse, die sich allenthalben erzeugen, ins geistige Auge fiele."[17] Das heißt: Wo Wollen, eigenes oder fremdes, ist, da wird nach Ge- oder Mißfallen geurteilt, da wird bewundert oder verachtet, geschmacklich gebilligt oder verworfen.

b) Dieses ästhetisch-wertende Urteilen nun – und das ist die andere, hauptsächliche pädagogische Einflußnahme – muß von allem Zufälligen gereinigt und zur Ruhe gebracht, muß – auch im bejahten Wagnis von Wollen und Tun – auf die Probe gestellt, der zensierenden Selbstbeobachtung unterworfen, im gemeinsamen Durchdenken der Gründe geleitet und zu maßgeblichen, festen Ideen der Beurteilung geführt werden, die schließlich das Wollen unsinnlich bedingen und den Charakter in ihren Dienst nehmen. In Anlehnung an Herbart ausgedrückt:

„Nur aus der Menge und Mannigfaltigkeit der Veranlassungen zum sittlichen (Geschmacks-)Urteil", deren das Ich in sich, in seiner Umgebung, vor allem jedoch im Unterricht mehr als genug findet oder dargeboten bekommt; „nur aus diesem Reichtum, welcher noch überdas (pädagogisch) einer geordneten, einer *ergreifenden Darstellung* fähig (und bedürftig) ist; – einer *poetischen Konstruktion*, wenn ich einen gewagten Ausdruck . . . brauchen darf; kurz: nur aus der *ästhetischen Gewalt*

---

[17] PS II, 119.

der moralischen Umsicht kann die reine, begierdenfreie, mit *Mut* und *Klugheit* vereinbare Wärme fürs Gute hervorgehen, wodurch echte Sittlichkeit zum Charakter erstarkt." [18]

Ich verstehe das so: Die allfälligen Werturteile, die Menschen, auch Kinder bereits, über andere und über sich fällen, das Wollen und Tun betreffend, bemessen sich anfänglich nach dem, was nach dem Empfinden von Lust und Unlust oder nach dem Zeit- und Cliquengeist ge- oder mißfällt. An dieses gleichsam unreine Urteilen nach dem Geschmack ist teils anzuknüpfen, teils ist ihm frische Nahrung zu geben, insbesondere in jenen Unterrichtsgebieten, die von der Sache her ein teilnehmendes Interesse implizieren, wie etwa der Geschichtsunterricht. Es kommt nun pädagogisch darauf an, durch eine poetisch konstruierte, ästhetische Darstellung „der ganzen Welt und aller bekannten Zeiten" die vorfindliche ästhetische Auffassung „früh und stark (zu) determinieren", so daß an die Stelle subjektivistisch-befangenen Gefallens – etwa des Beifalls für eine waghalsige, aber verbrecherische historische Großtat – ein allgemeingültiges „Geschmacksurteil" tritt. Ihm eignet unwiderstehlich das Moment der Notwendigkeit, und sie „findend . . ., biegt der Sittliche sein Verlangen, um ihr zu gehorchen" [19]. Das will wohl sagen: Im Zuge der ästhetischen Weltdarstellung wird das auf die diversen Willensverhältnisse bezogene Werten zu einem für jedes dieser Verhältnisse „ursprüngliches, absolut unabhängiges" und mit unmittelbarer Evidenz sich einstellendes „ästhetisches Urteil" hingeführt. Die so erhaltenen, auf den Willen bezogenen Urteile lassen sich als ethische Ideen – zum Beispiel der Rechtlichkeit oder der Güte – verstehen und formulieren, und wo man gleichsam auf sie gestoßen ist, da gehorcht der nunmehr freie Wille dem absoluten Gebot der ästhetisch-ethischen Notwendigkeit.

Zum Ästhetischen aber mußte Herbart seine Zuflucht nehmen, weil er – erstens – auf ein *kategorisch* das Wollen Bestimmendes, um es sittlich zu nennen, nicht glaubte verzichten zu können, weil er – zweitens – mit Kants „leerem", gänzlich formalem kategorischen Imperativ, der einer abwegigen transzendentalen Willensfreiheit korrespondiert, nichts anfangen konnte, weil – drittens – eine theoretische oder logische Notwendigkeit, die ein Müssen ausspricht, wo es um ein Sollen geht, sich verbietet, und weil – viertens – in der Ästhetik im engeren Sinne, also in der Kunst, nach Herbarts Dafürhalten aufs „strengste" nötigende Geschmacksurteile – etwa hinsichtlich des Generalbasses – bestehen, deren es auch in der Sittenlehre insofern welche geben müsse, als ihr Anfang „aus der Mitte des Gemüts" hervorbrechende Geschmacksurteile über Willensverhältnisse sind. Diese Ästhetisierung der Erziehung zur Charakterstärke der Sittlichkeit vermag heute

[18] PS II, 109.
[19] PS I, 111.

wohl niemanden mehr zu überzeugen, schon gar nicht, wenn Herbart damit die Aussage verknüpft, daß der deterministisch unter die Gewalt ästhetisch beeindruckender ethischer Ideen oder Maximen gebrachte Mensch aus innerer Freiheit handelt. – Herbarts Versuch, eine unabhängige, selbständige Pädagogik als Wissenschaft zu kreieren, muß als gescheitert betrachtet werden. Er hat die Unzulänglichkeit, wie bis in seine Tage Pädagogik bedacht und betrieben wurde, nämlich als im Zweck äußerlich-fremdbestimmte und im Vollzug der rohen Empirie überlassene, scharf gesehen. Auch war er wohl, vor allem im Motiv der Bildung des Gedankenkreises in einem „erziehenden Unterricht", auf der Spur, zumindest der traditionellen bewußtseinskolonisierenden Funktion von Unterricht und Erziehung den Abschied zu geben. Aber seine Diagnose der Lage der Pädagogik war nicht radikal genug! „Moralität" (und mit ihr ein dem Wollen kategorisch Gebietendes) „als höchster Zweck des Menschen und folglich der Erziehung" galten ihm als unantastbar, als über jeden Zweifel erhaben. Das jedoch stellt den wollenden, überhaupt den Menschen nicht in den Horizont rückhaltlosen Fragens und Denkens, zu dem pädagogisch freizugeben ist, sondern verstrickt ihn und die Pädagogik in die Antinomie von Determinismus und Willensfreiheit.

Literaturhinweise

Werk

Sämtliche Werke, hrsg. von Karl Kehrbach, Otto Flügel, Theodor Fritzsch, 19 Bde., Langensalza 1887–1912, Neudruck Aalen 1964.

Pädagogische Schriften

Pädagogische Schriften, hrsg. von Walter Asmus, 3 Bde., Düsseldorf und München 1964–1965 (= PS I–III).
Pädagogische Vorlesungen – Aphorismen zur Pädagogik, besorgt von Josef Esterhues, Paderborn 1967 (= E).
Kleine Schriften zur Pädagogik, hrsg. von Theo Dietrich, Bad Heilbrunn/Obb. 1962.

Sekundärliteratur

Benner, Dietrich: Johann Friedrich Herbart: Systematische Pädagogik. Eingeleitet, ausgewählt und interpretiert, Stuttgart 1986.
Benner, Dietrich/Wolfdietrich Schmied-Kowarzik: Prolegomena zur Grundlegung der Pädagogik I. Herbarts praktische Philosophie und Pädagogik, Ratingen 1967.

Blaß, Josef L.: Pädagogische Theoriebildung bei J. F. Herbart, Meisenheim 1972.
–: Herbart und Schleiermacher – Die Entfaltung der Grundmöglichkeiten pädagogischer Theoriebildung, in: Ders., Modelle pädagogischer Theoriebildung, Bd. 1, Stuttgart 1978, S. 50–79.
Brückmann, Artur: Pädagogik und philosophisches Denken bei Herbart, Zürich 1961.
Kühne, Josef: Der Begriff der Bildsamkeit und die Begründung der Ethik bei Johann Friedrich Herbart, Zürich 1976.
Natorp, Paul: Gesammelte Abhandlungen zur Sozialpädagogik, 2. Heft: Herbart, Pestalozzi und die heutigen Aufgaben der Erziehungslehre, Stuttgart ²1922.

WILHELM VON HUMBOLDT

Von Wolfgang Fischer

Johann Friedrich Herbart, über den im letzten Kapitel gehandelt worden ist, hat sich durchaus als Theoretiker der Pädagogik verstanden und sich für die Grundlegung einer Pädagogik als Wissenschaft und Profession verantwortlich gewußt. Erziehung und Unterricht in ihrer vorgefundenen Mittelmäßigkeit und Rückständigkeit waren ihm ein auf den Nägeln brennendes Problem, das dringlich der Bewältigung bedurfte und hinter dem – einmal zur Aufgabe genommen – seine Person ganz zurückzutreten hatte. Gewiß war Herbart nicht uneitel, und mit Enttäuschung nahm er beispielsweise zur Kenntnis, daß seine ›Allgemeine Pädagogik‹ von 1806 nicht sogleich die Aufnahme beim Publikum fand, die er sich erhofft hatte. Aber das führte nicht dazu, in seinen Anstrengungen nachzulassen und etwa sich anderen Aufgaben zuzuwenden, die mehr Genuß und Dankbarkeit versprachen.

Und auch in der Pädagogik, die Herbart vorschwebte, war einer der zentralen Gedanken, daß alles verdorben sei oder werde, wenn der zu Erziehende nicht das „eigene Selbst" vergißt. Das Gefühl seiner Existenz, das „Gefühl von sich", aktuell formuliert: die subjektive Befindlichkeit als Gegenstand von Interesse und Teilnahme –, das, so heißt es, ist es, dem keine „Hervorragung" gegeben werden dürfe, das nicht „Beziehungspunkt" oder Maßstab werden dürfe.[1] Gestört, gar verhindert würden dadurch Anfang und Fortgang der sittlichen Bildung; denn diese – als das Höchste des pädagogischen Bemühens – bindet das Wollen und Tätigsein des Menschen an unerläßliche *allgemeine*, kategorisch gebietende ästhetisch-sittliche Ideen, vor welchen sich „die Begehrungen staunend beugen", das primäre Wollen oder Verlangen den Rückzug antritt und der gleichsam natürliche Charakter das Subjektive und Besondere, das aus Anlagen und Lebensart stammt, als das ihn unzensiert Prägende einbüßt.

Darum ist auch die „Individualität des Zöglings" nicht das Nonplusultra menschlichen Daseins und erzieherischen Handelns. Zwar betonte Herbart, daß sie „so unversehrt als möglich zu (be)lassen sei"[2]; denn ansonsten mißrate Erziehung dazu, den Einzelnen der Gattung als dem falschen All-

---

[1] J. F. Herbart, Allgemeine Pädagogik aus dem Zwecke der Erziehung abgeleitet. 3. Buch, 5. Cap., III: Anwendung der Zucht im allgemeinen.
[2] A. a. O., 1. Buch, 2. Cap., III.–VI.

gemeinen aufzuopfern, und mißachte zugleich, daß für die verschiedenen
Geschäfte des Lebens „Verschiedene sich bereiten und bestimmen". Aber
das Individuelle ist weder schon Charakter, gar sittlicher, noch genügt es der
einen „Idee der Vielseitigkeit" des Interesses, die mit noch so zahlreichen
Vorlieben und Geschäftigkeiten nicht schon identisch ist. Folglich ist „die
Individualität in (eben diese) Vielseitigkeit" zu verschmelzen, das heißt: in
einen weiten, überindividuellen Gedankenkreis hineinzunehmen, der alle
wesentlichen Richtungen der Erkenntnis und Teilnahme umfaßt und sich
nicht nach Neigungen, Talenten und Bedürfnissen richtet. Genügt die Ver-
schmelzung oder Hineinnahme den Bedingungen des erziehenden Unterrichts in seinem Wechsel von „Besinnung" und „Vertiefung" (statt von abge-
zweckter Wissensvermittlung und Ausrichtung des Zöglings), dann wird
leicht und in zunehmendem Maße der aufzubauende, gleichförmige sittliche
„Charakter seine Herrschaft im Individuellen" und über dasselbe antreten
und behaupten, wobei „das Starke der Individualität", sofern kein Verderben von ihm ausgeht, bleiben mag. Oder in einer anderen Wendung
Herbarts: Pädagogisch gilt es, die Individualität „mit Charakter und Vielseitigkeit" zum Ausgleich zu bringen. Das beläßt ihr den Raum, sich etwa „den
Beruf zu wählen und überdem tausend kleinen Gewohnheiten und Be-
quemlichkeiten nachzuhängen, welche, so lange sie nicht mehr gelten wollen
als sie sind", keinen Schaden im Gemüt anrichten werden. Eine höhere Bedeutung jedoch – etwa die, in den „Eigentümlichkeiten der Individualität"
geradezu Repräsentationen des Menschheitlichen, etwas schlechthin Werthaftes an und für sich zu erblicken und pädagogisch „denselben mit strenger
Anhänglichkeit getreu zu bleiben", wie man bei Humboldt lesen kann[3] –
steht dem allemal Individuell-Besonderen nicht zu. Kurz: Zwar ist für Herbart die Einmaligkeit und Einzigartigkeit eines jeden Menschen pädagogisch positiv in Anschlag zu bringen. „Wir sehen . . . voraus, immer werde
auch die reinste, gelungenste Darstellung der Menschheit zugleich einen besonderen Menschen zeigen." Aber das Recht des Individuellen hat dort
seine in der Erziehung aufzurichtende Schranke, wo das Allgemeine, inson-
derheit „die allgemeingültigen Sittengesetze" ihr größeres, höheres Recht
fordern.
       Eine solche Einstellung zu sich, zum Menschen und zur Sache der Bil-
dung läßt sich bei Wilhelm von Humboldt, der annähernd zur gleichen Zeit
wie Herbart lebte, nicht erkennen. Sein Leben, seine Anthropologie und
seine Bildungstheorie rücken die Individualität, auch und gerade als genie-
ßende, ins Zentrum. An keinem Allgemeinen oder Allgemeingültigen, das
ihr maß- und richtungweisend voraus- oder zugrunde liegen soll, hat sie ihre
Grenze, geschweige denn, daß sie pädagogisch auch nur die geringste Be-

---

[3] Gesammelte Schriften (= GS) II, 93.

schränkung oder Glättung nach Maßgabe eines ihr Übergeordneten erfahren darf. „Die Individualität steht als Zweck ihrer selbst", so formuliert es Clemens Menze,[4] „über allen Anforderungen" irgendeiner „Allgemeinheit".

Gleichwohl glaubte Humboldt nicht, daß durch die Absage an etwas, das der Individualität Zügel anlegt oder sie in ihrer „Gestalt", ihrem „Umriß" nach der einen „Idee der Vielseitigkeit" (Herbart) ändert und einer gewissen Gleich-, nicht Einförmigkeit zuführt, ein Zeitalter der Amoralität, der Asozialität, der Inhumanität anbrechen würde. Im Gegenteil! „Das Menschengeschlecht", so lesen wir in Humboldts erster umfangreichen, mit fünfundzwanzig Jahren verfaßten, allerdings komplett erst postum erschienenen Schrift, „steht jetzt auf einer Stufe der Kultur, von welcher es sich nur durch Ausbildung der Individuen höher emporschwingen kann, und daher sind alle Einrichtungen, welche diese Ausbildung hindern . . ., jetzt schädlicher als jemals" (GD I, 142f.). Das war Humboldt exemplarisch besonders deutlich geworden, als er nach Abschluß seiner Universitätsstudien eine längere Bildungsreise unternahm und hierbei in Stuttgart die dortige Militärakademie besichtigte. Anschließend notierte er in sein Tagebuch:

Alle tragen (hier) Uniform und eine geklebte militärische Frisur . . ., zu Tische hin wird marschiert und kommandiert u. s. f. Von dieser Seite muß, glaub' ich, die Anstalt beurteilt werden. Denn dies ist ihr wesentlicher . . . Charakter. Gerade von dieser Seite aber scheint sie mir nicht bloß fehlerhaft, sondern ganz und gar schädlich. Welche Einseitigkeit muß (wohl) die Folge einer so vom zartesten Knaben- bis zum reifsten Jünglingsalter eingezwängten regelmäßigen Erziehung sein? Welcher esprit de corps muß unter den jungen Leuten, welche Einförmigkeit ihrer Bildung entstehen? Jeder Mensch existiert doch eigentlich (nur) für sich; Ausbildung des Individuums für das Individuum und nach den dem Individuum eigenen Kräften und Fähigkeiten muß also der einzige Zweck alles Menschenbildens sein. Daraus, daß man diesen Zweck – den man freilich nicht immer unmittelbar im Auge behalten kann, weil selbst die Ausbildung des Individuums ein Vergesellschaften und folglich Bindung fürs Ganze erfordert – oft nicht genug beachtete, sind eine große Menge sehr schädlicher Folgen entstanden. Die Jugend, die Zeit, ehe der Mensch wenigstens als tätiges Mitglied in die Gesellschaft tritt, ist vor jeder anderen Zeit geschickt zu dem Behufe der freien, individuellen Ausbildung . . . (GS XIV, 154f.).

Hieran anschließen lassen sich noch einige Sätze, die Humboldt drei Jahre später in einem Brief an einen Jugendfreund schrieb und die recht deutlich zum Ausdruck bringen, daß seine Abneigung gegen alles, was das Individuelle beeinträchtigen könnte, nur anlaßhaft etwas mit den Zwängen institutionalisierter Erziehung und Ausbildung zu tun hat. Es heißt dort: „Ich bin fest überzeugt, alles Unglück in der Welt kommt daher, daß die Leute sich weniger um sich als um andere bekümmern. Möchten sie nur ein-

---

4 Wilhelm von Humboldts Lehre und Bild vom Menschen, Ratingen 1965, S. 118.

mal anfangen, alle bloß sich selbst leben zu wollen. Solange ich dieser Wahrheit treu bleibe, wird mir auch das Glück treu bleiben; wenn ich sie verlöre, dann stehe ich für nichts mehr, was es auch sei."[5]

Zu fragen ist, wie eine so radikal die Individualität, ja scheinbar den Egoismus in den Mittelpunkt des Lebens stellende und die Bildung des Individuums für das Individuum zum einzigen Zweck der Pädagogik erklärende Anschauung zu verstehen ist. Wie begründet Humboldt seine Frontstellung gegen jedwedes Allgemeine, es sei von ideeller Gestalt wie gewisse allgemeine Forderungen der Moral, es sei etwas Reales wie die allgemein verpflichtenden Vorschriften, welche Collegien Studierende zu hören haben, das allemal der ausschließlichen Bekümmerung des Menschen um sich selbst noch immer in die Quere kommt? Welche Argumente macht er – direkt oder indirekt – geltend, daß nicht Chaos, nicht Mord und Totschlag, nicht soziales Elend und kaltschnäuzige Gleichgültigkeit den Mitmenschen gegenüber die Folgen davon sind, daß jeder nur sich selber lebt und alle Energie zur Steigerung und idealischen Vervollkommnung seiner Individualität verwendet? Und wie stellt Humboldt sich die Verwirklichung seiner Individualitätspädagogik vor, die einerseits nichts Ausrichtendes, Mechanisches, Einzwängendes, nach Machen und Herstellen Schmeckendes an sich haben, andererseits aber auch nicht die schon erreichte Stufe der Kultur aufs Spiel setzen dürfe?

Bevor hierauf eingegangen werden wird, ein paar biographische Notizen dazu, wer dieser „sonderbare Sterbliche", wie ein Freund ihn charakterisierte, war!

Geboren wurde Wilhelm von Humboldt am 22. Juni 1767, zwei Jahre, ehe sein Bruder Alexander das Licht der Welt erblickte. Alexander ist bekanntlich ein weltberühmter Naturforscher geworden; mehrere Jahre hat er in Süd- und Mittelamerika mit großem Erfolg Expeditionen durchgeführt, um die Pflanzenwelt und den Erdmagnetismus zu erkunden; überdies wird er international als Begründer der Geographie als einer eigenständigen Wissenschaft bezeichnet. Mit seinem älteren Bruder hatte er außer dem Ruhm, eine exzellente Persönlichkeit zu sein, und der Wahrnehmung diplomatischer Aufgaben im Dienste Preußens wenig gemeinsam. „Seit unserer Kindheit", so vergleicht Wilhelm von Humboldt ihn und sich einmal in einem Brief an seine Frau vom 9. Oktober 1804, „sind wir wie zwei entgegengesetzte Pole auseinandergegangen . . . Er hat von früh an nach außen gestrebt, und ich habe mir ganz früh schon ein inneres Leben erwählt, und glaube mir, darin liegt alles. Ich habe nie das Talent gehabt, bei *einer* Sache wie bei einem Zweck stehenzubleiben . . . Die Frage, was denn am Ende

[5] Zitiert nach Th. Ballauff/K. Schaller, Pädagogik – Eine Geschichte der Erziehung und Bildung, Band II, Freiburg/München 1970, S. 504.

bei dem allen (für mich) herauskommt, was übrigbleibt . . ., war immer die erste bei mir. So hat sich in meinem Inneren etwas gebildet, was mich nie verlassen kann als mit dem Dasein selbst, was mir eine tiefe Ruhe, eine dauernde Selbständigkeit gibt, in der ich immer mich und das Leben und das Schicksal wiederfinde . . ."[6] Ich zitiere dieses Selbstzeugnis nicht, um Wilhelm von Humboldts Werk in psychogenetischen Erklärungen aufzulösen. Ebenso unbefriedigend dürfte sein, es als Reflex der sozioökonomischen Lebensumstände zu interpretieren, die ihn umgaben, dergestalt, daß er gleichsam bloß als Sprachrohr der besitzend-herrschenden Klasse fungierte, wenn er beispielsweise in der Arbeit, die nicht überwiegend Genuß bereitet, keine dem Menschen angemessene Lebensart zu erblicken vermochte.[7] Mittels solcher Zugriffe schafft man sich leicht Probleme vom Halse oder entfernt aus ihnen ihre philosophische Substanz. Das bedeutet jedoch nicht, die sogenannten inneren und äußeren Verhältnisse außer acht lassen zu können; denn kein Denken ist frei von ihnen und den mit ihnen verknüpften Erfahrungen.

Die äußeren Verhältnisse, in denen die Gebrüder Humboldt aufwuchsen, kannten weder Not noch Sorge. Man lebte in einem kleinen Berliner Schloß, dem Schloß Tegel, hatte einigen Grundbesitz. Der Vater war „beruflich" zuletzt in der Stellung eines Kammerherrn am Hofe des Thronfolgers von Friedrich dem Großen tätig, die Mutter entstammte einer Familie, die manchen Gelehrten hervorgebracht hat. Es war dem Stande angemessen und damals selbstverständlich, daß Erziehung und Unterricht nur zu Hause erfolgten und ausgesuchten, in ihren Fächern herausragenden Lehrern anvertraut waren. Achtzehnjährig beherrschte Wilhelm von Humboldt die hebräische, griechische, lateinische und französische Sprache und besaß auch ansonsten ein großes Wissen, da er „Geschmack an Literatur und Wissenschaften" früh schon gefunden hatte.

Mit zwanzig Jahren bezog er die Universität, zunächst in Frankfurt an der Oder, wo man – wie er abschätzig notiert haben soll – seinen Doktor

---

[6] Wilhelm von Humboldt. Sein Leben und Wirken, dargestellt in Briefen, Tagebüchern und Dokumenten seiner Zeit, ausgewählt von Rudolf Freese, Berlin 1955, S. 531.

[7] Vgl. Humboldts Brief an Friedrich Schiller vom 2. Februar 1796, zitiert in: Peter Berglar, Wilhelm von Humboldt in Selbstzeugnissen und Bilddokumenten, Reinbek 1970, S. 13. – Daß Humboldts Geringachtung der Arbeit, die „nur dazu dient, das Bedürfnis zu befriedigen", ganz andere Wurzeln haben dürfte als gesellschaftliche Triebkräfte, deren Marionette er sei, dafür spricht seine Beschäftigung mit der Antike. Von da her und nicht aus einem aristokratisch-bornierten Dünkel stammt vermutlich der Impuls, die durchaus notwendige Arbeit weniger überschwenglich einzuschätzen, als es die Neuzeit tut. Vgl. zum Problem der Differenz von Arbeit und Handeln: Hannah Arendt, Vita activa oder Vom tätigen Leben, München 1981.

machen konnte, ohne etwas gelernt oder studiert zu haben, danach in Göttingen, wo ihn stärker als seine juristischen Studien, die Staatsrechtslehre ausgenommen, Studien im Felde des klassischen Altertums und – privat – die Beschäftigung mit der Philosophie Immanuel Kants interessierten. Aufschlußreich ist eine Bemerkung hierzu, die er am 12. März 1789 in einem Brief an Friedrich Heinrich Jacobi, einen „Gefühlsphilosophen", machte: „Ich habe wieder viel den Kant studiert. Sein theoretischer Teil behagt mir doch immer mehr; nur mit dem praktischen kann ich mich noch gar nicht vertragen. Aber ich glaube, man kann ohne Inkonsequenz den ersten annehmen und den anderen verwerfen, ob er gleich beide auf gewisse Weise in Verbindung bringt. Meine Gründe kann ich Ihnen heute nicht auseinandersetzen . . ."[8], aber man wird vermuten dürfen, daß ihn Kants Versuch weder überzeugte noch befriedigte, die Moralität und Würde des Menschen zwar zutreffend auf etwas Unbedingtes und Letztes zu beziehen, aber dabei „der Verschiedenheit der Individuen . . . Eintrag" zu tun und mithin nicht der Gefahr zu entgehen, die verschiedenen „Naturen nach einem einzigen Muster zu modeln".[9]

Nach nur zwei Jahren schloß Wilhelm das Studium ab, unternahm die für Adlige übliche Bildungsreise und trat danach als Rechtsreferendar in den preußischen Staatsdienst ein. Dort hielt er es knappe zwei Jahre aus, obwohl ihm eine glänzende Karriere vorausgesagt wurde. Inzwischen hatte er sich verheiratet; seine Frau Caroline geb. von Dacheröden war die Alleinerbin ausgedehnter Ländereien in Thüringen, wohin beide sich 1792 zurückzogen. Es begann für den 25jährigen eine ungefähr zehn Jahre währende Periode, in der er ganz seinen vielfältigen intellektuellen Neigungen nachgehen und um seine „höchste und vielseitigste Bildung" besorgt sein konnte. Es wurde viel gereist, mehrfach der Wohnsitz gewechselt; nicht minder eifrig und abwechslungsreich widmete Humboldt sich wissenschaftlichen Studien, die ihn reizten, wobei ihm offensichtlich nur nebenher daran gelegen war, die Dinge unbedingt zu einem Abschluß zu bringen und „viel drucken zu lassen". Immerhin veröffentlichte er – 1799 – eine umfangreiche Schrift über den Roman ›Hermann und Dorothea‹ des mit ihm befreundeten Goethe und einige kleinere Aufsätze. Von einem anderen, früher abgeschlossenen Buchmanuskript mit dem Titel ›Ideen zu einem Versuch, die Grenzen der Wirksamkeit des Staates zu bestimmen‹ gelangten – wohl aus politischen Erwägungen – nur Teile zum Abdruck; manches andere blieb Fragment und wurde erst mit Erscheinen der siebzehnbändigen Akademieausgabe der Gesammelten Schriften seit 1903 der breiteren Öffentlichkeit bekannt. Dabei stellte man auch fest, daß Humboldt sich des öfteren in

---

[8] Wilhelm von Humboldt. Sein Leben und Wirken, S. 70.
[9] Vgl. Über den Geist der Menschheit, GS II, 324 ff.

unterschiedlichen Kontexten mit dem Problem auseinandergesetzt hat, worum es bei der Bildung des Menschen eigentlich zu gehen habe. Das war schon ein wichtiges Seitenthema in der Arbeit über die Grenzen staatlicher Wirksamkeit, wo man unter anderem lesen kann:

„Jede öffentliche Erziehung aber, da immer der Geist der Regierung in ihr herrscht, gibt dem Menschen eine gewisse bürgerliche Form . . ., da, was Einheit der Anordnung hat, auch allemal eine gewisse Einförmigkeit der Wirkung hervorbringt . . . (I)st es (jedoch) bloß die Absicht zu verhindern, daß Kinder nicht ganz unerzogen bleiben, so ist es ja leichter und minder schädlich, nachlässigen Eltern Vormünder zu setzen oder (be)dürftige zu unterstützen.[10] Ferner erreicht auch die öffentliche Erziehung nicht einmal die Absicht, welche sie sich vorsetzt, nämlich die Umformung der Sitten nach dem Muster, welches der Staat für das ihm angemessenste hält. So wichtig und auf das ganze Leben einwirkend auch der Einfluß der Erziehung sein mag, so sind doch noch immer wichtiger die Umstände, welche den Menschen durch das ganze Leben begleiten. Wo also nicht alles zusammenstimmt, da vermag diese Erziehung allein nicht durchzudringen. Überhaupt soll die Erziehung nur, ohne Rücksicht auf bestimmte, den Menschen zu erteilende bürgerliche Formen, Menschen bilden; so bedarf es des Staates nicht . . . Denn Tugend und Laster hängen nicht an dieser oder jener (öffentlich zu erwirken gesuchten) Art des Menschen zu sein, sind nicht mit dieser oder jener (begünstigten) Charakterseite notwendig verbunden, sondern es kommt in Rücksicht auf sie weit mehr auf die Harmonie oder Disharmonie der verschiedenen Charakterzüge, auf das Verhältnis der Kraft zu der Summe der Neigung u. s. f. an. Jede (einseitig) bestimmte Charakterbildung ist daher eigener Ausschweifungen fähig und artet in dieselben aus . . . Öffentliche Erziehung scheint mit daher ganz außerhalb der Schranken zu liegen, in welchen der Staat seine Wirksamkeit halten muß", wenn immer „der wahre Zweck des Menschen . . . die höchste und proportionierlichste Bildung seiner Kräfte zu einem Ganzen" ist und „Freiheit" hierzu „die erste und unerläßliche Bedingung" (GS I, 144 ff., i. V. m. 106)

Was in diesen Überlegungen gerade nur und nicht ganz ohne Dunkelheit über die Erziehung und Bildung des Menschen angedeutet wird, das hat Humboldt in anderen Texten jener Zeit zu größerer Bestimmtheit zu bringen versucht, besonders in zwei wahrscheinlich um 1793 beziehungsweise 1797 angefertigten Stücken, die heute unter den Titeln ›Theorie der Bildung des

---

[10] Hier mag Humboldt auf eine Reflexion zurückgehen, die er in seinem Tagebuch der Reise nach Paris und der Schweiz nach dem Besuch eines Findelhauses in bezug auf „gefallene" Mädchen niedergeschrieben hat: „Man müßte . . . der Armut abzuhelfen suchen, das moralische Gefühl und den Geschmack mehr ausbilden. Alle Laster entspringen beinahe aus dem Mißverhältnis der Armut gegen den Reichtum. In einem Lande, worin durchaus ein allgemeiner Wohlstand herrschte, würde es wenig oder gar keine Verbrechen geben. Darum ist kein Teil der Staatsverwaltung so wichtig als der, welcher für die physischen Bedürfnisse der Untertanen sorgt" (GS XIV, 129).

Menschen‹ und ›Über den Charakter‹[11] geführt werden. Ich werde darauf zurückkommen.

Im Jahre 1802, also 35jährig, beendete Humboldt sein Privatisieren, das ihn zuletzt auf Reisen in Spanien gesehen hat, wo er besonders mit der baskischen Sprache sich beschäftigte und in entsprechenden Forschungen den Grund für seine späteren Arbeiten zur Sprachtheorie legte. Eine ihm vom König angetragene Stelle eines preußischen Residenten beim päpstlichen Stuhl in Rom scheint ihn gereizt zu haben, weniger der damit verknüpften sowieso mäßigen Arbeit als vielmehr der zusätzlichen Einkünfte und vor allem der Gelegenheit wegen, die Sprachstudien fortsetzen und die Vertrautheit mit der Antike vertiefen zu können. Nach dem Zusammenbruch Preußens Ende 1806 erbat er sich Urlaub, um in Sachen seines Besitzes in Deutschland nach dem Rechten zu sehen, und auf der stationenreichen Reise nach Berlin erfuhr er unterwegs, daß der mit Preußens Neuaufbau betraute Reichsfreiherr vom und zum Stein beabsichtigte, ihn im neugeschaffenen Ministerium des Innern als Chef der Sektion des Kultus und des öffentlichen Unterrichts haben zu wollen. Nicht gerade begeistert darüber, nunmehr für die Organisation des Schul- und Erziehungswesens zuständig zu sein, erklärte er sich schließlich bereit dazu, übernahm Ende Februar 1809 die Dienstgeschäfte, denen er sechzehn Monate lang tatkräftig nachging.

Es ist hier nicht der Ort, die reformerischen Unternehmungen zu würdigen, die Humboldt in dieser kurzen Zeit vollbracht hat.[12] Er begründete das sogenannte allgemeinbildende, auf das ganze Volk einheitlich bezogene, nach Stufen und nicht nach ständisch bedingten Formen differenzierte Schulwesen, konzipierte das humanistische Gymnasium, das er den tradierten Gelehrtenschulen mit ihrer Orientierung am „äußeren Bedarf" entgegenstellte, stampfte förmlich die Berliner Universität als Modell für alle hohen Schulen in Preußen und später im Reich aus dem Boden. Man wird sicherlich nicht sagen können, bei alledem handele es sich um einen Geniestreich, der Humboldt urplötzlich mit der Übernahme des Amtes eingegeben worden sei. Zutreffend dürfte vielmehr sein, die gewaltige konzeptionelle Leistung als die politische Umsetzung eines langen Nachdenkens über den Menschen und seine Bildung zu interpretieren. Dafür legen vor allem vier Texte Zeugnis ab, in denen die organisatorischen Aufgaben in ständiger Rückkopplung mit Humboldts Bildungstheorie in Angriff genommen wer-

---

[11] ›Über den Charakter‹ ist Teil des letzten, 5. Kapitels der nicht beendeten Schrift ›Das achtzehnte Jahrhundert‹ (GS II, 1–112)

[12] Hierüber handelt ausführlich Clemens Menze in seinem Buch ›Die Bildungsreform Wilhelm von Humboldts‹ (Hannover 1976), in dem auch das Scheitern der Reform erörtert wird.

den. Es handelt sich a) um den Königsberger, b) um den Litauischen Schulplan, c) um den gelegentlich etwas diplomatisch abgefaßten Bericht der Sektion für den König, alle aus dem Jahre 1809, und d) um einen wohl 1810 entstandenen, unvollendeten Entwurf zu einer Denkschrift ›Über die innere und äußere Organisation der höheren wissenschaftlichen Anstalten in Berlin‹.

Im gleichen Jahr – 1810 – nahm Humboldt seinen Abschied, da ihm die „Usurpationen" – also: Anmaßungen – „der Minister" und anderes mehr nicht länger behagten. Vieles, was er ins Leben gerufen hatte, bekam nach und nach eine andere als die von ihm erstrebte Gestalt, wurde gar – wie etwa das humanistische Gymnasium – zu einer Einrichtung verändert, die nicht der „reinen Menschenbildung", sondern der Erhaltung von Standesprivilegien oder wiederum der Vorbereitung zu höheren Berufen bei gehöriger Staatsgesinnung dienen sollte. Man ist gut beraten, vorsichtig mit der Behauptung zu sein, Humboldts Bildungsreform sei – „objektiv" betrachtet – eine zugunsten der politischen Restauration, gar Reaktion gewesen. Ein solches Urteil ist ebenso grobschlächtig wie voreingenommen. Als äußerstes – meine ich – kann man dem Bildungs*politiker* Humboldt vorhalten, nicht hinreichend bedacht, besser: vergessen oder vernachlässigt zu haben, daß ein intendierter, „nur auf allgemeine Menschenbildung" bezogener pädagogischer Sinn von öffentlichen Bildungseinrichtungen – einerseits – und die Sache von neuzeitlicher Politik, Staat und Regierung, wenn sie – wohl unvermeidlich – auf Angelegenheiten der Erziehung und des Unterrichts sich erstreckt, – andererseits – miteinander kaum verträglich (zu machen) sind.[13] Siebzehn Jahre zuvor hatte Humboldt diese Einsicht gewonnen; jetzt glaubte er daran, aus der öffentlichen Erziehung den Herrschaftsgeist der Regierung (oder den Sozialisationsgeist der „Gesellschaft") heraushalten zu können. – Aber das ist ein eigenes Thema, das jetzt nicht zur Verhandlung ansteht.

Nach seinem Ausscheiden aus dem Amte des Sektionschefs war Humboldt noch mehrere Jahre im Dienste Preußens tätig, zumeist als Diplomat. Ende 1819 entsagte er endgültig allen politischen Tätigkeiten, da er sich mit dem Staatskanzler von Hardenberg, dem Nachfolger Steins, überworfen hatte und mit Sorge einem neuaufkommenden antiliberalen Absolutismus in Preußen entgegensah. Die ihm noch verbliebenen fünfzehn Lebensjahre widmete er sich fast ausschließlich seiner Sprachtheorie. Auf der Basis von zwölf in Wort und Schrift perfekt beherrschten und einem runden Dutzend weiterer, zum Teil exotischer Sprachen, mit denen er sich vertraut machte, entstand sein unvollendetes, dreibändiges Werk ›Über die Kawi-Sprache

---

[13] Vgl. Wolfgang Fischer, Schule als parapädagogische Organisation, Kastellaun 1978.

auf der Insel Java. Nebst einer Einleitung über die Verschiedenheit des menschlichen Sprachbaus und ihren Einfluß auf die geistige Entwicklung des Menschengeschlechts‹. Am 8. April 1835 starb Humboldt. –

Zur Grundlage meines nun folgenden Versuchs, Humboldts Bildungstheorie in drei interpretatorischen Anläufen ein wenig zu erläutern, nehme ich eine längere, um der leichteren Nachvollziehbarkeit willen teils gekürzte, teils geringfügig erweitert-ergänzte Passage aus dem Fragment von 1793, das bei seinem Erscheinen 1903 den etwas überzogenen Titel ›Theorie der Bildung des Menschen‹ erhielt. Die Passage beginnt mit einer Umschreibung dessen, was Humboldt später einmal – wie Clemens Menze, der wohl beste Kenner von Humboldts Bildungsphilosophie in der Gegenwart, aus einem Brief zitiert [14] – das „wahre Apriori im Menschen" genannt hat, nämlich „die Kraft". Sie ist für ihn, so Menze, „das Letzte und Ursprüngliche im Menschen", und hinter sie kann auf nichts noch Ursprünglicheres, das Menschsein des Menschen Bedingendes, zurückgegangen werden. In gewissem Sinne – meine ich – kann die Rede von der Kraft als dem *wahren Apriori* als gegen Kant gerichtet gelesen werden. Denn zwar hat dieser seine apriorisch-reinen Verstandes- und Vernunftelemente durchaus mit der Spontaneität des Denkens in Verbindung gebracht, aber eben diese Spontaneität ist für ihn kein weiter erklär- und bestimmbares, über seine theoretischen Funktionen hinaus begreiflich zu machendes „Vermögen". Genau dieser Metaphysik-Verzicht kritischer Erkenntnistheorie könnte, da er das Neues schaffende Wirken in der Welt und vor allem im Subjekt im Dunkeln läßt und das empirische Ich zu einer bloß sinnlich bedingten Erscheinung werden läßt, Humboldt bewogen haben, auf eine den Menschen konstituierende und ihn mit allem Seienden verbindende Grund*kraft* zu rekurrieren. „Daß die Wirksamkeit des Genies und der tiefen Leidenschaften einer von dem mechanischen Naturgang verschiedenen Ordnung der Dinge angehört, ist unverkennbar; allein strenge genommen ist dies mit jedem Ausfluß der menschlichen Individualität der Fall. Denn dasjenige, was derselben zum Grunde liegt, ist etwas an sich Unerforschbares, Selbständiges, seine Wirksamkeit selbst Beginnendes . . ." (GS III, 365), eben apriorische Kraft, die „mit jedem Wirken Vermehrung" und Vervollkommnung in ihrer individuellen Einzigartigkeit „erhält" (GS III, 139).

Die Passage lautet:

Im Mittelpunkt aller besonderen Arten der Tätigkeit nämlich steht der Mensch, der ohne alle auf irgendetwas Einzelnes gerichtete Absicht nur die Kräfte seiner

---

[14] Clemens Menze, Grundzüge der Bildungsphilosophie Wilhelm von Humboldts, in: Hans Steffen (Hrsg.), Bildung und Gesellschaft, Göttingen 1972, S. 6. – Ausführlich behandelt Menze die Kraft-Metaphysik Humboldts in seinem in Fußnote 4 erwähnten Buch auf den Seiten 96 bis 105.

Natur stärken und erhöhen, seinem Wesen (als Kraft) Wert und Dauer verschaffen will. Da jedoch die bloße Kraft einen Gegenstand braucht, an dem sie sich übt, und die bloße Form, der reine Gedanke, einen Stoff, in dem sie, sich darin ausprägend, fortdauern könne, so bedarf auch der Mensch einer Welt außer sich. Daher entspringt sein Streben, den Kreis seiner Erkenntnis und seiner Wirksamkeit zu erweitern, und ohne daß er sich selbst deutlich dessen bewußt ist, liegt es ihm nicht eigentlich an dem, was er ... erwirbt oder ... außer sich hervorbringt, sondern nur an seiner inneren Verbesserung und Veredelung ... Rein und in seiner Endabsicht betrachtet ist sein Denken immer nur ein Versuch seines Geistes, vor sich selbst verständlich, sein Handeln ein Versuch seines Willens, in sich frei und (von zufälligen, nicht im Wesen eines Menschen gegründeten Beschaffenheiten) unabhängig zu werden ... Bloß weil beides, sein Denken und sein Handeln, nicht anders als nur vermöge eines Dritten, nur vermöge des Vorstellens und des Bearbeitens von etwas möglich ist, dessen ... unterscheidendes Merkmal es ist, ... Welt zu sein, sucht er soviel Welt als möglich zu ergreifen und so eng, als er nur kann, mit sich zu verbinden.

Die letzte Aufgabe unseres Daseins: dem Begriff der Menschheit in unserer (je einzigartig-individuellen) Person ... einen so großen Inhalt als möglich zu verschaffen, diese Aufgabe löst sich allein durch die Verknüpfung unseres Ichs mit der Welt zu der allgemeinsten, regsten und freiesten Wechselwirkung ... (Aber) hier kommt es nun darauf an, daß (der Mensch) in dieser Entfremdung nicht sich selbst verliere, sondern vielmehr von allem, was er außer sich vornimmt, immer das erhellende Licht und die wohltätige Wärme in sein Inneres zurückstrahle ... In ihm sind mehrere Fähigkeiten, ihm denselben Gegenstand in verschiedenen Gestalten – bald als Begriff, bald als Bild der Einbildungskraft, bald als Anschauung der Sinne – vor seine Betrachtung zu führen. Mit allen diesen wie mit ebensoviel verschiedenen Werkzeugen muß er die Natur aufzufassen (und über sie und die Welt zu herrschen) versuchen, nicht sowohl um sie von allen Seiten kennen zu lernen (und gestaltend in sie einzugreifen), als vielmehr um durch diese Mannigfaltigkeit der Ansichten (und des Wirkens) die eigene, inwohnende Kraft zu stärken, (die sein eigentliches Ich ausmacht) ... (GS I, 283 ff.).

Ich interpretiere:

Erstens: Humboldt setzt offensichtlich an bei den vielfältigen Tätigkeiten, die er bei den Menschen vorfindet. Sie bemühen sich um Wissen und Einsicht, wollen die Dinge um sich herum und das, was sich ereignet hat oder gerade sich ereignet, erkennen und begreifen. Sie lassen ihre Einbildungskraft spielen, mittels der das sinnlich Angeschaute dem Inhalte nach imaginativ zu etwas Einheitlichem zusammengenommen wird. Handelnd greifen sie in die Natur ein, bringen Neues hervor, erstellen eine gleichsam künstliche Welt, gründen Gemeinwesen, zerstören das in ihren Augen Mißratene und Rückständige usw. Das alles geschieht auf unterschiedlichem Niveau, bei den einen im engsten, bei anderen in einem weiten Rahmen, erweist sich zuweilen als ohnmächtiger Versuch, hat im Laufe der Geschichte in Antwort, Tat und Werk sich gewandelt. Gleichwohl oder gerade deshalb stellt sich die Frage, was der Mensch eigentlich tut, wenn er tätig ist, worum es in seinem

Erkennen und Handeln geht, nicht in der empirisch-einzelnen Betrachtung und Gestaltung irgendeines Dinges oder einer Lage, auch nicht primär in der ihm gar nicht eigentümlichen Nötigung, sich und die Gattung physisch zu erhalten, sondern in seinem theoretischen und praktischen Streben schlechthin, das in keinem konkret angebbaren äußeren Zweck, in keinem zustande gebrachten Erzeugnis sich zu erschöpfen scheint.

Bei dieser Überlegung mag Humboldt sich der kantischen Einsichten erinnert haben, daß keine Leistungen unseres Verstandes zu dem vordringen, was die Dinge „an sich" sein könnten, und dennoch unaufhörlich weitergehen, daß kein Vernunftgebrauch zu „objektiv" prüfbaren, allgemeingültigen theoretischen Sätzen gelangt, was die unabweisbaren metaphysischen Fragen anbelangt, daß in Sachen des Wollens und Handelns das, was sittlich oder gut genannt zu werden verdient, inhaltlich nicht allgemeingültig auffindbar und dekretierbar ist, womit die normierenden Sätze der Religion, der diversen Sittenlehren, des Staates, der Gesellschaft ihren (moralischen) Anspruch einbüßen, über den Menschen als Menschen verfügen zu dürfen. Sie selbst sind ja sein Werk, sind bedingt, und es ist widersinnig und schädlich, den Menschen in Abhängigkeit von dem zu halten oder zu bringen, was seine unvollendeten und wohl auch ewig unvollendbaren Konstitute sind, nicht aber das ihn in seiner menschlichen Totalität und Aktivität Konstituierende.

Kann in Anbetracht alles dessen, wenn das unermüdliche Tätigsein des Menschen nicht ohne einen letzten Sinn sein soll, der jedoch nicht in irgendwelchen Objektivationen des Geistes gefunden werden kann, eben dieser Sinn noch irgendwo anders als im menschlichen Inneren, als in der Entfaltung und Vervollkommnung aller seiner Fähigkeiten liegen? Das, was den einzelnen Menschen ursprünglich bewegt, „„den Kreis seiner Erkenntnis und Wirksamkeit" stetig zu erweitern, also die Kraft, die in ihm wohnt, drängt, sich mit jedem Wirken vermehrt – sie selbst muß es sein, auf deren Stärkung, die durch nichts beeinträchtigt, kanalisiert, behindert werden darf, als „Endabsicht" geschlossen werden muß. Oder mit anderen Worten: Um seiner selbst, um der größtmöglichen Realisation und Steigerung aller seiner Kräfte willen empfindet, denkt, handelt der Mensch als Individuum, sucht er die Geselligkeit. Nichts außer oder über ihm kommt hierfür in Frage! Dieser Grundgedanke hält sich bei Humboldt durch, wenn er beispielsweise ungefähr zwei Jahrzehnte später „die Vollendung des Menschengeschlechts" nicht „in Erreichung einer allgemeinen, abstrakt gedachten Vollkommenheit" gewährleistet sieht, sondern „in der Entwicklung eines Reichtums großer individueller Formen" (GS III, 358). Und in einem Brief aus dem Jahre 1831 heißt es: „Die Entwicklung aller Keime, die in der individuellen Anlage eines Menschen liegen, halte ich für den wahren Zweck des irdischen Daseins . . ." Clemens Menze kommentiert: „Der Sinn des menschlichen Lebens und damit auch das wahre Glück des Menschen liegen (für Humboldt) in der immer zu erstrebenden künftigen Selbst- und Lebenserhöhung . . . Der Mensch existiert seiner Selbstbildung wegen und muß, will er Mensch sein, dem nach Verwirklichung in sich drängenden Gesetze gehorchen." [15]

Zweitens: Alles, was Nicht-Mensch ist, wird damit Mittel zum Zweck. Humboldt faßt es unter dem Begriff 'Welt' zusammen, und er meint damit nicht bloß die Natur als Inbegriff aller wahrnehmbaren raum-zeitlichen Erscheinungen, sondern auch und vor allem das, was Menschen hervorgebracht haben: ihre Ideen und die Objektivationen des Geistes in Gestalt von Religionen, staatlichen Ordnungen, von Wirtschaft und Recht, von Wissenschaft und Technik, selbst von Philosophie und Kunst. Seine Formulierung, daß es dieser Welt bedarf, um an ihren Gegenständen die uns „innewohnende Kraft" zu üben, es zu neuen Ausprägungen ihrer Energie kommen zu lassen und sie zu steigern, bedeutet nun allerdings nicht, daß sie ein zu *verbrauchendes* Konsumgut darstellt. Gewiß steht nichts „Weltlichem" – etwa der Gesellschaft, der Berufs- und Arbeits„welt", der kulturellen Wirklichkeit – zu, den Menschen in Beschlag zu nehmen und ihn zu einem Ensemble von Rollen zu deformieren. Aber unrichtig wäre es, aus der Mediatisierung der Welt zu folgern, daß sie ihrerseits nicht der Erkenntnis und der sie fort und fort umgestaltenden Tat bedürftig ist. Dank des Eindringens in Welt, es geschehe in theoretischer oder praktischer Zuwendung, widerfährt ihrem faktischen Sosein, der Stärkung und Vervollkommnung der ursprünglichen Kraft im Menschen neues Material bereitzustellen; im Erfassen und Hervorbringen bildet sich der Mensch und verschafft dem Begriff der Menschheit in seiner Person „einen so großen Inhalt als möglich".

Dabei lauert jedoch eine doppelte Gefahr. Die erste liegt darin beschlossen, daß der Mensch im Ergreifen und Erschaffen von Welt sich verlieren kann. Damit dürfte nicht gemeint sein, was Humboldt exemplarisch und ganz und gar nicht tadelnd über seinen Bruder geschrieben hat, daß dieser nämlich „von früh an nach außen gestrebt" und das seiner Individualität eigentümliche Talent besessen hat, „bei einer Sache wie bei einem Zwecke stehenzubleiben". Humboldt hätte bei einem solchen Verständnis von Entfremdung jeden verunglimpft – zeitweise sich selbst als Forscher wie als für die Bildungsreform Verantwortlicher –, der eine Aufgabe ohne ständige Rücksicht auf *unmittelbaren* Nutzen und Gewinn für sich selbst in Angriff genommen hätte. Die Gefahr, seines Selbst verlustig zu gehen, ist vielmehr dann gegeben, wenn der Mensch „in der chaotischen Mannigfaltigkeit (der Welt), in den unendlichen Formen der Wirklichkeit (sich) unrettbar verstrickt" (Menze), wenn er „die Fülle der Welt" nicht auf sich zurückzube-

---

[15] Wilhelm von Humboldts Lehre, S. 125f.

ziehen vermag, dem Stoff und den Gegenständen nicht „die Gestalt seines Geistes" aufdrückt oder auch in mechanischen Arbeiten, ohne die Gründe einzusehen und geschickt zu sein, „selbst Erweiterungen und Verbesserungen vorzunehmen", bloß nachahmt, „was andere vor ihm getan" haben (GS X, 206). Hier zeichnet sich der Sinn des Satzes ab, daß „die Verknüpfung unseres Ichs mit der Welt" die „allgemeinste, regste und freieste *Wechsel*wirkung" sein muß.

Die zweite Gefahr betrifft die Reduktion unserer herauszubildenden Fähigkeiten und Kräfte auf einige wenige beziehungsweise die Förderung eines disharmonischen Ungleichgewichts in ihrer Entwicklung. Humboldt mag dabei ebensosehr an den rohen Tagelöhner wie an den verschrobenen Gelehrten gedacht haben, an den, der nur physisch kraftvoll oder einseitig geschickt ist. Gewiß hat jeder Mensch immer schon seinen individuellen Charakter mit starken und schwachen Seiten, eine ihm zukommende bescheidene oder hohe besondere Begabung, die vielleicht schon im Kindesalter sich zeigt. Gewiß auch wird jeder in seinem Leben nicht alles sein können, sondern zum Beispiel einen speziellen Beruf innehaben. Aber erst dann wird man ihn einen guten „Handwerker, Kaufmann, Soldaten und Geschäftsmann" nennen, „wenn er an sich und ohne Hinsicht auf einen besonderen Beruf ein guter, anständiger, . . . aufgeklärter Mensch und Bürger ist" (GS X, 205). Das setzt voraus, gerade nicht einseitig, an sozialen Zwängen und Bedürfnissen orientiert, die Ausbildung der menschlichen Kräfte zu betreiben. Vielmehr muß, bevor irgendeine Spezialisierung ins Auge zu fassen ist, allen wesentlichen oder Haupt-Funktionen des „Menschen überhaupt" sozusagen die Chance eingeräumt werden, sich in der Konfrontation mit der Welt zu regen, ohne dabei einer fremden, äußerlichen Richtschnur unterworfen zu werden, ohne auf „das Bedürfnis des Lebens oder eines einzelnen seiner Gewerbe" zu schielen, aber auch, ohne die feige Schwäche zu dulden, die schnell allen scheinbaren Hindernissen und Schwierigkeiten aus dem Wege geht. Frei von äußeren Zweckvorgaben und vom Bedarf sowie allgemein muß die pädagogisch zu veranlassende Wechselwirkung sein, weil nur so der einzelne Mensch sowohl seiner *höchsten* Daseinsaufgabe, in seiner Person den Begriff der Menschheit den größtmöglichen Inhalt zu verschaffen, gewachsen sein als auch seine *nächste*, in seinem Beruf, Stand und in der Gesellschaft unabhängig und tüchtig zu sein, wahrnehmen kann.

Drittens: Die bisherigen Darlegungen implizieren den Gedanken, daß für Humboldt Bildung nichts Machbares im Sinne eines Beibringens, Ausstattens, Be- oder Erwirkens ist. Bildung als der immanente Zweck menschlichen Lebens „hat ihren Ursprung allein in dem Inneren der Seele und kann durch äußere Veranstaltungen nur veranlaßt, nie hervorgebracht werden" (GS I, 156). Das aber läßt die Veranstaltungen nicht nebensächlich und sorgfältiger Planung unwert erscheinen; denn so untauglich sie sind, Bil-

dung zu erzeugen, so sehr bedarf es positiv des angemessenen Anregungs-
potentials, das dem nie in seiner Selbsttätigkeit einzuschränkenden Geist
den Stoff darbietet, auf den Weg zu seiner idealisch-individuellen Vollkommenheit zu gelangen. Dabei erledigt sich für Humboldt auch die Befürchtung, die so sich bildende individuelle Person sei einer amoralischen Selbst-
süchtigkeit zu zeihen, sei unempfindlich für Not und Elend, gebrauche den
Mitmenschen nur als Mittel. Humboldt ging davon aus, daß die Kraft, die
das Wesen des Menschen ausmacht, auch ursprünglich moralischer Charakter ist, und wo „irgendein individueller Charakter der Moralität Hindernisse in den Weg zu legen scheint, da können dieselben immer nur von zufälligen Beschaffenheiten desselben herrühren, nie in seinem Wesen gegründet
sein" (GS II, 93).

Literaturhinweise

Werk

Wilhelm von Humboldts Gesammelte Schriften (GS), Bd. I–XVII, Berlin 1903–
  1936.
Wilhelm von Humboldt – Studienausgabe, 5 Bde., hrsg. von Andreas Flitner und
  Klaus Giel, Darmstadt 1979–1982.

Pädagogische Schriften

Wilhelm von Humboldt. Schriften zur Anthropologie und Bildungslehre, hrsg. von
  A. Flitner, Düsseldorf und München 1956.
Wilhelm von Humboldt. Bildung und Sprache, besorgt von Clemens Menze, Pader-
  born ⁴1985.

Sekundärliteratur

Ballauff, Theodor: Die Grundstruktur der Bildung bei W. v. Humboldt, in: Ders.,
  Philosophische Begründungen der Pädagogik, Berlin 1966, S. 185–196.
Berglar, Peter: Wilhelm von Humboldt in Selbstzeugnissen und Bilddokumenten,
  Reinbek bei Hamburg 1970.
Menze, Clemens: Wilhelm von Humboldts Lehre und Bild vom Menschen, Ratingen
  1965.
–: Die Bildungsreform Wilhelm von Humboldts, Hannover 1975.
Schaffstein, Friedrich: Wilhelm von Humboldt. Ein Lebensbild, Frankfurt a. M.
  1952.

GEORG WILHELM FRIEDRICH HEGEL

Von Dieter-Jürgen Löwisch

Georg Wilhelm Friedrich Hegel ist rein von seinen biographischen Daten her gesehen ein Mann ohne besondere Auffälligkeiten: er lebt in den 61 Jahren seiner irdischen Existenz ein beinahe reibungslos zu nennendes Leben – er „einverleibt" sich dem jeweiligen Situationsgeist und fährt recht gut damit. Er entstammt einer solventen Stuttgarter Beamtenfamilie, wird 1770 geboren, beginnt vier Jahre später den Schulbesuch und tritt 1788 ins evangelische Tübinger Stift [1] ein, wo er sein Studium in Theologie und Philosophie beginnt. Das väterliche Vermögen läßt ihn fürs erste einmal unbekümmert studieren. Den ersten Magister legt er im Jahre 1790 in Philosophie ab, den zweiten Magister im Jahre 1793 in Theologie, verbunden mit einem Konsistorialexamen, um künftig Zugang zu Ämtern in landeskirchlichen Angelegenheiten zu bekommen. Geld erwirbt er sich nach den Examina, bevor er 1799 eine kleine väterliche Erbschaft antritt, unter anderem durch Hauslehrertätigkeiten in Bern und in Frankfurt am Main und siedelt dann im Jahre 1801 über nach Jena, um dort seinen fünf Jahre jüngeren Jugendfreund Schelling an der Universität zu besuchen und zu hören. Mit Schelling und Hölderlin verbanden ihn seit den Tagen des Tübinger Stifts freundschaftliche Beziehungen. In Jena schließlich habilitiert Hegel sich und wird dort zum außerordentlichen Professor ernannt. Schon 1807 erscheint seine ›Phänomenologie des Geistes‹, die im folgenden unserer Vorlesung öfters zitiert werden wird. Wohl finanzielle Gründe haben dazu beigetragen, daß Hegel seine außerordentliche Professur aufgibt und von 1805 bis 1808 Redakteur der ›Bamberger Zeitung‹ wird. Anschließend übersiedelt er nach Nürnberg, um dort die Leitung des Nürnberger Ägidien-Gymnasiums zu übernehmen wie auch als Philosophielehrer sich dort einzubringen. Kurze Zeit darauf verheiratet er sich mit einer Patrizierfamilientochter, der Marie von Tucher, findet genügend Zeit, seine ›Wissenschaft der Logik‹ zu schreiben und zu publizieren, und zwar in drei Büchern, und bereichert die wis-

---

[1] Das „Tübinger Stift" ist eine im Jahr 1536 gegründete württembergische Bildungsanstalt für evangelische Theologen. Hier schloß Hegel als Schüler seine Freundschaften mit Hölderlin und Schlegel. (Hegel wird durchweg zitiert nach der 20bändigen Theorie-Werkausgabe, redigiert von Eva Moldenhauer und Klaus Markus Michel, Frankfurt a. M. 1970/71.)

senschaftliche und philosophische Öffentlichkeit mit dem ersten Guß der ›Enzyklopädie der philosophischen Wissenschaften‹ (1817), deren zweiter Guß 1827 erfolgt. Dazwischen schreibt und legt er der Öffentlichkeit vor die ›Grundlinien der Philosophie des Rechts‹ (1820), die für unser Vorhaben eine zweite wichtige Gedankenquelle sind. Inzwischen ist Hegel endlich von Nürnberg 1816 nach Heidelberg als Universitätsprofessor berufen worden (er war immerhin schon 46 Jahre alt). Zwei Jahre später folgt er einem Ruf als Nachfolger Fichtes nach Berlin, wo er eine große Hörerschar um sich versammelt. Berlin als Zentrum des preußischen Staates ist nun dreizehn Jahre lang der Höhepunkt seines Schaffens inklusive des Rektorats der Universität im Jahre 1829. Hegel gilt dort – wieweit mit Recht, mag sich aus den nachfolgenden Überlegungen ergeben – als „preußischer Staatsphilosoph", was für einen Philosophen nicht unbedingt ein Ehrentitel sein muß. 1831 fällt Hegel dann in Berlin einundsechzigjährig einer Cholera-Epidemie zum Opfer. Doch was er bis dahin geschaffen hatte, genügte der Nachwelt vollauf: – Hegel hat dem Denken Bahnen gewiesen, auch in dialektischer Hinsicht, die aus der Geschichte nicht mehr wegzudenken sind. Allerdings hatte er vom Sohn eines begüterten Rentkammersekretärs an bis hin zum anerkannten und dem objektiven Zeit-Geist sich assimilierten Staatsphilosophen auch Zeit und Muße und freie Bahn zum Denken – und er litt nie Not. Aber: er hatte auch Feinde – einen werde ich an einer späteren Stelle noch zu Wort kommen lassen.

Auch für Hegel steht das pädagogische Denken gut in der Tradition und in der Auseinandersetzung mit der Tradition: Hauptbezugspunkt sind ihm Heraklit, Platon, Sokrates und Kant.[2] In dieser Tradition stehend, hat es auch Hegel mit dem Menschen als Geistwesen zu tun. Dabei ist vorgreifend jetzt schon zu sagen, daß es für Hegel nicht so ist, daß der Mensch Geist hat und daß er sich den Geist einverleibt, sondern für Hegel gilt: Geist ist generell, und es ist Aufgabe des Menschen, sich seinerseits dem Geist einzuverleiben, das heißt: sich in den Geist hineinzuarbeiten.

Die schon erwähnte ›Phänomenologie des Geistes‹ macht es deutlich. Sie ist eine „Darstellung des erscheinenden Wissens". Das heißt: „sie kann von diesem Standpunkte aus als der Weg des natürlichen Bewußtseins, das zum wahren Wissen dringt, genommen werden, oder als der Weg der Seele, welche die Reihe ihrer Gestaltungen, als durch ihre Natur ihr vorgestreckter

---

[2] Insofern ist es auch hier wieder – wie bei Kant – unverständlich, daß der Herausgeber der zweibändigen Ausgabe der ›Klassiker der Pädagogik‹ (München 1979) – Hans Scheuerl – auch auf Hegel als Klassiker pädagogischen Denkens in seiner genannten Ausgabe verzichtet, dafür aber einen Ludolph von Beckedorff, zumindest als Klassiker unbekannt und obskur, aufnimmt, und damit einem Ministerialbeamten die Weihen eines pädagogischen Klassikers verleiht.

Stationen, durchwandert, daß sie sich zum Geiste läutere, indem sie durch die vollständige Erfahrung ihrer selbst zur Kenntnis desjenigen gelangt, was sie an sich selbst ist" (III, 72). Mithin: es gibt Natur und mit ihr verwoben etwas, was Dynamik ermöglicht, was „dringt", was aus der Station, aus der Stufe der Natürlichkeit hinausdringen will. Es ist ein bewegendes Prinzip, das in Form der Vernunft beispielsweise als zweckmäßiges Tun auftritt, das auch in der Natur zu finden ist; es ist die Kraft der Bewegung. *Das bewegende Prinzip von allem ist Geist*, ist Tätigkeit. Der Geist, der alles regiert oder besser: der alles dirigiert entsprechend einer bestimmten Methode, ist Weltgeist. Er, der Weltgeist, ist „als Geist nur die Bewegung seiner Tätigkeit . . ., sich absolut zu wissen" – das ist zur Gänze wahr zu wissen –, „hiermit sein Bewußtsein von der Form der natürlichen Unmittelbarkeit zu befreien und zu sich selbst zu kommen", so heißt es im § 352 der ›Rechtsphilosophie‹ (VII, 508). Geist im Naturzustande ist unmittelbar, ist nur bei sich, ist nur an sich existierend, ist völlig unbestimmt, er webt und wabert vor sich hin, was nicht etwa eine despektierliche oder diffamierende Interpretation darstellt, sondern was Hegels eigener Sicht entspricht: denn Hegel selber spricht in der ›Phänomenologie des Geistes‹ vom „dumpfen, nichts mehr in sich unterscheidenden Weben des Geistes" oder von „jenem dumpfen bewußtlosen Weben des Geistes in ihm selbst" (III, 424, 425). Dieser Geist als Bewegung dringt auf etwas, nämlich auf Wissen, das heißt auf Erkennung, auf Bestimmung, auf Konkretheit, auf Distinktion. Und er dringt darüber hinaus auf etwas weiteres, wofür die Erkennungen oder die Bestimmungen von etwas *als* etwas, die Konkretisierungen und die Distinktionen, die Bezeichnungen nur quasi Vorstufen oder Zwischenstufen sind, nie aber Endstufen sind und sein können. Sie können es nicht, weil der Geist sich mit seiner Bewegung nicht in diesen Tätigkeiten verlieren kann noch will: denn er will zurück zu sich selbst, zurück zu seinem Anfangsprinzip. Der Geist als ursprünglich tätig will nicht in seiner Entäußerung in der Entfremdungsstufe verbleiben: er will auf diesem Weg der Durchwanderung von Erkenntnisstationen letztlich auch sich selbst erkennen, er will am Ende um sich selbst wissen. Deshalb redet Hegel auch davon, daß der Weg des natürlichen Bewußtseins, des Bewußtseins im Naturzustande, zum „wahren Wissen dringt".

Diese Darstellung des erscheinenden Wissens als des Weges des Geistes zum wahren Wissen über mannigfaltige Stationen hinweg benennt als Endpunkt den *„geläuterten Geist"*, der als geläuterter Geist zur Kenntnis desjenigen gelangt, was er an sich selbst ist. Diese Darstellung des Weges des Geistes zum wahren Wissen ist Hegel nun zugleich eine Darstellung des Bildungsganges des Menschen. Dieser ist gebunden an den nie ruhenden Geist, welcher sich langsam und immer eingebunden in und gebunden an konkrete Strukturen heranentwickelt von Stufe zu Stufe und dies sowohl weltgeistgeschichtlich als auch auf den einzelnen Menschen bezogen, das heißt individualgeschichtlich vollzieht. Auskunft darüber gibt für Hegel die Philosophie, die sich hüten muß, „erbaulich zu sein" (II, 17), wenn und weil sie auf „wahre Gedanken" aus zu sein hat: „Wahre Gedanken und wissenschaftliche Einsicht ist nur in der Arbeit des Begriffs zu gewinnen", was eben nicht Philosophieren aus erbaulichen oder dekorativen Gründen heraus gestattet. „Er – der Begriff – allein kann die Allgemeinheit des Wissens hervorbringen, welche weder die gemeinsame Unbestimmtheit und Dürftigkeit des gemeinen Menschenverstandes, sondern gebildete und vollständige Erkenntnis, noch die ungemeine Allgemeinheit der durch Trägheit und Eigendünkel von Genie sich verderbenden Anlage der Vernunft, sondern die zu ihrer einheimischen Form gediehene Wahrheit ist, – welche fähig ist, das Eigentum aller selbstbewußten Vernunft zu sein" (III, 65).

Was vermag der *Begriff*, an dem es und zu dem hin es zu arbeiten gilt? Er bringt Allgemeinheit des Wissens zustande, was bedeutet, daß Wissen frei wird von Subjektivismus und Relationalität zum Subjekt, frei wird von gemeiner Un-Bestimmtheit; der Begriff bestimmt auf allgemeine Weise, womit zugleich die Dürftigkeit und Bedürftigkeit des gemeinen Menschenverstandes, des heute oft als common sense Gehandelten, beseitigt wird. Der gemeine Menschenverstand verrät für Hegel keine intellektuell redliche, strenge und sachliche, Gedankenkraft kostende Auseinandersetzung mit einer Sache. „Begriff" steht für allgemein anerkennbares Wissen, das heißt allgemein gelten könnendes Wissen. Dieses Wissen ist durch Geistanstrengung „gebildet", wie Hegel sagt, und vollständig in seiner Erkenntnisbemühung. Das bedeutet: der Wissen Produzierende hat es sich sauer werden lassen, er hat sich arbeitend bemüht, er hat – wie Lessing es so plastisch formulierte – alles gedanklich „aus Druckwerk und Röhren aus sich herausgepreßt", er hat sich freigehalten von Trägheit und Geniedünkel. Und die „Allgemeinheit des Wissens": sie ist die zu ihrer einheimischen, das heißt zu ihrer vom Geist verlangten Form gediehene Wahrheit. Wahrheit ist für Hegel eine wichtige Stufe des Geistes, es ist die Endstufe des Geistes. Und damit Auftrag an den Menschen, sie zu befördern, wenn er wahrer Mensch sein will, was er soll.

Im Kapitel über Nietzsche wird hier ein direkter Kritik-Bezugspunkt zu finden sein. Aber der Hinweis auf Nietzsche soll noch einige Zwischenbemerkungen zur Kritik an Hegel gestatten. Der Zeitgenosse und Berliner Kollege Hegels, Arthur Schopenhauer, „Menschenverächter", wie er sich selbst bezeichnete und auch als ein solcher Vorbild für Nietzsche, war einer der unerbittlichsten Kritiker, ja Feinde von Hegel in Berlin, der zusehen mußte, wie die Fama berichtet, daß Hegels Vorlesungen stark besucht wurden und seine – Schopenhauers – Vorlesungen leer blieben.[3] Mündlich und gedruckt kritisiert Schopenhauer den erfolgreichen Kollegen Hegel beispielsweise mit folgenden Tiraden: „Hegel, ein platter, geistloser, ekelhaft-widerlicher, unwissender Scharlatan, der, mit beispielloser Frechheit, Aberwitz und Unsinn zusammenschmierte, welche von seinen feilen Anhängern als unsterbliche Weisheit ausposaunt und von Dummköpfen richtig dafür genommen wurden, . . . hat den intellektuellen Verderb einer ganzen gelehrten Generation zur Folge gehabt." Er sei ein „geistiger Kaliban" (caliban: bei Shakespeare ein häßlicher Unhold), ein „erbärmlicher Patron", ein „Kopfverdreher", seine Philosophie sei „hohler Wortkram", „Hanswurstiade", „Zusammenschmieren sinnloser, rasender Wortgeflechte, wie man sie bis dahin nur in Tollhäusern vernommen hatte", Hegel schmiere „Unsinn wie kein anderer je vor ihm", er sei ein „Absurditätenlehrer mit Bierwirtsphysiognomie" und werde „der Nachwelt das unerschöpfliche Thema des Spottes über seine Zeit liefern".[4] Die Nachwelt sind unter anderem wir heute, unsere Philosophen und unsere Weltanschauungen, unsere Denkweisen, die ohne Hegel und dessen „Hanswurstiaden" nicht vorstellbar wären. Man könnte über derlei Diffamierungen hinweggehen, wenn nicht der Diffamator, eben Schopenhauer, sowohl ein philosophischer Klassiker als auch Nietzsches geistiger Zuchtvater und Lehrer gewesen wäre, und Nietzsche in einer beinahe Jüngerschaft zu nennenden Beziehung zu seinem Abgott Schopenhauer gestanden hätte, was sich in seiner Bildungskritik und seinen Bildungsvorstellungen niederschlägt. Ich komme im Kapitel über Nietzsche darauf zurück.

Doch wieder zurück zu Hegel. Wir kennen wahrscheinlich alle diese oder ähnliche Situationen: Wir sind voll Schaffensdrang, aktivitätshungrig, haben unausgegorene Vorstellungen, flausenhafte abstrakt allgemeine Pläne, wollen etwas bewegen, gestalten, produzieren, alles drängt zum Tätigsein hin. Wir arbeiten darauf hin, wir schaffen, wir produzieren, wir stellen unsere Aktivität in den Dienst von Zwecken, wir veräußerlichen unsere Tätigkeit und treten dabei aus uns und aus der ungeschiedenen Aktivitätsdrängerei heraus: wir entfremden uns von uns, distanzieren uns zu uns und binden uns an eine Sache, die ein Anderes ist als wir, und lassen das Abstrakt-Allgemeine in uns jetzt außer uns konkret werden. Unsere Aktivität existiert nun nicht mehr *an sich*, nicht mehr allgemein und abstrakt, sondern sie wird im Bezug auf das Andere *für sich*, für etwas. Sie negiert ihr Ansichsein, indem sie sich zu etwas positiviert, für etwas Besonderes bestimmt. Wir produzieren Dinge, objektive Gestaltungen; wir entäußern unseren subjektiven Geist in objektiven Geist. Und was sich so an objektiven Gebilden schaffen

---

[3] Wilhelm Weischedel, 34 große Philosophen in Alltag und Denken, München
[8]1981, S. 265.
[4] Ebd., S. 251.

läßt, trägt ein Sein „für sich". Und was ein Sein für sich trägt, ist keines für ein Anderes, das heißt es existiert für sich, das heißt wieder: es ist bestimmt, abgeschlossen, fixiert, eigenständig. Es ist von mir geschaffen, aber etwas anderes als ich; es negiert mein subjektives An-sich durch ein objektives Für-sich. *Was hier wirkt, ist das Wirkliche. Und das Wirkliche ist für Hegel der Geist:* Das Geistige allein ist das Wirkliche, das ursprünglich in einem Zustand des reinen Ansichseins existiert, in einem Zustand der Einfalt, mit Hegel: der Natureinfalt. Wir negieren das Natürliche, wir überwinden das rein Subjektive zugunsten des Objektiven, des Konkreten; es ist Hingabe an das Objektiv-Geistige, was hier vorliegt, es ist ein Sich-Hineinbilden in das Objektiv-Geistige: Dies ermöglicht für Hegel echtes Menschsein. In der ›Rechtsphilosophie‹ § 6 heißt es: „Das Ich (ist) das Übergehen aus unterschiedsloser Unbestimmtheit zur *Unterscheidung, Bestimmen* und *Setzen* einer Bestimmtheit als eines Inhalts und Gegenstands . . . Durch dies Setzen seiner selbst als eines *bestimmten* tritt *Ich* in das *Dasein* überhaupt; – das absolute Moment der *Endlichkeit* oder *Besonderung* des Ich" (VII, 52). Neben dem Ansichsein gibt es somit aufgrund der Entzweiung des Geistes ein Fürsichsein, neben dem Unendlichen und Unbestimmten ein Endliches und Bestimmtes. Beide Stufen sind voneinander geschieden und in dieser Geschiedenheit voneinander einander gegenübergestellt – es handelt sich um *Thesis* und *Antithesis.*

So ist für Hegel der noch nicht natürlich-real existierende Mensch, der Embryo, wohl an sich Mensch, und für den Juristen oder den Politiker oder den Arzt wird dieser Embryo jeweils Mensch für sich eben als diese Besonderheit, die es als Rechtsgut zu schützen und als Lebewesen im Werden zu besorgen gilt. Er, der ungeborene Embryo, kann aber nie Mensch *an und für sich* werden, weil er als Embryo nie als gebildete Vernunft wird erscheinen können, nie als selbstbewußte Freiheit auftreten kann, nie sich zu dem selber gemacht haben kann, was er an sich ist. Damit ist nun eine dritte Stufe angesprochen. In dieser dritten Stufe kehrt das Allgemeine (das Ansich), das mittlerweile konkret und objektiv geworden ist, bestimmt und endlich geworden ist (das Fürsich), zurück in die Stufe der Allgemeinheit, der Subjektivität der Substanz als Konkretes, Besonderes: das Allgemeine hebt quasi die erste Negation, die erste Entäußerung oder Entfremdung wieder auf durch eine zweite Negation. Es ist die Stufe des konkret Allgemeinen, des wahren Allgemeinen: Es ist nach § 7 der ›Rechtsphilosophie‹ die „*in sich* reflektierte und dadurch zur *Allgemeinheit* zurückgekehrte *Besonderheit*; – die *Einzelheit*; die *Selbstbestimmung* des Ich, in einem sich als das Negative seiner selbst, nämlich als *bestimmt, beschränkt* zu setzen und bei sich, das ist in seiner *Identität mit sich* und Allgemeinheit zu bleiben, und in der Bestimmung, sich nur mit sich selbst zusammenzuschließen. – Ich bestimmt sich, insofern es die Beziehung der Negativität auf sich selbst ist;

als diese *Beziehung auf sich* ist es ebenso gleichgültig gegen diese Bestimmtheit, weiß sie als die seinige und *ideelle,* als eine bloße *Möglichkeit,* durch
die es nicht gebunden ist, sondern in der es nur ist, weil es sich in derselben
setzt. – Dies ist die *Freiheit* des Willens . . ." (VII, 54).

Neben dem *Ansich* gibt es für Hegel das *Fürsich – Thesis* und *Antithesis.*

1. „Jedes Selbstbewußtsein weiß sich als Allgemeines – als die Möglichkeit,
   von allem Bestimmten zu abstrahieren –",
2. Jedes Selbstbewußtsein weiß sich „als Besonderes mit einem bestimmten Gegenstande, Inhalt, Zweck".
3. „Das Konkrete und Wahre . . . ist die Allgemeinheit, welche zum Gegen-
   satze das Besondere hat, das aber durch seine Reflexion in sich mit dem
   Allgemeinen ausgeglichen ist. – Diese Einheit ist die *Einzelheit* – besser
   Subjektivität – . . . nach ihrem Begriffe" (VII, 55). Diese dritte Stufe ist
   die der *Aufhebung in doppeltem Sinne*: die Spannung wird erhalten, auf-
   bewahrt, konserviert, also aufgehoben; und diese Spannung wird zugleich überhöht und in der Überhöhung ausgeglichen, versöhnt, durch
   das Überhöhen also aufgehoben im zweiten Sinne. Diese dritte Stufe ist
   die des *An-und-für-sich.* Und für den logischen respektive dialektischen
   Dreischritt ist es die *Synthesis* neben Thesis und Antithesis.

In einem Zusatz zu § 7 der ›Rechtsphilosophie‹ schreibt Hegel: „Das, was
wir eigentlich Willen nennen, enthält die beiden vorherigen Momente in
sich. Ich ist zuvörderst als solches reine Tätigkeit, das Allgemeine, das bei
sich ist; aber dieses Allgemeine bestimmt sich, und insofern ist es nicht
mehr bei sich, sondern setzt sich als ein Anderes und hört auf, das Allgemeine zu sein. Das Dritte ist nun, daß es in seiner Beschränkung, in diesem
Anderen bei sich selbst sei, daß, indem es sich bestimmt, es dennoch bei
sich bleibe, und nicht aufhöre, das Allgemeine festzuhalten: dieses ist dann
der konkrete Begriff der Freiheit . . . Freiheit ist, ein Bestimmtes zu wollen,
aber in dieser Bestimmtheit bei sich zu sein und wieder in das Allgemeine
zurückzukehren" (VII, 57).[5]

Wenn ich zu meiner vorigen Erläuterung zurückkehre, dann ergibt sich
die dritte Stufe beispielsweise dort, auf der ich in meiner Arbeit, die etwas
Konkretes von mir ist und die etwas Objektives bewirkt, mich selbst wiederfinde, auf der ich meine Identität aufgehoben finde, auf der ich mich
selbst bestimme. Oder anders: es ist die Stufe, auf der mein Geist als *mein*
Geist sich selbst bestimmt. In bildungstheoretischer Ausdrucksweise hieße
das: Ich komme über die Arbeit an der Sache erst zu mir selbst, Sachlichkeit
wird Selbstabarbeitungsprinzip, Sachlichkeit wird Bildungsprinzip, was sich
mit Hegels eigenen Worten so belegen läßt, daß er vom „Im-Anderen-zu-

---

[5] Vgl. auch: Enzyklopädie der philosophischen Wissenschaften, §§ 163–165 (VIII,
311–316).

sich-selber-Kommen" spricht.[6] Die Sache wird zum Mittel der Persönlich-keitsbildung, sie wird mediatisiert und ist doch zugleich Prinzip von Bil-dung. Zielpunkt des ganzen dialektischen Verfahrens ist das, was Hegel „Vollendung" nennt, nämlich das Finden von Wahrheit. „Das Wahre ist das Ganze" so erklärt Hegel, und das Ganze ist „das sich vollendende Wesen durch seine Entwicklung". Es handelt sich um ein ständiges Sich-Hineinbil-den in den Geist, indem immer höhere Stufen erklommen werden, indem immer Befreiungen (Negationen) von vorherigen Stufen stattfinden. *Bildung ist Befreiung durch ständige Arbeit der höheren Befreiung.*

Im Durchschreiten dieser Dreischritt-Stufen, das wurde deutlich, werden Beschränkungen, werden Schranken gesetzt und werden durch die zweite Negation diese Beschränkungen jeweils eingeholt ins Allgemeine, das heißt: sie werden in ihrem beschränkenden Charakter erkannt und zugleich in ihrer Bedeutung für den eigenen Willen: *sich* nämlich *angesichts ihrer selbst zu bestimmen.*

---

[6] Neben Theodor Litt ist ein typisch dialektisch (in der Nachfolge Hegels) denken-der Erziehungswissenschaftler Josef Derbolav. Seine Hegel-Nähe wird deutlich in den Überlegungen, die er zum dialektischen Bildungsverständnis vorlegt: „Das päd-agogische Geschehen ist . . . *zentral* ein geistiges Geschehen, und es als solches zu ‚begreifen‘ daher die unabdingbare Aufgabe jeder Bildungstheorie, die das didakti-sche Grundproblem nicht verfehlen will. Vergegenwärtigen wir uns den philosophi-schen Sinn von ‚Begreifen‘, den ihm Hegel verliehen hat, dann ist damit zugleich die Forderung ausgesprochen, den Bildungsvorgang in seiner *Dialektik* zu begreifen. Hegel hat dafür die wegweisende Formel vom ‚Im-Andern-zu-sich-selber-Kommen‘ geprägt, und es lohnt sich, ihrer Bedeutung gründlich nachzuspüren und sie unserem Zweck entsprechend auszulegen. Das ‚Andere‘ ist hier der Horizont der Natur- und Geisteswelt, in den das menschliche Individuum hineingeboren wird, sich einwächst und einarbeitet, um hier Heimatrecht zu gewinnen. Bildungsdialektisch gesehen handelt es sich dabei um einen Auseinandersetzungsprozeß, in dem sich der Einzel-geist, aus seiner Natürlichkeit aufsteigend, den ihm vorgegebenen und vorgeschaffe-nen allgemeinen Geist – den Sinnkreis seiner Welt – verstehend aufschließt und begreifend zu eigen macht, und das heißt zugleich, sich ihm verpflichtend zu eigen gibt. In der Bildung offenbart sich ihm diese geistige Welt also nicht nur in ihrem Sein, sondern auch in ihrem Sollen, sofern er sich nämlich über sein Wissen um die Welt hinaus zum Vernehmen ihres positiven Anspruchs emporarbeitet. In der Art und dem Maße, wie er sich nun diesem Anspruch erschließt und ihm entsprechen lernt, wie er ihn schließlich zum Motiv erhebt, tritt er seiner Welt vernünftig und ver-antwortlich gegenüber, setzt er sich von ihr frei und verbindet sich ihr zugleich, gewinnt er sein persönliches Selbst und konstituiert sich als Individualität" (Josef Derbolav, Versuch einer wissenschaftstheoretischen Grundlegung der Didaktik, in: Zeitschrift für Pädagogik, 2. Beiheft [1960], S. 17–45, hier S. 21–22; auch in: Josef Derbolav, Systematische Perspektiven der Pädagogik, Heidelberg 1971, S. 66–93, hier S. 71).

Im Wissen also um die Schranken werden die Schranken aufgehoben (wieder in dem eben angesprochenen doppelten Sinne). Im Durchschreiten dieser Dreischritt-Stufen geht der Weg immer vom unbestimmten Allgemeinen zum konkret Allgemeinen, das wieder als unbestimmt Allgemeines fungiert und den nächsten Dreischritt erfordert bis hin – ja bis hin zum vollgestalteten Resultat, zum wahren Wahren. „Das Wahre ist das Ganze, das Ganze aber ist nur das durch seine Entwicklung sich vollendende Wesen. Es ist von dem Absoluten zu sagen, daß es wesentlich *Resultat*, daß es erst am *Ende* das ist, was es in Wahrheit ist; und hierin eben besteht seine Natur, Wirkliches, Subjekt oder Sichselbstwerden zu sein" (III, 24). Alles ist mithin auf dem Weg zu sich selbst, weil der Geist als der Allesbeweger auf dem Weg zu sich selbst ist.

Die Wahrheit des Geistes findet sich erst in der vollentfalteten Wissenschaft. Wahrheit fordert das System und das System fordert Wahrheit. Es nimmt das Denken voll in Anspruch, ja, das System verpflichtet das Denken, es nimmt das Denken in Zucht, in geistige, gedankliche Zucht. Alles Denken steht im Dienst des Systems. „Daß das Wahre nur als System wirklich ist, . . . ist in der Vorstellung ausgedrückt, welches das Absolute als *Geist* ausspricht, – der erhabenste Begriff und der der neueren Zeit und ihrer Religion angehört" – man denke hier an Aufklärung, Vernunftreligion und Protestantismus. „Das Geistige allein ist das *Wirkliche*; es ist das Wesen oder *Ansichseiende*, – das sich *Verhaltende* und *Bestimmte*, das *Anderssein* und *Fürsichsein* – und das in dieser Bestimmtheit oder seinem Außersichsein in sich selbst Bleibende; – oder es ist *an und für sich*. – Dies Anundfürsichsein . . . ist die geistige Substanz." Dieses Selbsterzeugen des Geistes ist reiner Begriff; und der Geist, „der sich so entwickelt als Geist weiß, ist die *Wissenschaft*" (III, 28/29). Insofern ist *Bildung immer wissenschaftliche Bildung*, eine über den Geist Wissen schaffende Bildung, wie auch eine Wissen über den Geist schaffende Bildung. Es handelt sich um eine Bildung, die dazu führt, daß der Geist um sich selbst weiß, daß er sich selbst bestimmt durch oder mittels des Menschen: denn der Mensch bildet sich dem Geist ein. Oder anders gesagt: das Individuum muß sich in seinem Bildungsgang der jeweiligen objektiven Welt einverleiben, insofern diese objektiv gewordene Welt konkret gewordener Geist ist. Auch die Philosophie ist für Hegel *identisch* mit dem Geist der jeweiligen Zeit, in der sie auftritt, sie – die Philosophie – steht nicht über der Zeit; mit dem berühmten Satz aus der ›Rechtsphilosophie‹: die „Philosophie (ist) ihre Zeit in Gedanken erfaßt" (VII, 26).

Bildung, so heißt es bei Hegel in dem bildungstheoretisch klassischen § 187 der ›Rechtsphilosophie‹, „ist die *Arbeit* der höheren Befreiung, nämlich der absolute Durchgangspunkt zu der . . . geistigen, ebenso zur Gestalt der Allgemeinheit erhobenen unendlichen Substantialität der Sittlichkeit. Diese Befreiung ist im Subjekt die *harte Arbeit* gegen die bloße Subjektivität des Benehmens", das heißt gegen Eitelkeit, Begierde, Empfindung und Belieben. Sie ist harte Arbeit. „Durch diese Arbeit der Bildung ist es aber, daß der subjektive Wille selbst in sich die *Objektivität* gewinnt, in der er seinerseits allein würdig und fähig ist, die *Wirklichkeit* der Idee zu sein" (VII, 344 f.), nämlich der Idee des Absoluten, des Geistes, des wirkenden Geistes. Sittlichkeit, die Gestalt geworden ist, ist objektiver Geist sittlicher Art, „der als eine Welt lebendige und vorhandene *Geist* (VII, 301), das heißt Geist in Form der Realität als einer von ihm hervorgebrachten Welt"[7]. Gemeint sind damit die menschlichen Gemeinschaften und deren Institutionen, als deren höchster der Staat anzusehen ist. Alle derartigen menschlichen Gemeinschaften sind vom Menschengeist geschaffene Ordnungen, die die Menschen in größeren und kleineren Zahlen umgreifen, denen der einzelne Mensch aber wesenhaft eingefügt ist. Das Eingegliedertsein in das Objektive, das Eingegliedertsein in das Allgemeine von Gemeinschaftsformen ist eine Abarbeitungsaufgabe des Menschen, über die allein er zum Menschsein in sittlichen Bereichen gelangt.

Der Mensch muß sich, so sagte ich, einverleiben in die objektive Welt und in ihr zu sich selber finden. Der Mensch muß in ihr sich selbst bestimmen lernen und so zur Freiheit des Willens gelangen, der jedoch nichts ändern kann und nichts umschaffen kann: der Mensch ist dem objektiven Geist verschrieben. Dabei gipfeln sich die Gemeinschaftsformen für den einzelnen auf: von der Ehe und Familie über die bürgerliche Gesellschaft bis hin zum Staat reichen sie. In alle diese hat sich der einzelne Mensch einzuleben, sie regieren die Welt, und an ihnen hat sich der Geist abzuarbeiten, um Verständigung und Sachlichkeit als leitende Momente für menschliche gebildete Existenz erfahren und erkennen zu lernen. Sie, diese objektive Welt, tritt dem Menschen in ihrer unbestechlichen Widerständigkeit entgegen, sie diszipliniert und sie erheischt Gehorsam, wie im Bildungsprozeß so auch in einzelnen Erziehungssituationen: „Legt man den Kindern Gründe vor, so überläßt man es denselben, ob sie diese wollen gelten lassen, und stellt daher alles in ihr Belieben. Daran, daß die Eltern das Allgemeine und Wesentliche ausmachen, schließt sich das Bedürfnis des Gehorsams der Kinder an. Wenn das Gefühl der Unterordnung bei den Kindern, das die Sehnsucht, groß zu werden, hervorbringt, nicht genährt wird, so entsteht vorlautes Wesen und Naseweisheit" (VII, 327). Das Leben mit all seinen Vorschriften und Gesetzen, die alle konkret gewordener Geist sind, die alle Entäußerungen des allgemeinen Geistes sind, bis hin zu den Gesetzen des Staates, hat verpflichtenden Charakter; ein Entfliehen ist nicht nur nicht möglich, sondern auch der Bildung des freien Willens und der Findung der Selbstbestimmung im Geist abträglich. An Rousseau übt Hegel Kritik in diesem Zu-

---

[7] Vgl. Enzyklopädie der philosophischen Wissenschaften, § 389 (X, 43 ff.).

sammenhang und sagt: „Die pädagogischen Versuche, den Menschen dem allgemeinen Leben der Gegenwart zu entziehen und auf dem Lande heraufzubilden (Rousseau im ›Emile‹), sind vergeblich gewesen, weil es nicht gelingen kann, den Menschen den Gesetzen der Welt zu entfremden" (VII, 304). Mit diesen Gedanken vermittelt Hegel das Subjekt an die objektive Welt, mediatisiert Hegel das Individuum zum Erfüller des die Welt regierenden Geistes, das heißt des Weltgeistes. Hegel macht auf diese Weise das Individuum zur sich selbst bewußten und sich in die real existierende Welt hineingebildeten Weltgeistmarionette. „Die Staaten, Völker und Individuen in diesem Geschäfte des Weltgeistes stehen in ihrem *besonderen bestimmten Prinzipe* auf, das an ihrer *Verfassung* und der ganzen *Breite* ihres *Zustandes* seine Auslegung und Wirklichkeit hat, deren sie sich bewußt und in deren Interesse vertieft sie zugleich bewußtlose Werkzeuge und Glieder jenes inneren Geschäftes sind, worin diese Gestalten (scil. Völker, Staaten) vergehen, der Geist an und für sich aber sich den Übergang in seine nächste höhere Stufe vorbereitet und erarbeitet." In der Weltgeschichte, die die Geschichte des Weltgeistes ist, „erhält dasjenige notwendige Moment der Idee des Weltgeistes, welches gegenwärtig *seine* Stufe ist, sein *absolutes Recht*, und das darin lebende Volk und dessen Taten erhalten ihre Vollführung und Glück und Ruhm" (VII, 505).

Das Recht der Individuen ist kein Eigenrecht, ihre Bildung keine, die einem etwaigen Eigenrecht des Subjekts verpflichtet wäre – Rousseau ist vergessen und Kant ist passé und Humboldt, Zeitgenosse Hegels in Berlin, für Hegels Bildungsdenken unbedeutend. Das Recht der Individuen ist für Hegel, dem Weltgeist dienlich zu sein, als dessen Interpret Hegels sich versteht. Dabei kann auch Hegel nur Vollführer des Weltgeistes sein, denn: „Die Geschichte des Geistes ist seine *Tat*, denn er ist nur, was er tut, und seine Tat ist, sich . . . zum Gegenstande seines Bewußtseins zu machen, sich für sich selbst auslegend zu erfassen" (VII, 504). Das Subjekt der Bildung ist für Hegel der Geist,[8] der sich des Individuums bedient; Aufgabe von Bildung ist es, das Individuum zur Abarbeitung seiner selbst am objektiven Geist zu führen, um ihm, dem Individuum, die Vollendungsstufe seines Geistes zu vermitteln, die im antiken γνῶθι σεαυτόν liegt, im „erkenne dich selbst", wobei für Hegel nicht das Subjekt gemeint ist, das sich erkennen soll, sondern der Geist mit seiner Selbsterkennungsaufgabe. Der Bruch mit

---

[8] „In der Selbsterkenntnis des Absoluten bei Hegel . . . ist gerade die Härte des Allgemeinen das bewegende Moment der sich aufstufenden Geistesgestalten; aber ihr unerbittlicher Fortschrittsweg läßt dafür das Besondere jeder Stufe immer wieder sterben. Sein Tod ist das notwendige Ferment des dialektischen Lebens des Geistes. Selbstverwirklichung und Bildung erfährt hier nicht der Mensch, sondern vollzieht der Geist, das Absolute" (Josef Derbolav, Frage und Anspruch, Wuppertal, Kastellaun 1970, S. 29).

der Aufklärung wird in folgenden Worten aus dem § 343 der ›Rechtsphilosophie‹ deutlich: „Die Frage über die *Perfektibilität* und *Erziehung des Menschengeschlechts* fällt hierher. Diejenigen, welche diese Perfektibilität behauptet haben,“ – ich erinnere zum Beispiel an Lessing – „haben etwas von
der Natur des Geistes geahnt, seiner Natur, γνῶθι σεαυτόν zum Gesetze
des *Seins* zu haben und, indem er das erfaßt, was *er ist*, eine höhere Gestalt
als diese, die sein Sein ausmachte, zu sein“ (VII, 504). Der Verlust von Subjektivität in unserem heutigen Verständnis unter Rückgriff auf die Aufklärungszeit und der Verlust kritischer Rationalität ist bei Hegel nicht zu übersehen. Rechts- und Staatsphilosophie haben davon allerdings profitiert.

Literaturhinweise

Werk

Sämtliche Werke in 26 Bänden, hrsg. von Hermann Glockner, Stuttgart 1927–1940,
³1949–1959 (Jubiläums-Ausgabe).
Sämtliche Werke, hrsg. von Georg Lasson und Johannes Hoffmeister, Leipzig/Ham-
burg 1904 ff. – unabgeschlossen – (Philosophische Bibliothek).
Werke in 20 Bänden, redigiert von Eva Moldenhauer und Klaus Markus Michel,
Frankfurt a. M. 1970/71 (Theorie-Werkausgabe).

Sekundärliteratur

Fulda, Hans Friedrich: G. W. F. Hegel in: Otfried Höffe (Hrsg.), Klassiker der Philo-
sophie, Band II, München 1981.
Gulya, A.: Georg Wilhelm Friedrich Hegel, Leipzig 1974.
Löwith, Karl: Von Hegel zu Nietzsche, Stuttgart ⁵1964.
Nicolin, Friedrich: Hegels Theorie der Bildung, Bonn 1955.
Pleines, Jürgen-Eckardt: Hegels Theorie der Bildung, Band I: Materialien zu ihrer
Interpretation, Hildesheim 1983.
Pöggeler, Otto: Hegels Idee der Phänomenologie des Geistes, Frankfurt a. M. 1973.
Pöggeler, Otto: Hegel. Einführung in seine Philosophie, Freiburg/München 1977.
Riedel, Manfred: Materialien zu Hegels Rechtsphilosophie, 2 Bände, Frankfurt
a. M. 1975.
Siep, Ludwig: Anerkennung als Prinzip der praktischen Philosophie, Freiburg/
München 1979.

FRIEDRICH NIETZSCHE

Von DIETER-JÜRGEN LÖWISCH

Nietzsche ist wohl der massivste und radikalste Kritiker auf ihn gekommener Kultur- und Bildungsentwicklung. Dieser als sensibel und im Umgang mit Menschen – speziell mit Frauen – als schüchtern eingestufte Mensch hat sich im Alleingang und mit einem stark ausgeprägten Selbstbewußtsein zum „ersten Nihilisten Europas" entwickelt. In einem beinahe dionysischen Rausch überschlagen sich gegen Ende seines Lebens seine Bücher, die wenig Resonanz finden, was sich wieder motivierend auf den sich unverstanden wissenden Nietzsche auswirkt. Nietzsche wird zum Menschheitsverächter, zum Misanthropen. Das Schicksal des guten Philosophen ist ihm die Einsamkeit, die er auch bewußt lebt und die er kultiviert in dem Gefühl, dabei Anteil zu haben an der Eigenart der altgriechischen Philosophengesellschaft von Thales bis Sokrates und Platon. Sie und nur sie bilden „zusammen das, was Schopenhauer im Gegensatz zur Gelehrtenrepublik eine Genialen-Republik genannt hat" – erklärt Nietzsche –, nämlich: „ein Riese ruft dem anderen durch die öden Zwischenräume der Zeiten zu, und ungestört durch mutwilliges lärmendes Gezwerge, welches unter ihnen wegkriecht, setzt sich das hohe Geistergespräch fort" (III, 356).

In diesem Gedanken klingen einige Themen Nietzscheschen Philosophierens an: zum Beispiel seine Hochschätzung der griechischen (hellenischen) Antike, seine „Schülerschaft" Schopenhauers, seine Gelehrtenkritik und sein Hohelied des Genius, die Vorstellung des Riesen, das heißt des Übermenschen über den sklavischen Herdenmenschen und das Gespräch unter den freien Geistern wie überhaupt die Werthaltung des Gesprächs als einer Kunstform. Weiteres gesellt sich bei Nietzsche dem genannten: beispielsweise seine massive Moralkritik wie seine kompromißlose Kritik des Christentums, die ihren höchsten Ausdruck in der Schrift ›Der Antichrist – Fluch auf das Christentum‹ findet. Nietzsches Kritik ist radikal und kompromißlos,[1] – aber er ist nicht verliebt in seine Kritik und sein Kritisieren: er ist

---

[1] Sie ist radikal und kompromißlos zugunsten dessen, was die Mächtigkeit und Freiheit der einzelnen fördert, von denen allein ein Neubeginn in der Entwicklung der Kultur und Bildung erwartet werden kann, nämlich zugunsten von Wille, Wille zur Macht, Tapferkeit, Stärke, die im Kampf gipfeln. Und zwar im Kampf gegen „faulen Frieden", „feigen Kompromiß", gegen „Toleranz und largeur (= Weite) des

ihr verfallen, er hält sie für eine Notwendigkeit, er unterzieht sich ihr wie unter einem Zwange stehend, einem unlogischen Zwange möchte ich es nennen, denn aus dem „Unlogischen" heraus lebt und denkt Nietzsche, für das Unlogische streitet er und kämpft er als sogenannter freier Geist. „Wir selbst, wir freien Geister, sind bereits eine ‚Umwertung aller Werte', eine leibhafte Kriegs- und Siegs-Erklärung an alle alten Begriffe von ‚wahr' und ‚unwahr'. Die wertvollsten Einsichten werden am spätesten gefunden . . ." und er setzt dabei auf die, die weit nach ihm geboren werden und leben (II, 1173).

Wenn ich sage: „unlogisch", dann bedeutet das nicht, daß Nietzsches Denken nicht nachvollziehbar wäre, weil es unlogisch, ungeordnet sei. Das „Unlogische" ist für Nietzsche die Bezeichnung der Form des Denkens, der sich zuzuwenden für den Menschen eine Notwendigkeit ist. In ›Menschliches, Allzumenschliches‹ liest man: „Zu den Dingen, welche einen Denker in Verzweiflung bringen können, gehört die Erkenntnis, daß das Unlogische für den Menschen nötig ist, und daß aus dem Unlogischen viel Gutes entsteht. Es steckt so fest in den Leidenschaften, in der Sprache, in der Kunst, in der Religion und überhaupt in allem, was dem Leben Wert verleiht, daß man es nicht herausziehen kann, ohne damit diese schönen Dinge heillos zu beschädigen. Es sind nur die allzu naiven Menschen, welche glauben können, daß die Natur des Menschen in eine rein logische verwandelt werden könne . . . Auch der vernünftigste Mensch bedarf von Zeit zu Zeit wieder der Natur, das heißt seiner unlogischen Grundstellung zu allen Dingen" (I 470). Leben und Natur apostrophiert Nietzsche: Die Entfremdung vom

Herzens, die alles ‚verzeiht', weil sie alles ‚begreift'". „Was ist gut?" – fragt Nietzsche, und er antwortet: „Alles, was das Gefühl der Macht, den Willen zur Macht, die Macht selbst im Menschen erhöht. – Was ist schlecht? – Alles, was aus der Schwäche stammt. – Was ist Glück? – Das Gefühl davon, daß die Macht *wächst* – daß ein Widerstand überwunden wird. *Nicht* Zufriedenheit, sondern mehr Macht; *nicht* Friede überhaupt, sondern Krieg; *nicht* Tugend, sondern Tüchtigkeit (Tugend im Renaissance-Stile, *virtù*, moralin-freie Tugend). Die Schwachen und Mißratenen sollen zugrunde gehn: erster Satz *unsrer* Menschenliebe. Und man soll ihnen noch dazu verhelfen. Was ist schädlicher als irgendein Laster? – Das Mitleiden der Tat mit allen Mißratnen und Schwachen – das Christentum . . ." (II, 1165 f.). Die von Nietzsche gewünschten und erwarteten Leser dieser Schrift, die er 1888 abschloß, aber selber nicht mehr veröffentlichte, sind die, die „Mut zum *Verbotenen*" haben, die „rechtschaffen (sind) in geistigen Dingen bis zur Härte", die, die „Ehrfurcht vor sich; die Liebe zu sich; die unbedingte Freiheit gegen sich" aufweisen – das sind die wenigsten; die anderen vielen sind der Rest. Doch: „Was liegt am Rest? – Der Rest ist bloß die Menschheit. – Man muß der Menschheit überlegen sein durch Kraft, durch *Höhe* der Seele – durch Verachtung . . ." (II, 1165 f., 1163). (Nietzsche wird durchgehend zitiert nach der dreibändigen Werke-Ausgabe von Karl Schlechta, München 1966.)

Leben und von der Natur, das ist es, was Nietzsche als dem Menschen ver-
derblich ansieht. Und wesentlich dazu beigetragen hat unter anderem auch
in brutaler Härte das Christentum. Aber auch die Philosophie: – besonders
die Philosophie Hegels ordnet Nietzsche hierin ein, die mit dem naturge-
mäßen philosophischen Trieb in paralytischer Weise gebrochen habe. Die
eigentlichen, die wahren Philosophen sind ihm die Griechen, weil „sie das
Leben in einer üppigen Vollendung vor sich hatten und weil bei ihnen nicht,
wie bei uns, das Gefühl des Denkers sich verwirrt in dem Zweispalt des
Wunsches nach Freiheit, Schönheit, Größe des Lebens und des Triebes nach
Wahrheit, die nur frägt: Was ist das Leben überhaupt wert?" (III, 357). Die
Philosophie der Gegenwart – in Hegel gipfelnd zur Zeit Nietzsches – hat
nicht mehr das Leben als das Wirkliche, und damit die Natur und das Unlogische, auch die Kunst, sondern das Vernünftige als das Wirkliche auszuweisen versucht. Wir haben darüber im letzten Kapitel gesprochen. Alles ist
Wirkung des stets aktiven, des stets webenden und wabernden Geistes,
alles vollzieht sich im Rahmen einer Entwicklung ermöglichenden Methode
hin zum absolut Vernünftigen, hin zum Absoluten. Und diese Methode ist
ihm – Hegel – die Dialektik. Alles Gewordene ist konkret gewordene Vernunft, konkreter Geist, an dem sich jeder in gleicher Weise geistig-vernünf-
tig abarbeiten muß, was aber jeder auch als historische Ausprägung und Ver-
festigung des sich entwickelnden Geistes hinzunehmen hat, denn es ist als
Vernünftiges wirklich, das heißt objektiv: sei es der Staat, sei es die Kirche,
sei es das Recht, sei es die Ehe, sei es die Familie, sei es die Staatsform.
„Ein noch jüngst in skandalöser Weltberühmtheit stehendes System hatte
die Formel für diese Selbstvernichtung der Philosophie ausfindig gemacht:
und jetzt zeigt sich bereits überall, bei der historischen Betrachtung der
Dinge, eine solche naive Unbedenklichkeit, das Unvernünftigste zur ‚Vernunft' zu bringen und das Schwärzeste als weiß gelten zu lassen, daß man
öfters, mit parodistischer Anwendung jenes Hegelschen Satzes, fragen
möchte: ‚Ist diese Unvernunft wirklich?' Ach, gerade das Unvernünftige
scheint jetzt allein ‚wirklich', das heißt wirkend zu sein . . ." geißelt Nietzsche in seinen Basler Vorträgen (III, 255). Kant – Humboldt – Hegel: das
sind Nietzsches Stationen der Selbstvernichtung der Kultur, der Selbstvernichtung der Bildung, der Selbstvernichtung der Philosophie: „die deutsche
décadence als Philosophie – *das ist Kant!* –" (II, 1172).[2]

---

[2] „Décadence" ist für Nietzsche die Bezeichnung für „Verdorbenheit": „Ich verstehe Verdorbenheit im Sinne von *décadence*: meine Behauptung ist, daß alle Werte,
in denen jetzt die Menschheit ihre oberste Wünschbarkeit zusammenfaßt, *déca-
dence-Werte* sind", so heißt es im ›Antichrist‹ (II, 1167). Für Kant ist dieses höchste
moralische Moment die „Pflicht", – der Mensch wird dabei in Nietzsches Interpretation „Automat der Pflicht", – dies ist „geradezu das Rezept zur *décadence*, selbst
zum Idiotismus . . . Kant wurde Idiot" (II, 1172).

Die Kunst, das Leben, das Unlogische, die Natur, Lust und Rausch – Dionysos – das sind für Nietzsche Siglen eines mit dem neuen Alten brechenden Denkens, um am hellenisch Alten wieder anschließen zu können. Nietzsche nimmt diesen Kampf gegen das vorfindlich Veraltete und Dekadente auf, er spürt die Kraft in sich, sich zu erheben über das Entartete und einen Neuentwurf des Denkens und der Bildung zu liefern; er ist von sich und seiner Fähigkeit überzeugt, und je mehr Ablehnung er verspürt, um so überzeugter ist er von der Richtigkeit seines einsamen Denkens, des Denkens eines einsamen Wanderers, wie er es nennt, der mit allen bricht und mit dem alle brechen. Nietzsche wird sukzessive größenwahnsinnig: die Schrift ›Ecce homo‹ ist Beleg für die Überschreitung der Selbsteinschätzung Nietzsches: „Ich kenne mein Los. Es wird sich einmal an meinen Namen die Erinnerung an etwas Ungeheures anknüpfen – an eine Krisis, wie es keine auf Erden gab, an die tiefste Gewissens-Kollision, an eine Entscheidung, heraufbeschworen *gegen* alles, was bis dahin geglaubt, gefordert, geheiligt worden war. Ich bin kein Mensch, ich bin Dynamit – . . . Meine Wahrheit ist furchtbar: denn man hieß bisher die Lüge Wahrheit. – Umwertung aller Werte: das ist meine Formel für einen Akt höchster Selbstbesinnung der Menschheit, der in mir Fleisch und Genie geworden ist. . . . Mein Genie ist in meinen Nüstern . . . ich bin bei weitem der furchtbarste Mensch, den es bisher gegeben hat; dies schließt nicht aus, daß ich der wohltätigste sein werde. Ich kenne die Lust am Vernichten in einem Grade, die meiner Kraft zum Vernichten gemäß ist, – in beidem gehorche ich meiner dionysischen Natur, welche das Neintun nicht vom Jasagen zu trennen weiß. Ich bin der erste Immoralist: damit bin ich der Vernichter par excellence" (II, 1152/1153). Aber gleichzeitig schreibt er in diesem Kontext: „Ich widerspreche, wie nie widersprochen worden ist, und bin trotzdem der Gegensatz eines neinsagenden Geistes": er versteht sich als konstruktiver Nihilist.

Nietzsche ist geboren am 15. Oktober 1844 bei Lützen als Sohn eines wie so oft bei Philosophen protestantischen Pfarrers und einer Landpfarrerstochter. Sein Elternhaus war protestantisch fromm. Der Vater starb früh, Friedrich, genannt Fritz, war erst fünf Jahre alt. Die Familie zog nach Naumburg an der Saale. Nietzsche war von dieser Zeit an an die Erziehung durch Mutter und Großmutter gebunden, später bis ans Ende seines Lebens auch an das Gouvernement seiner Schwester Elisabeth, genannt das Lama. Erziehungseinfluß haben von frühester Zeit an Frauen in Friedrichs Leben gehabt, die ihn auch zeitlebens begleiteten. Geheiratet hatte er nie, Freundschaften und Liebschaften hatte er ebenso, wie er etliche Verehrerinnen gehabt haben soll. Nietzsche war Frauen gegenüber immer besonders schüchtern geblieben. Dies mag einer Art Vorsicht entsprungen sein, vielleicht auch einer Art Selbstschutz, denn die Liebe hat für Nietzsche unzweifelhaft, zumindest durch das Regiment seiner Schwester erfahrener-

maßen, die Kehrseite des Hasses, und über *Frauen im Haß* erklärt er: „Im
Zustande des Hasses sind Frauen gefährlicher als Männer; zuvörderst weil
sie durch keine Rücksicht auf Billigkeit in ihrer einmal erregten feindseligen
Empfindung gehemmt werden, sondern ungestört ihren Haß bis zu den letzten Konsequenzen anwachsen lassen, sodann weil sie darauf eingeübt sind,
wunde Stellen (die jeder Mensch, jede Partei hat) zu finden und dorthinein
zu stechen: wozu ihnen ihr dolchspitziger Verstand treffliche Dienste
leistet . . .“ (I, 654). Zwei Frauen war Nietzsche besonders stark verbunden: Cosima Wagner, der Frau Richard Wagners, und Lou von Salome, zu
der Nietzsche ein sehr feinsinniges und inniges Verhältnis hatte, das – wie
die Nietzscheforschung mittlerweilen nachweisen kann – durch massive In-
trigen der Gouvernantenschwester, dem Lama, zur Auflösung gebracht
wurde.[3]

Im Jahre 1858 wurde Friedrich Schüler in Schulpforta, einer Fürstenschule von hohem Ansehen ähnlich der Fürstenschule St. Afra in Meißen,
zu deren Schülern Lessing zählte. Fleiß, Disziplin und spartanisches Leben
zeichneten die Schulen aus, so auch die zu Pforta. Hier lernte Nietzsche philologisches Arbeiten, hier widerfuhr ihm eine scharfe logische Schulung.
Hier auch legte er vermutlich, durch philologische und logische Schulung
angeregt, die ersten Weichenstellungen seiner späteren Polemik gegen die
christliche Religion. Seine Philologiekritik wie auch seine Philosophiekritik
und vor allem seine Bildungskritik dürften nicht unwesentlich von den Erfahrungen des Internatsaufenthalts mit getragen worden sein. Schulpforta
hat ihm das Rüstzeug hierfür mitgegeben. Bis 1864 gehörte er dieser Schule
an, über die Nietzsche in seinen ersten autobiographischen Bemühungen,
die tagebuchförmig aus seiner Schulzeit vorliegen, recht informativ berichtet. Nach Beendigung der Schulzeit studierte Nietzsche in Bonn und Leipzig klassische Philologie und gewann sehr rasch in Leipzig hohe Anerkennung wie auch Förderung. Diese Förderung ermöglichte es, daß Nietzsche
noch während seines Studiums Interesse im Kreis der Philologengelehrten-
schaft auf sich zog und noch vor Beendigung seines Studiums eine Professur
in klassischer Philologie in Basel angeboten bekam. Er realisierte dieses
Angebot und wurde 1870 ordentlicher Professor in Basel – mit 26 Jahren
ohne abgeschlossenem Studium. Entgegen dem Sprichwort, daß man
Bäume nicht in den Himmel wachsen lassen solle, begann der Baum Nietzsche ungehemmt in den Himmel zu wachsen. Neun Jahre behielt er die
Professur inne und sprach in dieser Zeit unter anderem fünfmal im Rahmen
eines fortführenden Vortragszyklus vor der „Academischen Gesellschaft“ in
Basel zum Thema ›Über die Zukunft unserer Bildungsanstalten‹. Diese

---

[3] Vgl. hierzu Karl Schlechta (III, 1371 ff.) und Ivo Frenzel, Friedrich Nietzsche,
Reinbek 1966, S. 100–106.

1872 gehaltenen Vorträge sind seine kurzgefaßte Bildungskritik wie sein skizzenartiger Neuentwurf von Bildung, der sich beinahe nahtlos aus dem Fundus seines Denkens ergibt.

In Leipzig lernte Nietzsche auch die Philosophie Schopenhauers kennen, des Erzgegners von Hegel.[4] Diese geistige Bekanntschaft sollte lebensbestimmend und denkbestimmend für Nietzsche werden. „Hier – bei Schopenhauer – sah ich Krankheit und Heilung, Verbannung und Zufluchtsort, Hölle und Himmel. Das Bedürfnis nach Selbsterkenntnis, ja nach Selbstzernagung packte mich gewaltsam."[5] Die Annahme Schopenhauers, daß *die Welt nur* unsere *Vorstellung* von ihr sei, daß sie nur in Beziehung auf wahrnehmende Subjekte sei und daß *das innerste Wesen der Welt der Wille* sei und daß nur durch den Willen die Vorstellung der Welt bewirkt wird, wobei der *Wille als Kraft*, als etwas, was einer Ursache immer die Wirksamkeit verleiht, verstanden werden muß, haben starken Eindruck auf Nietzsche gemacht. Die Abhängigkeit der Welt vom Subjekt und die bewegende Kraft des Willens als dem innersten Wesen der Welt finden sich in Nietzsches „Genius" und „freiem Geist" ebenso wieder wie in seinem Plädoyer für den „Willen zur Macht".

Krankheit zwingt Nietzsche schließlich zur Aufgabe seiner Professur. Zehn folgende Jahre verbringt er zwischen dem Engadin und der Riviera sommers und winters hin und her wandernd: es sind Jahre großer literarischer Produktivität. Es entstehen zu dieser Zeit: ›Menschliches, Allzumenschliches‹; ›Morgenröte‹; ›Die fröhliche Wissenschaft‹; ›Also sprach Zarathustra‹; ›Jenseits von Gut und Böse‹; ›Zur Genealogie der Moral‹; ›Der Fall Wagner‹; ›Der Antichrist‹; ›Götzendämmerung‹. Die restlichen Jahre (von 1889 bis 1900) verlebt Nietzsche in zunehmender geistiger Umnachtung im Hause der Mutter und, nach deren Tod betreut von der Schwester, in Weimar. Am 25. August 1900 stirbt Nietzsche; die Diagnose lautete für die letzten Jahre: progressive Paralyse aufgrund einer in früheren Jahren zugezogenen Syphilis.

Wie selten bei einem Philosophen sind hier bei Nietzsche Leben und Denken miteinander verbunden, speist sich ein großer Teil des Denkens aus dem Leben und den dort gewonnenen Erfahrungen wie Erlebnissen.[6] Und

---

[4] Auf die Einschätzung Hegels durch Schopenhauer habe ich im Kapitel über Hegel verwiesen.

[5] Nach Wilhelm Weischedel, 34 große Philosophen in Alltag und Denken, München [8]1981, S. 310.

[6] Dies gilt nicht in der Regel und kann auch nicht zur Regel dienen, darauf sei hier besonders hingewiesen. Doch läßt sich das bei Nietzsche feststellen und belegen, wenn man Biographie, Zeitgeschichte und Werke parallel betrachtet. Insofern ist Nietzsches Philosophie, sind seine Kulturkritik und Bildungskritik und seine gefühlsbetonten und teilweise emphatischen Denkausbrüche wie sein quasi aus dem

Nietzsche kann auch nur in dieser bis zur Selbstzernagung gereichenden
Weise hinter seinem Denken stehen, weil er mit dem „Leben", das für ihn
eine Kernkategorie seines Denkens ist, seine subjektiven Erlebnisse und
Erfahrungen macht. Das macht ihn, den Denker Nietzsche, so faszinierend;
das macht aber auch seine Gefährlichkeit aus. Insofern sieht er seine Bedeutung auch richtig, auch die seiner pädagogischen Fruchtbarkeit und die
seiner gleichzeitigen Gefährlichkeit, als für ihn nämlich zu wenig Menschen
in der Lage sind, seine Gedanken zu verstehen und richtig zu leben, als es
für ihn zuwenig freie Geister gibt. Derartige Freigeister zu ermöglichen, ja
ihre Notwendigkeit zu verdeutlichen und sie zu erzeugen, dazu fühlt sich
Nietzsche berufen, insofern kann er sich auch als den „wohltätigsten Menschen" sehen. Er ist Nihilist, und trotzdem kein neinsagender Geist.

Für Nietzsche lebt der Mensch in einem pervertierten Zustand: Der
Mensch hat sich von sich entfremdet. Und dazu beigetragen, ja dies veranlaßt hat die gesamte Geistesentwicklung seit Sokrates, der das menschliche
Denken auf die Bahn wissenschaftlichen Denkens geleitet hat. „Schauen
wir . . . auf Sokrates hin: so erscheint er uns als der erste, der an der Hand
jenes Instinktes der Wissenschaft nicht nur leben, sondern – was bei weitem
mehr ist – auch sterben konnte; und deshalb ist das Bild des *sterbenden
Sokrates* als des durch Wissen und Gründe der Todesfurcht enthobenen
Menschen das Wappenschild, das über dem Eingangstor der Wissenschaft
einen jeden an deren Bestimmung erinnert, nämlich das Dasein als begreiflich und damit als gerechtfertigt erscheinen zu lassen . . ." (I, 85). Das begreifende und etwas als gerechtfertigt ausweisende Denken ist auf Wahrheit
ausgerichtet: Wissenschaft und Erkenntnis sind auf Wahrheit aus; die Philosophie verpflichtet auf das logische Denken und ist auf wahre Schlüsse und
logische Erkenntnis aus; Die Religion verpflichtet im Christentum auf das
wahre jenseitige Leben und verpflichtet den Menschen auf Wahrhaftigkeit
und Moral hier im Diesseits für das Jenseits, von dem sie nichts weiß (insofern treibt die christliche Religion Falschmünzerei, weil sie nur mit unge-
deckten und undeckbaren Schecks im Diesseits arbeitet). Wissenschaft,
Moral und Religion gebären in ihrem unseligen Zusammenspiel für Nietzsche die „Logik unserer großen Werte und Ideale" in Form einer lebensver-
neinenden Moral. Diese Logik ist „zu Ende gedacht" nichts anderes als eine
„Logik der décadence".

Moment heraus vorgenommener (und diesem verbundener) unmittelbar wirkender
Schreibstil nicht unbedenklich und ungefährlich für Leser, die sich leicht begeistern
lassen, die radikale Lösungen lieben und suchen, die leicht Vor-Urteilen aufsitzen,
die einen starken Führer wünschen und suchen. Die Verwendung Nietzscheschen
Denkens im „Dritten Reich" – auch zu dessen philosophischer Legitimierung – läßt
sich von daher gut verstehen.

Eine Logik lebt aus Begriffen; Begriffe wollen etwas Allgemeines zum Ausdruck bringen, etwas Regelhaftes unter dem Anspruch des Wahren und Richtigen. Wahrheit im Erkenntnisbereich „ist ein bewegliches Heer von Metaphern, Metonymien, Anthropomorphismen, kurz eine Summe von menschlichen Relationen, die, poetisch und rhetorisch gesteigert, übertragen, geschmückt wurden und die nach langem Gebrauch einem Volke fest, kanonisch und verbindlich dünken: die Wahrheiten sind Illusionen, von denen man vergessen hat, daß sie welche sind, . . . Münzen, die ihr Bild verloren haben und nun als Metall, nicht mehr als Münzen, in Betracht kommen". Im moralischen Bereich drückt Wahrheit „die Verpflichtung (aus), nach einer festen Konvention zu lügen, herdenweise in einem für alle verbindliche Stile zu lügen" (III, 314). Der Weg, der bis zu diesem Stadium geführt hat, ist der Weg der Aufklärung, der Vervollkommnung des Menschen in seiner Vernunfthaftigkeit, der Weg der perfectibilité, für den Namen wie Sokrates, Aristoteles, Thomas von Aquin, Voltaire, Lessing und Kant stehen. „Die geistige Aufklärung ist" für Nietzsche „ein unfehlbares Mittel, um die Menschen" – nicht etwa sicherer und selbständiger, sondern – „unsicher, willensschwächer, anschluß- und stützebedürftiger zu machen, kurz das Herdentier im Menschen zu entwickeln: weshalb bisher alle großen Regierungskünstler . . ., wo die herrschenden Instinkte bisher kulminierten, auch sich der geistigen Aufklärung bedienten – mindestens sie walten ließen . . . Die Selbsttäuschung der Menge über diesen Punkt, z. B. in aller Demokratie, ist äußerst wertvoll: die Verkleinerung und Regierbarkeit der Menschen wird als ‚Fortschritt' erstrebt" (III, 452).

Die verschiedenen zurückliegenden Stationen des pädagogischen Denkens dokumentierten alle diese Aufklärungsverbundenheit, die in der Vernünftigkeit des Menschen bis hin zur durchgängigen Vernünftigkeit der Welt ihr Prinzip fand. Insofern waren sie auch alle Beiträge zur Klärung des Verhältnisses Mensch – Vernunft (oder Logos oder Geist) im Bereich des Erkennens, des Handelns und des Glaubens. Überall diente zur letzten Bezugskategorie die der Wahrheit: sie wurde als verbindlich für den Menschen genommen. Aber Nietzsche ruft aus: „Die Wahrheit! Schwärmerischer Wahn eines Gottes! Was geht den Menschen die Wahrheit an! Und was war die Heraklitische ‚Wahrheit'! Und wo ist sie hin? Ein verflogener Traum, weggewischt aus den Mienen der Menschheit mit anderen Träumen! – Sie war die erste nicht! Vielleicht würde ein gefühlloser Dämon von alledem, was wir mit stolzer Metapher ‚Weltgeschichte' und ‚Wahrheit' und ‚Ruhm' nennen, nichts zu sagen wissen als diese Worte: ‚In irgendeinem abgelegenen Winkel des in zahllosen Sonnensystemen flimmernd ausgegossenen Weltalls gab es einmal ein Gestirn, auf dem kluge Tiere das Erkennen erfanden. Es war die hochmütigste und verlogenste Minute der Weltgeschichte, aber doch nur eine Minute. Nach wenigen Atemzügen der Natur erstarrte

das Gestirn, und die klugen Tiere mußten sterben. Es war auch an der Zeit:
denn ob sie schon viel erkannt zu haben sich brüsteten, waren sie doch
zuletzt, zu großer Verdrossenheit, dahinter gekommen, daß sie alles falsch
erkannt hatten. Sie starben und fluchten im Sterben der Wahrheit. Das war
die Art dieser verzweifelten Tiere, die das Erkennen erfunden hatten.' Dies
würde das Los des Menschen sein, wenn er eben nur ein erkennendes Tier
wäre; die Wahrheit würde ihn zur Verzweiflung und zur Vernichtung treiben, die Wahrheit, ewig zur Unwahrheit verdammt zu sein. Dem Menschen
geziemt aber allein der Glaube an die erreichbare Wahrheit" (III, 270/271),
denn jeder Mensch ist eingebunden in Leben, in Natur, gebunden an seine
Kraft und an das Unlogische. Doch alle Bildung, die dem Menschen geschieht, mißachtet diese Eingebundenheit und Gebundenheit, mißachtet,
daß jeder Mensch *nur auf seine Weise* Welt erkennt und *nur gemäß seiner
Moral* handelt, daß jeder nur auf sich und auf seine Kraft gestellt ist, sich zu
etwas zu machen. Was Bildung statt dessen produziert, sind „entartete Bil-
dungsmenschen" – „Zur Bildung geboren und zur Unbildung erzogen! Hilf-
loser Barbar, Sklave des Tages, an die Kette des Augenblicks gelegt und
hungernd – ewig hungernd!" So sieht der Entlassene der Bildung aus (III,
259). Bildung in der herkömmlichen Art erzeugt sogenannte courante Menschen: „courante Menschen", das sind gängige, gewöhnliche, angepaßte
und funktional-orientierte Menschen, Menschen, die zeitentsprechend im
Kurs stehen, Stromlinienmenschen. Was an der Zeit ist, was im Kurs steht,
ist das jeweils Vernünftige: das gilt für den Bereich von Wissenschaft und Erkenntnis, das gilt für den Bereich der Ökonomie, das gilt für den Bereich
des Staates. Bildung hat sich im Einlassen auf das Vernünftige auf Gedeih
und Verderb mit diesen drei Mächten eingelassen und sich in Dienst gestellt
beziehungsweise stellen lassen. Nietzsche erläutert dies unter anderem wie
folgt:

(1) Zu den beliebten national-ökonomischen Dogmen der Gegenwart
gehört für Nietzsche: „Möglichst viel Erkenntnis und Bildung – daher möglichst viel Produktion und Bedürfnis – daher möglichst viel Glück – . . . Hier
haben wir den Nutzen als Ziel und Zweck der Bildung, noch genauer den
Erwerb, den möglichst großen Geldgewinn. Die Bildung würde ungefähr
von dieser Richtung aus definiert werden als die Einsicht, mit der man sich
‚auf der Höhe seiner Zeit' hält, mit der man alle Wege kennt, auf denen am
leichtesten Geld gemacht wird, mit der man alle Mittel beherrscht, durch
die der Verkehr zwischen Menschen und Völkern geht. Die eigentliche Bil-
dungsaufgabe wäre demnach, möglichst ‚courante' Menschen zu bilden, in
der Art dessen, was man an einer Münze ‚courant' nennt. Je mehr es solche
courante Menschen gäbe, um so glücklicher sei ein Volk: und gerade das
müsse die Absicht der modernen Bildungsinstitute sein, jeden so weit zu för-
dern, als es in seiner Natur liegt, ‚courant' zu werden, jeden derartig auszu-

bilden, daß er von seinem Maß von Erkenntnis und Wissen das größtmögliche Maß von Glück und Gewinn hat" (III, 191).

(2) Wird hier unter ökonomischem Aspekt Bildung ausgeweitet (auf möglichst alle Menschen hin) und erweitert (unter inhaltlichem Aspekt), so gibt es eine andere Tendenz, der entsprechend Bildung sich abschwächt und verringert oder vermindert: Nietzsche hat hier die im Wissenschaftsbereich zunehmende Tendenz der Spezialistenbildung im Auge: „Man pflegt sich . . . in allen gelehrten Kreisen ins Ohr zu flüstern: die allgemeine Tatsache, daß mit der jetzt angestrebten Ausnützung des Gelehrten im Dienste seiner Wissenschaft die Bildung des Gelehrten immer zufälliger und unwahrscheinlicher werde", sei zurückzuführen auf die Notwendigkeit äußerster Fachspezialisierung. „So ein exklusiver Fachgelehrter ist dann dem Fabrikarbeiter ähnlich, der sein Leben lang nichts anderes macht als eine bestimmte Schraube oder Handhabe zu einem bestimmten Werkzeug oder zu einer Maschine, worin er dann freilich eine unglaubliche Virtuosität erlangt." Diese „enge Fachmäßigkeit unserer Gelehrten" bedeutet für Nietzsche zugleich eine „Abirrung" von der eigentlichen oder wahren Bildung (III, 193). Für Nietzsche steht fest, daß der gebildete Mensch und der wissenschaftliche Mensch zwei verschiedenen Sphären angehören (III, 205) und daß im moralischen Bereich die „unoriginale Durchschnittsanständigkeit" wie die „uniformierte Mittelmäßigkeit" herrschen (III, 203).

(3) Und da der Staat in einer philosophischen Weise hochgeschätzt und als dem Weltgeist und dessen Telos entsprechend ausgelegt und durch Hegel damit gerechtfertigt worden ist, nimmt es nicht wunder, daß dieser Staat sich anmaßt, in jeder möglichen Weise für die hier und jetzt gewünschte Bildung zu sorgen, indem er sie fördert. Auch dies ist für Nietzsche eine zeitentsprechende, „eine neue und jedenfalls originelle Erscheinung: der Staat zeigt sich als eine Mystagoge der Kultur, und während er seine Zwecke fördert, zwingt er jeden seiner Diener, nur mit der Fackel der allgemeinen Staatsbildung in den Händen vor ihm zu erscheinen: in deren unruhigem Lichte sie ihn selbst wiedererkennen sollen als das höchste Ziel, als die Belohnung aller ihrer Bildungsbemühungen" (III, 226). Wozu macht der Staat dies?, wozu braucht er das?, fragt Nietzsche und gibt zur Antwort: „Weil . . . man die echte aristokratische Natur der wahren Bildung fürchtet, weil man die großen Einzelnen dadurch zur Selbstverbannung treiben will, daß man bei den Vielen die Bildungsprätention pflanzt und nährt, weil man der strengen und harten Zucht der großen Führer damit zu entlaufen sucht, daß man der Masse einredet, sie werde schon selbst den Weg finden – unter dem Leitstern des Staates!" „Der Staat als Leitstern der Bildung!", etwas Absurderes kann es für Nietzsche nicht geben (III, 228).

Mit dieser dreifachen Entwicklung decouvriert sich Bildung für Nietzsche als ancilla, als Magd, als „nutzbare Magd", als „die intellektuelle Dienerin und Beraterin der Lebensnot, des Erwerbs, der Bedürftigkeit". Wahre Bildung dagegen „beginnt . . . erst in einer Luftschicht, die hoch über jener Welt der Not, des Existenzkampfes, der Bedürftigkeit liegt" (III, 230 f.), sie „hält an der aristokratischen Natur des Geistes fest" und hängt zusammen mit „der Herrschaft der großen Einzelnen" und der „Dienstbarkeit der Masse . . . unter dem Zepter des Genius". „Nicht Bildung der Masse kann unser Ziel sein: sondern Bildung der einzelnen ausgelesenen, für große und bleibende Werke ausgerüsteten Menschen" (III, 217 f.). Die wahre Bildung ist angesiedelt in einem erleuchteten Ätherraum subjektfreier Kontemplation; dieser Ätherraum ist die Ewigkeit und der Göttersitz der Griechen, weshalb Nietzsche diese Bildung auch als „zartfüßige, verwöhnte, ätherische Göttin" bezeichnen kann (III, 231). Was verbirgt sich hinter diesen Bildern, die nicht mit der Sprache der Logik allein erklärbar sind? Man sieht: auch hier bedarf es des Einbezugs des Unlogischen.

In diesen Ätherraum vorzudringen verlangt Anstrengung und Ausdauer, verlangt Kraft, die nicht jedem gegeben ist, und verlangt Intellekt. Es handelt sich um die Sphäre der „Genialen-Republik" und des „hohen Geistergesprächs", auf die ich eingangs schon hinwies. Nicht jeder ist dafür auserlesen, nur einzelne wenige sind es kraft ihres Intellekts. Es gibt für Nietzsche auf dem Hintergrund dieser Metaphysik eine „natürliche Rangordnung im Reiche des Intellekts", die einer „heiligen Naturordnung" entspricht (III, 217 f.), und die vorsieht, daß es neben den wenigen Ausgelesenen eine große Menge zum Dienen bestimmter Herdenmenschen gibt, sie haben dem Genius zu dienen, den einzelnen wenigen Menschen. Der Genius, der sich derart erheben kann und sich derart frei halten kann von Lebensnot und Existenzkampf, der sich zu allen subjektiven Zwängen distanzieren kann und subjektfreier Kontemplation sich zuwenden kann, ist das eigentliche Subjekt: er ist der eigentliche Wille seines Lebens. Er lebt seine Natur. „Jemand, der sich auf seinem Wege im Wald völlig verirrt hat, aber mit ungemeiner Energie nach irgendeiner Richtung hin ins Freie strebt, entdeckt mitunter einen neuen Weg, welchen niemand kennt: so entstehen die Genies, denen man Originalität nachrühmt" (I, 588/589). Voraussetzung hierzu ist sowohl die von Natur gestiftete Ungleichheit in intellektueller Hinsicht als auch das „durch richtige Erziehung eingeleitete Bedürfnis der Bildung", nämlich: „Gehorsam und Gewöhnung an die Zucht des Genius", die Unterordnung unter den Führer und das Führerprinzip, oder mit Nietzsche: „Mit den seltenen Männern wahrer Bildung zusammenzuleben, um an ihnen Führer und Leitstern zu haben" (III, 245).

Rettung aus dem Bildungsverfall oder der décadence der Bildung gibt es mithin *nur durch Erzeugung des Genius.* Da der Genius über die anderen Menschen hinaus ist, ist er für Nietzsche auch der „Übermensch", der die „Sprossen" der „langen Leiter" immer höher gestiegen ist und sich etappen-

weise losgelöst hat von den Problemen des zeit- und gewohnheitsverhaf-
teten Lebens hin zum Kontemplativen, zum Zeitenthobenen, der aber
dadurch Mensch geblieben ist, daß er nicht auf der letzten Sprosse stehen-
geblieben ist, sondern zurückgekehrt ist, um sich nicht der „besten Ergebnisse
der bisherigen Menschheit" zu berauben: „Man soll über die letzte Sprosse
der Leiter wohl hinausschauen, aber nicht auf ihr stehen bleiben wollen!"
(I, 444 und 462). Sprossenweise begeht der Übermensch oder der zum
Übermenschen Taugende die große „Loslösung", die plötzlich, wie ein Erd-
stoß, aufkommt, als plötzlicher „Schrecken und Argwohn gegen das, was
sie (= die junge Seele) liebte, ein Blitz von Verachtung gegen das, was ihr
‚Pflicht' hieß", sie fühlt sich zur Wanderschaft aufgerufen, zur Erkältung.
Ernüchterung, zur Vereisung, zum Haß auf die Liebe – kurz zu aller Gegen-
wehr, zur radikalen Abkehr.

Diese „Loslösung ist eine Krankheit zugleich, die den Menschen zerstören kann", es ist der „erste Ausbruch von Kraft und Willen zur Selbstbestimmung, Selbst-Wertsetzung, . . . Wille zum freien Willen", der Aufbruch zum
sogenannten freien Geist. Indem er so Einblick und Überblick bekommen
hat, erfährt der Mensch die „reife Freiheit des Geistes" und gewinnt daraus
Kräfte zur Genesung bis zu einem Überschuß an solchen Kräften, einem
Überschuß, „der dem freien Geiste das gefährliche Vorrecht gibt, auf den
Versuch hin zu leben", und zwar auf den Versuch eines Neubeginns. Nutzt
er diese Kräfte und kehrt er von der obersten Sprosse ins Leben wieder zurück, dann sieht er die nächsten und nahen Dinge anders: er sieht sie nicht
als zu verneinende Dinge, und er sieht sie nicht als Pessimist, sondern er
sieht sie in der *Perspektive* dessen, den sie als seine Dinge hier und jetzt angehen, und das heißt: in der ihm erreichbaren Wahrheit. Er sieht sie weder
in der Wahrheit einer Moral noch in der einer Religion noch gar in der einer
irgendwie auslegbaren Humanität: denn er ist sich selber die moralische
Instanz (I, 439–443), die sich in seinem „Willen zur Macht" äußert. Die
Freiheit und Unabhängigkeit des freien Geistes liegt darin, „sich zu bewahren", zu sagen, „mein Urteil ist mein Urteil; dazu hat nicht leicht auch ein
anderer das Recht". Dies Urteil allein hat Wert, denn „was gemein sein
kann, hat immer nur wenig Wert" (II, 605). Mithin ist *wahre Bildung kein
Gemeingut*, und die, die davon reden, sind „Nivellierer, fälschlich genannte
freie Geister" (II, 606).

Nietzsches Blick geht zurück auf den Griechen Heraklit, für den alles
dadurch im Werden begriffen ist, daß alles stets im Widerstreit mit seinem
jeweiligen Gegenteil liegt, womit der Widerstreit der Vater aller Dinge ist,
alles aber sich zugleich einer Substanz verdankt, nämlich dem ätherischen
Feuer, dem lebendigen und beseelten und vernünftigen logoshaften Feuer.
Diese „Heraklitische Wahrheit", deren Verlust Nietzsche beklagt, versucht
er wiederzubeleben: „Ein Werden und Vergehen, ein Bauen und Zerstören

ohne jede moralische Zurechnung in ewig gleicher Unschuld", so wie es
Heraklit als Wesen der Welt und des Lebens auswies, hat gemäß der Einschätzung Nietzsches „in dieser Welt allein das Spiel des Künstlers und des
Kindes" (III, 376f.). Und so wie sich bei Heraklit Bauen und Zerstören
ergänzen und wie Feuer sich wandelt in Wasser und Erde, so geht für
Nietzsche auch Krankheit in Gesundheit über und der Vogelflug des freien
Geistes ins Leben zurück. So kann „nur der ästhetische Mensch die Welt"
anschauen, „der an dem Künstler und an dem Entstehen des Kunstwerks
erfahren hat, wie der Streit der Vielheit doch in sich Gesetz und Ordnung
tragen kann, . . . wie der Künstler beschaulich über und wirkend in dem
Kunstwerk steht, wie Notwendigkeit und Spiel, Widerstreit und Harmonie
sich zur Zeugung des Kunstwerks paaren müssen". Es gibt keine Logik, die
das beweisen muß: alles ist das „schöne und unschuldige Spiel des Äon".
Diese Wahrheit zu erkennen ist nur dem möglich, der sich erhebt über die
Vielen, ja über alle; es ist die ihm, dem Übermenschen, dem freien Geist,
erreichbare Wahrheit, die aber nicht für alle ist. Wahre Bildung ist somit Bildung als Erzeugung des Genius, als Wegbereiter zum freien Geistsein, um
Lebens-Weisheit zu erlangen. Dies ist „Sache der Wenigsten . . . – es ist ein
Vorrecht der Starken", die auch der „Überwindung der Moral" fähig sind
(II, 594, 598). Auch der Hinweis darauf, daß sich „jede Begabung kämpfend entfalten muß", macht deutlich, daß wahre Bildung nur im Kampf,
nur im Streit, auch im Wettkampf, mit viel Anstrengung und Mühe, ja auch
im Selbstkampf zu erlangen ist. *Bildung ist kein Anrecht, das einem zukommt – Bildung ist ein Vorrecht, das man sich erkämpfen, erringen muß.*

Nietzsche hätte nichts gegen Elitenbildung einzuwenden, wenn sie ganz
auf die Bildung des freien Geistes ausgerichtet wäre und keinen irgendwie
gearteten Zwecken diente; sie müßte hart erarbeitet werden, denn sie ist
schwierig, verschlungen, steil, mühsam – etwas eben nur für einzelne, für
Übermenschen. „Diese einzelnen sollen ihr Werk vollenden – das ist der
Sinn ihres Zusammenhaltens; und alle, die an der Institution (der Bildung)
teilnehmen, sollen bemüht sein, durch eine fortgesetzte Läuterung und
gegenseitige Fürsorge, die Geburt des Genius und das Reifwerden seines
Werkes in sich und um sich vorzubereiten. Nicht wenige, auch aus der Reihe
der zweiten und dritten Begabungen, sind zu diesem Mithelfen bestimmt
und kommen nur in der Unterwerfung unter eine solche Bestimmung zu
dem Gefühl, einer Pflicht zu leben und mit Ziel und Bedeutung zu leben"
(I, 344). Die Gradmesser einer solchen wahren Bildung sind – und das betont
Nietzsche immer wieder – das Bedürfnis zur Philosophie, der Instinkt für
Kunst und das griechische und römische Altertum (III, 254). Daß sich auf
diesem Boden auch nationalistische, vitalistische, rassistische, faschistische
Bildungsverständnisse als legitimierbar ansehen konnten, liegt auf der
Hand; es war die jeweils ihnen erreichbare Wahrheit, es waren die Sprossen

der Leiter, die zu erklimmen ihnen jeweils möglich war – doch sie waren noch weit entfernt vom Ende der Leiter, geschweige denn vom Bewußtsein, zum Leben wieder zurückkehren zu müssen.[7] Als Folgelast seines Denkens würde Nietzsche dies jedoch nicht ansehen, wie er auch keine Verantwortung für derartige Folgen tragen würde, da die moralische Kategorie „Verantwortlichkeit" für ihn getilgt war. Denn auch sie gehört zu der diagnostizierten Dekadenz, für die Kants Moralismus kennzeichnend sei: Tugend, Pflicht, das Gute „mit dem Charakter der Unpersönlichkeit und Allgemeingültigkeit" – das sind Hirngespinste, „in denen sich der Niedergang, die letzte Entkräftigung des Lebens, das Königsberger Chinesentum ausdrückt. Das Umgekehrte wird von den tiefsten Erhaltungs- und Wachstumsgesetzen geboten: daß jeder sich *seine* Tugend, *seinen* kategorischen Imperativ erfinde" (II, 1171/1172). Infolgedessen formuliert und denkt Nietzsche Kants Kategorischen Imperativ in folgende Wendungen um:

Du solltest Herr . . . über die eigenen Tugenden werden. Früher waren *sie* deine Herren; aber sie dürfen nur deine Werkzeuge neben andren Werkzeugen sein.
Du solltest Gewalt über dein Für und Wider bekommen . . .
Du solltest das Perspektivische in jeder Wertschätzung begreifen lernen . . .
Du solltest die *notwendige* Ungerechtigkeit in jedem Für und Wider begreifen lernen, die Ungerechtigkeit als unablösbar vom Leben, das Leben selbst als *bedingt* durch das Perspektivische und seine Ungerechtigkeit . . .
Du solltest das Problem der *Rangordnung* mit Augen sehn . . .
Du solltest . . . Genug, der freie Geist *weiß* nunmehr, welchem „du sollst" er gehorcht hat, und auch, was er jetzt *kann*, was er jetzt erst – *darf* . . . (I, 443).

Bleibt bei Hegel der Mensch durch den Geist bei sich und fest mit der als vernünftig deklarierten Welt verbunden und soll er in ihr durch ein Sich-Abarbeiten an ihr zu sich selber kommen, so ist für Nietzsche dies ein „dumpfes Eckenstehen", bei dem man immer „zu Hause" bleibt. Der Geist muß außer sich und außer der Welt treten, neinsagen können und neinsagen müssen zu allem, aber nicht um in einem faulen Synthese-Kompromiß wieder aufzugehen, sondern um sich selber zu leben und damit alles bisher in Geltung Befindliche umzuwerten, zur Rettung der Geisteskultur. „Nicht ‚Menschheit', sondern *Übermensch* ist das Ziel!" (III, 440).

---

[7] Für den „einsamen Wanderer" Nietzsche, der nur am Genialen-Gespräch interessiert war, dürfte es unvorstellbar gewesen sein, daß er am Ende – wie Jonas Cohn dies ausdrückt – „denen in die Hände gefallen (ist), die er am meisten gehaßt hat: zuerst genußgierigen Ästheten, dann machtgierigen, pöbelhaften Demagogen" (Jonas Cohn, Selbstüberschreitung – Grundzüge der Ethik, entworfen aus der Perspektive der Gegenwart, Frankfurt a. M., Bern 1985, S. 7).

Literaturhinweise

Werk

Werke in 23 Bänden, hrsg. von Richard Oehler, Max Oehler und Friedrich Chr. Würzbach, München 1920–1929 (Musarion-Ausgabe).

Werke in 12 Bänden, Hrsg. von Alfred Bäumler, Leipzig 1930 ff. (Kröner-Ausgabe) – Neudruck 1964.

Werke. Kritische Gesamtausgabe, hrsg. von Georgio Colli und Mazzino Montinari, etwa 30 Bände in 8 Abteilungen, Berlin, New York 1967 ff.

Werke in drei Bänden, hrsg. von Karl Schlechta, München 1966, [8]1977.

Sekundärliteratur

Blaß, Josef L.: Kritik und Neuentwurf der Bildung in Nietzsches Basler Vorträgen ›Über die Zukunft unserer Bildungsanstalten‹, in: Saeculum XXVIII (1977), S. 101 ff.

Cohn, Jonas: Friedrich Nietzsche, in: Jonas Cohn, Die Philosophie im Zeitalter des Specialismus, Leipzig 1925.

Frenzel, Ivo: Friedrich Nietzsche in Selbstzeugnissen und Bilddokumenten, Reinbek 1966.

Jaspers, Karl: Nietzsche. Einführung in das Verständnis seines Philosophierens, Berlin [4]1981.

Kaufmann, Walter: Nietzsche: Philosoph – Psychologe – Antichrist, übersetzt von J. Salaquarda, Darmstadt 1982.

Krummel, Richard Frank: Nietzsche und der deutsche Geist, 2 Bände, Berlin, New York 1974 und 1983.

Löwisch, Dieter-Jürgen: Kultur und Pädagogik. Eine Einführung. Darmstadt 1989.

Rohrmoser, Günter: Nietzsche und das Ende der Emanzipation, Freiburg 1971.

Simon, Josef: Friedrich Nietzsche, in: Otfried Höffe (Hrsg.): Klassiker der Philosophie, Band II, München 1981.

WILHELM DILTHEY

Von WOLFGANG FISCHER

Wilhelm Diltheys Bemühen, die in seinen Augen ebenso „rückständige"
wie die Ordnung der Gesellschaft zersetzende Verfassung „unserer heute herrschenden Pädagogik" zu ändern, entsprang – so sehe ich es – nur sekundär
einem Unbehagen, das er in Ansehung der seinerzeitigen Lage der Pädagogik
empfand. Primär stand es in einem pädagogikunspezifischen Zusammenhang.
Man kann diesen Zusammenhang als den einer philosophischen Konsolidierung der Geisteswissenschaften überhaupt bezeichnen. Oder mit anderen
Worten: Dilthey verfolgte die Generalabsicht, den bestehenden sogenannten
Geisteswissenschaften, die sich seinem Gefühle nach in einem philosophisch
mehr oder minder unbefriedigenden und mithin fachlich gefährdeten Zustand
befanden, in einer Art „Kritik der historischen Vernunft" das sie tragende,
verbindende und ihnen ihren praktischen Einfluß sichernde Fundament zu bestimmen, und in diesem umgreifenden Rahmen bewegten sich sowohl seine
Abrechnung mit den „pädagogischen Systemen, welche zur Zeit diese Wissenschaft in Europa vertreten"[1], wie auch seine Grundlegung einer neuen, geisteswissenschaftlichen Pädagogik. Demgemäß werde ich in einem ersten Teil
der Vorlesung einige Bemerkungen dazu machen, was es mit Diltheys Konzept
der Geisteswissenschaften generell auf sich hat. Im zweiten Teil soll dann über
die Neuorientierung der Pädagogik als einer geisteswissenschaftlichen Disziplin gesprochen werden. Das Biographische wird am Rande mit einfließen.

---

[1] Dilthey erwähnt exemplarisch die Konzeptionen von Schleiermacher (1768–
1834), von Friedrich Eduard Beneke (1798–1854), von Herbart und dessen Anhängern Waitz (1821–1864), Ziller (1817–1882) und Stoy (1815–1885) „bei uns", von
Alexander Bain (1815–1903) und Herbert Spencer (1818–1903) „in England". Sie
stimmten seiner Meinung nach darin überein, das Ziel der Erziehung – wie etwa die
Herbartsche „Charakterstärke der Sittlichkeit" –, die Werte der Lehrgegenstände
und die Methoden des Unterrichts allgemeingültig „von leitenden Prinzipien aus"
– wie dem „utilitarischen Prinzip" bei den Engländern oder den „dünnen (praktischen) Ideen" der Rechtlichkeit, Güte und inneren Freiheit bei Herbart – zu bestimmen. Insofern war die Pädagogik für Dilthey ein Restbestand jenes „natürlichen
Systems", das im 17. und 18. Jahrhundert als Naturrecht, natürliche Theologie, allgemeingültige Moral usw. sich etabliert hatte, in diesen Gegenstandsbereichen jedoch
längst abgedankt hatte, während die Pädagogik „allein rückständig geblieben" ist,
d. h. noch nicht den Übergang zu einer Geisteswissenschaft geschafft hatte.

I

Ich beginne die Bemerkungen zu Diltheys Grundlegungsversuch „für die Wissenschaften des Geistes" mit einem selbstzeugnishaften Zitat. Es findet sich in der Fragment gebliebenen Vorrede zu einer Aufsatzsammlung, die der fast 78jährige „nach dem Wunsch und mit der Beihilfe junger Freunde" in seinem Todesjahr 1911 herausbringen wollte. In ihr sollte wohl die „philosophische Entwicklung" dokumentiert werden, die Dilthey durchgemacht hat, seit er sich in den frühen sechziger Jahren des 19. Jahrhunderts definitiv entschlossen hatte, die Philosophie zu seinem Beruf zu machen. Die Neigung zu ihr war allerdings schon wesentlich älter. Sie reichte zurück in die Gymnasialzeit, als der Sekundaner Wilhelm Dilthey durch die Lektüre Kants, Lessings und anderer Denker in den Bann philosophischer Probleme gezogen worden war. Daran hat auch das vom Vater – einem Hofprediger im Nassauischen – gewünschte Studium der Theologie nichts ändern können, ebensowenig wie ein philologisches Ergänzungsstudium, eine sehr kurze Tätigkeit als Gymnasiallehrer in Berlin und schon gar nicht das eher kärgliche, auf väterliche Unterstützung angewiesene Leben als freier Schriftsteller und Privatgelehrter zwischen 1857 und 1864. Jedenfalls wurde Dilthey 1864 an der Berliner Universität für das Fach Philosophie habilitiert, womit seine akademische Karriere als Philosoph begann. Rückblickend hierauf – meine ich – heißt es:

Als ich in die Philosophie eintrat, war der idealistische Monismus Hegels abgelöst von der Herrschaft der Naturwissenschaft. Wenn (nun) der naturwissenschaftliche Geist Philosophie wurde, wie ... in Deutschland in philosophierenden Naturforschern, so versuchte er, den Geist als ein Produkt der Natur zu begreifen – und er verstümmelte ihn. Die großen Naturforscher (wie etwa Helmholtz) suchten, das Problem tiefer zu fassen. Und das führte auf Kant zurück ... Aber auch hier hatte die geschichtliche Welt keinen Ort im Zusammenhang der Wissenschaften, deren Grundlegung von der äußeren Wahrnehmung ausging. Daß man sich nichts vormachen lassen wollte, das war die ungeheure Kraft, die in diesem Positivismus lag. Daß er die geistige Welt verstümmelte, um sie in den Rahmen dieser äußeren Welt (einzufügen): das war seine Schranke (V, 3).[2]

Ich erläutere das Zitat, das die erste Hälfte von dem zum Ausdruck bringt, woran Dilthey in seiner Arbeit anknüpfte. Er fand eine Situation vor, die ihn teils als Fortschritt beeindruckte, teils überhaupt nicht zu befriedigen vermochte, und dieses zwiespältige „Gefühl" umschloß durchaus sich abzeichnende, verhängnisvolle Folgen für das Leben der einzelnen und der Gesellschaft. Das Fortschrittliche war die Ablösung der großen metaphy-

---

[2] Zitiert wird nach der derzeit 19 Bände umfassenden Ausgabe von W. Diltheys Gesammelten Schriften.

sisch-spekulativen Systeme des deutschen Idealismus, vor allem Hegels, durch den Aufschwung der Naturwissenschaften. Wo jene in ihrem Streben, ein Wissen vom Absoluten und Ganzen zu erstellen, sich von der strengen, disziplinierenden Bindung an Erfahrung und Tatsachen dispensiert und schlußendlich gründlich blamiert hatten, da ließen diese in wohltuender Nüchternheit als wahr und objektiv zunächst nur gelten, was sich der Wahrnehmung, dem Experiment und der Formulierung in einem möglichst mathematisierten Gesetz nicht entzog. So weit, so gut. Unbefriedigend wurde dieser Verlagerungsprozeß vom idealistischen zum naturwissenschaftlichen „Geist", wenn der letztere sich bemüßigt fühlte, an die Stelle der Philosophie zu treten. Auf zwei Spielarten philosophisch ambitionierter Naturforschung macht Dilthey aufmerksam. Die schlimme, geradezu geistesverstümmelnde Variante war die des Materialismus. Ihm war die kraftbegabte Materie, das Stoffliche, die ausschließliche Basis von allem, also auch des Bewußtseins – oder, wie es der ins materialistische Lager gehörende Zoologe Karl Vogt 1855 in seinem Buch ›Köhlerglaube und Wissenschaft‹ „einigermaßen grob" verständlich machte: „. . . die Gedanken (stehen) zum Gehirn etwa in demselben Verhältnis wie die Galle zu der Leber oder der Urin zu den Nieren."[3] Eine solche, übrigens wiederum monistisch-metaphysische Einlassung erklärt nicht, ja berührt nicht einmal zum Beispiel das Problem der objektiven Geltung des Denkens. „Wir säßen wohl heute noch als pithecanthropi erecti unter den Eichen"[4], wenn unsere Gedanken nichts als das Sekret physiologisch-chemischer Reaktionen und Prozesse im Großhirn und des ihm zuarbeitenden Nervenapparates wären. Und der Materialismus selber könnte in keinem Argument begründen, daß er gegenüber anderen Gedankengebäuden recht habe.

Weniger schlimm war es um die zweite Variante philosophierender Naturforscher bestellt, für die Hermann von Helmholtz repräsentativ genannt ist. Sie „suchten das Problem tiefer zu fassen", was heißen dürfte, daß sie den Geist, das Denken, die Ideen der Menschen nicht im einigermaßen blindwütigen Gegenschlag gegen die Geistmetaphysik in Kräften der Natur auflösten und daß sie sich auch nicht positivistisch mit der Feststellung allgemeiner Tatsachen und Gesetze ohne deren erkenntnistheoretische Analyse und Legitimation begnügten. Ihr philosophisches Problembewußtsein, das die Beglaubigung von Erkenntnissen nicht schon hinreichend in deren empirischen Gesetzescharakter gewährleistet sah, führte sie auf Kant und dessen Transzendentalphilosophie zurück. Dieser aber kreidete Dilthey an,

---

[3] Zitiert bei Karl Vorländer, Geschichte der Philosophie, II. Band, Leipzig [5]1919, S. 388.

[4] Die Formulierung geht auf Theodor Ballauff zurück, der sie allerdings in einem anderen Zusammenhang verwendet hat.

daß sie für die „geschichtliche Welt" und für die Begründung historischen Wissens sowohl durch ihre Fixierung an Mathematik und neuzeitliche Naturwissenschaft wie auch durch ihren alles menschliche Handeln verdunkelnden „hölzernen kategorischen Imperativ" keinen Ort übrig hatte. Anders gewendet: Kants theoretischer Kritizismus, allen spekulativ-metaphysischen Wesensaussagen abhold, erklärte zwar die Objektivität der Sätze der Naturwissenschaften. Nicht jedoch erreichte er „das Leben selbst", insofern es mehr als „bloße Erscheinung" oder auch mehr als „bloße Denktätigkeit" ist, und der kategorische Imperativ seiner praktischen Philosophie war nicht „die Wahrheit" des menschlichen Zweckhandelns, wie es in der Geschichte der Menschengattung vorliegt, sondern drückte bestenfalls höchst abstrakt das sittliche Lebensideal einer bestimmten Zeit und eines bestimmten Volkes oder Kulturkreises aus. Darum taugte auch das auf Kant zurückgehende Philosophieren eines Helmholtz nicht, um die „Realität der geistigen Welt" in ihrer Fundierung unverkürzt und produktiv in den Blick zu bekommen. Denn daß diese sich nicht im transzendental legitimierten Erkennen der Naturerscheinungen und im Errichten einer scheinbar übergeschichtlichen Sittenlehre erschöpfen konnte, war Dilthey bereits während seines Studiums klargeworden.

Ich stehe damit vor der zweiten Hälfte dessen, woran Dilthey in seiner Arbeit anknüpfte, und wiederum zitiere ich ein paar Sätze von ihm. Sie stammen aus seiner Antrittsrede in der Akademie der Wissenschaften zu Berlin, in die er 1887 – inzwischen nach Stationen in Basel, Kiel und Breslau ordentlicher Professor für Philosophie in Berlin geworden – aufgenommen worden war und in deren Abhandlungen er ein Jahr später den berühmt gewordenen Aufsatz ›Über die Möglichkeit einer allgemeingültigen pädagogischen Wissenschaft‹ veröffentlichte. In der Rede heißt es unter anderem:

Ich bin von der Geschichte hergekommen. Als ich hier studierte, umgab mich noch die historische Schule . . . Meine erste größere Arbeit versuchte eine Entwicklungsgeschichte Schleiermachers aus dessen Papieren. Das bedeutende Individuum ist nicht nur der Grundkörper der Geschichte, sondern in gewissem Verstand die größte Realität derselben. Ja während alle Natur nur Erscheinung und Gewand eines Unerfaßbaren ist, erfahren wir hier (d. h. im Individuum als „Bestandteil" der Geschichte und Gesellschaft) allein Wirklichkeit in vollem Sinn, von innen gesehen: nicht gesehen, sondern erlebt. Ich wollte nun erforschen, wie ganz zerstreute Elemente der Kultur in der Werkstatt eines solchen bedeutenden Einzelgeistes zu einem Ganzen gebildet werden, das in das Leben zurückwirkt. Ich habe dann (ab 1871) eine Grundlegung der Einzelwissenschaften vom Menschen, der Gesellschaft und der Geschichte begonnen. Ich suche für sie ein Fundament und einen Zusammenhang, unabhängig von der Metaphysik, in der Erfahrung. Denn die Systeme der Metaphysik sind gefallen, und doch verlangt der Wille immer neu für die Lebensführung des Einzelnen und die Leitung der Gesellschaft feste Zwecke. Das (vergangene) philosophische Jahrhundert wollte das Leben aus einer allgemeingültigen, abstrakten Theorie von der Menschennatur umgestalten. Diese Theorie hat sich in Reform und Revolution zugleich als siegreich, gültig und als unzulänglich, ja in ihren Anmaßungen zerstörend erwiesen. Unser Jahrhundert hat in der historischen Schule die Geschichtlichkeit des Menschen und aller gesellschaftlichen Ordnungen erkannt. Aber es steht vor der Aufgabe, die großen Anschauungen der geschichtlichen Entwicklungslehre in klare . . . und für das Leben fruchtbare Begriffe fortzubilden. Hierzu bedarf es feinerer psychologischer Methoden und Begriffe, die dem geschichtlichen Leben gewachsen sind; besonders aber muß in allen Leistungen des Menschen, auch in denen der Intelligenz, die Totalität des Seelenlebens, das Wirken des ganzen, wollend-fühlend-vorstellenden Menschen nachgewiesen werden . . . (V, 10f.).

Drei Momente dieses Zitats, die mir für das Verständnis Diltheys belangvoll erscheinen, möchte ich herausgreifen.

a) Unantastbar fest stand für Dilthey der Hauptertrag der sogenannten Historischen Schule, die anfangs – d. h. zu Beginn des 19. Jahrhunderts – eine Strömung unter Rechtsgelehrten war. Attackiert wurde von ihnen die herrschende Meinung, daß es neben und gleichsam über dem positiven, in Gesetzesbestimmungen niedergelegten Recht ein ursprüngliches, zeitloses und allgemeines höheres Natur- oder Vernunftrecht gäbe, also zum Beispiel das Recht und die Pflicht jedes vernünftigen Wesens, gesellig zu sein. Solcher „großsprechenden, völlig hohlen Ansicht"[5] setzte man die vermeintlich gehaltvollere These entgegen, der Ursprung und die Triebfedern des Rechts lägen in der geschichtlichen Entwicklung der Völker. Diese entwicklungsgeschichtliche Wendung des Problems, die einerseits die Geschichtswissenschaft, wie wir sie kennen, allererst aus der Taufe hob und die andererseits die Frage nach dem richtigen Recht positivistisch oder relativistisch zugunsten eines „Naturrechts des geschichtlich Gewordenen" (Max Weber) zu ersticken drohte, ging über in oder schuf neue Disziplinen, die sich nun ebenfalls historisch-empirisch, ohne Rückbezug auf ein „abstraktes Schema der Menschennatur" (I, 380) mit anderen geistig-gesellschaftlichen Teil-„Systemen" wie Religion, Ökonomie, Moral, Sprache, Kunst befaßten. Zusammengefaßt wurden diese „Erfahrungswissenschaft(en) der geistigen Erscheinung" beziehungsweise der „Gesellschaft" unter dem immer mehr sich durchsetzenden Titel „Geisteswissenschaften", deren sozusagen harter Kern die Geschichtsansicht von allem Nicht-Naturhaften war. Dilthey bejahte diesen Gang der Dinge, weil er die Aussicht zu eröffnen schien,

---

[5] So F. C. von Savigny (1779–1861), der als Begründer der Historischen Rechtsschule gilt. Vgl. den von Werner Maihofer herausgegebenen Sammelband ›Begriff und Wesen des Rechts‹ (Darmstadt 1973). Eine scharfsinnige Kritik der „eigentümlichen Metaphysik" des juristischen Historismus hat 1926 Rudolf Stammler in der neu bearbeiteten Auflage seines Buchs ›Die Lehre vom richtigen Recht‹ vorgelegt (Nachdruck Darmstadt 1964).

metaphysisch-unbefangen der „Wirklichkeit in vollem Sinn" auf die Spur zu kommen. Von den Naturwissenschaften und ihren Verfahren war das nicht zu erwarten. Bei ihnen fiel Erfahrung mit der „äußeren Wahrnehmung" zusammen; mithin entzog sich ihnen sowohl die geistige Welt wie überhaupt alles, was den fünf Sinnen prinzipiell nicht zugänglich ist. Bei den Geisteswissenschaften hingegen reichte die Erfahrung bis zum inneren Erleben der handelnden Individuen, jedenfalls dann, wenn die historisch-gesellschaftliche Auffassung sich nicht in archivalischem Sammeleifer verlor, methodisch nicht es den mechanisch erklärenden Naturwissenschaften nachmachen wollte, den Zweckaspekt des Lebens weder unter den Teppich fegte noch an eine haltlose, vorwitzige, zum Beispiel teleologische „Geschichtsphilosophie" wie bei Marx weggab und gleichwohl in ihren Erkenntnissen philosophisch gut begründet war.

b) Die einzelnen Geistes- oder Gesellschaftswissenschaften, so Großes von ihnen zu erwarten stand und in der Kürze ihrer Zeit seit Beginn der Historischen Schule schon vollbracht worden war – ich erinnere an die Gebrüder Grimm, an die Historiker Leopold von Ranke und Theodor Mommsen, an den Kulturtheoretiker Jacob Burckhardt –, leisteten von sich her Folgendes nicht: Sie wiesen – erstens – nicht das Recht ihrer Eigenständigkeit gegenüber den Naturwissenschaften auf; sie kannten – zweitens – nicht, was ihre Sätze – etwa Urteile des Historikers und Begriffe des Juristen – fundamental miteinander verband und „deren Sicherheit" bestimmte; sie entsprachen – drittens und vor allem – in der Vereinzelung und ohne eine angemessene Analytik der Bewußtseinstatsachen nicht dem Verlangen des Willens nach festen Zwecken oder Prinzipien „für die Lebensführung des einzelnen und die Leitung der Gesellschaft". Kurz: ihnen ermangelte „eine philosophische Grundlegung", die allein und zugleich dem von Dilthey unterstellten praktischen Sinn oder Interesse der Geisteswissenschaften Rechnung trug.

Diese Grundlegung zu schaffen, fühlte Dilthey sich gedrängt. Dabei war ihm klar, daß auf Metaphysisches nicht zurückgegriffen werden durfte. Metaphysik als (philosophische) Superdisziplin, gar mit Präsidial- oder Tribunalfunktion gegenüber positivem Erfahrungswissen, hatte ihre Rolle ausgespielt. Was es beispielsweise mit der Kunst auf sich hat, verkündete keine Metaphysik des Ästhetischen oder der Kunst, sondern war in die Forschung und Theoriebildung erfahrungsgebundener Kunstwissenschaften, die auf als Kunst deklarierte Phänomene verwiesen war, ein für allemal übergegangen. Darüber hatte Philosophie sich nicht besserwisserisch hinwegzusetzen; einen überempirischen Königsweg zur Wahrheit der Dinge – begonnen habend mit Platons Ideenschau und im Rationalismus des 17. und 18. Jahrhunderts sich dem Ende zuneigend – besaß sie nicht länger. Das aber bedeutete, daß ihre zeitgemäße Aufgabe nur noch eine erkenntnistheoretische sein konnte: „Begründung, Rechtfertigung, kritisches Bewußtsein, organisierende Kraft, die alles gegenständliche Denken, alle Wertbestimmungen und Zwecksetzungen ergreift" (VIII, 225). Kant hatte der Philosophie diesen Weg der Bedingungsanalyse gewiesen, aber er war beim blutarmen, bloß erkennenden Subjekt der Naturwissenschaften und bei der Annahme starrer Aprioris „unseres Erkenntnisvermögens" hängengeblieben. Anders gewendet: Die Intention stimmte bei ihm, aber die entdeckten Garanten für die Wahrheiten mathematischer und empirisch-naturwissenschaftlicher Sätze hatten mit dem realen, ganzen, geschichtlichen Menschen wesentlich nichts zu tun, ganz davon zu schweigen, daß sie den Geisteswissenschaften nicht die gesuchte, für ihre Erkenntnismaterie passende Grundlage boten. Es mußte also eine Fundierung her – denn Dilthey blieb der traditionellen und positiv, nur nicht metaphysisch zu beantwortenden Frage der Philosophie nach geltungsverbürgenden, ursprünglichen Bedingungen verhaftet –, die gleichsam tiefer reichte und der Historischen Schule mit ihren Leistungen, die sich auch auf den Prozeß des wissenschaftlichen Denkens erstreckten, festen Rückhalt „in der Erfahrung" gab.

c) Für Dilthey war der feste Rückhalt, der sich ihm bei seiner Schleiermacher-Arbeit bereits aufgedrängt haben dürfte, die „Totalität des Seelenlebens" des Individuums. Diese psychische Totalität des wollend-fühlend-vorstellenden Menschen ist eingebettet in geschichtlich-gesellschaftliche Zusammenhänge und wirkt ihrerseits in das geschichtlich-gesellschaftliche Leben zurück, bei bedeutenden Gestalten in großem, epochemachendem Format, bei normalen Sterblichen, historisch kaum ins Gewicht fallend, auf einen kleinen Daseinsbezirk beschränkt. Das heißt: Das empirische Fundament der in den Geisteswissenschaften behandelten geistigen und sozio-kulturellen Welt sind die in der inneren Erfahrung erlebnishaft gegebenen „Tatsachen des Bewußtseins", nämlich Wollen, Fühlen, Vorstellen, nicht als getrennte, reine Vermögen, sondern als individuelles Erlebnisganzes, das wiederum die gesellschaftlich-geschichtliche Wirklichkeit voraussetzt. Dieses Fundament stiftet den interdisziplinären Verbund etwa zwischen Sprach-, Kunst- und Moralwissenschaft, legitimiert die Eigenständigkeit der Geisteswissenschaften gegenüber den Naturwissenschaften, in denen das Erleben nichts verloren hat, macht die „Gewißheit" ihres produzierten Wissens aus, befähigt zu praxisleitenden Sätzen. „So aufgefaßt", schrieb Dilthey in seiner 1883 veröffentlichten ›Einleitung in die Geisteswissenschaften‹, „(sind) Anthropologie und Psychologie die Grundlage aller Erkenntnis des geschichtlichen Lebens wie aller Regeln der Leitung und Fortbildung der Gesellschaft" (I, 32).

Psychologie und Anthropologie sind allerdings in einem weiten Sinne aufzufassen, besser: erst auf die Beine zu stellen. Typologisches muß ebenso zu gewissen gesetzartigen psychophysischen „Gleichförmigkeiten" hinzugenommen werden wie die Wirkungen der geschichtlich-sozialen Mächte. Dieses Programm einer beschreibenden (und zergliedernden) Psychologie unter der später häufig mißverstandenen Kontrastdevise „Die Natur erklären wir, das Seelenleben verstehen wir" (V, 144), kann jetzt nicht näher erläutert werden. Aber offen zutage liegt, daß substantiell-positiv die Philosophie nichts mehr zu sagen hat. Die Beantwortung ihrer erkenntnistheoretischen Fragen ist an Anthropologie, Psychologie oder ein Konsortium von Sozialwissenschaften delegiert worden. Das war – meine ich – gleichsam die Selbstentmannung eines impotent Gewordenen, der es bloß noch nicht gemerkt hat, und zu irgendwelchem Bedauern über die Verabschiedung der Philosophie bestünde dann kein Anlaß, wenn – zum einen – die in die Bresche gesetzten oder gesprungenen Metaphysik-Surrogate (wie die Psychologie) verläßliches Fundamental-Wissen *ohne problematische Voraussetzungen* zu bieten hätten und wenn – zum anderen – die Potenz der Philosophie mit ihrer *doktrinären* Metaphysik-Funktion unseligen Angedenkens identisch wäre. Später – nach 1900 – scheint Dilthey die Schwäche seines psychologistisch-anthropologischen Grundlegungsansatzes für die Geisteswissenschaften gespürt zu haben. Er „beruft sich" ohne rechte Prägnanz „vermehrt auf den Lebensbegriff, wo er früher noch" von Tatsachen des Bewußtseins redete.[6] Aber auf diese Entwicklung braucht hier nicht eingegangen zu werden; denn seine Beschäftigung mit der Pädagogik endete wohl um 1894.

II

Im Teil II gehe ich speziell auf Diltheys Pädagogik ein. Bewegt hatten ihn Fragen der Erziehung und einer Reform des Erziehungs- und Unterrichtswesens schon seit den Anfängen seiner „theoretische(n) Laufbahn", glaubte er doch daran, daß eine Umgestaltung vor allem des öffentlichen Unterrichts an der Zeit wäre und daß die hierzu erforderliche Befähigung von neuen, „fruchtbare(n) und wohlerwogene(n) Grundgedanken über die intellektuelle und moralische Bildung des Menschen" ausgehen würde. Im Rahmen seiner Professur war er dann gehalten, mehrfach über Pädagogik zu lesen, was er in Berlin seit 1884 zehn Jahre lang Semester für Semester tat. Zur Sache publiziert hat er selbst kaum etwas, eigentlich nur die bereits erwähnte Akademieabhandlung ›Über die Möglichkeit einer allgemeingültigen pädagogischen Wissenschaft‹ von 1888. Sie ist eine gedrängte und an ihrem Ende etwas „hastig"[7] geratene Fassung des systematischen Teils

---

[6] Hans Ineichen, Wilhelm Dilthey, in: O. Höffe (Hrsg.), Klassiker der Philosophie II, München 1981, S. 200.

[7] So schreibt Dilthey im Dezember 1888 an seinen Freund Graf Paul Yorck von

seiner pädagogischen Hauptvorlesung, die erstmals 1934 einschließlich des viel umfangreicheren historischen Teils, der im Detail bei aller Gelehrsamkeit doch manche folgenschwere Fehler und forsche Wertungen – ich denke zum Beispiel an die Auslassungen über die Erziehung in der Antike [8] – aufweist, erschienen ist. Allerdings nicht erst seit der Veröffentlichung der ganzen Diltheyschen Pädagogik ist unter Berufung auf ihn der Großteil der deutschen Pädagogik „geisteswissenschaftlich" geworden und mehrere Jahrzehnte geblieben. Das geschah schon in den zwanziger Jahren, und großen Anteil daran hatte der Dilthey-Schüler Herman Nohl. Er hatte jedoch aus der Lehre seines Meisters den zentralen und fundamentalen psychologischen Bestandteil als schlicht irrig ausgemerzt, weswegen heute zu Recht bemerkt wird, daß der sozusagen wahre Dilthey-Geist in der sogenannten geisteswissenschaftlichen Pädagogik von Nohl, Erich Weniger und Wilhelm Flitner bis hin zu Wolfgang Klafki, Klaus Mollenhauer, Herwig Blankertz in den jüngeren Jahren nie richtig zu Hause war. Gleichwohl ist in historischer Betrachtung nicht zu bestreiten, daß mit Dilthey, dem authentischen oder revidierten, etwas prinzipiell Neues in die (deutsche) Pädagogik und ihre Begründungsversuche Einzug gehalten hat. Worum handelt es sich?

Dilthey beurteilte zunächst einmal vom Standpunkt der Historischen Schule aus, der ihm als zuverlässiger und zureichender Ausgangspunkt kein großes Kopfzerbrechen etwa darüber bereitete, ob nicht jeder historische Zugriff interpretierende Formgebung sei, die damals herrschenden und auf Allgemeingültigkeit Anspruch erhebenden pädagogischen Systeme. Das Resultat fiel niederschmetternd aus. Was in Deutschland, aber auch in anderen europäischen Ländern, wissenschaftliche Pädagogik sein wollte – etwa die Erziehungslehre des durchaus vom „pädagogischen Problem in der Tiefe bewegt(en)" Herbart –, war – so lesen wir – „eine Anomalie in der gegenwärtigen Lage der Wissenschaft". „Während die historische Schule sonst überall längst das natürliche System (des Naturrechts, der natürlichen Religion, einer allgemeingültigen Ästhetik usw.) verdrängt . . . hat, ist die Pädagogik allein rückständig geblieben."

Das will sagen: Herbart – zum Beispiel – leitete den Zweck und die Maßregeln der Erziehung aus einer Verbindung von für zeitlos gehaltenen ethisch-ästhetischen Ideen und einer freilich erst noch ordentlich zu entwickelnden Psychologie ab. Das total Rückständige daran war für Dilthey die

Wartenburg (Brief 61 in der Ausgabe des Briefwechsels von 1923, hrsg. von Sigrid von der Schulenburg).

[8] Ein Beispiel: Dilthey behauptet (IX, 37), daß der „Unterricht der Sophisten . . . in kühlem Skeptizismus die Ausbildung des Charakters" ablehnte und daß „im Gegensatz zu ihrem Unterricht" Sokrates die Menschen zu dem Wissen führte, „die Ordnung des Kosmos" habe „ein vernünftiges Wesen zum Urheber".

Illusion, moralische Sätze könnten je in allgemeingültigen Begriffen aussagen, was der Mensch sei und zu wollen habe, man mochte dafür noch so sehr auf die Vernunft als Autorität setzen und alles Übernatürliche ausschalten. Nicht ganz so rückständig war die Anbindung der Pädagogik an die Psychologie. Ja, im Prinzip war Herbart damit – meinte Dilthey – im richtigen Fahrwasser; nur litt die seine noch an einem intellektualistischen Übergewicht und an der innigen Mesalliance mit einem unbedingt vorschreibenden Moralsystem. Aber generell – so heißt es – werde (die) „Psychologie einmal Grundlage der Pädagogik, Pädagogik einmal angewandte Psychologie sein". Um das zu erreichen, müßte sie jedoch vor allem von dem Wahne sich befreien, irgendein Erziehungsziel und der es „leitende sittliche Gedanke" – wie etwa jener der Mündigkeit qua „Aufklärung des Individuums" – wären absolut und allgemeingültig wahr. Solange solcherlei Unsinn in den Köpfen von Pädagogen spukte, widerführe ihrer Disziplin mit Recht der Tadel seitens aller anderen Gesellschaftswissenschaften, aus gewiß edelster Gesinnung, die allerdings vor Dummheit nicht bewahrt, Falschmünzerei zu betreiben, wobei für Dilthey das Ärgste hieran die zwangsläufige Blindheit solcher abstrakter philosophisch-prinzipienwissenschaftlicher Pädagogiken „gegen den geschichtlichen Tiefsinn" war: sie ließen „die Vernünftigkeit des (historisch) Wirklichen" (IX, 178) unter die Räder eintöniger Allgemeingültigkeitsschablonen geraten und wirkten auf die pädagogische Praxis irreleitend-destruktiv. Kurz: Der Geist der Historischen Schule – so die Forderung – müsse endlich sich auch der Pädagogik bemächtigen. Damit war nicht gemeint, nur zu erkunden, was gewesen ist. Genau einer dergestalt quasi an der Oberfläche verbleibenden, dem sich wandelnden Phänomen – hier: der Erziehung – nicht recht gewachsenen und zur praktischen Sterilität verurteilten historisch-geisteswissenschaftlichen Arbeit hatte Dilthey das ihr verborgene, aber sie charakteristisch bestimmende, empirisch-unmetaphysische Fundament im Konzept einer beschreibenden und zergliedernden Psychologie beziehungsweise Anthropologie erschlossen. Das ermöglichte ihm, nun eine „andere Behandlung der Pädagogik" als bisher üblich zu entwerfen und „sie zum Rang einer wirklichen Wissenschaft zu erheben".

Erstens: Unbeschadet aller Geschichtlichkeit hat alles Pädagogische einen Fixpunkt im Seelenleben des Zöglings. Stets waren und sind Erziehen und Unterrichten – mag man dieses oder jenes Ziel angesteuert, diesen oder jenen Formen den Vorzug gegeben, diese oder jene Inhalte ausgewählt haben –, stets waren und sind Erziehung und Unterricht auf die Seele des Kindes und Jugendlichen gerichtet, um deren „Entfaltung" oder „Entwicklung" zu dienen. Wir haben es hierbei nicht mit etwas Metaphysischem oder einem verstandesmäßigen Konstrukt zu tun – von etwas „der Geschichte und Gesellschaft (V)oraufgehendem" ist überhaupt keine Rede –, sondern mit etwas, das sich in Geschichte und Gesellschaft durchhält und ein eigenes, wenn auch kein starres System abgibt. So ungefähr kann man die Basis des einen Teils wissenschaftlicher Pädagogik, wie sie Dilthey vorschwebte, kennzeichnen. Es ist der Teil, in dem „echte" allgemeingültige Sätze, ja selbst allgemeingültige pädagogische Regeln aufzustellen möglich ist. Wie ist das näherhin zu begreifen?

Dilthey ging von folgender, nicht weiter als kritikwürdig empfundener Zusatz-These aus: Da die Entfaltung des Seelenlebens ihren Zweck nicht von metaphysischen Prinzipien verordnet bekommen soll – denn das ist rückständig –, da sie aber auch nicht von zweckhaften geschichtlich-inhaltlichen Wertbestimmungen, Idealen, Imperativen . . . her befriedigend erklärt wird – denn das ignoriert individualgeschichtlich „das Bewußtsein der Selbigkeit der Person" (V, 200) in allem Erlebniswechsel, gattungsgeschichtlich die Konstanz der Zweckhaftigkeit des Handelns –, „so kann ein Regelhaftes nur dann als in sich gegründet vorgefunden werden, wenn das Seelenleben eine Teleologie in sich enthält". Mit anderen Worten: In grammatikalisch vorsichtiger Formulierung postuliert Dilthey eine dem Seelischen immanente, sozusagen seine perennierende Natur ausmachende Zweckgerichtetheit, die vom geschichtlich-gesellschaftlichen Kontext abstrahiert, herausgelöst werden kann.

Das ist nach allem Bisherigen einigermaßen erstaunlich, und noch erstaunlicher wird es, wenn man erfährt, daß es sich bei der immergleichen psychischen Teleologie um ein offenkundig *allen* Geschöpfen – auch zum Beispiel der Eidechse – einwohnendes Schema „der Erhaltung, ja Steigerung der eigenen Existenz wie der Existenz seiner Gattung" handelt. Noch anders gewendet: Dilthey führt alles Psychische letztlich auf eine entelechiale, das heißt: auf Vervollkommnung abgezweckte, gleichförmige innere „Struktur" des Lebendigen zurück. Geschichtlich variabel und sozial bedingt ist daran eingestandenermaßen gar nichts; aber ein empirisches Grundgesetz, wie es doch sein müßte, wäre die Teleologie doch wohl nur, wenn sie in bezug auf Tiere der äußeren, in bezug auf den Menschen der sogenannten inneren Erfahrung unmittelbar gegeben wäre. Ich vermute, daß man das sinnvoll nicht behaupten, geschweige denn als objektiv gültig beweisen kann. Das reflexartige Flüchten von Eidechsen bei plötzlichen Geräuschen (V, 205) „erfahren" wir nicht unmittelbar als der Selbsterhaltung dienlich; noch weniger schlägt in der „inneren Erfahrung" unmittelbar durch, daß zum Beispiel der lustbereitende Verzehr von Süßigkeiten individual- oder gattungsförderlich ist.

Wir pflegen nun in der Tat eine große Anzahl von Verhaltensweisen nicht ohne mehr oder minder starke Gründe so zu *interpretieren*. Damit aber ist die Teleologie psychophysischer Vorgänge eine vernünftige Interpretations-Hypothese und gerade kein empirisches Grundgesetz, dem allgemeingültige Regeln abzugewinnen sind. Dilthey selbst läßt gelegentlich durchblikken, daß er die Teleologie des Seelenlebens eher hypothetisch aufgefaßt wissen möchte. In solchem Verständnis wäre sie jedoch nach seiner eigenen Lehre nichts als der geschichtliche Ausdruck für das wissenschaftliche Ideal „einer bestimmten Zeit" und könnte bloß historisch-genetisch begriffen werden. Wenn Dilthey sie gleichwohl in die Sphäre des Allgemeingültigen erhebt, dann widerspricht er sich selbst, wird dogmatisch-metaphysisch, und seine vermeintlich empirisch-allgemeingültigen Sätze einer wirklich wissenschaftlichen Psychologie entpuppen sich als Abkömmlinge einer biologistischen oder naturalistischen Psychologie, die in der zweiten Hälfte des 19. Jahrhunderts sich zu entwickeln begann und heute zum Beispiel noch in gestaltpsychologischen und ethologischen Forschungen fortlebt. Mit dieser Kritik ist nichts über den *relativen* Wert eines teleologischen Paradigmas in Biologie und Psychologie ausgesagt. Das gehört auf ein anderes Blatt. Wohl aber ist dem Diltheyschen Ansatz der Boden entzogen, auf irgendeinem empirischen Satzsystem einen allgemeingültigen Teil der Pädagogik, bezogen auf die „Teleologie des Seelenlebens", konstruieren zu können. Es scheint – meine ich – keine voraussetzungslosen empirischen Fundamentaltheorien zu geben; allemal handelt es sich um verkappte, anmaßende Ontologien, die ihre – als wahr – unerweislichen metaphysischen Prämissen bei und in sich haben. Nur wissen die meisten natur- wie geisteswissenschaftlichen Empiriker nicht darum und verleihen ihren Ermittlungsergebnissen den falschen Glanz unbedingter Richtigkeit.

Aber es kommt noch schlimmer, was Dilthey und die geisteswissenschaftliche Pädagogik anbelangt. Die Teleologie des Seelenlebens ist *pädagogisch* gefragt, nicht zum Beispiel ökonomisch oder politisch oder künstlerisch. Das heißt: Eine wirklich wissenschaftliche Pädagogik muß neben und – in gewisser Weise – vor ihrer Zuwendung zu den „wechselnden geschichtlichen Bedingungen" allgemeingültig auch wissen wollen, wie es in ihrem besonderen Feld (und nicht etwa dem des Wirtschaftens) um Sein und Sollen bestellt ist. Sie muß – mit anderen Worten – die durch die Geschichte sich hindurchziehenden und das Pädagogische als relativ autonom konstituierenden spezifischen „strukturellen" Vorgänge und Bezüge begrifflich fassen; denn ansonsten gäbe es die Unterscheidung der verschiedenen gesellschaftlichen Sinn- und Handlungs-Systeme theoretisch überhaupt nicht. Da nun – wie inzwischen hinreichend bekannt – von der Metaphysik schlechterdings nichts (mehr) an Hilfe zu erwarten ist, „gilt es", laut Dilthey, „das Phänomen selber hinzustellen und in einer . . . Analyse so deutlich als möglich zu machen" (IX, 190). Der Blick ist also statt irgendwie sozusagen „nach oben" auf die Erziehungswirklichkeit zu richten, um einen empirisch-deskriptiven Begriff von der Sache und deren charakteristischen, formalen Dauerelementen aufzustellen, woraufhin die universale Teleologie des Seelenlebens dann zu beziehen ist. Bei solcher begrifflichen Anstrengung gerät man nun unweigerlich in ein peinliches Dilemma, nämlich entweder zu Banalitäten oder Tautologien seine Zuflucht nehmen zu müssen oder eine Erkenntnis erweiternde Definition zu liefern, die nie allgemeingültig sein kann, sondern sinnwidrig allererst festlegt, was als Erziehungswirklichkeit gelten soll.

Ich konkretisiere das in Andeutungen an Diltheys „Begriff der Erziehung". Er hat die folgende Fassung: „Unter Erziehung verstehen wir die planmäßige Tätigkeit, durch welche die Erwachsenen das Seelenleben von Heranwachsenden zu bilden suchen", und Bilden meint das Erwirken „jeder Art von Vollkommenheit psychischer Vorgänge" (VI, 69; IX, 190f.). Zu fragen ist, ob diese Formel eine abstrakte, allgemeingültige Beschreibung aller Erziehungswirklichkeit beziehungsweise *des* Phänomens der Erziehung genannt zu werden verdient. Beziehe ich sie einmal auf die Gegenwartslage der Pädagogik, dann muß festgestellt werden, daß durch sie zum Beispiel das Erziehungsverständnis einer kommunikativen Pädagogik eliminiert ist, insofern diese gerade nicht auf den sogenannten pädagogischen Bezug zwischen Erzieher und Zögling ihre Hoffnung auf Bildung setzt.[9] Ausgeschieden ist ebenfalls jede pädagogische Konzeption, die das Ereignis – nicht: die Erwirkung – von Bildung wesentlich mit Unplanbarkeit verbindet. Das sind zwei Beispiele für weitere. Sie belegen die Vergeblichkeit, mittels Beschreibung zu allgemeingültigen und zugleich sinnvollen Aussagen vom sogenannten Phänomen her zu gelangen, ohne ihrerseits positionell dogmatisch-normativ zu werden. Gleiches kann auch gegen Diltheys Rede vorgebracht werden, Erziehung diene „der Entfaltung des Seelenlebens als Mittel". Will das ein der Erziehungwirklichkeit entsprechender, sie formal begreiflich machender Satz sein, dann ist zumindest die pietistische Pädagogik August Hermann Franckes – milde formuliert – einfach vergessen worden; denn beim besten Willen wird man Franckes Erziehungsprinzip, den natürlichen Eigenwillen von Kindern zu brechen, nicht unter die beschreibende Formel der Entfaltung des Seelenlebens subsumieren können. Argumentiert man jedoch, daß bei Francke die Brechung des natürlichen Willens eigentlich der Seelenentfaltung diene, ihr zugehörig sein sollte, dann verliert der Begriff der Entfaltung seinen Sinn, wird zum leeren Klischee.

Ich verzichte auf weitere Darlegungen zum ersten Teil von Diltheys Grundlegung einer neuen Pädagogik, die mit den rückständigen pädagogischen Systemen, die metaphysisch verwurzelt waren und mit falscher Allgemeingültigkeit imponierten, brechen wollte und die in Psychologie bezie-

---

[9] Vgl. die Arbeiten von Klaus Schaller, insbesondere seinen Aufsatz: Abschied vom Pädagogischen Bezug?, in: Vierteljahrsschrift für wissenschaftliche Pädagogik 57 (1981), S. 44–64.

hungsweise Anthropologie sowie im Phänomen der Erziehung selber ein Fundament empirischer Provenienz zu haben glaubte, das die Möglichkeit einer „richtigen" allgemeingültigen Pädagogik, die sich nicht zu schämen braucht, ergibt. Ich füge noch – abschließend – ein paar äußerst knappe Ausführungen an, die den anderen Teil geisteswissenschaftlicher Pädagogik betreffen; denn „Sätze, welche die großen schwebenden Erziehungsfragen entscheiden, wachsen nicht" auf dem „Gebiet von allgemeingültigen Abstraktionen" (VI, 69).

Zweitens: Was inhaltlich-konkret in Erziehung und Unterricht an der Zeit ist, welche Inhalte beispielsweise in den Lehrplan gehören, welche Schulformen einzurichten sind, auf welches Ideal oder höchstes Erziehungsziel hin zu erziehen ist usw., das kann nicht „durch eine allgemeingültige Wissenschaft aufgelöst werden". Gleichwohl darf es – nach Dilthey – nicht dem Zufall, blindem Reformeifer, gar politisch-weltanschaulichen Partikularinteressen, auch nicht den Praktikern überlassen bleiben. Die zur Geisteswissenschaft erhobene historische Schule glaubt auch hier den zukunftsträchtigen Ausweg zu kennen. Die Beschäftigung mit der langen Ideen- und Sozialgeschichte der Pädagogik in deren interdependentem Zusammenhang mit den übrigen Erscheinungen der geistig-gesellschaftlichen Welt erschließt in der „Selbstbesinnung" dessen, der sich für die Praxis verantwortlich fühlt, die „Vernünftigkeit des Wirklichen", wie sie aktuell bewahrt und/oder in den zur Erstarrung neigenden Institutionen durch deren Veränderung in Kraft gesetzt zu werden verlangt, damit schließlich – auch mittels der Erziehung – „die Gesellschaft (als das Umgreifende und Übergeordnete) ihr Ziel erreicht". Strenge Allgemeinheit ist in diesem Problemfeld unerreichbar, und die von Dilthey geforderten pädagogischen Experimente, was etwa den Erfolg von Schulversuchen oder neuen Unterrichtsweisen anbelangt, rechtfertigen auch für ihn nicht die getroffenen basalen Entscheidungen. Diese sind dem hermeneutisch-verstehenden Eindringen in den „historischen Tiefsinn" anheimgegeben. Hier schlägt – meine ich – die Stunde des Orakels, und Metaphysisches ist im Medium des Tiefsinns zum dritten Mal in der aller Metaphysik angeblich feindlichen geisteswissenschaftlichen Pädagogik eingekehrt. –

Es scheint mir – und damit schließe ich – eine reizvolle und nach meinem Dafürhalten noch nicht überzeugend verhandelte Frage zu sein, wie es dazu hat kommen können, daß die mit Dilthey anhebende geisteswissenschaftliche Pädagogik lange Zeit in Deutschland die tonangebende pädagogische Richtung gewesen ist. War sie der berühmte Strohhalm, an den man sich klammerte, oder war und ist mehr an ihr, als es zunächst zu scheinen mag?

Literaturhinweise

1. Werk

Wilhelm Dilthey: Gesammelte Schriften. Bisher Bände I–XIX, Leipzig, später Stuttgart 1914 ff. – Darin Band IX: Pädagogik. Geschichte und Grundlinien des Systems, hrsg. von Otto Bollnow, Stuttgart ³1961.

Wilhelm Dilthey: Über die Möglichkeit einer allgemeingültigen pädagogischen Wissenschaft. Mit einer Einleitung von Herman Nohl, Weinheim o. J. (⁴1963)

Wilhelm Dilthey: Schriften zur Pädagogik, besorgt von Hans-Hermann Groothoff und Ulrich Herrmann, Paderborn 1971.

2. Sekundärliteratur

a) Zum Gesamtwerk

Bollnow, Otto F.: Dilthey. Eine Einführung in seine Philosophie, Schaffhausen ⁴1980.

Ineichen, Hans: Erkenntnistheorie und geschichtlich-gesellschaftliche Welt. Diltheys Logik der Geisteswissenschaften, Frankfurt a. M. 1975.

Johach, Helmut: Handelnder Mensch und objektiver Geist, Meisenheim a. Gl. 1974.

Rodi, Frithjof, Hans-Ulrich Lessing (Hrsg.): Materialien zur Philosophie Wilhelm Diltheys, Frankfurt a. M. 1984.

b) Zur Pädagogik

Fischer, Wolfgang: Kritik der lebensphilosophischen Ansätze der Pädagogik, in: Pädagogik als Wissenschaft (= Heft 4 der Neuen Folge der Ergänzungshefte zur Vierteljahrsschrift für wissenschaftliche Pädagogik), Bochum 1966, S. 21–35.

Groothoff, Hans-Hermann: Wilhelm Dilthey – Zur Erneuerung der Theorie der Bildung und des Bildungswesens, Hannover 1981.

Herrmann, Ulrich: Die Pädagogik Wilhelm Diltheys, Göttingen 1970.

PAUL NATORP

Von Wolfgang Fischer

Paul Natorp ist jüngerer Zeitgenosse von Wilhelm Dilthey gewesen. Er wurde einundzwanzig Jahre nach diesem, also 1854, geboren; 1924 ist er, dreizehn Jahre nach Diltheys Tod, gestorben. In gewisser Hinsicht kann man im nachhinein sagen, daß Natorp, was die Philosophie und vor allem die Pädagogik anbelangt, einer der großen Antipoden Diltheys war, obwohl der ausgemachte pädagogische Gegner, an dem Natorp sich rieb, Herbart hieß und Natorp – nach meinem Wissen – nur ein einziges Mal literarisch auf einer knappen Druckseite in vornehmer Polemik sich ziemlich generell mit Dilthey befaßt hat.[1] Das ist historisch einigermaßen verständlich. Zu Natorps Lebzeiten beherrschte, zumindest bis zum Ersten Weltkrieg, der Herbartianismus die pädagogische Szene; denn nach seinem Ableben hatte Herbart endlich zwei Anhänger gefunden – im evangelischen Lager Tuiskon Ziller, im katholischen Otto Willmann, beide Universitätsprofessoren –, die kräftig und erfolgreich, auch weitere Hochschullehrer infizierend, für die Ausbreitung der in ihren Augen „wahren" pädagogischen Lehre sorgten, nachdem sie sie mittels nicht unerheblicher Entstellung für die Schule und für die seminaristische Volksschullehrerausbildung verwertbar gemacht hatten. Von Dilthey hingegen sprach im Zusammenhang mit pädagogischen Fragen kaum jemand, lag doch an literarisch Einschlägigem so gut wie nichts von ihm vor. Erst nach 1920 schlug die Stunde Diltheys und der geisteswissenschaftlichen Pädagogik, und zwar zunehmend siegreich nicht nur über die Restbestände des dahinsiechenden Herbartianismus, sondern auch über die Pädagogik des sogenannten Neukantianismus, wozu auch Natorp zu rechnen ist.

Trotz der fehlenden direkten Kontroverse ist es meines Erachtens, ohne der Geschichte Gewalt anzutun, möglich und ergiebig, Natorp und Dilthey

---

[1] Die Auseinandersetzung mit Herbart zieht sich ziemlich konstant durch die Hauptschriften Natorps zur Systematischen Pädagogik. Am eindringlichsten findet sie sich im zweiten und dritten Heft der ›Gesammelte(n) Abhandlungen zur Sozialpädagogik‹ (Stuttgart ²1922). Die knappe Beschäftigung mit Dilthey steht in dem ›Akademischen Gespräch‹ ›Über Philosophie und philosophisches Studium‹ (in: Philosophie und Pädagogik, Marburg ²1923). Dabei wird ohne ordentliche Quellenangabe Bezug genommen auf Diltheys Abhandlung ›Das Wesen der Philosophie‹, jetzt im Bd. V der Gesammelten Schriften.

miteinander in eine enge Beziehung zu bringen. Beide trafen sich in der
Ausgangslage, die es philosophisch zu überwinden galt und deren Überwindung auch für das pädagogische Denken nicht folgenlos sein konnte. Dilthey kennzeichnete – wie erinnerlich – die Lage, die er vorfand, mit der
Feststellung, daß die idealistisch-metaphysischen Systeme gefallen und daß
an ihre Stelle ein primitiver, den Geist verstümmelnder Materialismus, ein
zwar solider, aber unzulänglicher Posivitismus und eine auf Kant zurückfüh-
rende, respektable Philosophie der Naturwissenschaften getreten seien,
welch' letztere indessen mit der Welt des Geistes und der Geschichte auch
nichts Rechtes anzufangen wüßte. Darum drängte es ihn, ein Fundament zu
entdecken, in dem „die Einheit des Geistes" ebenso unverstümmelt wie
unspekulativ zu Hause war.[2]
    Bei Natorp findet sich Ähnliches. Er registrierte, daß der Idealismus „so
gut wie erstorben war", daß ein „philosophisch hohler Materialismus" sich
breitgemacht hatte, daß der Positivismus über den von ihm ausgehenden
heilsamen Zwang „zur ernstesten Sach- und Selbstprüfung" hinaus nicht befriedigte, und man wird hinzunehmen dürfen, daß Natorp (wie Dilthey) das
Erfordernis verspürte, auch der nicht den Naturwissenschaften obliegenden
Arbeit in Kultur und Wissenschaft „Sicherung" zu geben. Rückblickend auf
diese Lage schrieb er einmal: „Ich suchte, suchte unablässig nach der uner-
schütterlichen Sicherheitsgrundlage einer ungeteilt einen, Vernunft und
Erfahrung, Natur und Menschengeist, Gemeinschaft und Individuum, Wissenschaft und Leben . . . in undurchreißbaren Zusammenhang zwingenden
Erkenntnis- und Lebenserfassung."[3] Aber so groß auch die Nähe zwischen
Dilthey und Natorp in der Beurteilung der geistigen Situation der Zeit und
auch in der Intention war, ihr das sie tragende, umfassende Fundament als
ein keinesfalls metaphysisches aufzuweisen, so unvereinbar waren die Lösungen, die sie jeweils als einzig angemessene geben zu können glaubten,
und diese Verschiedenartigkeit schlug auch auf die Beantwortung der pädagogischen Grundlegungsfrage durch. Ich werde später darauf zurückkommen, nachdem ein Blick auf Natorps Leben und philosophischen Werdegang sowie auf das pädagogische Problem, wie es sich ihm stellte, geworfen
worden ist.
    Natorp wurde – wie gesagt – 1854 in Düsseldorf geboren. Sein Vater war
Geistlicher, sein Urgroßvater Ludwig Natorp, ebenfalls Pfarrer, ist in der
Geschichte der Pädagogik durch seine Bemühungen bekannt geworden,
Pestalozzische Grundsätze in Preußens Volksschulen durchzusetzen. Nach
Absolvieren des Gymnasiums schwankte Natorp, was er studieren solle.

---

[2] Vgl. die Vorlesung über Dilthey!
[3] Paul Natorp, in: Raymund Schmidt (Hrsg.), Die Philosophie der Gegenwart in
Selbstdarstellungen, Leipzig 1923, S. 165.

Die Mathematik hatte es ihm ebenso angetan wie die alten Sprachen, mehr noch die Musik. Von der sogenannten Kathederphilosophie, wie sie damals an Universitäten ein Aschenbrödeldasein im Schatten natur- und kulturwissenschaftlicher Forschung und Lehre fristete,[4] scheint er nichts Aufschlußgebendes erwartet zu haben, obwohl „philosophische Dinge" ihm wichtiger dünkten als die Themen, mit denen die Einzelwissenschaften sich erfolgreich befaßten. Seine Entscheidung fiel schließlich zugunsten der alten Philologien und der Geschichtswissenschaft aus, aber sein Problembewußtsein befriedigte das alles nicht recht, so daß er am Ende seiner Studienzeit nahe daran war, auf Musik als Lebensberuf umzusatteln. Da erreichte ihn der Brief eines Freundes, in dem stand, daß in Marburg eine Philosophie betrieben würde, die zu studieren sich lohne. Natorp schloß schnell sein bisheriges Studium ab und ging 1880 nach Marburg. Das wurde sein geistiges Schicksal.

In Marburg lehrten seit Anfang/Mitte der 70er Jahre Friedrich Albert Lange und Hermann Cohen Philosophie. Beide hatten den von einigen Mathematikern, Physikern und Physiologen ausgehenden Impuls aufgegriffen, die in ihren Disziplinen sich stellenden, aber mit fachspezifischen Methoden nicht ohne weiteres zu beantwortenden Grundprobleme – zum Beispiel über die Bedingungen, unter denen Erscheinungen begreifbar sind – erkenntnistheoretisch zu wenden. Das hatte zur Wiederbelebung kantischen Philosophierens geführt; denn exakt um die Frage nach den Quellen und Grenzen unserer Erkenntnis war es Kant gegangen, und das in unverzichtbarer Bindung an die verläßlichen und bewährten Forschungsresultate der Naturwissenschaften, nicht ihnen mit Sprüchen darüber, was die Dinge an sich oder ihrem Wesen nach seien, dreist über den Mund fahrend.

Schon 1865 hatte diese Rückwendung zu Kant im ziemlich trostlosen Lager der akademischen Philosophie einen beredten Fürsprecher gefunden. Ein 25jähriger namens Otto Liebmann wurde in Tübingen mit einer Schrift habilitiert, die den Titel trug ›Kant und die Epigonen‹.[5] Das Buch enthielt eine vernichtende, zudem glänzend geschriebene Kritik der Hauptrichtungen der Philosophie nach Kant, beginnend mit Fichte, endend mit Schopenhauer, und den Schluß jedes Kapitels bildete der Refrain:· „Also muß auf Kant zurückgegangen werden." Damit war jedoch keiner unkritischen Renaissance des Königsbergers das Wort geredet.

[4] „Kathederphilosophie" war eine von Schopenhauer in Umlauf gebrachte Bezeichnung. Sie sollte die Philosophie der staatlich approbierten Philosophieprofessoren schlechtmachen, denen es lediglich um die Paraphrasierung und Apologie der von der Obrigkeit gewünschten Gesinnung ginge. Natorp faßte den Ausdruck weiter. Auch eine Philosophie der „Weisheitssprüche" oder gläubig hinzunehmender „absoluter Sätze" war für ihn „falsche" Kathederphilosophie.

[5] Ein Neudruck, besorgt von Bruno Bauch, ist 1912 in Berlin erschienen.

Auch Kant bekam von Liebmann sein Fett ab, hatte er doch – meinte Liebmann – den Unbegriff eines „Dinges an sich", also die Vorstellung eines Nichtvorstellbaren, aus seiner Philosophie, die strikte transzendental-kritisch sein wollte, nicht radikal getilgt, sondern als ein notwendig zu denkendes, nicht jedoch aussprechbares „X" beibehalten,[6] auf das sich flugs alle Nachfahren stürzten, um an dieser wunden Stelle ihre metaphysisch-spekulativen Suppen zu kochen, die den Hunger nach etwas Absolutem, nach einem unbedingten Sinn oder Grund von allem stillen sollten. Der Rückzug auf Kant war also auch als ein Über-Kant-Hinausgehen gedacht. Von ihm beizubehalten und fortzuschreiben war die Unablösbarkeit der Philosophie von den Leistungen der Wissenschaften und im kulturellen Leben, sie nach den logischen Bedingungen der Möglichkeit ihrer Objektivität befragend. Oder mit Natorps Worten: „Philosophie soll nicht außer der Wissenschaft, außer der gesamten Kulturarbeit stehen, um von draußen her sie zu meistern, sondern sie soll ... sie zum Bewußtsein ihrer eigenen innersten Tendenz bringen, sie ihr eigenes Gesetz erkennen lehren ..."[7] Abzuschütteln hingegen waren alle Reste, die den Eindruck nährten, Philosophie hätte darüber hinaus noch irgendeine Kompetenz oder auch bloß eine Art Portiersfunktion in ein Reich der hohen metaphysischen Türme, um die gemeiniglich nichts als Wind und Sprachnebel ist. Genug hiervon! Es kam zu einer Rückbesinnung auf kantisches Philosophieren; in Marburg fand es eine spezifisch logisch ausgerichtete universitäre Heimstatt, die mit anderen Kant-Rezeptionen konkurrierte, und die ganze Bewegung wurde Neukantianismus genannt, zuerst von ihren Gegnern, dann als neutrale historiographische Klassenbezeichnung.[8]

Ich wende mich wieder Natorp zu. Mit Cohen gemeinsam war er nach seiner Habilitation im Jahre 1881 bestrebt, eine Philosophie aufzubauen, die – etwas großzügig formuliert – den Gesetzen des Bewußtseinslebens in dessen Einheit und Vielgestaltigkeit – zum Beispiel als Recht, Kunst, als Arbeit, als Wissenschaft – auf die Spur kommen wollte. Natürlich konnte es dabei nicht die Sache der Philosophie sein, sozusagen in privilegierter Erhabenheit die Weisen zu komponieren, die nachher das Recht, die Kunst, das Wirtschaftsleben, die Medizin usw. nach den ihnen vorgelegten Partituren zu spielen hätten. Sie selber erschufen sich ihre Weisen, bauten sie aus und um; kein Mediziner zum Beispiel – er sei Forscher oder Arzt – wird sich von außen vorschreiben lassen wollen, wie er sachangemessen seiner fachlichen Tätigkeit nachzukommen habe. Geschieht es gleichwohl – wie in tota-

---

[6] Vgl. das erste Kapitel: Die Hauptlehre und der Hauptfehler Kants, bes. S. 34f.

[7] Natorp, Über Philosophie und philosophisches Studium, S. 150.

[8] Vgl. den Art. Neukantianismus von H. Holzhey, in: Historisches Wörterbuch der Philosophie, Bd. 6, Darmstadt 1984, Sp. 747–754.

litären Regimen oder – in gemäßigter Gestalt – durch die Macht von Krankenkassen und Ärztekammern –, so reicht die Diktatur in der Regel doch nie so weit, daß eine vollständige, gegenstandsfremde Determination erfolgt. Kurz: Die Wissenschaften und die Kulturbereiche haben die sie steuernden elementaren kategorialen und theoretischen Orientierungen (Hermann Lübbe)[9] immer schon als Eigenschöpfungen, als „Einheimisches" (Natorp), in sich, selten in Einhelligkeit, manchmal äußerst kontrovers oder alternativ, die Medizin beispielsweise – unter anderem – den ihre Arbeit tragenden Grundbegriff der 'Gesundheit', verstanden als innerer Gleichgewichtszustand des Organismus oder als natürliche Erscheinungsweise der Lebewesen bei intaktem Existenzmilieu oder noch anders.

Was bleibt, wenn dem so ist, für die Philosophie übrig? Auch als gegebenenfalls streitschlichtende oder streitentscheidende Oberinstanz kommt sie ja nicht in Frage, wenn sie so wenig wie irgendeine fachfremde Macht „Wegweisung" nicht sein kann und darf. Natorp verdeutlichte einmal die Aufgabe der Philosophie, wie man sie in Marburg verstand, in dem bereits herangezogenen Gleichnis aus dem ihm naheliegenden Gebiet der Musik. Da „der Philosoph" – heißt es – „weder der Komponist der Partitur noch der Dirigent ist", der den Wissenschaften und der Kultur den Takt schlägt, „so ist er der Harmonielehrer". Das will sagen: Was den Forschungen und Kontroversen in den Wissenschaften, was „dem Leben . . . in allen besonderen Verhältnissen und Gemeinschaftsbeziehungen" konstituierend, ihre reklamierte Gültigkeit und Objektivität ausmachend, ihre zumindest nominelle Identität verbürgend (etwa einer Marienplastik des Mittelalters und einer Fettplastik von Joseph Beuys als Kunst), unbeschadet aller zufälligen Vermittlungen immer schon zugrunde, aber gerade nicht in der Richtung des positiven Wissenschaffens und Gestaltenwollens oder der parteiischen Durchsetzung und Verteidigung von positionellen Überzeugungen (etwa zugunsten einer bestimmten Kunstauffassung) liegt, das hat Philosophie zu Erkenntnis und Bewußtsein zu bringen, und zwar nicht bloß in bezug auf die einzelnen Forschungs- und Handlungsfelder, sondern auch in bezug auf „die Einheit der Erkenntnis". Von solcher, leicht weltfremd erscheinenden und keine Gewißheits-Sehnsüchte metaphysisch abspeisenden analytischen Arbeit her könne – so meinte Natorp – der Philosoph nun allerdings auch ohne herrscherliche Anmaßung kritisierend seine Stimme erheben, dann etwa, wenn nachzuweisen ist, daß gegen das logische Gesetz der Sache, das heißt präziser: gegen ihr methodisches Fundament verstoßen worden ist; denn die Methoden sind es letztlich, die Wissen und Tatsachen erzeugen,

---

[9] Hermann Lübbe, Philosophie oder Bindestrich-Philosophie?, in: H. Holzhey, W. Ch. Zimmerli (Hrsg.), Esoterik und Exoterik in der Philosophie, Basel 1977, S. 398.

wobei Methoden nicht mit Techniken der Forschung zu verwechseln sind. So würde der Philosoph zum Beispiel den Historiker (wie weiland Oswald Spengler mit seinem 1918 erschienenen ›Untergang des Abendlandes‹), der ein Wissen vom Entstehen, Blühen, Reifsein und Dahinwelken der großen geschichtlichen Kulturen behauptete, darauf aufmerksam machen, daß sein Vorgehen gemäß der Morphologie oder einer Logik des Organischen methodisch das Moment der Unwiederholbarkeit, das für Historisches konstitutiv sei, grob vernachlässigt.

Das Beispiel, das nicht von Natorp, sondern von einem anderen Neukantianer, nämlich Heinrich Rickert, stammt, deutet an, vor welchen Verstrickungen der Neukantianismus nicht gefeit war, wo er in Gefahr stand, selbstwidersprüchlich normativ-dogmatisch zu werden. Einerseits galt sein voller Respekt den Aussagen der Einzelwissenschaftler. In ihr Metier war nicht weg- oder zielweisend einzugreifen, und das betraf auch das begrifflich-methodische Gesetz, unter dem ihr Arbeiten vonstatten ging. Aufklärung desselben, die stetige Entwicklung beachtend, hatte die Philosophie zu leisten, nicht war sie die Produktions- und Lieferfirma für Grundbegriffe, Grundsätze, Methoden, gar einen richtigen Standpunkt. Andererseits stand ihr offensichtlich durchaus ein kritisch-richtendes Amt zu, selbstredend nicht über konkrete Forschungsergebnisse, aber auch nicht bloß dann, wenn ein Forscher sich auf eine vermeintlich absolute Position, als ob es so etwas gäbe, definitiv festgelegt hatte. Der Kritik verfiel vielmehr – wie Natorp einmal schrieb – die „Abirrung vom rechten Weg", im Klartext: die Mißachtung der Methode etwa der Biologie oder der Geschichtswissenschaft oder welcher Wissenschaft auch immer.

Woher aber – so wird man fragen dürfen – bezog die Philosophie, „unaufheblich" in der Wechselbeziehung mit den Wissenschaften stehend, nichts in sie hineintragend, was nicht schon, wenn auch verborgen, in ihnen waltet, die Rechtsame, kategorisch von einer Verletzung des „inneren Gesetzes" zu sprechen, wenn beispielsweise ein Historiker es grundlegend anders anging als die anderen? Hier scheint der Neukantianismus sich verhoben, seine analytisch-kritizistische Aufgabe verfehlt zu haben. Sein obliquer, das heißt: seitwärtiger Blick auf die freizulegenden geheimen Voraussetzungen vorhandenen Wissens erstarrte gleichsam unter der von der Sprache suggerierten Zwangsvorstellung, es müsse doch schließlich invariante, durchgehende, unbedingte gesetzhaft-interne Apriorien geben, die etwa Biologisches von Historischem unterscheidbar oder die Kunst des Mittelalters mit der der Moderne als Kunst zusammenfaßbar, aber auch Grenzverletzungen und Verstöße wider das logisch richtige Tätigsein angebbar machen. –

Natorps Forschungs- und Lehrarbeit in Marburg konzentrierte sich über ein Jahrzehnt lang auf das Erfassen der Grundlagen und des logischen Aufbaus der Wissenschaften und des sozialen wie kulturellen Lebens; sie bezog dabei nachhaltig die Geschichte der Philosophie, vor allem der alten, ein. Literarisch schlug sie sich in zahlreichen Veröffentlichungen nieder, von denen ich drei nennen möchte, die allerdings erst erheblich später abgefaßt worden sind. In einem schmalen Bändchen mit dem Titel ›Philosophie, ihr Problem und ihre Probleme‹ führte Natorp 1911 in den „kritischen Idealismus" ein, wie er gern sein eigenes Philosophieren nannte. Seine ›Logik‹ (1904) behandelte die Mathematik und die mathematischen Naturwissenschaften. 1903 erschien ›Platos Ideenlehre‹ – ein imponierender, doch nicht recht aufgehender Versuch, dem Metaphysiker Platon die Metaphysik auszutreiben und die platonischen Ideen transzendentallogisch als Methoden zu begreifen.

Mit der Pädagogik hatte Natorp bis 1892 nichts zu tun. Da wurde ihm endlich ein philosophischer Lehrstuhl in Marburg angeboten, allerdings mit der Auflage, auch über Pädagogik zu lesen. Die Lektüre Pestalozzis enthob ihn der Zweifel, ob er den Ruf annehmen dürfe oder nicht; denn in Pestalozzis pädagogischen Schriften stieß er darauf, daß Pädagogik und Philosophie geradezu eine „Einheit" sind, daß Pädagogik „nur konkrete", „praktisch gewendete" Philosophie sein könne – oder sie entbehrte jeden Fundamentes, das ihr Werk davor bewahrt, unter die schlimme Maßgeblichkeit besinnungsloser, jedenfalls keine allgemeingültige Grundlage hergebender bloßer Erfahrung oder unter die Despotie des normativen Beliebens von Erziehern oder deren politischer, klerikaler oder sonstwelche Interessen verfolgender Auftraggeber zu geraten. Von nun an – meine ich – dominierte fast eine Zeitlang das Bemühen Natorps, die Pädagogik als „Wissenschaft der Bildung" auszuformulieren, das heißt, das Erziehen und Unterrichten der „Leitung" durch eine Theorie anzuvertrauen, die in der praktischen „*Aufgabe* der Erfahrung" und gerade nicht in der lediglich gemachten Erfahrung oder der vorgefundenen sogenannten Erziehungswirklichkeit mit deren Unvollkommenheiten, Zufälligkeiten, Beschränktheiten – etwa durch zeitgebundene Zielvorgaben – ihren Bezugspunkt hat. Oder mit anderen Worten: Da Erziehung und Unterricht ihrem Begriffe beziehungsweise ihrer Wortbedeutung nach ein „Gestalten" sind, welches Unvollkommenes „zu seiner eigentümlichen Vollkommenheit bringen" oder kommen lassen möchte – womit noch gar nichts Näheres über die Vollkommenheit und die angemessene Art des Gestaltens ausgesagt ist –, kann die erforderliche Theorie sich nicht mit dem begnügen, was in der jeweiligen Erfahrung gegeben ist. Alle als pädagogisch ausgewiesene Erfahrung ist in gewisser Weise mehr als Erfahrung, verweist zurück auf die sie bestimmende, gemachter Erfahrung vorausliegende *Idee* einer Vollkommenheit. Hier lag für Natorp das Hauptproblem: „die Geltung der Idee" ist „zu begründen".

Man kann das so verstehen: Das, was durch Erziehung und Unterricht werden und sein soll – ein Vollkommenes gegenüber der Unzulänglichkeit dessen, was ist –, muß auf eine als allgemeingültig rechtfertigungsfähige eigentümliche Unterlage gestellt werden. Geschieht oder gelingt das nicht, dann ist kein Kraut dagegen gewachsen, daß bald dies, bald das – etwa subjektive Überzeugungen, herrschende politisch-weltanschauliche Ansichten, gesellschaftlich für wünschenswert Gehaltenes oder auch, was sich erfahrungsgemäß als machbar und bekömmlich gezeigt hat – den Rechtstitel des Vollkommenen für sich in Anspruch nimmt. Pädagogik als Wissenschaft könnte oder müßte vergessen werden, wenigstens was die begriffliche Grundlage anbelangt.

Mit dieser radikalen Problemstellung, die nach dem Ende normativer pädagogischer Systeme, die unangetastet in Kraft standen, und angesichts der Bedeutungszunahme des Pädagogischen bei gleichzeitiger Hilflosigkeit, sich gegen neue normative Ansinnen, häufig im Zeichen unterrichtlich optimierter Verwertbarkeit der Jugend stehend, zur Wehr zu setzen, sich aufdrängte, – ich sage: mit dieser radikalen Problemstellung hat Natorp nicht der Erfahrung und Praxis den Rücken zugewandt, gar als etwas Minderwertigem. Vielmehr hat er aufgegriffen, was pädagogischer Erfahrung und Praxis, wenn man sie nicht nach dem Muster von Naturerfahrung stutzt, immanent, nicht entgegengesetzt, aber aus ihr heraus nicht klärbar ist. Damit werden allerdings der Erfahrung, der Praxis, der Erziehungswirklichkeit eine falsche Dignität genommen, nämlich als enthielten sie auch schon die nur noch nachgängig zu verstehende und nicht erst zu begründende Geltung der Idee der Vollkommenheit. Mit einem Wort: Natorps pädagogisches Denken bewegte sich in der Relation von Praxis, aus der das zum Begriff drängende, aufgabenhafte Moment zu gestaltender Vollkommenheit nicht ohne Selbsttäuschung über die Sache herauszulösen ist, und Theorie, die „der Materie nach auf die Erfahrung (oder Praxis) immer angewiesen" ist. Von irgendeinem wertmäßigen Primat der einen vor der anderen Seite kann dann sinnvoll nicht die Rede sein: Praxis ohne theoretische Besinnung ist blind, Theorie ohne Praxis ist leer. Gleichwohl wird nicht zu leugnen sein, daß unser Handeln „den Umweg über Gedanke und Erkenntnis nehmen muß" (Ballauff), um von da her sich der Befangenheit in Emotion, Affekt, Passion, Tradition, Routine, Vorurteil usw. zu entledigen. Gleiches gilt für die Erfahrung. Aber beim bloßen innehaltenden Betrachten durfte es für Natorp nicht bleiben. Ein bißchen pathetisch formulierte er: „Bliebe es freilich beim bloßen Betrachten, faßte man nie den Mut, das Ergebnis der Betrachtung im Tun und Leben wieder zu erproben, dann entginge einem die beste Frucht der Betrachtung selbst. Also ist man gewiß im höchsten Recht, die stete Zurückbeziehung der Theorie auf die Praxis des Lebens zu fordern." [10]

[10] So in der Einleitung von ›Über Philosophie als Grundwissenschaft der Pädagogik‹.

Das war wohl auch der Grund dafür, daß Natorp pädagogisch es nicht bei streng theoretischen Untersuchungen ein Bewenden haben ließ. Sie mußten natürlich zuerst und vorrangig in Angriff genommen werden, und drei hierzu gehörende Schriften sollen dem Titel nach erwähnt werden. 1899 erschien in erster Auflage das Buch ›Sozialpädagogik‹. Man irrt sich allerdings, wenn man vermutet, in ihm würde über das gehandelt, was seit den 20er Jahren Sozialpädagogik heißt. Natorp hatte nicht ein abgrenzbares pädagogisches Handlungsfeld neben Familie und Schule im Blick, sondern das Ganze der Erziehung und Bildung, insofern es nirgends anders als „auf dem Boden der Gemeinschaft" sich vollzieht. Das klang damals schon und klingt heute erst recht mißverständlich, legt gar den Verdacht nahe, als begründete Natorp die Pädagogik gesellschaftlich. Der Verdacht findet keine Bestätigung; denn die Gemeinschaft, die Natorp meinte, ist die über konkrete, reale, noch so innige Sozialbeziehungen hinausgehende Gebundenheit jedes Menschenindividuums – auch des Eremiten – an die Bewußtseinsgesetze der Menschheit und damit seine unaufhebbare Verbundenheit mit allen im stets noch anstehenden, aufgabenhaften, durch Erziehung in Gang und auf den Weg zu bringenden Werk, das individuelle wie soziale Leben „allererst menschenwürdig zu gestalten". Klarer wird – nach meinem Dafürhalten – die in der ›Sozialpädagogik‹ sich zu Worte meldende Grundlegungsproblematik für eine Pädagogik als Wissenschaft in der Arbeit ›Allgemeine Pädagogik in Leitsätzen zu akademischen Vorlesungen‹ vom Jahre 1905 behandelt. 1909 erschienen dann unter dem Titel ›Philosophie und Pädagogik‹ drei Untersuchungen, die wohl in reifster Form Natorps pädagogisches Denken zum Ausdruck bringen, auch wenn er selbst elf Jahre später eine gewisse Revision glaubte vornehmen zu sollen, die ich nicht weiter in Betracht ziehe, da der theoretische Anspruch vergleichsweise niedrig ist.

Neben den der pädagogischen Fundamentalproblematik gewidmeten Veröffentlichungen hat Natorp gemäß seiner Forderung der „Zurückbeziehung der Theorie auf die Praxis" in mehrfacher Hinsicht Einfluß auf das pädagogische Leben, wie es sich um ihn herum abspielte, zu nehmen versucht. Ich erwähne drei Beispiele, die ihren Impetus deutlich nicht in einem diffusen Behagen oder Unbehagen am Vorfindlichen haben, sondern in dem, was theoretischer Besinnung als Antwort auf die Frage nach dem Begriff der Bildung aufgegangen ist. An die Beispiele wird sich dann endlich die Erläuterung der Natorpschen These anschließen, daß es die Philosophie sei, die dem Begriff der Bildung ebenso unspekulativ wie undiktatorisch, wohl aber ihn vor Fremdbestimmung bewahrend gleichsam Halt und Fülle gibt.

Erstes Beispiel: Natorp forderte, daß die „Vorbildung" zu jedwedem Lehramt in Schulen an Universitäten stattzufinden habe. Das war – erstmalig 1904 vorgebracht – in Anbetracht einer Art Handwerkslehre, die an-

gehende Volksschullehrer in Seminaren über sich ergehen lassen mußten,
außergewöhnlich und durchaus nicht von Prestigegewinnerwägungen geprägt.
Natorps Forderung basierte schlicht darauf, daß kein Lehrer dem Sachan-
spruch seines Amtes gerecht werden könne, der nicht in einem gerade nicht
an der Berufspraxis orientierten Ausbildungsgang oder Studium sowohl bis
auf den wissenschaftlichen Grund des später zu Unterrichtenden wie auch
bis auf den wissenschaftlichen Grund der Pädagogik durchgestoßen ist.
„Die ausgeklügeltste Technik der Beibringung des Lehrstoffs" kompensiert
nicht den Mangel an Verständnis – erst beim Lehrer, dann beim Schüler –,
was es mit der Physik oder der Musik etwa auf sich hat – außer daß sie nun
einmal „irgendwie" und zu „irgend etwas" da sind. Und die indoktrinie-
rende Ausrichtung des angehenden Lehrers an sogenannten Erziehungslehren samt Zielvorgabe, Verhaltenskodex und Strategien zur Vermeidung von
Disziplinschwierigkeiten kompensiert nicht den Mangel an durch selbsteigenes, rückhaltloses Fragen gewonnener Einsicht in den Sinn oder Wider-
sinn des eigenen Tuns. Für Natorp war darum das gemeinsame Universitäts-
studium aller professionellen Pädagogen unverzichtbar – an Universitäten
allerdings, die ihrerseits reformbedürftig waren und vor allem „unbeeinflußt
von außen" sein müßten.

Zweites Beispiel: Um 1913 herum hat Natorp wiederholt seine Stimme
erhoben, um zu den „Hoffnungen und Gefahren", die mit dem Phänomen
der Jugendbewegung verknüpft waren, Stellung zu nehmen.[11] Er selbst
interpretierte den Aufstand der Jungen wesentlich pädagogisch, auch und
gerade dort, wo er gegen das Philistertum der Erwachsenen, gegen die Fest-
legung auf „Sonderziele", ja gegen die Schule mit ihrem „Gesinnungsstoff"
und ihrer Lähmung selbsttätigen Lernens gerichtet war. Die oft als inhaltlich leer und unbestimmt gescholtene sogenannte Meißnerformel, nämlich
„aus eigener Bestimmung und Verantwortlichkeit mit innerer Wahrheit und
Freiheit" das Leben zu gestalten, fand seine ausdrückliche Zustimmung,
hatte man mit ihr doch auf „jede besondere Zielsetzung" verzichtet, und
pädagogisch galt nun einmal für Natorp, daß es ein „absolutes Ziel überhaupt nicht gibt", sondern daß – in wohlverstandenem Sinne – der Weg
alles, das Ziel nichts ist. Gerade darum aber mußte genauso eindeutig
Widerspruch eingelegt werden, wenn in Teilen der Jugendbewegung aus
Stimmung heraus in einem gedankenlosen Radikalismus pauschal gegen die
Schule, die Kultur, die vermeintlich der Selbsterziehung entgegenstehende
Erziehung revoltiert oder partikulare Ziele wie der Antisemitismus verfolgt
wurden. Das war in Natorps Urteil weder frei noch jugendgemäß, auch

---

[11] Besondere Beachtung fand seine Rede ›Hoffnungen und Gefahren unserer
Jugendbewegung‹, zuletzt mit Nachwort und Vorbemerkungen erschienen Jena
1920.

wenn man es sich einredete. Es war vielmehr die Perversion der Idee der Selbsterziehung in der Erstickung des Fragens und Suchens unter der Überheblichkeit eines definitiven Wissens.

Drittes Beispiel: In dem beständigen Streit um die Reform des Schulwesens schlug Natorp vor, es aus der Staatsabhängigkeit zu entlassen und ihm „seine volle Unabhängigkeit von jeder fremden, wirtschaftlichen oder politischen Gewalt" zu gewähren.[12] Damit war nicht der Staat von der nur von ihm wahrnehmbaren Pflicht entbunden, materiell die Einrichtung und Unterhaltung von Schulen zu besorgen. Aber der Staat ist, sozialethisch betrachtet, nur eine „Notwendigkeit zweiter Hand", nicht steht es ihm zu, auf sich oder auf den von ihm repräsentierten Gemeinwillen der Gesellschaft Unterricht und Erziehung auszurichten. Das hieße ja, dem Werk der Bildung ein eigenes Fundament und den an ihm Beteiligten absprechen, es erkennen und realisieren zu können. An die Stelle der überholten, pädagogisch unhaltbar gewordenen, die sogenannte pädagogische Autonomie oder Freiheit auf die Richtlinienexekution einschränkenden Staatsschule habe darum ein genossenschaftlich geordnetes und – da die Sache der Pädagogik keine nach Rasse oder Klasse verschiedene ist – reichgegliedertes, dezentralisiertes Einheitsbildungswesen zu treten, dessen Leitung ganz in den Händen der Lehrer, Eltern und älteren Schüler liegt. Daß es hierbei nicht zu einem der Arbeit abträglichen Interessengerangel kommt, das wiederum den weder sachlich zuständigen noch neutralen Staat auf den Plan ruft, erwartete Natorp vermutlich von der Maßgeblichkeit der von ihm entdeckten Grundlage der Pädagogik, die in ihrer Allgemeingültigkeit die prinzipiell jedermann einsichtig zu machende, vernünftige Verständigungsbasis abgibt. Die Grundlage aber war für ihn die Philosophie; denn – um es noch einmal zu zitieren –: „Nach unseren Begriffen ist überhaupt Pädagogik nur konkrete Philosophie."[13]

Diese Formulierung kann als Kritik an der ungefähr gleichzeitig erfolgten geisteswissenschaftlichen Beantwortung der Frage nach der Möglichkeit einer allgemeingültigen pädagogischen Wissenschaft durch Dilthey gelesen werden, obwohl sie es höchstens beiläufig war. Dilthey war überzeugt, die total rückständige Pädagogik in dreifacher Weise auf das Niveau der Zeit gebracht zu haben. *Erstens* legte er das auch von ihm akzeptierte Moment einer Tendenz zur Vollkommenheit in allen der Entfaltung des Seelenlebens dienenden erzieherischen Bemühungen psychologisch-anthropologisch, ja biologisch aus. Die „Teleologie des Seelenlebens" war hierfür das Schlüssel-

---

[12] Zum dritten Beispiel vgl. Jörg Ruhloff, Gedanken zum Verhältnis von Schule und Staat in der Pädagogik Paul Natorps, in: Vierteljahrsschrift für wissenschaftliche Pädagogik 42 (1966), S. 130–144.
[13] Über Philosophie als Grundwissenschaft, S. 180.

wort; sie sollte ein allem Lebendigen zukommendes und in feste Sätze und abgeleitete Regeln zu bringendes Datum der äußeren wie der erlebnishaften inneren Erfahrung sein.

Natorp konnte dem nicht zustimmen. Von allen formallogischen Einwänden abgesehen bemängelte er ohne Namensnennung, daß in Diltheys allgemeingültig faßbarem Teil des „Seelenlebens" keinerlei Objektivierungen des Bewußtseins Berücksichtigung fänden. Anders gewendet und generalisiert: Die zur Grundlage der Wissenschaft vom Menschen und seiner Erziehung avancierte Psychologie schied die theoretischen, ethischen und ästhetischen Bewußtseinsleistungen aus, ignorierte sie schlechterdings; sie kreierte eine Binnenstruktur der Seele ohne ein Etwas, das sie erkennend, wollend, ästhetisch genießend hervorbringt, und zwar mit jenem Anspruch auf Objektivität und Geltung, den doch wohl auch Diltheys Theorie erhob – als Fortschritt gegenüber Früherem und als sachliche Anerkennung erheischend durch jeden, der Vernunft hat. Also sind „die echten Grundlagen für die Wissenschaft vom Menschen . . . in der Richtung der Objektivierung zu suchen", das heißt: in Richtung auf die Gesetzlichkeit der Logik, unter deren Maßgeblichkeit zum Beispiel ein Satz der Mathematik oder ein Satz des Rechts prinzipiell „mehr" ist als der gattungsangemessene Ausdruck der Lebenserhaltung und -steigerung; und das „Mehr" meint gerade nichts Metaphysisches, während Diltheys Rekurs auf das Leben Metaphysik ist, von der er die Pädagogik befreien wollte.

Zweitens und drittens zusammengefaßt: Dilthey unterschied – wie Natorp – ein relativ eigenständiges pädagogisches Sinn- und Handlungssystem von anderen Teilbereichen, in denen sich das „gesellschaftliche" oder gemeinschaftliche Leben der Menschen abspielt. Erziehen und Unterrichten sind kein politisches, ökonomisches, ästhetisches Handeln (usw.); sie haben – so Dilthey – eine Eigenstruktur mit konstanten, abstrahierbaren, also einen Abstraktions„begriff der Erziehung" ergebenden Merkmalen. Um ihn zu gewinnen und zugleich vor metaphysischen Korruptionen zu bewahren, habe man sich vergleichend dem Phänomen der Erziehung zuzuwenden, das als das der Erfahrung unhintergehbar Gegebene fungiert. Zu eliminieren aus der Erfahrung beziehungsweise der fundamentalen Erziehungswirklichkeit waren lediglich die geschichtlich variablen Konkretionen der Erziehungsziele, Ideale, Inhalte, Unterrichts- und Erziehungsformen; denn deren Ableitung aus oder Rechtfertigung in absoluten, letzten Zwecken des Menschenlebens sei zum Scheitern verurteilt: „Was der Mensch sei und was er wolle, erfährt er . . . nie in allgemeingültigen Begriffen", und jede inhaltliche Formel, die gleichwohl in der Vergangenheit etwas Unbedingtes zum Ausdruck gebracht hat, hat sich „als historisch bedingt erwiesen". Diltheys Konsequenz hieraus lautete, daß allgemeingültig der Pädagogik angesichts der konkreten, schwebenden Aufgaben nicht geholfen werden könne. Weder die vermeintlich festen empirischen Sätze über das Seelenleben noch der abstrakte Merkmalsbegriff der Pädagogik erlaubten eine strenge Fundierung des Zwecksystems der Erziehung „in einer gegebenen Zeit und einem bestimmten Volk", und da auch – wie ich gezeigt zu haben glaube – mit jenen bei kritischer Prüfung kein Staat zu machen ist, bedeutet Diltheys geisteswissenschaftliche Konzeption einer neuen Pädagogik, ihr allen eigenständigen Boden unter den Füßen weggezogen und sie auf Treibsand ausgesetzt zu haben.

Natorp nun pflichtete Dilthey ausdrücklich – wenn auch aus anderen Gründen – darin bei, daß es „mit der absoluten Philosophie endgültig vorbei ist", von der die nichtkonfessionelle Pädagogik des 18. und 19. Jahrhunderts häufig abhängig war. Was als definitive, „abschließende" Sätze je von ihr – zum Beispiel über die Bestimmung des Menschen – vorgebracht worden ist, hat sich als Irrtum erwiesen. Aber damit verbleibt der Philosophie nicht bloß die Behandlung der Geltung „gewisser Formalprinzipien wie des Satzes vom Widerspruch und eines diesem entsprechenden praktischen Prinzips", wie Dilthey es nahelegte, der alles weitere den Einzelwissenschaften und der „Geschichtsansicht" überließ, die jedoch so, wie Dilthey sie ins Feld führte, „selbst Philosophie" oder eher Philosophieersatz und einer philosophischen Legitimierung dringend bedürftig ist. „Wir Kritizisten hingegen" – heißt es bei Natorp [14] – sehen gerade angesichts des immer diffiziler und subtiler werdenden Wachstums der Wissenschaften von diesen nicht in Angriff genommene „systematische Aufgaben für die Philosophie". Sie betreffen zum einen das, was dem Erkenntnisschaffen der Einzeldisziplinen unmetaphysisch als transzendental Bedingendes zugrunde liegt; zum anderen vertritt Philosophie die Richtung auf die Einheit aller Erkenntnis beziehungsweise – nimmt man alle Gestalten des tätigen Bewußtseins hinzu – auf die Einheit des Bewußtseins. „Bewußtsein" aber „ist von Hause aus Objektsetzung", die in „Theoretik, Ethik und Ästhetik" aufgabenhaft und die jeweilige methodisch-begriffliche, also logische Gesetzlichkeit befolgend sozusagen in einem unendlichen Werden unter den regulativen Ideen theoretischer, ethischer und ästhetischer Vollkommenheit befindlich ist. Oder anders gesagt: Thema der Philosophie ist der gesetzmäßige Aufbau der unterschiedlichen Welten geistigen Inhalts und ihr Zusammenschluß im Ganzen des menschlichen Geistes.

Was aber – so möchte ich abschließend als Frage formulieren, was Natorps These war –, was aber anders kann Fundament einer Pädagogik sein als die „reinen Gesetzeswissenschaften Logik, Ethik und Ästhetik", wenn es in Erziehung und Unterricht darum geht, das Erkennen, Wollen und ästhetische Erleben von Menschen nicht an Unvollkommenes, in stetiger Überholung Befindliches zu fixieren, sondern sie im Durchgang durch

---

[14] Über Philosophie und philosophisches Studium, S. 161/162.

die Gebilde des Geistes teilhaben zu lassen am gemeinsamen, zu kritischem
Bewußtsein gebrachten Weg der offensichtlich nie zu einem Ende kommenden Objektivierung? So wird auch verständlich, daß Natorp menschliche
Bildung nicht von als maßgeblich vorgesetzten, bestimmten Zielen und
Inhalten her begreifen kann, sondern von der Bewußtwerdung der Methoden, also des Weges, den wir gleichsam nicht verlassen, aber dessen aufgabenhaften, „unendlichen" Fort- und Umbau wir versäumen können.

Literaturhinweise

1. Hauptwerke (Auswahl)

a) Philosophie

Platos Ideenlehre, Leipzig [1]1903; Darmstadt [3]1961.
Die logischen Grundlagen der exakten Wissenschaften, Leipzig und Berlin [2]1921.
Philosophie, ihr Problem und ihre Probleme, Göttingen [3]1921.

b) Pädagogik

Religion innerhalb der Grenzen der Humanität, Freiburg [2]1908.
Sozialpädagogik, Theorie der Willensbildung auf der Grundlage der Gemeinschaft,
   besorgt von Richard Pippert (auf der Basis der 6. Auflage), Paderborn 1974.
Pädagogik und Philosophie, besorgt von Wolfgang Fischer u. Mitarb. von Jörg Ruhloff,
   Paderborn [2]1985. Das Buch enthält folgende Quellentexte: Allgemeine Pädagogik
   in Leitsätzen zu akademischen Vorlesungen (1905); Pestalozzis Pädagogik (1907);
   Über Philosophie als Grundwissenschaft der Pädagogik (1909).
Philosophie und Pädagogik, Marburg [2]1923.
Sozialidealismus, Neue Richtlinien sozialer Erziehung, Berlin [2]1922.

2. Sekundärliteratur

Blankertz, Herwig: Der Begriff der Pädagogik im Neukantianismus, Weinheim
   a. d. B. 1959.
Ruhloff, Jörg: Paul Natorps Grundlegung der Pädagogik, Freiburg i. Br. 1966.
Auernheimer, Georg: Erziehungswissenschaft kontra Pädagogik. Historisch-syste-
   matische Untersuchungen zum Theoriebegriff der Dilthey-Schule, P. Natorps und
   R. Hönigswalds, Bochum 1968 (= Heft 9 der Neuen Folge der Ergänzungshefte
   zur Vierteljahrsschrift für wissenschaftliche Pädagogik).
Pippert, Richard: Idealistische Sozialkritik und „Deutscher Weltberuf". Paul Natorps
   Pestalozzirezeption in seiner ersten und letzten Interpretation, Weinheim/Berlin/
   Basel 1969.

JONAS COHN

Von Dieter-Jürgen Löwisch

„Die Pädagogik ist wesentlich von der Philosophie abhängig – Ihr ganzer Aufbau muß philosophisch sein": Diese beiden Kernsätze reihen den Philosophen und Pädagogen Jonas Cohn in die Tradition pädagogischen Denkens von der Antike an ein, die pädagogisches mit philosophischem Denken immer eng verknüpft sah. Aus dieser Tradition – von der Antike über das Mittelalter bis in die Neuzeit – schöpft Cohn, aus ihr lebt er und sie macht er in redlicher und sehr eigenständiger Weise für sein Wirken fruchtbar. Doch war sein Wirken nicht von großer Beachtung gekrönt. Das gilt von seinen philosophischen Arbeiten, das gilt aber auch in besonderer Weise von seinen pädagogischen Arbeiten. Als Cohn nämlich gedanklich für sich den Boden derart bereitet hatte, daß er sowohl seine wert- und kulturphilosophischen Werke schreiben als auch seine pädagogischen Beiträge der Öffentlichkeit vorstellen konnte, waren es die politischen Unbilden der Zeit, die ihm – mit vielen anderen seiner Zeit – die Stolpersteine auf den wissenschaftlichen Weg legten. Es waren Stolpersteine, die ihn um die Öffentlichkeit brachten, auf die ein Wissenschaftler – auch um der Resonanz seines Denkens wegen – in hohem Maße angewiesen ist.

Die erste große kulturphilosophische Arbeit, die zugleich als pädagogische Vorstudienarbeit, quasi als Cohns erste Grenzschrift zwischen Philosophie und Pädagogik anzusehen ist, erscheint im Jahr 1914, im Jahr des Beginns des Ersten Weltkrieges. ›Der Sinn der gegenwärtigen Kultur‹: diesen Titel trägt die Arbeit, und sie behandelt die kulturphilosophischen Themen, die Cohn von jetzt an bis in seine letzte große Abhandlung, seine Nachlaßethik ›Selbst-Überschreitung‹, nicht mehr in Ruhe lassen. Die nächste thematisch pädagogische Arbeit, das Buch ›Geist der Erziehung‹, folgt im Jahr 1919, in der unmittelbaren Zeit der Wirren nach dem Ersten Weltkrieg. Eine dritte pädagogische Arbeit – ›Erziehung zu sozialer Gesinnung‹ – wird ein Jahr später veröffentlicht. Und im Jahre 1926 – der einzigen etwas ruhigeren Zeit – erscheint die vierte und letzte thematisch pädagogische Arbeit: die Monographie ›Befreien und Binden – Zeitfragen der Erziehung überzeitlich betrachtet‹. Parallel dazu veröffentlicht Cohn mannigfaltige philosophische Arbeiten, die von ihrer Grundlage und Anlage her alle immer auch pädagogische Bedeutung tragen. So legt Cohn beispielsweise eine originäre, bis heute in ihren Konsequenzen kaum durchdachte, heute aber gerade in ihren Denk-Konsequenzen interessante ›Theorie der Dialektik‹ (1923) vor. Doch die seine pädagogischen Arbeiten letztlich fundierenden und rechtfertigenden kultur- und wertphilosophischen Schriften müssen das Schicksal erleiden, unbeachtet zu bleiben – dank der herrschenden faschistischen Machthaber: So erscheint 1932 Cohns dreibändige ›Wertwissenschaft‹ – eine kritische Wertphilosophie, die für die Grundlegung der Pädagogik nicht unwesentliche Bedeutung trägt. Aber schon im Jahr darauf wird Jonas Cohn unter dem „Führer-Rektor" Martin Heidegger, der zugleich Fachkollege Cohns im Freiburger Philosophischen Seminar war und über dessen einjährige Amtszeit Hugo Ott in umfassender Weise recherchiert und informiert hat,[1] zwangspensioniert. Das heißt für ihn: das Recht zur wissenschaftlichen Arbeit wird beschnitten, das Recht zur Lehre wird ihm benommen. Aber es bleibt nicht bei der Zwangspensionierung allein. Im Jahr 1938 erhält Cohn vom Rektor der Freiburger Universität ohne Anrede und Schlußformel – bar aller Höflichkeit und Konvention – folgendes Schreiben: „Zur Vermeidung von Unzuträglichkeiten bitte ich Sie, bis auf weiteres die Albert-Ludwigs-Universität und deren Einrichtungen, z. B. Akademische Lesehalle, Universitätsbibliothek usw. nicht mehr zu besuchen. O. Mangold."[2] Im Jahr darauf bleibt der persona non grata nur die Emigration übrig, so daß sein die ›Wertwissenschaft‹ ergänzendes und vervollständigendes Buch mit dem Titel ›Wirklichkeit als Aufgabe‹ schon in der Emigration abgeschlossen werden muß. Cohn tut dies 1940 mit der bitteren Bemerkung: „In schweren Jahren, in denen Tyrannei mir jede Wirkung nach außen unmöglich gemacht hat, habe ich dieses Buch, das die ›Wertwissenschaft‹ zum System der Philosophie ergänzt, geschrieben – ohne Aussicht auf Veröffentlichung . . . Nicht an mir darf es liegen, wenn mein Lebenswerk unwirksam bleibt. Sollte es mir nicht mehr möglich sein, das Buch drucken zu lassen, so fällt vielleicht der Blick eines Nachlebenden darauf und findet im Inhalt Gründe, das Manuskript zu publizieren."[3] Und dennoch arbeitet Cohn weiter: er schreibt im Exil eine Ethik mit dem Titel ›Selbst-Überschreitung‹, die die werttheoretischen, kulturphilosophischen und wirklichkeitsanalytischen Arbeiten ebenso wie die pädagogischen Arbeiten aus nahezu vierzig Jahren zur Voraussetzung hat und im Jahre 1943 abgeschlossen wird, – ebenfalls wieder ohne Hoffnung auf Veröffentlichung.

[1] Hugo Ott, Martin Heidegger als Rektor der Universität Freiburg i. Br. 1933/34, I und II, in: Zeitschrift des Breisgau-Geschichtsvereins (›Schau-ins-Land‹), 102. Jg. (1983) und 103. Jg. (1984); ferner: ZGO 132 (1984).
[2] Original im Jonas-Cohn-Archiv an der Universität Duisburg.
[3] Wirklichkeit als Aufgabe (aus dem Nachlaß hrsg. von Jürgen von Kempski), Stuttgart 1955, S. 5.

Erst jetzt – über vierzig Jahre später – wird sie publiziert. Auch sie ist für die Pädagogik von hoher, aber noch unerschlossener Bedeutung. Jonas Cohn ist trotz seines engen Anschlusses an Kant und trotz seines Lernens von Hegel, trotz seiner Nähe zum Neukantianer Heinrich Rickert und gerade auch wegen seiner starken ursprünglichen naturwissenschaftlichen Schulung (er hat in Botanik promoviert) und letztlich durch die Anregungen, die er durch Georg Simmel erfahren hat, ein südwestdeutscher Neukantianer ganz eigener Prägung geworden, dem es ferne lag, Schule zu machen und eine Schule zu gründen. Cohn ist Kulturphilosoph, er ist Wertphilosoph, er ist phänomenologischer Denker und er ist zugleich kritisch-transzendentalphilosophischer Denker. Und – über allem steht ihm die Denkform der Dialektik. Cohn versucht alle diese divergierenden Formen des philosophischen Denkens jede in ihrer Berechtigung auszuweisen und in seinen eigenen philosophischen Bemühungen zur Anwendung kommen zu lassen. Der Grund hierfür ist der, daß alle diese Formen des Denkens versuchen, Fragen und Probleme auf den Grund zu gehen, die alle den Menschen betreffen und um seinetwillen wie auch aufgrund seines Willens angestellt werden. Ferner ist für Cohn die Dialektik die Grundform des Denkens. Das mag auch aus folgendem Gedankengang deutlich werden: Der Mensch ist nicht nur denkendes Wesen, er ist auch handelndes Wesen. Der Mensch läßt sich nicht nur gattungsmäßig sehen und dabei als denkendes und handelndes Wesen überhaupt: der Mensch ist auch individuelles Wesen. Als solche Individualität gehört er aber wieder zur Gattung Mensch, ist also gekennzeichnet durch etwas, was allen Menschen zukommt, und was von denen jedem einzelnen Menschen zugleich zukommt: nämlich Verstand und Vernunft; mit ihnen verbunden sind Klugheit im Denken und Handeln wie auch Wert- und Sittlichkeitsverpflichtetheit des Denkens und Handelns. Denken und Handeln verfolgen nicht nur Zwecke; Denken und Handeln verfolgen auch Sinn, der sich im Denken und Handeln als Gesinnung niederschlägt beziehungsweise niederschlagen soll. „Gesinnung" ist im Cohnschen Denken dabei recht zu verstehen als die das Denken und Handeln leitenden sittlichen Haltungen – mit einem anderen Begriff auch „Werthaltungen". Dieses Verständnis von Gesinnung liegt vor, wenn Cohn von „sozialer Gesinnung" oder „pazifistischer" wie auch von „demokratischer Gesinnung" spricht. Den Sinn, der in den Werthaltungen zum Ausdruck kommt, stiftet der einzelne Mensch.

Der „Sinn der gegenwärtigen Kultur" ist beispielsweise von allen Mitgliedern der gegenwärtigen offenen Kultur konstituiert: er ist durch die einzelnen bedacht und gedacht wie erhandelt, er ist aber auch *gelebt* und *erlebt*. Insofern sind sie auch alle mitverantwortlich für diesen Sinn, aber nicht kollektiv-verantwortlich. Somit bekommt für Cohn auch die Kategorie des Lebens und die des Erlebens eine für menschliche Existenz wesentliche Bedeutung neben den Kategorien des Denkens und Handelns. Dabei ist für ihn das „nackte Leben", das reine Vegetieren noch nichts durch sich selbst Werthaftes, was demgegenüber beim Erleben der Fall ist, denn im Erleben stellt der Mensch Wert her, stiftet und setzt er Wert und erfährt er Sinn und Wert. Dieses Erleben nun wie auch das Denken und Handeln setzen den Menschen als Individuum und als Gattungswesen voraus, sie setzen ihn aber auch als Gemeinschaftswesen voraus. Gemeint ist damit für Cohn, daß der Mensch Gemeinschaften angehört, die er in Willensgemeinschaften und Lebensgemeinschaften gliedert, wobei zu den letzten die Familie, die Gemeinde, der Stamm, das Volk gehören, und zu den ersten alle freien und/ oder erzwungenen, vertragsmäßig geregelten und zweckbezogenen Gemeinschaften wie Staat, wie Parteien, wie Gewerkschaften, wie Verbände, wie Kirchen. Dabei ist zu bemerken, daß die Gemeinschaften alle vom Menschen als Kulturschöpfungen geschaffen wurden, und zwar geschaffen wurden in verschiedenen Wertigkeiten: entweder als Zusammenfassungen von Menschen unter Lebens- und Erlebenswerten (sie faßt Cohn unter „Kernkultur" zusammen) oder unter Wirkwerten oder Nutzwerten (dies nennt Cohn „Nutzkultur"). Denken, Handeln und Erleben schweben ihrerseits nun nicht in einem freien Raum: sie sind gebunden an Geschichte, an Zeit und Raum, an Situationen, in denen und angesichts derer gedacht, gehandelt und erlebt wird. Dabei soll der Denkende, Handelnde, Erlebende anstehende Situationen als Aufgaben erfahren und sie meistern; zugleich ist er aber als Denkender, Handelnder, Erlebender durch diese Situationen bestimmt, eingeengt. Aber nicht nur allein durch diese eine gerade anstehende Situation, in der er sich befindet, sondern auch durch alle die Situationen, die die jetzige ermöglicht haben, wie auch durch alle die Situationen, die ihn, den Denkenden, Handelnden, Erlebenden in die anstehende Situation gebracht haben. Das meint Geschichte, das meint Tradition, das meint Kulturtradition, in der der Mensch – vielfältig geprägt – steht. Damit ist aber auch angesprochen der Umgang mit dieser Tradition, der immer zugleich zukunftsgestaltend ist, der also die Kulturinhalte von morgen mitprägt, wie auch ist angesprochen der Umgang mit den Nebenfolgen, die aus der Kulturdynamik entstehen. Denn Denken, Handeln, Erleben sind immer als etwas Geistiges fortschreitend, in die Zukunft gerichtet und diese vorgestaltend und mitgestaltend. Angesprochen ist also das, was wir heute den Kulturfortschritt nennen. Dieser Fortschritt der Kultur, dieser Umgang mit fortschreitender Kultur ist für Cohn – wenn schon dynamisch, dann aber – nicht eigendynamisch. Es gibt für ihn kein fatum und keinen objektiv waltenden Geist, die sich Kultur antreibend auswirken, sondern jeder einzelne von uns wirkt in seinen diversen Kreisen tagtäglich dergestalt, daß er ständig Zukunftsgestaltungen durch Gegenwartssituationsbewältigungen vornimmt oder vorzubereiten beginnt. Das Problem dabei ist jedoch, daß man derart wirkt, ohne meist darum zu wissen, oder ohne sich darum Gedanken zu machen oder gar ohne um die damit verbundenen Verantwortlichkeiten zu wissen. Ethische Folgenabschätzungen fehlen daher oder sind zumindest kraft mangelnden Sachwissens wie ebenso mangelhaft ausgebildeter ethischer Urteilskraft minimal oder sie sind nicht weitreichend genug.

Daß der Mensch dieses Problem lösen kann, daß der Vorgang der bewußten Gestaltung dieses Umgangs mit Kultur gemäß dem Aufklärungsdenken und Perfektibilitätsdenken in positiver Weise läuft, daran hat der frühe Cohn – fortschrittsoptimistisch – geglaubt. Für ihn war der „Fortschritt zum Besseren" – es sei an diese Kantische Formulierung erinnert –, dieser Fortschritt zum moralisch Besseren, unbezweifelt. Ihn vertrat in ebensolcher unbeirrter Weise der schicksalhaft gebeutelte Lessing: es ist immer wieder der Glaube an die Vernunft, der sich hier ausdrückt; weshalb auch Cohn – wie fast alle Neukantianer – sein philosophisches Denken mit einer Religionsphilosophie abzuschließen plante, die den Titel tragen sollte: ›Glaube an den Geist‹. Dabei kommt dem Wortteil Religion nicht eine konfessionelle Bedeutung, eine Bekenntnisbedeutung zu, sondern die Ursprungsbedeutung von religio, die nichts anderes zum Ausdruck bringt als „Bindung" – hier also: Bindung an Vernunft, Bindung an Geist; Bindungen, die sich je historisch auslegen.

Im Jahre 1923 schreibt Cohn folgende Passage [4]: „Kultur wächst auf aus wertgeleitetem menschlichen Verhalten – das heißt aber nicht: sie ist von zielbewußtem Handeln geschaffen. Vielmehr findet sich der Einzelne, der zu Bewußtsein und Freiheit erwacht, immer schon in einem gestalteten Kulturleben, aus dem er Gehalt und Wert schöpft, und dem er nun doch frei und umgestaltend gegenübersteht. Aus diesem Sachverhalte läßt sich ein Schema der Kulturentwicklung gewinnen: Alle Kultur ist zuerst ‚gebunden‘, d. h. der Einzelne lebt ganz in ihren Formen, die er als notwendig und selbstverständlich aufnimmt. Das Bewußtsein ist auf ihre Deutung, Erhaltung, Durchsetzung gerichtet, der Wandel vollzieht sich unbewußt. In der Ausbildung der Kultur erstarkt der Verstand, und dieser stellt sich nun kritisch zersetzend und technisch aufbauend dem Überkommenen gegenüber: Periode der Befreiung. Aber aus seiner Freiheit heraus vermag sich der Geist keine Heimat zu bauen – und in der Erkenntnis dieser Heimatlosigkeit sucht er nun die Erfüllung, die er nicht schaffen kann. Dabei darf er seine Freiheit nicht aufgeben; denn diese ist nicht angemaßter Frevel, sondern tiefste Pflicht des autonomen Geistes. Aus dieser Lage ergeben sich alle Kämpfe, Leiden und Taten der Gegenwart: Sie ist die Periode, in der der befreite Geist seine Erfüllung sucht."

---

[4] Jonas Cohn, in: Die Philosophie der Gegenwart in Selbstdarstellungen, hrsg. von R. Schmidt, Leipzig 1923, S. 74 f.

Der befreite Geist – dies ist für Cohn das zu kritischem Bewußtsein gekommene Ich. „Zwei wichtige Entscheidungen muß der befreite Geist treffen: die erste schon als einzelnes Ich, die zweite als Glied der Gemeinschaft. Zuerst handelt es sich darum, die Freiheit als Freiheit zum selbst erkannten Wert nicht als Freiheit von jeder Bindung durch gültige Werte zu wollen; bei der zweiten darum, einzusehen, daß Gemeinschaft nicht aufgebaut werden kann auf bloßer zweckbewußter Tätigkeit, auch nicht auf bloßer Einheit des seiner Natur nach flüchtigen Gefühls, sondern daß sie, um lebendig zu sein, das ganze Leben formen muß. Solche Formen erzeugt nicht der rechnende Verstand, aber ebensowenig sind sie Mitgabe einer günstigen „Natur" an die jugendliche Menschheit; sie sind „geisterzeugt" – allerdings von einem Geiste, der im „Naturhaften" wurzelt. Der Naturtrieb, der in Form von Brutpflege, Nachwuchsausstattung etc. auftritt und als solcher zwar nicht gleichsetzbar ist mit Sittlichkeit, ist aber doch (auch für den späten Cohn immer noch) Vorstufe zur Sittlichkeit, Naturgrund der Sittlichkeit, weshalb mit Cohns Worten die Moral verarmen und vertrocknen würde, wenn sie diesen Grund verlöre (›Selbst-Überschreitung‹). Man entsinne sich hier Nietzsches, man gedenke hier der griechischen Antike, man denke an die Vorsokratiker, man denke aber auch an zeitgenössische Philosophen wie an Hans Jonas, der – ebenso wie Cohn – an diese Tradition anknüpft.

Gut zwanzig Jahre später macht Cohn aufgrund von Realitätseinsicht erhebliche Abstriche an diesem frühen Optimismus: Er schreibt in seiner nachgelassenen Ethik: „Die Lage der Gegenwart hat sich mir seit etwa 1895 als Problem gestellt. Aber das Buch, das die Ergebnisse langen Nachdenkens zusammenfaßte, ›Der Sinn der gegenwärtigen Kultur‹, erschien erst im Sommer 1914 kurz vor Kriegsausbruch. Durch den Krieg und seine Folgen wurde es verschüttet. Die Deutung der Gegenwart als der Zeit, in der der befreite Geist seine Erfüllung sucht, halte ich für die Zeit vor dem Kriege noch für richtig, sehe dieses Streben auch unter der Oberfläche fortbestehen und hoffe, daß es einem kommenden Geschlechte wieder möglich sein wird, ihm wesentlich zu folgen. Zunächst aber treibt uns dringendere Not. Nicht nur die Erfüllung des Geistes, sogar seine Existenz als Geist, seine Einheit und innere Wahrheit ist in schwerster Gefahr. Der Boden bebt, auf dem alles höhere Leben wachsen muß. Die ästhetischen Interessen der Lebensgestaltung und des Ausdruckes, ja sogar die kontemplativ-religiösen müssen gegenüber den dringlichen ethischen und sittlich-religiösen zurücktreten." [5] Auch der Fortschritt des Denkens ist also immer dialektisch verbunden mit einem Rückschritt, d. h. mit Verlust oder Gefährdung des erreichten Fortschritts, womit dieser selbst in seiner Ambivalenz (Dop-

---

[5] Selbst-Überschreitung, Frankfurt a. M. 1986, S. 166.

pelwertigkeit) zutage tritt. Das sind hochaktuelle Fragen und Themen ebenso wie die im Gesamtwerk Cohns immer wieder angesprochenen, besprochenen und zum Durchleben festgestellten dialektischen Verhältnisse, so z. B. die Dialektik von Natur und Kultur, die Dialektik von Tradition und Zukunft, von freiem Geist und gebundenem Geist, von Vernunft und Gefühl, von Denken und Handeln, von Individuum und Gemeinschaft, von Berufsethos und personalem Ethos.

Cohn wendet sich gegen alle monistischen Systeme, gegen alle monokausalen Erklärungsversuche und hält streng an seinem dialektischen Verfahren fest. Dieses dialektische Verfahren trägt nicht die hegelsche Bedeutung, sondern ist für Cohn Prinzip der Bewegung und ist getragen von zwei Grundelementen: Vom „Utraquismus" und von der „Prävalenz des Positiven". Utraquismus bedeutet: Urzweiheit; d. h., in jedem Urteil, in jedem Begriff sind immer zwei Bestandteile enthalten: das Denkfremde, das Inhaltlich-Gegebene, und die Denkform, die das urteilsmäßige Erfassen und das begriffliche Zusammenfassen ermöglicht. Prävalenz des Positiven bedeutet: „Vorrecht des Ja" vor dem Nein. Auch wenn etwas kritisierenswert ist: es muß erst einmal in seinem Anspruch auf Geltung anerkannt werden, bevor es zur Auseinandersetzung dient. „Als dialektisch wird . . . jedes Erkennen bezeichnet, das das Auftreten, Auflösen und Neuerscheinen des Widerspruches als Erkenntnismittel benutzt. Der Widerspruch treibt das dialektische Denken weiter, d. h., er wird von ihm so wenig ertragen wie von irgendeinem anderen Denken. Alles undialektische Denken weist an seinen Grenzen auf dialektische Probleme hin, daher die wesentlich undialektischen Einzelwissenschaften mit ihren Grundfragen in die Philosophie hineinreichen." [6] Die starke Betonung der Dialektik als „Prinzip der Bewegung" läßt Cohn sich auch abheben von Heinrich Rickerts „heterologischem" Denken.

In einer ersten Zusammenschau kann man sagen, daß Cohns ganze philosophischen und pädagogischen Bemühungen überführbar sind in einen Imperativ, der lauten könnte: „Wisse, welche Kulturverantwortung du trägst, und lerne so zu handeln, daß du dieser Verantwortung, die eine solche vor Menschen und eine solche vor Lebensfaktoren von Menschen für Menschen ist, gerecht wirst, indem du eine kritisch-dialektisch geschärfte Urteilskraft ausprägst, eine entsprechende allmenschliche Gesinnung ausbildest, stärkst, und durch sie dein Denken, Handeln und Erleben tragen läßt!" Für den späten Cohn wird diese allmenschliche Gesinnung allein erzeugt durch das, was er die „Selbst-Überschreitung" des Menschen nennt: die Überschreitung des Selbst auf ein überselbstisches sittliches, Verantwortung forderndes Zentrum hin, von dem her Denken und Handeln und Erleben des Ich sich befreien lassen von den einengenden selbstischen Determi-

---

[6] Vgl. Anm. 4, S. 79.

nanten und auf diesem Wege der befreite Geist neue Verantwortlichkeiten stiftet. Der befreite Geist ist der, der sich befreit hat sowohl vom Selbstbezug als auch von nicht zu rechtfertigenden normativen Vorgaben, Selbstverständlichkeiten, Fremderwartungshaltungen, Autoritäten u. a. m.

Jonas Cohn wurde als Sohn eines jüdischen Kaufmanns 1869 in Görlitz geboren. Die Familie siedelte nach dem Tode des Vaters nach Berlin über. Cohn besuchte dort das Askanische Gymnasium, auf dem er auch sein Abitur ablegte. Er studierte Naturwissenschaften in Leipzig, Heidelberg und Berlin und promovierte 1892 in Berlin über Pflanzenphysiologie, bemerkte in seinem Studium aber in zunehmendem Maße das Ungenügen undialektischer Denkweisen und spürte die begrenzte Reichweite des derart monistischen Denkens. Das trieb ihn zu psychologischen und philosophischen Studien, speziell in Leipzig bei Wilhelm Wundt, bei Bart, Volkelt und Külpe, was ihn in zunehmendem Maße zur Befassung mit wertphilosophischen Fragen führte. Er fand sich dann 1896 in Freiburg bei Heinrich Rickert wieder und habilitierte sich dort ein Jahr später über ›Beiträge zur Lehre von den Wertungen‹. Er blieb anschließend dieser Universität 36 Jahre lehrend und forschend verbunden: 1901 wurde Cohn a. o. Professor für Philosophie, übernahm 1907 einen Lehrauftrag für Pädagogik – für ihn eine Selbstverständlichkeit – und wurde 1919 zum planmäßigen a. o. Professor für Philosophie und Pädagogik ernannt. Versuche in den folgenden Jahren, einen Ruf an eine andere Universität zu erhalten (zum Beispiel in Hamburg bei dem ihm eng freundschaftlich verbundenen Psychologen William Stern,[7] dem Vater des jetzt noch in den USA lehrenden Philosophen und unbequemen Kritikers Günther Anders-Stern) – Versuche dieser Art scheiterten an den in den zwanziger Jahren verbreiteten antisemitischen Einstellungen philosophischer Fakultäten deutscher Universitäten, wie der nachgelassene Briefwechsel dokumentiert.[8] In Freiburg zählt Cohn durch seine Forschung und Lehre sehr bald zum Mitträger des Südwestdeutschen Neukantianismus. Zufolge seiner jüdischen und damit rassisch für das Dritte Reich nicht akzeptablen Abstammung wurde Cohn nach den erwähnten 36 Jahren Lehr-

[7] Aus einem Brief von William Stern an Jonas Cohn vom 7. 5. 1919: „Vertraulich! Lieber Freund! Ich komme heut mit einer Bitte, die an Deine Selbstlosigkeit einen gewissen Anspruch stellt. Wir müssen baldmöglichst an eine Besetzung der neugeschaffenen Philosophie-Professur, als wohl auch an die demnächst zu bewilligende Pädagogik-Professur gehen. Leider ist – wie wir schon bei Deinem Hamburger Aufenthalt gemeinsam konstatierten – die Auswahl dadurch beschränkt, daß ich Jude bin; zwei Juden als Vertreter der Philosophie kann man trotz Revolution der Univ. nicht zumuten, und so fällt leider Deine Kandidatur wie die von Cassirer und Geiger fort . . . (Original im Jonas-Cohn-Archiv an der Universität Duisburg).

[8] Von diesem Antisemitismus zeugt auch die Tatsache, daß Cohn selbst in Freiburg nie eine ordentliche Professur erhielt.

264 Dieter-Jürgen Löwisch

tätigkeit in der Freiburger Universität 1933 in den vorzeitigen Ruhestand versetzt. 1939 mußte Cohn, wie eingangs schon bemerkt, emigrieren. Er verbrachte die letzten Jahre seines Lebens schreibend und Vorträge haltend, mühsam Korrespondenz mit deutschen Kollegen aufrechterhaltend, in der Nähe von Birmingham, wo sein Sohn (der spätere Wiener Orientalist Hans Gottschalk) als Angestellter der Selley-Oaks-Colleges Library tätig war. Cohn starb am 12. Januar 1947, kurze Zeit vor seiner geplanten Rückkehr nach Freiburg. Der gesamte Nachlaß des Philosophen und Pädagogen Jonas Cohn befindet sich mit allen Eigentümer- und Urheberrechten im Jonas-Cohn-Archiv an der Universität Duisburg.

„Bewußte Fortbildung und Fortleitung der Kultur ist eine der Aufgaben der Erziehung. Der Kulturphilosoph wird daher stets in der Pädagogik die ihm nächstliegende Disziplin sehen", so heißt es bei Cohn.[9] Eine weitere Aufgabe der Erziehung – neben der Kulturtradierung – ist die Bildung der Person, die in der Lage ist, die genannte Fortbildung und Fortleitung der Kultur zu bewerkstelligen. Ist Pädagogik somit bezogen auf das zu erziehende Ich und auf die Kultur, die in einer Gemeinschaft und durch eine Gemeinschaft getragen, entwickelt und weitergeleitet wird, so ist damit für Cohn in seinem dialektischen Sinne das Erziehungsziel ein doppeltes. In seinem Buch ›Geist der Erziehung‹ hat seine Erziehungszielformel folgenden Ausdruck gefunden: „Der Zögling soll gebildet werden zum autonomen Gliede der historischen Kulturgemeinschaften, denen er angehören wird."[10]

„Autonomie" und „Gliedschaft" in einer historischen Kulturgemeinschaft sind damit die beiden Aufgaben für Erziehung, die nur philosophisch grundgelegt werden können. Statt von „Autonomie" spricht Cohn in seinen späteren Arbeiten zunehmend von „Person" als „der selbstbewußten Einheit, die sich selbst überschreitet". In der philosophischen Begründung der Notwendigkeit von Personwerdung finden sich die stärksten Anklänge an Kants Philosophie, und zwar – da es um das Handeln des Menschen geht – an Kants praktische Philosophie. Personwerdung ist zu ihrem Ziel gelangt, wenn eine Übereinstimmung von Einsicht und Willen vorliegt,[11] wenn die Fähigkeit des persönlichen Stellungnehmens erlangt ist,[12] wenn ein sittliches Zentrum ausgebildet ist, das überselbstisch oder überindividuell ist,[13] wenn „innere Mündigkeit" erreicht worden ist, die sich äußert in der „Frei-

---

[9] Vgl. Anm. 4, S. 77.

[10] Geist der Erziehung. Pädagogik auf philosophischer Grundlage, Leipzig 1919, S. 46.

[11] Geist der Erziehung, S. 28.

[12] Geist der Erziehung, S. 286, 324.

[13] Befreien und Binden, Zeitfragen der Erziehung überzeitlich betrachtet, Leipzig 1926, S. 33.

heit des Urteils", und das heißt: in der Freiheit zu Kritik, da Kritik immer
Ergebnis von Urteilen ist.[14] Da Ethik für Cohn nicht sittlich machen kann
und auch nicht soll, so wie Logik auch nicht denken lehrt und lehren soll,[15]
ist das persönliche Stellungnehmen – das durch Erziehung zu erlangen ist –
als ständig bewußtzumachender und bewußt zur Aufgabe zu stellender Anspruch zu verstehen. Das Stellungnehmen als sittlicher Anspruch bedeutet
dabei „nicht ein solches zum Inhalt eines zu bejahenden oder zu verneinen-
den Satzes, sondern zum Tun oder Unterlassen einer Handlung. Auch hier
erscheint die Aufgabe dem Ich gegenüber als höherwertig, und doch vollendet sich der zufällige Mensch zum bewußten Ich erst in seiner sittlichen
Aufgabe ... Es handelt sich hier um ein Bewußtwerden der Grundsätze
sittlichen Handelns, dessen Nutzen für die Sittlichkeit selbst freilich nicht
unterschätzt werden darf. Denn sittliches Handeln ist mindestens für den
zum Selbstbewußtsein seiner inneren Freiheit erwachten Menschen ein
Handeln nach Grundsätzen. Alle Grundsätze der überkommenen Sittlichkeit aber werden heute vom Zweifel zernagt. Es ist daher notwendig, entweder diese Zweifel zurückzuweisen oder auf neuer Grundlage einen halt-
baren Bau auszuführen ... Erscheint so die Ethik und damit das sittliche
Handeln in Erkenntnissen gegründet" (womit „Klarheit über die Ziele des
Handelns", „Klarheit über das Gewollte" gemeint ist, wobei Cohn an auch
heute ganz aktuelle Bereiche erinnert, so z. B. an Fragen der Strafrechts-
reform, an Fragen um Friedensherstellung und -sicherung oder an Fragen
der Einschätzung des Krieges als eines politischen Mittels), – erscheint also
für die Ethik das Gründen in Erkenntnissen nötig, „so läßt sich auf der
anderen Seite das Erkennen als eine Aufgabe des Ich und damit selbst als
ein ethisches Handeln erfassen".[16]
    Ethik kann und soll nicht sittlich machen, sie kann und soll auch nicht
Moral predigen, – ihr zentraler Punkt ist daher die genannte Freiheit, die
das Stellungnehmen als deren prinzipielle Bedingung erst möglich macht.
Doch muß „Freiheit" noch erläutert werden, Freiheit, die geweckt oder
„ausgelöst", „vermittelt" werden soll durch das Einwirken und Vermitteln
eines Aufklärers, also eines anderen. Dies läßt wieder eine Dialektik erblik-
ken, denn Freiheit stellt sich offensichtlich nicht von selber ein, sondern
allein durch Einwirkung eines schon befreiten Geistes. Der befreite Geist
vermittelt also die Befreiung des Geistes im noch nicht befreiten Geist. Den
befreiten Geist soll der Mensch erlangen, so hieß es, damit er Person werden und sein kann. Dieser befreite Geist hat nichts mit dem „freien Geist",

---

[14] Befreien und Binden, S. 51.
[15] Die Philosophie, in: Schaffen und Schauen. Ein Führer ins Leben 2, Des
Menschen Sein und Werden, Leipzig und Berlin [2]1911, S. 267.
[16] Die Philosophie, S. 267 f.

der verführerischen Vision Friedrich Nietzsches, zu tun. Der „befreite Geist" Cohns ist der, der Werte selbst erkennt, d. h. als Ansprüche und als begründet stellungnehmend erkennt; er ist nicht der freie Vogelflug-Geist Nietzsches, der sich frei wähnt und frei macht wie frei hält „von jeder Bindung durch gültige Werte" [17]. Kurz und, wie ich meine, sehr treffend hat Cohn das in dem Gedanken zum Ausdruck gebracht: „Freiheit ist Emanzipation von der Zweckmäßigkeit. Kunst, Wissenschaft, Sittlichkeit, Religion werden frei, wenn sie sich vom Dienste des bloß vitalen Lebens lösen." [18] Die Freiheit des zu Urteil und Kritik befreiten Geistes orientiert sich mithin nicht an Nutzwerten für das Leben, sondern sie steht – wenn das Bild gestattet ist – über der Lebensfristung, wenngleich sie an diese gebunden ist; ja, sie steht ihr gegenüber: Der befreite Geist – ist er in diesen Stand gesetzt – distanziert sich zu seinem Selbst, zu seinem „lieben Ich", zu dem, was ihm angetragen wird, ja zu dem, was er sich aus Neigungen und Bedürfnissen auch selbst antragen mag. Man denke an den Beruf beispielsweise, an das, was dem Selbst dort an zu erfüllenden Funktionen abverlangt wird (an dieser Stelle der Gedankenführung spricht Cohn die Differenz zwischen Berufsethos und Personethos an); man denke an das Leben als Staatsbürger, an die Mitgliedschaft in einem Interessenverband, an das Leben in sozialen Verbänden, man denke an die Ehe als einer – wie Cohn auf Goethe zurückgreifend charakterisiert – „Synthese des Unmöglichen", die dennoch möglich sei. Aber der befreite Geist weiß sich zugleich gebunden an die Wirklichkeit mit ihren – auch vitalen – Bedürfnissen und Anforderungen von Hunger, Durst, Schlaf, Aggressivität, Sexualität usw.

Die Wirklichkeit – was ist sie aber? Nach dem Nachlaßwerk ›Wirklichkeit als Aufgabe‹ ist sie eine ständige Aufgabe ihrer Berücksichtigung und ihrer Erkenntnis. Dennoch: sie existiert nicht als dieses theoretische Konstrukt; nur als Idee ist sie eine Aufgabe für das Erkennen. Im gelebten und erlebten Leben tritt sie immer in unterschiedlichen Formen auf, so als physikalische Wirklichkeit, als Tatsachenwirklichkeit, als Erlebniswirklichkeit, in denen der Mensch ständig befangen lebt und ohne die es nie ständig sich ändernde Entscheidungs- und Handlungssituationen gäbe. Der ein Verkehrsunfallgeschehen beurteilende Polizist, der Sachverständige und der Unfallbeteiligte, der Kardiologe, der seine medizinische Apparatetechnik nutzt, um einen Schwerstverletzten am Leben zu erhalten, wie auch der Arzt, der einen Hungerstreikenden zwangsernährt: jeder der Genannten steht in den verschiedenen Wirklichkeitsformen und hat in ihnen und mit ihnen im Rücken zu entscheiden, jeder hat Stellung zu nehmen und zu handeln nach Berufsethos und/oder nach Personethos.

---

[17] Vgl. Anm. 4, S. 75.
[18] Die Philosophie im Zeitalter des Spezialismus, Leipzig und Berlin 1925, S. 128.

Kein Entscheidungsfall gleicht dabei einem anderen, keine einmal getroffene Entscheidung ist übertragbar, kein ethischer Formalismus wie der
der kantischen Pflichtethik – der für Cohn als Imperativ hilfreich und unverzichtbar ist – reicht aus, da die Übertragung des Moments des Allgemeinen
auf je besondere Entscheidungssituationen an wesentlichen Momenten für
eine ethisch verantwortbare Handlungsentscheidung vorbeigeht. Das ist
Cohns Grundgedanke. Die kantische Pflichtethik erreicht für Cohn nicht
die Tiefendimension der Sittlichkeit, denn die Inhalte sittlicher Entscheidung lassen sich ihm nicht aus der Form des Sittlichen durch Schlüsse gewinnen. Das Erleben von Situationen wie die jeweilige Andersartigkeit der
Fakten der Situationen wie auch die Stellung des Betroffenen zu den jeweiligen Fakten und zu ihrem Erleben wechseln. Cohn fordert insofern aus dem
Widerstreit der zwei Wertklassen, den Lebens- und den Erlebenswerten,
der Wirklichkeit und des allgemeinen Sollens eine ständig *neue* Einstellung
des sittlichen Zentrums im Stellungnehmen. Das bedeutet eine Überwindung oder ein Aufbrechen der Sollens-Ethik Kants durch den Neukantianer
Cohn. Theoretische Grundlage ist Cohn hierfür die schon erwähnte Prävalenz des Positiven, das Vorrecht des Ja für alles, was den Menschen in Denken und Handeln betrifft, vor allem die Erlebniswelt betreffend: sie ist für
Cohn die Welt, in der wir leben, in der wir handeln und die wir durch unser
Handeln beeinflussen und verändern wollen und sollen. Dieses genannte
„Vorrecht des Ja" verbietet, irgend etwas generell zu verneinen und zu leugnen oder als unwertig auszuweisen und abzustempeln: so die Wirklichkeit,
die Erlebniswelt, die Anlagen, Neigungen, Wünsche, Bedürfnisse, Triebe,
das Erleben selbst, die individuellen Eigenarten. Das „Vorrecht des Ja" verbietet das generelle Verdikt. Aber: Alles derart nun einmal Bejahte ist
gleichzeitig etwas, zu dem Stellung zu nehmen ist, das in Beurteilung und
Kritik einzugehen hat, das auf Werthaftigkeit oder Unwerthaftigkeit zu
durchmustern ist. Insofern es kein generelles Nein geben darf, hat das Nein
für Cohn zugleich seine kritische Bedeutung erhalten, seine eingrenzende,
seine entscheidende, seine Stellungnahme ermöglichende Bedeutung. *Dem
Nein ist bei Vorrecht des Ja das kritische Recht zu wahren.*
    In Freiheit des Urteils und der Kritik sollen Werte sichtig werden, soll selb-
ständig je am einzelnen Fall Stellung genommen werden und sollen je ein-
zelfallspezifische Verantwortlichkeiten gestiftet, d. h. hergestellt und übernommen werden. In der zu erlangenden Freiheit zu Urteil, zu Kritik und zu
Erkenntnis dessen, was hier und jetzt verantwortbarerweise getan werden
muß, darin erweist sich für Cohn Sittlichkeit, und das heißt ihm – dem späten Cohn – „allmenschliche Gesinnung". Sie ermöglicht die sittliche Persönlichkeit oder das, was Cohn in seiner Ethik ›Selbst-Überschreitung‹ einen
„sittlichen selbstbewußten Charakter" nennt, der als derart einheitlicher
Charakter immer Aufgabe bleiben wird, nie erreicht werden wird und der

nicht verwechselt werden darf mit der ein für allemal feststehenden Einheit des Charakters als fest ausgeprägter Gestalt des mit sich einigen und zufriedenen Wesens, das, was wir heute einen borniertem Charakter nennen würden (wofür Beispiele zu finden nicht schwerfallen dürfte).

In der Ethik ›Selbst-Überschreitung‹ heißt es dann diesbezüglich auch: „Der Mensch ist nicht nur dafür verantwortlich, daß er das Gebotene tut; er muß die schwere Verantwortung übernehmen zu entscheiden, was ihm *jetzt* geboten ist."[19]

Ist unter pädagogischem Aspekt das vorherrschende Moment die Personwerdung, so steht diese doch in unlöslicher Bindung an die Gemeinschaft. Begründet wird dies – was ja auch Niederschlag in der schon erwähnten Erziehungszielformel gefunden hat – von Cohn damit, daß Gemeinschaft sowohl ein Kulturfaktum ist und sich für das Leben als notwendig erweist, als auch daß Gemeinschaft zugleich der überindividuelle Pol des Selbst ist. „Der Mensch erwacht zu bewußtem Leben in einer Gemeinschaft, deren Sollen und Vorschriften er ebenso vorfindet wie den eigenen Leib oder die körperliche Umwelt. Seine Selbstwerte sind an diese Gemeinschaft gebunden, sein Selbstgefühl beruht darauf, daß die Mitglieder der Gemeinschaft ihn als berechtigtes Glied anerkennen und daß er dies weiß." All dies verbleibt jedoch noch im Lebenswertigen und damit im Selbstischen, so daß die Gedanken weitergetrieben werden müssen: Das zur Person gewordene Selbst muß nun als Person „ihr Urteil innerlich über die Gemeinschaft stellen", sie muß sie „anfechten", indem sie sie akzeptiert (Vorrecht des Ja) *und* distanzierend zu ihr Stellung nimmt (kritische Bedeutung des Nein), wobei sie sie analysiert und wertet, sie in ihrer Verbindlichkeit mit Gründen anerkennt oder ihre Unwertigkeit feststellt; die Gemeinschaft dadurch im Handeln stärkt oder verändert, und dies alles unternimmt unter dem Ziel einer „Gemeinschaft freier Personen". Der Konflikt zwischen Macht der Gemeinschaft und Rechtmäßigkeit der Gemeinschaft, also zwischen Legalität und Legitimität, findet sich auf allen Ebenen, am stärksten auf der Ebene des Staates: „So tritt die Person zum Staate in ein schwieriges Verhältnis, aus dem echt sittliche Konflikte folgen: als Staatsbürger ist sie dem Staat rechtlich und rechtmäßig unterworfen" (Legalitätsprinzip) – „in ihrem überselbstischen Pol aber setzt sie sich dem Staat auch gegenüber; sie kann nicht anerkennen, daß die praktische Vernunft nur durch die jeweilig im Staat Herrschenden repräsentiert ist" (Legitimitätsprinzip) – so umreißt es Cohn in der ›Wertwissenschaft‹,[20] während er in der nachgelassenen Ethik nach den Entartungen des Legalitätsprinzips im faschistischen Deutschland den Konflikt noch stärker herausarbeitet, jedoch nicht am Vorrecht des Ja des

---

[19] Selbst-Überschreitung, S. 197.
[20] Wertwissenschaft, Stuttgart 1932, S. 584ff.

Legalitätsprinzips Abstriche vornimmt, da es grundsätzlich erst einmal Gründe für sich auf seiner Seite hat.

Der sittliche Wert der Gemeinschaft – neben ihrem dem Selbstischen verpflichteten Lebenswert – liegt jedoch darin, daß „sittlichen Gehalt und sittliche Einsicht man nur in der Gemeinschaft erwirbt"[21], da in ihr jedes Du dem Ich überantwortet wird,[22] da Ich und Du wechselseitig aufgegeben sind. Jedes Du stellt damit Verpflichtung für das Ich dar, – Personwerdung kann also grundsätzlich nur in Gemeinschaft stattfinden, die sich für das Ich aus mannigfaltigen Dus zusammensetzt. Damit verwirklicht sich Gemeinschaft sittlich auch in jedem einzelnen,[23] und es kann von Cohn mit Recht als von einer „Gemeinschaft freier Personen" gesprochen werden.

Zugrunde liegt diesem Gedanken die Menschheitsidee, die Kant in eine der verschiedenen Formulierungen des Kategorischen Imperativs in der ›Grundlegung zur Metaphysik der Sitten‹ einbringt. Sie lautet bekanntlich: „Handle so, daß du die Menschheit sowohl in deiner Person als in der Person eines jeden andern jederzeit zugleich als Zweck, niemals bloß als Mittel brauchst." „Dieses Prinzip der Menschheit" ist „Zweck an sich selbst" – es ist die „oberste einschränkende Bedingung der Freiheit der Handlungen eines jeden Menschen",[24] die für Cohn auch in der sogenannten Goldenen Regel ihren Niederschlag gefunden hat: „Was du nicht willst, das man dir tu, das füg auch keinem andern zu." Das Ich erlebt – mit Cohn – das Du und erfährt damit das Bewußtsein seiner selbst, d. h., das Du zwingt das Ich zur Gegenüberstellung und zur Achtung, und das Ich erfährt sich selbst als begrenzt und muß als Ich das Du verteidigen in dessen Intimität. Das Ich hat mithin allgemeine Pflichten gegen jedes Du, was für Cohn in der Formel der Goldenen Regel als eine Maxime der Gerechtigkeit erscheint.[25]

Ethik ist für Cohn daher immer nur als Indiviudalethik möglich; es geht immer um den befreiten Geist und dessen Handlungen, um dessen Sittlichkeit in Form seiner allmenschlichen Gesinnung, von der Menschlichkeit in kulturgemeinschaftsübergreifender Weise als Menschheitsordnung abhängig ist. „Menschheitsordnung": damit ist eine Gesinnung und Ordnung gemeint, die allein Menschlichkeit zu gewährleisten vermag. Sie, diese Gesinnung, die Cohn auch als „demokratische Gesinnung" bezeichnet, hat sich in Gesellschaft und Sitte, in Politik und Recht, in Wissenschaft und Kunst, in Religion, in Wirtschaft und Technik durch die handelnden Personen als

---

[21] Geist der Erziehung, S. 37.

[22] Recht und Sinn eines allgemeingültigen Erziehungszieles, in: Die Erziehung III, 1928, S. 36.

[23] Geist und Erziehung, S. 38f.

[24] Immanuel Kant: Grundlegung zur Metaphysik der Sitten, Akademie-Ausgabe Band IV, S. 429 f.

[25] Selbst-Überschreitung, S. 93.

befreite Geister einzusiedeln und sie vermag eine Änderung auf eine Menschheitskultur hin zu bewerkstelligen. Diesen Gedanken hat Cohn weiter ausreifen und in ein weiteres Nachlaßmanuskript einmünden lassen, dem er den Titel ›Volkscharakter und Menschheitsorganisation‹ [26] gab; hier wird – wieder entsprechend der dialektischen Denkweise Cohns – der Selbst-Überschreitung des Ich zur Seite gestellt die „Selbstüberschreitung der Völker und Staaten in der Menschheits-Organisation" und es werden aus der Gegenwart sowohl Prognose und Planung für die Zukunft gezogen als auch die politischen Mittel reflektiert, die der Zielerreichung zur Verfügung stehen. Dabei wird auch das Mittel der Kriegsrüstung, das auf „oft berechtigtem Mißtrauen gegen andere Staaten" aufruht, bedacht und werden die Gefahren bezeichnet: „Vermehrung der Rüstung mindert das Vertrauen", das für dauernden Frieden Voraussetzung sei, und „führt zum Wettrüsten und vermehrt dadurch die Kriegsgefahr".[27]

Was die apostrophierte Änderung der Menschheitskultur betrifft, so lassen sich deutliche Bezugspunkte zu Überlegungen des zeitgenössischen Physikers und Philosophen Carl Friedrich von Weizsäcker herstellen, der über die Notwendigkeit einer „Weltkultur" im Sinne einer „Asketischen Weltkultur" nachdenkt. Für Cohn muß sich eine derartige Änderung einstellen, da Geschichte sich nicht zwangsläufig entwickelt und ihr Ethos nicht starr ist: es ist geschichtlich bewegt, es ist dynamisch. „Die Dialektik der Zielformel" von Erziehung erweist für Herwig Blankertz, einen der wenigen, die sich nach dem Zweiten Weltkrieg mit Cohn unvoreingenommen auseinandergesetzt haben, „geradezu den geschichtsphilosophischen Sinn der Mehrheit von Kulturgemeinschaften".[28]

Diese Vergrößerung der Verantwortung und Verantwortlichkeit der Menschen bedeutet eine Erschwernis: die sittlichen Konflikte und Krisen werden zunehmen, der Mensch wird glauben, an die Grenzen seiner Verantwortungsmöglichkeiten zu stoßen. Aber auch dies verlangt für Cohn eine erneute Auseinandersetzung, und sie hat der Erzieher nicht weniger wahrzunehmen als der schon Erzogene: „Der letzte Schritt zu echter Sittlichkeit ist ... die Befreiung des eigenen Gewissens von fremder Autorität; und die Vorbereitung dieser Freiheit ist für den Erzieher höchste und schwerste Aufgabe. – Da wir in jedem Menschen die Möglichkeit freier Entscheidung anzuerkennen haben, dürfen wir ihn auch für seine Handlungen verantwortlich machen. Aber dabei zeigt sich eine Schwierigkeit, die uns selbst gegenüber mindestens nicht in demselben Grade besteht. Wir suchen uns an

---

[26] Original im Jonas-Cohn-Archiv an der Universität Duisburg.
[27] Original-Manuskript, S. 170.
[28] Herwig Blankertz, Der Begriff der Pädagogik im Neukantianismus, Weinheim, Berlin 1959, S. 54.

seine Stelle zu versetzen, um ihn gerecht zu beurteilen, aber wieweit wir das vermögen, bleibt ungewiß. Auch die eigene Vergangenheit kann bei prüfender Erinnerung verfälscht werden; doch stehen wir ihr viel näher als dem Verhalten irgend eines anderen Menschen, dessen innere Lage wir nur aus seinen Worten und Ausdrucksbewegungen erraten können. Verantwortlich ist jeder für sein Wollen, Tun und Unterlassen, nicht für seine Anlagen und für die Umwelt, durch die sie ausgebildet wurden. Uns selbst gegenüber haben wir die Pflicht, die Anlagen in sittlich geforderte Richtung zu entwikkeln und unsittlichen Einflüssen zu widerstehen; aber wir kennen auch die Hemmnisse durch Natur und Gewohnheit, beschränken in Rücksicht auf sie unsere Ziele. Wieweit der andere das tun muß und darf, können wir nie genau wissen. Daraus folgt, daß wir andere nicht so streng beurteilen sollen wie uns selbst, obwohl unser Selbstgefühl uns zu entgegengesetzter Urteilsweise antreibt. Uns selbst gegenüber soll bei sittlichem Urteil die Annahme der Freiheit, andern gegenüber die der Abhängigkeit vorwalten."[29]

Gewissens- und Gesinnungsbildung anderer wäre mithin eine Anmaßung, der sich der Pädagoge nicht schuldig machen darf.

Literaturhinweise

Werke

Führende Denker. Geschichtliche Einleitung in die Philosophie, Leipzig 1907.
Der Sinn der gegenwärtigen Kultur. Ein philosophischer Versuch, Leipzig 1914.
Geist der Erziehung. Pädagogik auf philosophischer Grundlage, Leipzig und Berlin 1919.
Erziehung zu sozialer Gesinnung. Pädagogisches Magazin Heft 742, Langensalza 1920.
Theorie der Dialektik. Formenlehre der Philosophie, Leipzig 1923, Neuauflage Darmstadt 1965.
Die Philosophie im Zeitalter des Spezialismus, Leipzig und Berlin 1925.
Befreien und Befinden. Zeitfragen der Erziehung überzeitlich betrachtet, Leipzig 1926.
Wertwissenschaft, Stuttgart 1932.
Wirklichkeit als Aufgabe, Stuttgart 1955 (postum; hrsg. von Jürgen von Kempski).
Selbst-Überschreitung – Grundzüge der Ethik, entworfen aus der Perspektive der Gegenwart, Frankfurt a. M., Bern, New York 1986 (posthum; hrsg. von Dieter-Jürgen Löwisch).
Vom Sinn der Erziehung. Ausgewählte Texte, hrsg. von Dieter-Jürgen Löwisch, Paderborn 1970.

---

[29] Selbst-Überschreitung, S. 244.

Sekundärliteratur

Blankertz, Herwig: Der Begriff der Pädagogik im Neukantianismus, Weinheim und Berlin 1959.

Kempski, Jürgen von: Nachwort zu Jonas Cohn: Wirklichkeit als Aufgabe, Stuttgart 1955.

Litt, Theodor: Jonas Cohn: Geist der Erziehung, in: Kant-Studien XXV, 1920.

–: Die Philosophie der Gegenwart und ihr Einfluß auf das Bildungsideal, Berlin und Leipzig 1925.

Löwisch, Dieter-Jürgen: Jonas Cohn, in: Lexikon der Pädagogik, Band I, Freiburg i. Br. 1970.

–: Jonas Cohns System der Pädagogik, in: Vom Sinn der Erziehung, Paderborn 1970.

Marck, Siegfried: Am Ausgang des jüngeren Neukantianismus. Ein Gedenkblatt für R. Hönigswald und J. Cohn, in: Archiv für Philosophie III, 1949.

Ritzel, Wolfgang: Philosophie und Pädagogik im 20. Jahrhundert, Darmstadt 1980.

THEODOR LITT

Von Dieter-Jürgen Löwisch

Theodor Litt – dieser Name zog noch nach dem Zweiten Weltkrieg Scharen von Studenten in den Hörsaal. Der Name war in den fünfziger Jahren und Anfang der sechziger Jahre an der Bonner Universität von gleicher Anziehungskraft wie beispielsweise der Name Benno von Wiese für die Germanisten. Man hörte – wann eben man konnte – Litt, und sei es als Jurist oder als Naturwissenschaftler. Litt ist einer der großen Pädagogen dieses Jahrhunderts neben Herman Nohl, Wilhelm Flitner, Eduard Spranger, Aloys Fischer, unverkürzt in der Bedeutung neben den genannten anderen und unbeeinträchtigt in der unmittelbaren Wirkung seines Denkens und der mittelbaren Wirkung seiner Gedanken. Und dies, obwohl ihm ein ähnliches Schicksal beschieden war wie Jonas Cohn, oder genauer: obwohl er sich selber aufgrund seiner intellektuellen Redlichkeit und moralischen Unbeugsamkeit in ein ähnliches Schicksal hineinbegeben hatte: Litt läßt sich nämlich im Jahre 1937 auf eigenen Antrag hin vorzeitig emeritieren, weil er „der Vergewaltigung des freien Denkens und der wissenschaftlichen Wahrheitserkenntnis" durch die nationalsozialistischen Machthaber nicht dienen wollte. Ein ihm gegenüber ausgesprochenes Vortragsverbot erschwert zusätzlich seine öffentliche Wirksamkeit; gleichwohl übt er offen Kritik am nationalsozialistischen System durch Veröffentlichungen wie beispielsweise seine Aufsätze ›Die Stellung der Geisteswissenschaften im nationalsozialistischen Staat‹, ›Philosophie und Zeitgeist‹, ›Der Deutsche Geist und das Christentum‹, ›Die gedanklichen Grundlagen der rassentheoretischen Geschichtsauffassung‹ und ›Protestantisches Geschichtsbewußtsein‹. Der ursprünglich unpolitische Theodor Litt schließt sich in den vierziger Jahren dem sich sukzessive bildenden politischen Widerstand an, indem er sich in Leipzig, der Stätte seines damaligen akademischen Wirkens, dem Widerstandskreis um den Leipziger Oberbürgermeister Karl Goerdeler beigesellt, der noch kurz vor Kriegsende vom Nazi-Regime hingerichtet wurde.

Litt nutzt die „vorlesungsfreie Zeit" von 1937 bis 1945, um zu schreiben, und so konnten nach Kriegsende mehrere Manuskripte in Druck gehen, mit denen die zweite Phase seiner Wirksamkeit eingeläutet wurde. Es handelt sich um seine Anthropologie ›Mensch und Welt‹ und seine Wissenschaftstheorie ›Denken und Sein‹, beide im Jahre 1948 erschienen. Welcher Denkmethode Litt sich verpflichtet weiß, verdeutlichen die beiden genannten

Buchtitel ebenso wie die früheren, z. B. ›Geschichte und Leben‹, ›Individuum und Gemeinschaft‹, ›Erkenntnis und Leben‹ und andere. Und die Tatsache, daß er zusammen mit Herman Nohl, Wilhelm Flitner, Eduard Spranger und Aloys Fischer die Zeitschrift ›Die Erziehung‹ herausgibt, verrät die andere Seite seines Denkens. Dialektisches und geisteswissenschaftliches Denken bestimmen mithin die Arbeiten Litts, und dies gilt seine beiden Schaffensperioden hindurch. Rückblickend dürfte es auch nicht übertrieben sein, wenn man erklärt, daß mit den beiden dialektischen Denkern Cohn und Litt das Ende eines pädagogischen Denkens erreicht wurde, das dem Hörer und dem Leser eine hohe begrifflich-gedankliche Anstrengung abverlangte. Auch ist es sicher nicht unbezeichnend, daß heute weder das Denken Cohns noch das Denken Litts die theoretische Szenerie der Pädagogik, wie sie in unseren Tagen en vogue ist, bedeutend begleiten, geschweige denn beherrschen.

Ich verwies auf das Moment des Dialektischen, das Cohn und Litt gemeinsam ist. Geht man von den Publikationen beider Denker aus, so findet man kaum Bezugnahmen aufeinander, wo doch das Gegenteil nahe liegt, da sich beide Denker formal gesehen derselben Denkmethode bedienten, auch wenn sie inhaltlich gesehen die gemeinsame Denkmethode unterschiedlich füllten. Doch sichtet man den Nachlaß Jonas Cohns, dann finden sich in ihm Karten und Briefe Litts aus dreizehn Jahren, die auf ein intensives gemeinsames Durchdenken analoger oder sogar gleicher Fragen verweisen und die dabei erkennen lassen, daß der jüngere Theodor Litt vom älteren Jonas Cohn auf die Spur dialektischen Denkens verwiesen wurde, die für Litt fortan denkbestimmend wurde:

Der zweiten, völlig neu bearbeiteten Auflage von Litts Buch ›Individuum und Gemeinschaft‹ gehen voraus – einmal – Cohns Besprechung der ersten Auflage mit dem Monitum, daß Litt wohl eine gewisse Scheu trage, die systematische Betrachtung der verschiedenen Seiten der sozialen Gebilde dialektisch vorzunehmen; zum anderen Cohns Zusendung seiner gerade erschienenen ›Theorie der Dialektik‹ an Litt. Litt bestätigt dankend den Eingang des Buches und schreibt weiter: „Es – das Buch – hätte nicht zu gelegenerer Stunde kommen können. Ich sitze an der zweiten Auflage meines Buches Individuum und Gemeinschaft und habe mich bei erneuter Durcharbeitung immer wieder an das Wort Ihrer Recension erinnert gefunden, wie unwiderstehlich dieser Problemkreis auf dialektische Behandlung hindrängt. So wird mir Ihr Buch manche wertvolle Belehrung spenden."[1] Litt würdigt in dieser Neuauflage dann auch Cohns Dialektik-Buch damit, daß er erklärt, es habe ihn „in der Klärung des hier angewandten Denkverfah-

---

[1] Theodor Litt an Jonas Cohn: Leipzig, 19. 10. 1923. (Autograph im Besitz des Jonas-Cohn-Archivs an der Universität Duisburg.)

rens (scil.: der Dialektik) wesentlich gefördert". Und im Jahre 1925 schreibt
Litt noch einmal zu diesem Thema an Cohn: „Sie wissen ja, wie stark Sie
mich durch Ihre Dialektik in der Deutung der Entwicklung beeinflußt
haben."[2]
    Für Litt stellt sich das pädagogische Denken in Form einer Dialektik dar.
Das Dialektische, oder das Antinomische, wie er auch sagt, zeigt sich beispielsweise in der Gegenstellung von Individuum und Gemeinschaft wie in
der Gegenstellung von Vernunft und Leben, wie in der von subjektivem
Geist (Subjekt, Person) und objektivem Geist (objektiven Geistgestaltun-
gen). Und wenn Litt von einer „phänomenologischen Dialektik" spricht, so
heißt das, daß im Vorfindlichen, im Phänomenhaften diese Widersprüchlichkeit sowohl begründet ist durch den das Phänomenale durchwaltenden
Geist und als auch in ihm gegeben ist. So kommt für Litt angesichts des
vorfindlichen Pädagogischen als ein dialektisch zu begreifendes Moment
sowohl die Spannung zwischen Theorie und Praxis auf als auch gesellt sich
diesem das dialektische Moment der Spannung zwischen zweckgeleitetem
und sinngeleitetem Tun.
    Der Mensch ist für Litt immer unausweichlich eingeflochten in Ge-
schichte. Unter ihr begreift Litt sowohl die vergangene Geschichte als auch
die durch die Menschen gewirkte zukünftige Geschichte. Wenn Litt von Geschichte spricht, dann meint er die geistig-soziale Welt in ihrer gegenwärtigen, vergangenheitsgestifteten und zukunftsgeöffneten Ausgestaltung.
Für das mit Geschichte Gemeinte wählt Litt unter anderem auch die Formulierung „kulturelle Gesamtlage". Mit „Kultur" ist bei Litt nun nicht das
umgangssprachlich heute so Bezeichnete gemeint; sondern mit Kultur ist
gemeint die „Totalität der Formen und Produktionen des menschlichen Zusammenlebens"[3]; mit anderen Worten: das Ganze dessen, was Menschen in
Gemeinschaft durch Denken, durch Handeln, durch Herstellen erschaffen
haben; das mag vom Faustkeil bis zum Spacelab, vom Ritual bis zur Staatsverfassung, von Gartenbaukunst bis zu einer moderen Fettplastik reichen.
Geschichte ist somit immer Kulturgeschichte, nämlich Geschichte der geistigen Welt. Erziehung ist nun unter dieser Voraussetzung ein „Handeln,
das seinem Wesen nach gerichtet ist auf den Zusammenhang der mensch-

---

[2] Theodor Litt an Jonas Cohn: Leipzig, 28. 10. 1925. (Autograph im Besitz des
Jonas-Cohn-Archivs an der Universität Duisburg.) Vgl. hierzu auch: Wolfgang
Tischner, Du-Erleben und Wirklichkeit: Ein Briefwechsel zwischen Jonas Cohn und
Theodor Litt, in: Pädagogische Rundschau 36 (1982), S. 303–310; ders., Die Dialek-
tik des Autonomiebegriffs bei Jonas Cohn und ihre Kritik durch Theodor Litt, in:
Vierteljahrsschrift für wissenschaftliche Pädagogik 59 (1983), S. 220–227.
[3] Zu „Kultur" und „kultureller Gesamtlage" bei Theodor Litt, auch in ihrer Abhe-
bung von Wilhelm Flitners Kultur-Verständnis, vgl.: Individuum und Gemeinschaft,
Leipzig [3]1926.

lich-gesellschaftlich-geschichtlichen Welt, d. h. der geistigen Welt"[4]. Ziel des Nachdenkens ist Theodor Litt damit der Zusammenhang der geistigen Welt: vorausgesetzt wird also die Einheit der Formen und Produktionen des menschlichen Zusammenlebens.

Diese vorausgesetzte Einheit ist aber nicht vorgegeben; vorgegeben sind vielmehr Disparatheit und Vielheit, Mannigfaltigkeit und Unterschiedlichkeit wie Verschiedenheit; vorgefunden werden nicht Einheiten und Synthesen, sondern Auseinanderstrebungen oder unverbundenes Nebeneinanderbestehen. Die kulturelle Gesamtlage, von der Litt spricht, ist gegenwärtig – und immer ist gegenwärtig – durch Disparatheit charakterisiert: die menschlichen Praktiken stehen unter verschiedenen und unterschiedlichen Zwecken unverbunden nebeneinander: so als Beispiel genommen die exakt wissenschaftlichen Praktiken wie die der Naturwissenschaft und Tatsachenforschung, denen sich Litt besonders und intensiv widmet. Es sind ihm Praktiken, die alle als Antworten auf seine, des Menschen, „lebendig empfundenen Bedürfnisse (zu verstehen) sind, aus denen sich alle Zweckvorstellungen herausklären". Analog werden auch die anderen, verfahrensmäßig verstehend und deutend vorgehenden Wissenschaften gesehen – wenn man sich allein nur das Kulturobjekt „Wissenschaft" selbst betrachtet. Sind die *erstgenannten* exakt-wissenschaftlichen Praktiken zweckgebunden und anwendungsorientiert, so werden die Kulturphänomene in den *zweitgenannten* hermeneutisch-wissenschaftlichen Praktiken nicht auf ihre Zweckmäßigkeit hin erklärt und werden in ihnen keine Rezeptologien oder Technologien entwickelt, sondern sie werden auf ihren Sinn hin zu verstehen und zu deuten gesucht. Zur Kultur gehören somit unabdingbar Tatsachenforschung und hermeneutische Forschung, wert- und sinnfreie Naturwissenschaften und wert- und sinngebundene Geisteswissenschaften.

Pädagogik, die sich mit dem Zusammenhang dieser disparaten geistigen Welt in der Weise befaßt, daß sie das Handeln reflektiert und theorisiert, das diesen geforderten Zusammenhang herzustellen vermag, gehört ihrerseits nun auch in den Bereich von Wissenschaft als ein Kulturfaktor. Die sich für Litt angesichts der zunehmenden Bedeutung von Natur- und Technikwissenschaft stellende Zuordnungsfrage der Pädagogik als Wissenschaft (die er im Sinne einer Zuordnung zur Geisteswissenschaft löst) ist für ihn eine wichtige und mit Notwendigkeit zu klärende Frage. Grund hierfür ist ihm die Tatsache, daß sich auch im Bereich des Pädagogischen einerseits das Moment des Experimentellen und das des Technologiehaften eingestellt haben, wie auch andererseits ein naiver Verlaß auf die organischen Naturkräfte bei der Entwicklung des einzelnen als einem Naturwerdenden, die

---

[4] Das Wesen des pädagogischen Denkens, in: Theodor Litt, Führen oder Wachsenlassen, Stuttgart [5]1952, S. 89.

ein Steuern gemäß experimentell erforschter Methoden und Technologien verbieten, Platz gegriffen hat. So findet sich nicht nur die Spannung zwischen technischem Machen (Herstellen) eines Produkts und Selbstfindung des Geistes durch Ausdeuten und Verstehen seiner selbst. Es findet sich auch die zwischen strengem Führen zu einem Zweck unter geprüfter Mittelauswahl (beispielsweise zu einem „Bildungsideal") und einem reformpädagogisch vertretenen Wachsenlassen des Kindes, einem Sich-selbst-Überlassen des Kindes.

In der Frage des Umgangs mit derartigen Spannungen entscheidet sich Litt nicht für die Lösung, die Spannungen als Prinzip der Bewegung zu sehen, ihre jeweiligen Pole und sie selbst aufrechtzuerhalten, wie dies Jonas Cohn tat. Vielmehr entscheidet Litt sich dafür, Synthesen zu finden, und das heißt: die Spannungen und Widersprüche miteinander zu vermitteln, um sie aufzuheben. Die angesprochenen Spannungen sind für Litt nun nicht willkürliche Erfindungen des menschlichen Geistes und der sozial-geschichtlichen Welt, sondern sie entsprechen einer antinomischen Struktur menschlichen geistigen Seins.

Das Antinomische, der Widerspruch, liegt für Litt begründet in der dialektischen Grundstruktur menschlichen Seins, die von außen – das heißt: durch einen Eingriff von außen – nicht behebbar und aufhebbar ist. Wenn sie von außen nicht aufhebbar ist, dann hilft zum Zwecke der Aufhebung auch keine irgendwie geartete angewandte Wissenschaft, wie sie sich uns in Techniken darstellt: beispielsweise kann keine Form experimenteller, klinischer, therapeutischer angewandter Psychologie Widersprüchlichkeiten in der Psyche eines Menschen zur Aufhebung bringen, sie können lediglich – wenn sie überhaupt etwas be„wirken" können – Aufklärungsarbeit leisten, damit der Klient selber mit dem derart Aufgeklärten umzugehen vermag. Eine Aufhebung der dialektischen Grundstruktur menschlichen Seins in den einzelnen aktualen Konkretionen ist also nicht machbar, nicht herstellbar. Pädagogisches Handeln, das auf Zusammenhang und auf Einheit gerichtet ist, kann zur Erfüllung dieses Auftrags daher nichttechnischen Charakters sein. Erziehung als Führung hin zu einem Zweck – nämlich dem der Aufhebung der dialektischen Spannung – kann somit nicht stattfinden, auch weil der sogenannte Führer in seiner Zwecksetzung ja selber nicht aus diesen Spannungen herauskommt: Er ist ihnen ebenso verhaftet wie die von ihm zu Führenden. Ein naturhaftes Wachsen- und Gewährenlassen analog organischem Wachstum auf der anderen Seite ist Litt jedoch ebensowenig annehmbar, da das Wachsenlassen ausgehen müßte von einer dem Menschen als Naturwesen generell einwohnenden Teleologie, was bedeutete: Der Natur als einem Sein, das gesetzmäßig erklärbar und tatsachenforschungsmäßig bearbeitbar ist, würde ein Prinzip innewohnen, das gerade die Erklärung und Bearbeitung der Natur verböte, ein Prinzip, das für die

Eigenentwicklung der Natur spräche und Wissenschaft im Sinne von Naturwissenschaft unmöglich machte, außerdem ihre Nutzanwendung für ihr äußere Zwecke nicht erlaubte. Naturwissenschaft hat sich aber nun im Laufe der Geschichte als einer Freisetzungsgeschichte des Geistes (und das gehört mit zur „kulturellen Gesamtlage") abgekoppelt von vorgegebenen Prinzipien: Sie hat sich aus Abhängigkeiten gelöst, aus mythischen Bindungen ebenso befreit wie aus religiösen und religiös erklärten Sinnvorgaben – dieser Säkularisierungsprozeß des Denkens ist nicht mehr rückgängig zu machen: Er gehört in seinen Ergebnissen mit zur kulturellen Gesamtlage der Gegenwart.

Es gibt mithin einen Hiatus zwischen Natur und Mensch, zwischen natürlicher organischer Existenz und menschlich geistiger Existenz. Der Natur eignet kein Sollen – das hatte ganz deutlich Kant formuliert –, der Natur eignet auch kein Sinn: Das teleologische Weltbild hat mit der Aufklärungszeit und dem Aufkommen der exakten Naturwissenschaften im 17. Jahrhundert und ihren Entwicklungen für Litt ein Ende gefunden.[5] Sollen und Sinn, von denen wir sprechen, sind nicht natürlich-organisch gegeben; Natur drängt nicht von sich aus zu einer Aufhebung von Widersprüchen, ja, in ihr selbst gibt es auch gar keine Widersprüche: wohl gibt es in ihr Gesetzmäßigkeiten und geordnetes Chaos. Die Aufhebung von Widersprüchen ist somit eine gedankliche Forderung und nur durch das Denken zu gewährleisten. Es gibt auch keine in der Natur liegenden und aus ihr entspringenden Harmonie-Ideale. Der Mensch ist durch seinen Geist zum Harmonisieren gefordert; er ist aufgefordert, die Widersprüche, die ihm unerträglich zu werden scheinen, durch eigene gedankliche Anstrengung zur Aufhebung zu bringen. „Das Sein der Erziehung kann nur im Ausblick auf ihr Sollen erfaßt werden", so schreibt Litt.[6] Und das Sollen ist die herzustellende Vermittlung, die Aufhebung, d. h. die jeweils herzustellende Synthese aus den Widersprüchen, die Synthese aus den sich gegenüberstehenden Thesen. Also sind diese Widersprüche anzunehmen und bewußt (d. h. mit Geistesanstrengung) zu leben. Sie sind geistig zu leben in Form ihrer Anerkennung als Gegebenheiten und in Form ihrer Anerkennung als Aufgegebenheiten für den Geist. Das wieder bedeutet: Sie – die Widersprüche – tragen als geistig produzierte, d. h. als Kulturmomente, in sich das Sollen ihrer Aufhebung, das ebenfalls geistgestiftet ist. Sie sind Ansprüche an den Menschen: ihrer gedanklich Herr zu werden, sie zu bezwingen, ja sie in eine Zwangsjacke der Synthese zu stecken, sich – und damit den Geist – an ihnen abzuarbeiten. Vermittlungsarbeit und Vermittlungsdienst als aus dem Geist (der sich

---

[5] Vgl. Matthias Schramm, Natur ohne Sinn? Das Ende des teleologischen Weltbildes, Graz, Wien, Köln 1985.
[6] Das Wesen des pädagogischen Denkens, a. a. O., S. 103.

selber zeugt) gezeugter Sinn des Lebens sind menschlicher Existenz aufgegeben: Sachlichkeit, Unbeugsamkeit, Pünktlichkeit, Ordnung, Korrektheit, Disziplin und Selbstdisziplin, Arbeit – das sind einige der daraus abgeleiteten Tugenden. Und diese Tugenden vertritt sowohl als auch lebt der Rheinländer Theodor Litt in preußischer Exaktheit.

Die Widersprüche, respektive die Pole der Widersprüche, tragen für Litt kein Eigenrecht ihrer Existenz und bedeuten nicht eine Aufforderung zu einer kritischen Auseinandersetzung mit ihnen zum Zwecke der Bildung stellungnehmender und stellungnehmenkönnender Vernünftigkeit des Menschen, wie dies bei Cohn der Fall ist. Sie sind in Vereinbarung miteinander zu bringen, was dem menschlichen Geiste möglich sein können muß, denn die sich widersprechenden Pole entspringen ja ihrerseits auch dem menschlichen Geist und dessen Aktivitäten.

Wohin der Mensch auch schaut, worinnen er auch lebt: überall findet er Gestaltungen objektiven Geistes vor, konkret Geistgewordenes, was zusammengenommen Kultur ausmacht. Hat dies nun in seinem Anspruch-Charakter dem Heranwachsenden bewußt gemacht zu werden, so geschieht dies aus zwei Gründen: Dem Grund des Sachanspruchs und dem Grund des Anspruchs des Heranwachsenden als Geistwesen. Insofern ist für Litt der Erzieher „Anwalt und Vertreter des objektiven Geistes", indem er dessen Konkretionen zur Bearbeitung durch die Geistseele des Heranwachsenden verpflichtend macht. Und er ist Anwalt des Zöglings-Subjekts, d. h., er ist Anwalt der zu bildenden, an geistigen Gehalten abzuarbeitenden Geistigkeit des Heranwachsenden. Auch hier hat eine Versöhnung, eine Vermittlung stattzufinden: Der Erzieher hat Kind und Sache, Zögling und geistige Gehalte in Auseinandersetzung zu bringen und dafür Sorge zu tragen, daß auf seiten des Zöglings eine Selbsterkenntnis seines Geistes (eine Selbstbesinnung) derart stattfindet, daß die ärgerliche Differenz, die Auseinandersetzung, zu einem beide Seiten befriedigenden Ende, das heißt zu einer Synthese, geführt wird. Das bedeutet: die geistigen Gehalte der Kultur sind aufgehoben im Subjekt und das Subjekt weiß sich aufgehoben in den geistigen Kulturgehalten. Der Begriff „Aufhebung" verweist dabei auf ein Doppeltes: Geborgenheit in einer beinahe lebensphilosophischen Weise (der frühe Litt hatte eine starke Affinität zur Lebensphilosophie, er selbst verweist auf Dilthey und Simmel) und Hinaufgehobensein auf eine andere geistige Stufe. Dieses ständig Synthesen suchende dialektische Denken trägt somit keinerlei Verdachtsmomente in sich, mit der Verfallenheit oder Gebrochenheit menschlicher Existenz sich abfinden zu wollen: „Mensch und Welt" stehen in einer positiven dialektischen Spannung zueinander, sie bedingen sich wechselseitig: beide partizipieren aneinander, beide arbeiten sich aneinander ab. Und wenn „Abarbeitung" – in der hegelschen Tradition – Bildung bedeutet, dann bilden beide einander: Der Mensch bildet sich in

seiner „Selbstbefestigung" und Selbstfindung als das in der Welt zu sich
gekommene Wesen; und die Welt als der Inbegriff von geistig-gesell-
schaftlich-geschichtlichen, vom Menschen für den Menschen geschaffenen
Gehalten bildet sich in ihrer sittlichen Anspruchshaftigkeit, die anerkannt
und gefestigt wird. „Was als Brauch, Sitte, Sittlichkeit, Gesetz den Umgang
der Genossen regelt, was als gemeinsam verfolgtes Willensziel ihr Handeln
ausrichtet, was als gläubige Gewißheit ihre Gemüter über das Erdentrei-
ben emporführt: alles dies schließt sich zu einem Gefüge von Verbind-
lichkeiten zusammen, an denen die Willkür des Individuums ihre Schranke
findet."[7]

Insofern Technik und Naturwissenschaft, Demokratie und moderne
Arbeitswelt geistige Gehalte des als „Welt" Bezeichneten sind, haben sie
für den mit ihnen in dialektischer Spannung stehenden Menschen Menschen-
bildungsbedeutung, und vice versa: Der Mensch hat Weltbildungsbedeutung,
indem er Welt, nicht Umwelt, schafft, erarbeitet, bildet. Naturwissenschaft,
Technik, moderne Arbeitswelt, Staatsideologie sind für Litt „bildende
Mächte" – keine „Lebensmächte" –, wie sie ihrerseits auch durch den Menschen, der über sie aufgeklärt worden ist und sich selbst mit seiner sinnstif-
tenden Geistigkeit in ihnen wiederfinden soll, zu sinnträchtigen, gebildeten
Mächten werden. Dies ist für Litt eine unabweisliche Notwendigkeit, da die
Weltbedeutung des Menschen gerade auch darin besteht, die in jedem Fortschritt von Welt einzubegreifenden Gefahren- und Bedrohungsmomente
mitzudenken und mit dem Positiven des Fortschritts von Welt zu vermitteln.
Derartige Gefahren- und Bedrohungsmomente sieht Litt nicht nur theoretisch in akademischer Blässe, sondern er erlebt sie praktisch während der
nationalsozialistischen Zeit (beispielsweise durch politische und administra-
tive Maßregelungen oder durch Rede- und Veröffentlichungsverbote, durch
kurzfristiges Absetzen seiner Vorträge bei Tagungen oder durch postalische
Mordandrohungen von NS-Studentengruppen und anderes mehr). Litt erlebt derartige Gefahren- und Bedrohungsmomente während des Zweiten
Weltkriegs, aber auch in der Beendigung des Zweiten Weltkriegs durch die
Hiroshima- und Nagasaki-Bomben wie nach dem Zweiten Weltkrieg in der
rapiden Entwicklung moderner Techniken und Technologien sowie der dadurch mitbedingten Veränderung der modernen Arbeitswelt durch zunehmende Versachlichung des Menschen und seine immer größer werdende Be-
herrschbarkeit wie Ersetzbarkeit. Wenn ich im Zurückliegenden bei Litt
von „Welt" sprach, so liegt dies darin begründet, daß er selber in seiner
zweiten Schaffensperiode, der der Nachkriegszeit, von „Welt" spricht, während er in seiner ersten Schaffensperiode, der Weimarer Zeit, von „Kultur"
in diesem Zusammenhang spricht. Das in Frage stehende Problem ist iden-

---

[7] Mensch und Welt, Heidelberg ²1961, S. 24.

tisch, und seine Selbstcharakterisierung als Kulturpädagoge müßte auch
weiterhin seine inhaltliche Bedeutung erhalten.

Ich sprach eben von zwei Schaffensperioden. Die erste erstreckt sich auf
den Zeitraum von 1919 bis 1937, dem Jahr der selbst beantragten vorzeitigen Emeritierung; die zweite beläuft sich auf den Zeitraum von 1945 bis
1962. Litt ist zu Philosophie und Pädagogik auf einem ganz anderen Wege
gekommen als alle bisher in diesen Kapiteln behandelten Klassiker. 1880 in
Düsseldorf geboren, legt er auch dort 1898 sein Abitur ab und studiert in
Bonn (mit einem Berliner Zwischensemester) von 1899 bis 1904 Alte Sprachen, Geschichte und Philosophie. In Altphilologie wird er 1904 mit einer in
lateinischer Sprache abgefaßten Dissertation promoviert. Litt verläßt die Universität und geht als Lehrer an die Schule: zuerst in Bonn, dann in Köln als
Oberlehrer am Friedrich-Wilhelm-Gymnasium. Seine spätere Hinwendung
zu Philosophie und Pädagogik in theoretischer Form soll verursacht oder
mitverursacht worden sein durch die Erschütterungen des Ersten Weltkrieges. Näheres ist nicht bekannt. Jedenfalls finden wir Litt wieder im Jahr
1919 als a. o. Professor für Pädagogik an der Universität Bonn und ab 1920
als Nachfolger von Eduard Spranger in der Funktion eines ordentlichen Professors für Philosophie und Pädagogik an der Universität Leipzig. Nach der
schon erwähnten Leipziger Schaffenszeit beginnt Litt sogleich nach Ende
des Zweiten Weltkrieges an der Universität Leipzig seine Lehrtätigkeit wie-
deraufzunehmen, erkennt aber sehr schnell die Analogizität der Leipziger
Zeit bis 1945 mit der nach 1945 und läßt sich 1947 an seine alte Bonner
Universität berufen. Dort übernimmt er eine Professur für Philosophie und
Pädagogik und gründet das Institut für Erziehungswissenschaft, dem er bis
zu seiner Emeritierung – später mit Josef Derbolav als seinem Nachfolger
zusammen – vorsteht. Bis zu seinem Tode im Sommer 1962 lehrt er und ist
er vortragend wie schreibend hochproduktiv.

Ich betonte, daß Litts dialektisches Denken angeregt worden sei durch
Cohn, sich in seiner Form aber abhöbe von Cohn. Litt beabsichtigt mit seinem dialektischen Denken die Außerkraftsetzung der jeweils einseitigen
Positionen und die Aufhebung ihrer Wahrheitsmomente in einem übergrei-
fenden Gesamtzusammenhang. Litt arbeitet dabei betrachtend, analysie-
rend, kritisch entgegensetzend und dialektisch aufhebend. In mehreren
Briefen an Cohn entwirft er einen für 1924 geplanten Vortrag in München,
der sich dann ausweitet zu seinem Buch ›Die Philosophie der Gegenwart
und ihr Einfluß auf das Bildungsideal‹ (1925). In einem dieser Briefe heißt
es: „Ich werde durchaus auch auf die nicht streng formulierten Ideen der
pädagogischen Zeitbewegung eingehen (Arbeitsschule, Gemeinschafts-
schule u. dgl.), und zwar sowohl betrachtend als auch kritisch. Eine
Vollständigkeit der Übersicht werde ich nicht erstreben, dagegen gewisse
herrschende Typen (Logicismus, Kultur der reinen ‚Inhalte' einerseits – Psy-

chologismus und Funktionalismus andererseits) herausstellen und zu zeigen versuchen, wie eine gewisse Konvergenz der entscheidenden Richtungen, begründet in ihrer dialektischen Zusammengehörigkeit, bemerklich ist. Den philosophischen Ausdruck dieses Vereinigungspunktes würde ich in einer phänomenologisch unterbauten Kulturphilosophie suchen, die ihrerseits ein *uniformes* Bildungsideal, zumal für die deutsche Bildungswelt wie sie ist, verbietet, wohl aber ein Zusammenspiel, ein Ineinandergreifen individualisierter und sich wechselseitig anerkennender Bildungstendenzen fordern würde. Ein Minimum auch inhaltlich festgelegter Gemeinsamkeiten wäre damit vereinbar. Und das allgemeine Ethos der deutschen Bildung möchte ich gern in einer schärferen Betonung der Forderung, der Anerkennung des Objektiven (auch des Objektiven in Bildungsplan, Schulform u. dgl.) (Hegel) suchen – gerade gegenüber einer jetzt vielfach gepredigten weichlichen Nachgiebigkeit –, auch dies im Zusammenhang mit der kulturphilosophischen Grundanschauung." [8]

Logizismus und Psychologismus (Natorp/Hönigswald und experimentelle Psychologie sind gemeint) werden analysiert, kritisch distanziert und als dialektisch zusammengehörend aufgehoben in einer phänomenologisch unterbauten Kulturphilosophie, gemeint als Geistphilosophie. Litt erweist sich damit als zugehörig zur Geisteswissenschaftlichen Pädagogik, die er in strenger hegelscher dialektischer Manier modifizierend weiterentwickelt, womit er sich zugleich fortentwickelt von den anderen zeitgenössischen Denkern geisteswissenschaftlicher Provenienz, mit denen er zusammen die Zeitschrift ›Die Erziehung‹ gegründet hat: von Spranger, Nohl, Flitner. Entgegen diesen verzichtet Litt auch auf das als „Bildungsideal" Bezeichnete, nämlich auf den „Entwurf eines durch die Erziehung zu verwirklichenden Menschentums." [9] Es gibt für ihn kein Bildungsideal; es gibt wohl Formprinzipien der Bildung als „ewige Objektgestaltungen des lebendigen Geistes", so Wissenschaft und Kunst, Religion und Sittlichkeit, die einen unangreifbaren Selbstwert tragen als sogenannte Bildungskategorien. „Es gehört m. E. zu den lehrreichsten Symptomen der unsere Zeit kennzeichnenden subjektivistischen Denkart, daß man allerwärts und immerfort irgendein Bildungsideal, also irgendeinen idealen Entwurf des zu gestaltenden *Menschen*, meint aufpflanzen zu müssen, um gewisse Inhalte der Bildung gegen Angriffe zu decken . . . Wie überflüssig, ja abwegig es ist, die bildende Funktion eines idealen Gehalts um jeden Preis aus einem Bildungsideal herleiten oder auf ein Bildungsideal hinlenken zu wollen, möge ein Blick auf eine . . . Phase deutscher Bildungsgeschichte lehren", wobei Litt auf das sogenannte

---

[8] Theodor Litt an Jonas Cohn: Leipzig, 23. 7. 1924. (Autograph im Besitz des Jonas-Cohn-Archivs an der Universität Duisburg.)
[9] Führen oder Wachsenlassen, S. 57.

„Eintauchen" der klassischen Epoche unserer Bildungsgeschichte in die
Antike verweist. Und er fährt fort: „*Ein anderes* ist es, Gebilde des Geistes
um ihrer selbst willen suchen, in reiner Selbstvergessenheit um ihren Sinn
und Wert werben, sich in sie hinein- und sie in sich hineinleben – *ein anderes*, sie im Gedanken an die eigene Lebensform und -norm nach Richtlinien
und Wegweisungen durchforschen. *Dort* findet eine Begegnung und Durch-
dringung statt, in der der ideale Gehalt des Werkes sich wie selbsttätig, ohne
Zwang und Druck, mit der eigenen Bewegung des Genießenden und Ver-
stehenden vermählt; *hier* wird durch Reflexion und absichtsvolle Zurüstung
ein Bund gestiftet, der der Seele ein von außen herangeholtes Gesetz auf-
nötigt. *Dort* eint das Zeitlose sich von neuem mit einem Zeitlichen; *hier* soll
ein Zeitliches – die dereinst gelebte Wesensform – mit einem gleichfalls
Zeitlichen – der sich entfaltenden Gestalt der später Geborenen – zusam-
mengezwungen werden. Aber dieses ist ebenso unmöglich und der innersten Forderung des Geistes zuwider, wie jenes seinem tiefen Verlangen nach
ewiger Neugeburt Erfüllung bringt." Für Litt ist es eine „Verirrung . . ., das
lebendige Selbst der eigenen Person oder der Epoche nach einem wie auch
immer gewonnenen Musterbild zurechtzumachen und zustutzen zu wollen.
Suchen wir den Geist in der Zeitlosigkeit seiner Werke, damit wir, mit ihm
ringend, selbsteigenes Wesen gewinnen, statt daß wir den zeitgebundenen
Formen seines Lebens nachspüren, um sie uns selbst aufzupressen!" [10]

Erziehung ist ohne ein derartiges Bildungsideal nicht richtungs- oder ziel-
los, sondern erlangt gerade so die eingangs schon erläuterte Aufgabe der
Selbstgestaltung des Subjektes, indem es als geschichtliches Wesen seinen
Geist an den geistigen Gehalten seiner Zeit unter Formprinzipien abarbei-
tet, um – mit Hegel – so im Anderen zu sich selber zu kommen. „Indem der
Mensch . . . sich zu seiner eigentlichen Daseinsgestalt durcharbeitet, gibt er
sich als das Wesen zu erkennen, dem es vorbehalten war, in Form der *Geschichte* zu werden und zu sein, zu handeln und zu leiden. ‚Geschichtlichen'
Charakters sein heißt ja nichts anderes als: seine Gestalt nicht aus den Händen einer überlegenen Gewalt als unabänderliche Schickung entgegenzu-
nehmen, sondern aus selbsteigenem Wollen, Tun und Schaffen zur Reife zu
bringen!" [11] So wie der Geist sich aus nichts ableiten läßt (Litt sagt: „Entweder der Geist ist er selbst, aus sich selbst und durch sich selbst oder – er ist
überhaupt nicht" [12]), so läßt sich Bildung des Menschen aus keinem Bildungsideal ableiten, machen, herstellen: Bilden zum Selbst, zum sich seiner
selbst bewußten Ich ist immer gebunden an die strenge geistige Durcharbeitung der Welt (oder Kultur) durch den einzelnen. Erziehung und Bildung

---

[10] Führen oder Wachsenlassen, S. 53f.
[11] Mensch und Welt, S. 27.
[12] Mensch und Welt, S. 151.

sind nicht einem Ideal verpflichtet, sie sind auch nicht festgefügten Weltanschauungen verpflichtet, sie sind keinen religiösen Lehrmeinungen und Leitbildern verpflichtet und auch keinen politischen Ideologien. Allein dem frei denkenden Geist, der zu sich selber kommen soll, sind Erziehung und Bildung verpflichtet. Insofern dürfte es auch un-littisch sein, wenn Wolfgang Klafki, der eine umfangreiche und gute Litt-Monographie geschrieben hat, an anderer Stelle Litt „indirekt" zumindest für die Kritische Erziehungswissenschaft der Gegenwart reklamiert, die ihre Wurzeln bekanntlich in der Kritischen Theorie von Horkheimer, Adorno, Marcuse und Habermas hat.[13]

In dieser Aufgabe für Erziehung: nämlich Bildung des frei denkenden Geistes, der durch und in kritischer Aneignung der Welt diese und sich selbst zu ihrem und seinem Sinn führt, unterstützen den Philosophen und Pädagogen Litt während des Dritten Reiches weder seine ihm denkverwandten geisteswissenschaftlichen Kollegen Spranger, Nohl, Flitner, die das faschistische Regime auch lehrend und schreibend, auf ihren Lehrstühlen verbleibend, unbeschadet durchliefen, noch verständlicherweise die der nationalsozialistischen Ideologie verbundenen Pädagogen wie Ernst Krieck. Die, die ihn hätten unterstützen können, wie beispielsweise die neukantischen und die ihnen nahestehenden Pädagogen – Hönigswald, Cohn, Petzelt z. B. – waren dazu jedoch nicht mehr in der Lage; sie waren „ausgeschaltet" worden, um die Lehrmeinung in der Pädagogik dadurch „gleichgeschaltet" zu bekommen.

Literaturhinweise

Werke

Die Methode des pädagogischen Denkens, in: Kant-Studien XXVI (1921), Wiederabdruck unter dem Titel: Das Wesen des pädagogischen Denkens, in: Führen oder Wachsenlassen, Stuttgart [5]1952.
Geschichte und Leben. Probleme und Ziele kulturwissenschaftlicher Bildung, Leipzig und Berlin [2]1925.
Individuum und Gemeinschaft. Grundlegung der Kulturphilosophie, Leipzig und Berlin [3]1926.
Die Philosophie der Gegenwart und ihr Einfluß auf das Bildungsideal, Leipzig und Berlin [3]1930.
Einleitung in die Philosophie, Leipzig 1933.
Denken und Sein, Stuttgart 1948.

[13] Wolfgang Klafki, Theodor Litt, in: Hans Scheuerl (Hrsg.), Klassiker der Pädagogik, Band 2, München 1979, S. 257.

Mensch und Welt, München 1948.
Führen oder Wachsenlassen. Eine Erörterung des pädagogischen Grundproblems, Stuttgart [5]1952.
Naturwissenschaft und Menschenbildung, Heidelberg 1952.
Das Bildungsideal der deutschen Klassik und die moderne Arbeitswelt, Bochum 1955.
Technisches Denken und menschliche Bildung, Heidelberg 1957.

Sekundärliteratur

Bracht, Ursula: Zum Problem der Menschenbildung bei Theodor Litt, Bad Heilbrunn 1973.
Derbolav, Josef: In memoriam Th. Litt, Bonn 1963.
Klafki, Wolfgang: Theodor Litt, in: Hans Scheuerl (Hrsg.), Klassiker der Pädagogik, Band 2, München 1979.
Lassahn, Rudolf: Das Selbstverständnis der Pädagogik Theodor Litts, Ratingen 1968.
–: Theodor Litt, Münster 1970.
Nicolin, Friedhelm: Theodor Litt, in: Josef Speck (Hrsg.), Geschichte der Pädagogik des 20. Jahrhunderts, Band 2, Stuttgart usw. 1977.
Nicolin, Friedhelm, Gerhard Wehle (Hrsg.): Theodor Litt: Pädagogische Analysen zu seinem Werk, Bad Heilbrunn 1982.
Reble, Albert: Theodor Litt, Stuttgart 1950.
Ritzel, Wolfgang: Philosophie und Pädagogik im 20. Jahrhundert, Darmstadt 1980.